炭质页岩隧道大变形特性

晏启祥　杨　凯　何复生　徐国文　著

科学出版社
北　京

内容简介

本书针对典型的特定炭质页岩大变形单线铁路隧道，系统阐述了大变形隧道的地应力分析方法、开挖支护体系以及隧道支护结构劣化模拟与安全评价。全书共分为八章，包括绪论，炭质页岩大变形隧道的区域地应力，炭质页岩隧道大变形的成因机制，炭质页岩大变形隧道支护体系与开挖方法，炭质页岩隧道大变形现场监测，炭质页岩大变形隧道施工安全控制标准，炭质页岩非线性黏弹塑性蠕变模型，支护结构劣化损伤与围岩蠕变下的隧道安全。本书突出关键技术，重视基础理论，力求展示隧道大变形控制技术的新进展，以便读者更好地熟悉和掌握炭质页岩隧道大变形特性。

本书适合隧道工程、岩土工程、道路与铁道工程等领域的高校教师和研究生阅读，也可供从事隧道工程相关研究、设计、施工和管理的技术人员参考。

图书在版编目（CIP）数据

炭质页岩隧道大变形特性 / 晏启祥等著. — 北京：科学出版社，2021.3

ISBN 978-7-03-064760-3

Ⅰ. ①炭…　Ⅱ. ①晏…　Ⅲ. ①炭质页岩-围岩变形-隧道支护-研究　Ⅳ. ①U455.7

中国版本图书馆 CIP 数据核字（2020）第 060442 号

责任编辑：刘莉莉 / 责任校对：彭　映
责任印制：罗　科 / 封面设计：墨创文化

科学出版社 出版
北京东黄城根北街16号
邮政编码：100717
http://www.sciencep.com

四川煤田地质制图印刷厂印刷
科学出版社发行　各地新华书店经销

*

2021 年 3 月第　一　版　　开本：787×1092 1/16
2021 年 3 月第一次印刷　　印张：17 1/2
字数：410 000

定价：169.00 元

（如有印装质量问题，我社负责调换）

前　言

随着我国交通基础设施建设的跨越式发展，越来越多的铁路和公路干线在山区建设。山区大量兴建的隧道工程容易遭遇围岩大变形难题，导致隧道洞室变形过大、钢拱架扭曲、喷射混凝土和二次衬砌开裂等诸多隧道建设与营运问题。特别是地质动力作用强烈和特殊岩体发育地区，围岩大变形现象将严重阻滞隧道施工进度，增加建设成本，威胁质量安全。因此，以典型的特定炭质页岩大变形单线铁路隧道为对象，探讨炭质页岩大变形隧道在设计、施工和营运阶段涉及的普遍性问题及其普适性技术具有重要的现实意义。

本书共分为 8 章。第 1 章绪论，介绍隧道大变形问题及其国内外研究现状；第 2 章介绍炭质页岩大变形隧道的区域地应力分析理论及方法；第 3 章主要分析炭质页岩隧道大变形的成因机制；第 4 章至第 6 章则分别介绍炭质页岩大变形隧道的支护体系及开挖方法、现场监测、施工安全控制标准；第 7 章至第 8 章介绍炭质页岩的非线性黏弹塑性蠕变模型，以及支护结构劣化损伤与围岩蠕变下的隧道安全。

本书在编写过程中，参阅了大量文献资料，恐未全部列出，在此谨向有关专家和作者表示感谢！由于作者学术水平有限，书中疏漏之处难以避免，欢迎读者批评指正。本项研究和本书出版受到四川省科技计划重点研发项目“川藏铁路建设重大关键技术难题创新研究”（项目号：2019YFG0001）资助，在此表示感谢。

目　　录

第1章 绪　　论

近年来，我国的交通基础设施建设迅猛发展，东部地区的交通网络日趋完善，西部地区的交通网络尚待形成。在西部地区修建铁路和高速公路时，地形影响导致隧道占比较高。由于西部地区地质条件复杂，隧道穿越软弱岩层时，往往会出现喷射混凝土开裂、钢拱架扭曲、沉降收敛值大等大变形现象，严重阻碍施工的顺利进行，增加工程造价。因此，研究隧道大变形机理及其控制技术势在必行，相关成果既能降低大变形隧道的建设风险，又可为未来可能遇到的大变形隧道的施工提供参考。

1.1 隧道围岩大变形问题

随着经济社会的持续发展、综合国力的不断提升及高新技术的不断应用，我国隧道及地下工程的建设取得了前所未有的进步[1]。截至2016年底，公路隧道共有15 181处，总长14 039.7km；长度大于3km的特长公路隧道共有815处，总长3622.7km；长度为1～3km的公路隧道共有3520处，总长6045.5km[2]。截至2018年底，铁路运营里程达13.1万km，投入运营的铁路隧道15 117座，总长16 331km；在建铁路隧道3477座，总长7465km；规划铁路隧道6327座，总长15 634km；投入运营的特长铁路隧道(长度大于10km)142座，总长1930km，其中长度20km以上的特长隧道9座，累计长度约为219km[3]。在当前的世界上，我国的隧道工程数量最多、发展速度最快、地质及隧道结构型式最为复杂[4]。

为解决交通运输压力，修建各种各样的隧道工程成为交通发展的必然趋势，这给隧道工程带来了前所未有的发展机遇。近些年来，国家加大投入建设完善铁路和公路网络，隧道数量和长度不断增加，隧道建设的难度也会增大。长、大、深埋是今后较长时期内隧道建设的重要特征，众多新难题需要攻克，诸如涌突水、高地温、高原冻害问题、岩爆以及隧道大变形等[5]。其中，隧道大变形是一种造成施工困难、严重影响施工安全、阻滞施工进度、增加工程造价的严重灾害[6-8]。

隧道大变形发生的条件多种多样，包括隧道穿越高大山岭地区时高地应力引起的软岩大变形，围岩遇水膨胀引起的大变形，围岩发生流变引起的大变形等[9-11]。在国内外隧道修建史中，隧道大变形问题屡见不鲜。早在19世纪，隧道工程师们就注意到施工过程中持续变形导致边墙鼓出、仰拱隆起的现象，世界上报道的首例大变形隧道是1906年竣工的Simplon隧道[12]。此后，在国内外的隧道工程建设中，大变形问题也不时出现，比如国外的奥地利Tauern隧道、Arlberg隧道，日本Enasan隧道[13,14]，我国的乌鞘岭隧道[15,16]、木寨岭隧道[8]、大梁隧道[17]等，都给工程建设带来了巨大的困难。乌鞘岭隧道在穿越F7断层和志留系地层时发生了严重的大变形，统计到的大变形区段长度为7587m，监测到的最大变形达到 1.2m，引起了初期支护破坏失效、钢拱架变形直至折断，施工严重受阻等问题，之后不得不对隧道断面形状和支护参数进行优化，并对变形侵限段进行扩挖。木寨岭隧道在穿越F2断层破碎带时，累计下沉达到1712mm，最大下沉速率达到147mm/d，拱顶严重下沉开裂、边墙强烈内挤、喷射混凝土普遍挤裂压碎、钢拱架严重扭曲变形。大梁隧道开挖后最大累计沉降量为632mm，最大沉降速率为41mm/d，最大收敛值为552mm，初期支护失效，部分围岩掉落垮塌，需要重新加固隧道。拟建的川藏铁路全线隧道占比80%以上，所经区域地层岩性混杂多变，新构造运动剧烈，深大活动断裂广泛分布，内、外动力地质作用强烈，特殊岩土发育，修建过程中必然也会遇到大变形难题[18,19]。可以预见，在我国“一带一路”和高铁“走出去”等大背景下，长大、深埋隧道必将大量涌现，隧道工程必然也会面临更加复杂的地质条件，隧道大变形灾害在过去、现在、甚至未来一定时期内都是我们必须面对和解决的工程难题之一。目前，软岩大变形隧道还没有形成一套成熟、完善的设计方法和施工控制技术体系，仍需进一步的研究。

1.2 隧道围岩大变形研究现状

1906年竣工的Simplon I线隧道长达19.8km，是世界上第一例严重大变形的隧道。此后，奥地利、日本以及我国在修建隧道时，都遇到了不同程度的隧道围岩大变形，给工程建设造成了极大的困难。对此，国内外学者们已经做了不少的探索工作，也总结了很多关于围岩大变形的处治措施，并取得了不错的效果。但由于围岩大变形理论研究的不成熟，加之现场地质状况的复杂性，大变形的施工控制技术研究尚未完善。目前隧道大变形的研究主要针对大变形的定义及分级、大变形的机理、大变形的施工控制技术等几个方面。

1.2.1 隧道围岩大变形定义

当前，隧道大变形尚无明确统一的定义。在高地应力条件下，脆性岩石(硬岩)在极短时间内猛烈释放岩体中聚积的弹性变形势能、岩石爆裂并弹射出来的现象被称为岩爆，而柔性岩石(软岩)缓慢释放应变能、围岩侵入隧道净空的动力失稳现象即为软岩大变形。地应力条件与隧道开挖诱发的围岩变形有着密切的联系，它是隧道围岩持续变形、最终发生破坏的根本，直接影响围岩的稳定性。因此，高地应力是隧道发生围岩大变形的前提条件之一。

地应力是指自重应力和构造应力的组合。高地应力问题对国内外许多岩石及地下工程开挖后的围岩稳定性及施工安全产生了极大的影响。由于岩体和地质条件的复杂性，高地应力的界定还缺乏统一的标准，但还是取得了一定的成果。

法国隧道协会、日本应用地质学会和苏联顿巴斯矿区等国外的协会(单位)采用岩石单轴抗压强度σ_c和最大主应力$\sigma_{\max}$的比值$\sigma_c/\sigma_{\max}$(即岩石强度应力比)来划分地应力级别，$\sigma_c/\sigma_{\max}$<2 即为高地应力。这样划分和评价的实质是反映岩体承受压应力的相对能力。

国内方面，陶振宇就高地应力问题用如下的公式给出了一个定性的规定[20]：

$$\sigma_{\mathrm{H\max}} \gg \gamma H \tag{1-1}$$

式中，$\sigma_{\mathrm{H\max}}$ 为地应力的最大水平应力分量；γ 为岩石容重；H 为上覆岩体的厚度。这里所谓的高地应力是指其初始应力状态，特别是它们的水平初始应力分量大大超过其上覆岩层的岩体重量，这一定性规定强调了水平地应力的作用。

天津大学薛玺成等建议用下式来划分地应力量级[21]：

$$n = I_1 / I_1^0 \tag{1-2}$$

式中，I_1 为地应力的第一不变量；I_1^0 为相应测点的平均应力；n 为比值。n=1.5～2 为高地应力，n>2 为极高地应力。薛玺成等的地应力分级方案在物理概念上与陶振宇的高地应力定性法则并无本质区别。

姚宝魁和张承娟[22]认为陶振宇、薛玺成等人的分级、评价方法没有考虑到岩体的变形和稳定条件，因而在工程实践中难以应用，应从工程岩体的变形破坏特性出发，考虑地应力对不同岩体的影响程度，并在 Barton 等(1974)Q 系统分类指标的基础上，提出用下式作为判断高地应力的标准：

$$\sigma_{\max}=(0.15\sim0.20)\sigma_c \tag{1-3}$$

国家技术监督局、建设部 1994 年联合发布的《岩土工程勘察规范》(GB 50021—94)以及《铁路隧道设计规范》(TB 10003—2016)都采用岩石强度应力比($\sigma_c/\sigma_{\max}$)来划分高地应力级别，规定：$\sigma_c/\sigma_{\max}$=4～7 为高地应力，$\sigma_c/\sigma_{\max}$<4 为极高地应力。

从上可见，高地应力是一个相对的概念，它与岩体所承受的应力和岩体强度、岩体的工程特性等诸多因素有关。常用的有 2 种定量判别方法：①以地应力的绝对大小划分，认为最大主应力达到 20～30MPa 时，就可以认为岩体处在高地应力状态。②利用岩石强度应力比 $\sigma_c/\sigma_{\max}$ 来划分地应力的级别。以上的两种判别方式中，常用的是强度应力比($\sigma_c/\sigma_{\max}$)，因为开挖导致围岩中地应力重分布，使其与岩体的屈服强度比值明显变高，进而导致岩体呈现塑性化特点。所以，在评价地应力时，需要从围岩的变形破坏特点出发，充分考虑地应力对于不同岩体所产生的影响，从而使岩体承受地应力的相对能力得到充分有效的反映。只有结合工程区的各种因素综合判断，才能相对准确地判别高、低地应力问题，才能有针对性地采取相应的防控措施。

对于大变形的定义，一些研究者在研究时可能会重视某一具体类型的大变形，比如深部软岩类、膨胀岩类以及挤压性围岩类等。喻渝[23]认为大变形的界定需要将围岩所发生的形变量与初期支护预留变形量的大小进行对比。比如，对于单线隧道，若发生的位移超过了 25cm，即为大变形；对于双线隧道而言，若位移超过 50cm，则是大变形。之所以采用变形量对大变形进行界定，主要是因为：围岩的变形如果超过了最初设置的预留变形量，或者有超过的趋势时会给施工带来不良后果。若变形量在预留变形量范围之内，就可以将其当作是正常的小变形，所以可以将预留变形量作为临界变形量。

翁汉民等[24]认为，不能从变形量的绝对值大小来定义是否出现大变形，显著的变形只是大变形问题的外在表现，而应以围岩的变形破坏特性曲线来定义围岩大变形，但是这种定义方式在现场应用上有一定难度。

何满潮等[25]认为，可以采用支护破坏现象以及初期支护所发生的位移作为评判标准。不管大还是小变形都是属于一种相对的概念，采用绝对的临界变形量来对变形进行评判是不合理的。所以，如果隧道采用常规支护，高地应力导致初期支护发生破坏，变形的数值超过洞径的3%时，就可以认为其出现了大变形。

姜云等[6]认为，隧道围岩大变形发生的主要条件是围岩条件，而产生围岩大变形的力学标志是高应力比。而围岩变形值的大小与地应力、地层的岩性、隧道大小和形状、支护强度与刚度有关。同时，围岩大变形表现为持续不断的变形，有明显的时间特征。因此，围岩大变形可以定义为地下工程围岩岩体在高应力条件下以及其他环境条件作用下塑性变形或塑性流变。

围岩大变形本质上会导致围岩自身的承载力出现部分或者全部丧失。一旦围岩发生变形破坏，就会影响到围岩的支护，使其产生相应程度的破坏，和一般的坍塌、岩爆等破坏类型相比，围岩大变形具备持续性和时间效应特征，会影响到后期的具体施工。

综上，工程界以及学术界对于围岩大变形还未形成比较一致的度量及定义，但主要采用绝对变形量和相对变形量两个指标来进行确认。

1.2.2 隧道围岩大变形分级

目前国内外比较典型的分级方法及判别指标有 Hoek 方法、Aydan 方法、Jethwa 方法和综合系数法等。这些分级方法之间存在较大的差异，没有形成统一的大变形分级标准。在各种大变形分级中，多数方案都采用了相对变形指标和围岩强度应力比指标。

相对变形定义为

$$\varepsilon = U_a / a \tag{1-4}$$

式中，U_a 为洞壁位移；a 为隧道当量半径。

围岩强度应力比定义为

$$G_N = \sigma_c / \sigma_{\max} \tag{1-5}$$

式中，σ_c 为岩体单轴抗压强度；$\sigma_{\max}$ 为原始地应力。

Hoek 等以相对变形、强度应力比为指标进行变形等级划分，见表 1-1。

表 1-1 Hoek 变形等级划分

划分指标	变形等级				
	无挤出变形	轻微变形	中等变形	严重挤出变形	最严重变形
相对变形 ε /%	≤1.0	1.0～2.5	2.5～5.0	5.0～10.0	10.0～15.0
强度应力比 $\sigma_c / \sigma_{\max}$	＞0.36	0.36～0.22	0.22～0.15	0.15～0.11	＜0.11

Aydan 等结合工程实例和理论，基于相对变形，进行变形等级划分，见表 1-2。

表 1-2　Aydan 变形等级划分

划分指标	变形等级				
	无挤出变形	轻微变形	中等变形	严重挤出变形	最严重变形
相对变形 ε /%	≤1	1～2	2～3	3～5	>5

日本采用相对变形进行变形等级划分，见表 1-3。

表 1-3　日本变形等级划分

划分指标	变形等级				
	无挤出变形	轻微变形	中等变形	严重挤出变形	最严重变形
相对变形 ε /%	≤1	$1 \sim \eta_p$	$\eta_p \sim \eta_s$	$\eta_s \sim \eta_f$	$\geq \eta_f$

注：η_p、η_s、η_f 分别为岩土材料应力-应变曲线中硬化阶段、屈服阶段、软化阶段的极限应变 ε_p、ε_s、ε_f 与弹性极限应变 ε_e 的比值。

Jethwa 等结合工程实例和理论，采用强度应力比进行变形等级划分，见表 1-4。

表 1-4　Jethwa 变形等级划分

划分指标	变形等级			
	无挤出变形	轻微变形	中等变形	严重变形
强度应力比 $\sigma_c / \sigma_{\max}$	>2.0	0.8～2.0	0.4～0.8	<0.4

乌鞘岭隧道以强度应力比、原始地应力为指标进行变形等级划分，见表 1-5。

表 1-5　乌鞘岭隧道挤压性围岩变形等级划分

划分指标	变形等级		
	I	II	III
强度应力比 $\sigma_c / \sigma_{\max}$	0.25～0.50	0.15～0.25	<0.15
原始地应力 $\sigma_{\max}$ /MPa	5～10	10～15	>15

兰渝铁路以相对变形、强度应力比为指标进行变形等级划分，见表 1-6。

表 1-6 兰渝铁路挤压性围岩变形等级划分

划分指标	变形等级		
	I	II	III
相对变形 ε /%	1.5～3.0	3.0～5.0	＞5.0
强度应力比 σ_c / σ_{max}	0.15～0.25	0.10～0.15	＜0.10

中交第一公路勘察设计研究院对二郎山隧道进行过软岩大变形的分级，见表 1-7。

表 1-7 二郎山隧道软岩大变形等级划分

大变形分级	围岩主要工程地质条件	最大水平主应力 σ_{Hmax} /MPa	相对变形 ε /%	估判变形量 /cm
I	洞室开挖过程中围岩有较大的位移，持续时间较长	＜30	1～2	＜15
II	洞壁位移显著，持续时间长，洞底有隆起现象	30～40	2～4	15～30
III	开挖过程中洞壁岩体有剥离现象，位移显著，甚至发生大位移，且持续时间长，洞底有明显隆起现象	40～50	4～8	30～50

1.2.3 隧道围岩大变形机理

太沙基于 1946 年首次提出了挤出性岩石和膨胀性岩石的概念，挤出性岩石是指在侵入隧道开挖轮廓面后体积变化不明显的岩石；膨胀性岩石是指主要由于膨胀作用而侵入隧道开挖轮廓面的岩石，在体积上有明显的增大[7]。在围岩大变形中，挤出作用与膨胀作用的关系及两者对隧道围岩大变形的贡献，是人们普遍关心的重要问题。太沙基认为，无论从理论的角度还是室内实验的角度，挤出和膨胀是完全可以分开的：第一，挤出是一种物理破坏，膨胀则是必须有水参与的化学过程；第二，膨胀发生所需要的时间通常要比挤出长得多。但大多数学者认为，在隧道施工过程中挤出和膨胀往往是很难分开的，绝对单纯的膨胀引起的大变形是少见的，而挤出作用在隧道围岩大变形中占有更重要的位置，或者可以说是隧道围岩大变形的主要机理。因此，一些学者将导致围岩大变形发生的机理分为两种情况。第一，开挖后重分布应力超过围岩强度产生塑性变形。岩石的强度和覆盖层的厚度是塑性挤出作用形成的重要原因。第二，围岩中的膨胀性矿物遇水发生膨胀变形。大变形的发生较多情况下都是因为出现了膨胀。膨胀是水和围岩当中的一些成分发生物理化学变化的结果，所以水是膨胀性矿物发生大变形的必然条件。Anagnostou[26]指出，发生膨胀变形的围岩，其强度都比较大，变形一般是发生在隧道运营很长时间之后。

Aydan 等[27]将大变形机理分为 3 类：①完全剪切破坏，连续的塑性岩体及裂隙发育的非连续岩土体会发生这种破坏；②弯曲破坏，一般发生在千枚岩及云母片岩等变质岩或泥岩、油页岩、泥质砂岩等薄层状塑性沉积岩中；③剪切和滑动破坏，发生于相对厚层的沉积岩中，包括沿层面滑动和完整岩石剪切破坏。

实际工程中，大变形通常由多种因素综合诱发。何满潮等[28]根据围岩的变形破坏特征、特征性矿物、力学作用与特点，认为软岩变形破坏机制与软岩本身性质、结构面以及洞室结构有关。同时，以变形力学机制将深度大于 500m 的软岩分为应力扩容类、物化膨胀类和结构变形类，又依据严重程度分为 4 个等级。陈宗基[29]则认为，围岩收敛变形机制应包括塑性楔体、流动变形、围岩膨胀、扩容、挠曲等 5 个方面。姜云等[6]通过对国内外隧道的围岩大变形问题的分析研究，将大变形分为受围岩岩性控制的大变形、受围岩结构构造控制的大变形和受人工开挖扰动影响的大变形三大类型，并将大变形的形成演化机制归纳为软岩的塑流、软岩的膨胀变形、板梁的弯曲变形、塑性楔体、结构性流变、累进松脱扩展、差异性的松脱、倾斜沉降变形和垂向沉降变形等。胡元芳等[9]通过对高地应力软岩条件下挤压大变形的调研分析，将大变形分为挤压型大变形、膨胀型大变形和松动型大变形。挤压型大变形是软弱岩体在高地应力条件下发生塑性剪切滑移，具有明显的优势部位和方向；膨胀型大变形是膨胀性矿物遇水反应发生的体积膨胀；松动型大变形是软弱破碎围岩由于支护刚度不足或不及时引起的松动或离层。

到目前为止，隧道围岩大变形的机理研究成果较多，但没有形成普遍接受的研究成果，需进一步的研究和归纳总结。

1.2.4　隧道围岩大变形支护

在隧道围岩大变形支护理论方面，20 世纪初，海姆(Haim)、朗金(Rankine)和金尼克(ИНИК)等创造了古典压力理论。在那以后，发展改进的坍落拱理论产生了，普氏理论逐渐被人们接受。20 世纪 50 年代又出现了弹塑性力学芬纳(Fenner)公式和卡斯特纳(Kasterner)公式。在 20 世纪 70 年代，萨拉蒙(Salamon)等提出了能量守恒理论，认为围岩与支护结构是相互作用的，它们协同变形，在变形过程中围岩释放一些能量，支护结构吸收一些能量，但它们保持总能量不变。

我国也就隧道大变形的支护开展了大量的研究工作。1981，于学馥和乔端便提出了“轴变论”理论[30]。孙钧和朱效嘉等[31,32]又相继提出“锚喷-弧板稳定性理论”，该理论的核心为：不能总是对软岩采取放压的措施，当围岩释放到一定程度时，就要停止放压，改用强制抵住的方式，按照先柔后刚的指导性理论，采用高标号、高强度钢筋混凝土弧板进行刚性支护，坚决限制和顶住围岩向中空发生位移。董方庭等[33]又提出了“松动圈理论”，该理论认为软岩隧道开挖后出现松动圈，松动圈越大，收敛变形越大，支护的主要目的在于限制松动圈的发展。

方祖烈[34]提出“主次承载力稳定性理论”。该理论认为隧道开挖后形成压缩区和松动区，压缩区围岩具有自稳能力，松动区围岩一般难以自稳，它们分别为主、次承载区。隧道的最终稳定是由主、次承载区的协调作用共同决定的。支护强度原则上要求一次性达到要求。

何满潮等[35]提出“软岩工程力学稳定性理论”，以工程地质学和现代大变形力学相结合的形式，研究分析软岩变形力学机制，得出了以转化复合型变形力学机制为核心的新软岩隧道稳定性理论。该理论目前在我国进行了较好的推广应用，经济效益和社会效益显著。

孙钧等[36]研究了隧道软岩挤压大变形非线性流变力学特性，其课题以乌鞘岭隧道为研究对象，研究高地应力条件下隧道软岩发生挤压大变形的力学行为，将挤压大变形归属为变形速率快而收敛速率慢的非线性流变变形范畴。探究挤压变形对围岩的长期稳定性的影响，对制定软岩隧道的支护技术方案具有实际工程意义。

在隧道大变形支护实践方面，早期只能采取反复扩挖的方式来使隧道修建成型，但这种方法因对围岩多次扰动，加上需要拆换初期支护，不仅造成人力、物力的极大浪费，而且不符合“保护围岩”从而充分发挥围岩自承载能力的原则。国外许多隧道采用了长锚杆、U形可缩性钢拱架和掌子面锚杆等措施，这些措施对软岩隧道大变形都能起到一定的控制效果。如著名的陶恩隧道修建过程中，使用了 6～9m 的长锚杆，成功控制了大变形，而我国在煤矿巷道大变形中也多采用了U形钢拱架。Yassahhi 则建议大变形隧道中应及时施作二次衬砌来抵挡围岩变形，并认为提高二次衬砌强度和刚度是防止发生大变形的有效方法。王建宇等[37]在对挤压性大变形形成机制和特征进行分析的基础之上，从围岩和支护结构特征曲线出发，阐述了让压支护的原理及其施工要点。在我国《铁路隧道工程施工技术指南》(TZ 204—2008)中，针对挤压性围岩和膨胀性围岩做了一些规定，要求此类隧道施工时尽可能采取非爆破施工的方式，同时对于初期支护应采取“先放后抗、先柔后刚”的方式设置，并建议采用早强混凝土及纤维混凝土，同时宜设置长锚杆及重型钢拱架等。《公路隧道设计细则》(JTG/T D70—2010)中也做了类似规定，并建议在高地应力区的隧道应选择合理的断面形式，以改善围岩的受力状态。

以上的大变形隧道的支护措施可概括为柔性支护和刚性支护两大类。柔性支护是指隧道开挖后围岩挤压变形或膨胀变形不可避免时，允许围岩发生一定量的变形，从而降低作用于支护结构上的围岩压力，这种支护形式允许围岩中形成一定范围内的塑性圈。刚性支护是指采用大刚度和高强度的支护结构来承受来自围岩的巨大压力，许多工程实践已经证明，这种支护理念在技术和经济上都是不合理的。

柔性支护方法主要包括多重支护法、可缩式支护法和分阶段综合控制法。多重支护法是指在开挖时预留足够变形量，开挖后让围岩释放一些变形和能量，然后进行初次支护，此后随着变形加大，当初次支护难以承受荷载时，继续施作第二次初期支护，以此类推，直至将隧道变形控制住。日本东海新干线上的饭山隧道在大变形整治过程中采用了双重和多重支护法，且取得了成效。可缩式支护法由可缩式钢拱架及可缩式锚杆等柔性支护体系所组成，该支护方法不仅能允许围岩发生适量的变形，围岩应力得到释放，而且还能保证支护抗力与围岩应力的相对平衡，进而提高隧道结构的稳定性。分阶段综合控制法是指采用系统锚杆和钢拱架来加固围岩，分层喷射初期支护混凝土，分次施作二次衬砌，分阶段地来控制隧道围岩的变形。

刚性支护主要包括大刚度支护结构法和大范围围岩加固法。大刚度支护结构法是指采用粗长锚杆、高规格钢拱架和大厚度喷射混凝土来支护围岩，这种支护方法是通过刚性更大的支护结构来限制变形。大范围围岩加固法是采用旋喷支护或超前注浆的一种方法，通过大范围深孔注浆来补强加固掌子面前方及隧道周边的围岩，从而达到加强围岩自稳能力的目的。

为了系统揭示炭质页岩隧道大变形特性，针对位于云南藏区的丽江至香格里拉铁路沿线多座大变形隧道，特别以其中的一座炭质页岩隧道为对象开展研究。丽香铁路位于云南省西北部，南起大丽铁路丽江车站，向北跨越金沙江，经小中甸至香格里拉。研究重点依托的隧道起讫里程为 DK124+770～DK126+975，中心里程为 DK125+872.5，全长 2205m。隧道Ⅳ级围岩 1250m，Ⅴ级围岩 955m，隧道最大埋深 190m，隧道纵断面见图 1-1。全隧为单面上坡，进口 DK124+770～DK126+600 段 1830m 为 24‰上坡，其余 375m 为 10‰上坡。除进口段 414.11m 位于 R-1600m 的左偏曲线上，出口段 893.22m 位于 R-10000m 的右偏曲线上，其余地段为直线。

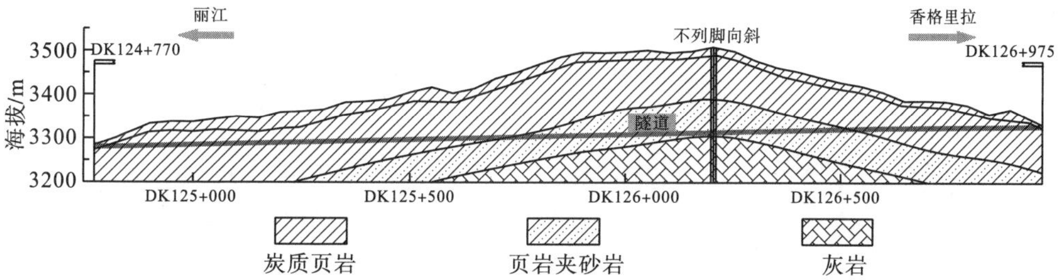

图 1-1　隧道纵断面

隧道区位于青藏高原东南缘，横断山脉中段。线路穿行于中甸第四系断陷盆地边缘构造、剥蚀低中山区。坡度 30°～50°，地面标高 3290～3365m，覆土浅薄，植被较好。

隧道区地表上覆第四系全新统冲洪积层（Q_4^{al+pl}）粉质黏土、细圆砾土，坡残积（Q_4^{dl+el}）粉质黏土，上更新统冰水堆积层（Q_3^{fgl}）圆砾土、泥炭、粉质黏土。下伏上三叠统王吃卡组一段（T_3wn^1）页岩夹灰岩、砂岩。隧道区地处欧亚板块和印度洋板块相互碰撞汇聚形成的青藏高原东南缘之川滇菱形断块的西部边界断裂带（金沙江-中甸断裂带）内，属我国著名的南北向地震带南段之滇西地震带，受其影响，区内地质构造发育。

隧道区域附近分布中甸断裂（又称德钦-中甸断裂），其为一区域性右旋走滑活动断裂，北起德钦县热水塘附近，经德钦升平镇东侧、奔子栏镇、香格里拉县尼西乡延至建塘镇中甸盆地内，然后经小中甸盆地 NE 侧，顺冲江河向 SE 延伸，于上虎跳峡口穿过金沙江。走向 N7°～60°W，倾向 NE，倾角 70°。根据中国地质科学院地质力学研究所和中铁二院《滇藏铁路丽江－香格里拉段活动断裂调查鉴定报告》，中甸断裂在晚第四纪以来有明显的活动迹象，1886 年以来沿断裂带发生过 6 级地震 2 次，最大震级为 1933 年的小中甸 6.3 级地震，震中宏观烈度为Ⅷ度，活动速率≤5.0mm/a。断裂在第四纪期间活动明显，造成了中甸和小中甸第四纪盆地的断陷。断裂中心位于隧道左侧 700m 左右，走向与线路大体平行，对隧道工程影响较小。段内还发育有小型的向斜——不列脚向斜，向斜轴向为 N35°W，与线路相交于 DK126+200 附近，向斜两翼均为上三叠统王吃卡组一段（T_3wn^1）页岩夹灰岩、砂岩。SW 翼岩层产状为 N30°～50°W/20°～28°NE，NE 翼岩层产状为 N20°W/14°～64°SW。隧道穿过向斜轴部段岩体较破碎，围岩稳定性差。

该隧道洞身深埋段围岩为Ⅴ级，开挖揭示出的地质岩性均为薄片状炭质页岩，软塑状、节理发育、结构松散，局部地段渗水。岩石具挠性，质软，手掰即碎，岩石强度低。岩体受构造影响严重，岩体内小型褶曲及揉皱发育，岩石破碎，呈碎、块石层状（图 1-2）。浸水后呈泥状，掌子面用工具凿挖基本呈 2～3cm 的碎石或片状剥落，无块状岩块。岩体整体性差，在取样中无法取得满足抗压强度试验尺寸的岩样，且浸水后岩石即出现软化、泥化现象。隧道围岩的单轴饱和极限抗压强度$\sigma_c \leqslant 5\text{MPa}$，属极软质岩石，且具有塑性蠕动变形的特性。线路左侧围岩初期完整性一般，外露一段时间后节理裂隙发育强烈，遇水变软，围岩稳定性较差，遇水后会自行坍塌。线路右侧围岩稳定性极差，开挖下台阶时会自行发生滑塌，局部地方出现较大涌水，初期支护后打设排水孔可明显看到有水流出。施工初期对其大变形了解不充分，支护结构承载力不足，隧道变形量大，变形快且持续时间长，造成初期支护侵限(图 1-3)情况严重，钢拱架受力扭曲变形，不得不频繁换拱，且在施工中掌子面和初期支护坍方时有发生，严重影响工程进度与施工人员安全。

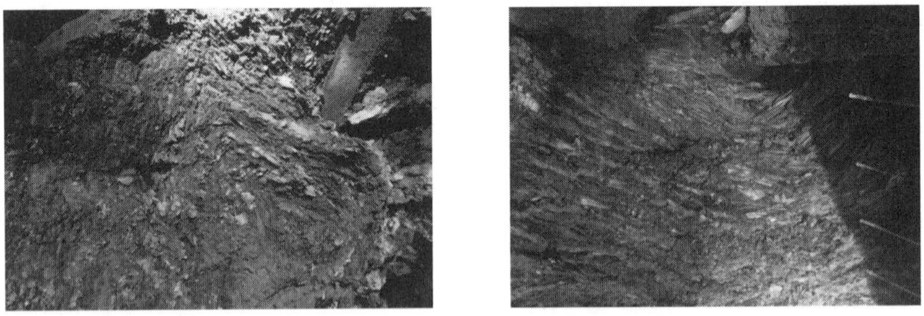

图 1-2　炭质页岩

图 1-3　初期支护变形侵限

1.3　本书内容

本书在充分调研国内外相关研究资料的基础上，运用理论分析、数值模拟和现场试验等方法就炭质页岩大变形隧道展开了详细研究。具体开展了隧址区地应力场的反演、炭质页岩大变形隧道的现场监测、大变形的成因机制、大变形隧道的开挖支护体系、大变形隧道施工安全控制标准、炭质页岩的非线性黏弹塑性蠕变模型以及大变形隧道结构的长期安全性等方面的研究。

本书共分为 8 章，包括第 1 章：绪论；第 2 章：炭质页岩大变形隧道的区域地应力；第 3 章：炭质页岩隧道大变形的成因机制；第 4 章：炭质页岩大变形隧道支护体系与开挖方法；第 5 章：炭质页岩隧道大变形现场监测；第 6 章：炭质页岩大变形隧道施工安全控制标准；第 7 章：炭质页岩非线性黏弹塑性蠕变模型；第 8 章：支护结构劣化损伤与围岩蠕变下的隧道安全。

第 2 章　炭质页岩大变形隧道的区域地应力

大多数山岭隧道处在由其自重引起的自重应力和地壳运动引起的构造应力场中，这两种应力场叠加产生初始地应力(或简称地应力)。初始地应力场是影响隧道及地下洞室岩体稳定性的重要因素之一，也是工程设计需要的基本指标。是否可靠掌握地应力状况将直接影响到隧道工程设计与施工的可靠性与安全性。

岩体初始应力场的研究倍受人们的关注。在初始应力场定量计算的研究中，最早提出的计算法是海姆假定和金尼克的弹性理论计算法。实测的结果表明这两种方法只在特定场合下才会比较符合实际。在金尼克假定提出的以后几十年中，人们对于初始应力场的研究大都属于定性的范畴。地应力现场实测是提供初始应力场最直接的途径，但是由于场地和费用等原因，不可能进行大量的全面实测。而且初始地应力成因复杂，影响因素众多，多测点的测试成果在很大程度上反映的是当地的局部应力场。且测量结果受到测量误差的影响，因而地应力测量值有一定程度的离散性。因此，根据现场量测信息(如应力、位移和应变等)来反演初始地应力和岩体性态参数的反分析方法，凭着其实用性成为隧道围岩区域地应力获取的重要途径。

20 世纪 70 年代以来，随着计算机技术、数值计算方法的迅速发展，现场量测的位移或应力增量信息成为反演确定初始地应力和地层材料特性参数的主要依据。然而，由于初始地应力场的研究一般都需在洞室开挖前进行，使现场位移量测信息不可能作为这类研究的先验信息。在初始地应力场分析中，目前可供工程实践大量采用的方法是以某些位置的现场实测地应力信息来反演初始地应力场的应力反分析方法[38]。1983 年郭怀志等[39]首次将数学模型回归分析方法应用到岩体初始应力场分析中，并采用有限元计算实现了初始地应力场的求解。1987 年俞裕泰等[40]在用有限元方法对某大型地下洞室进行围岩弹塑性稳定性分析时，提出了三维地应力场的反演方法，该方法利用有限元进行反演计算。1994 年朱伯芳[41]提出了两种反分析方法获取初始地应力场，分别是位移法和应力法，位移法基于洞室开挖施工过程中现场测得的位移值进行反演，该法反演适用于局部小区域；应力法基于工程现场实测的初始地应力值进行反演，该法反演的地应力场可扩大到较大的工程区域。岳晓蕾[42]联合采用 ANSYS 建模和 ABAQUS 计算，对大岗山水电站地下厂房洞室群进行了有限元三维地应力回归反演。郭喜峰[43]在白鹤滩水电站坝区的地应力场反演中，采用了位移边界法，建立三维有限元模型，通过多元回归计算，反演了该区域的初始地应力场。刘会波等[44]利用开挖后位移监测值反演了蒲石河抽水蓄能电站地下厂房区域初始地应力场，通过对侧压系数进行函数拟合，实现了区域地应力场的三维有限元回归反演。

Zhang 等[45]对锦屏Ⅱ号水电站引水通道，综合运用了多元回归分析、数值模拟和三维立体投影等多种技术手段，给出了计算初始地应力大小和方向的迭代方法。

目前初始应力场采用较多的分析方法主要有位移反分析法、智能反演法、边界荷载调整法、函数反分析法、有限元回归分析法[46-55]。位移反分析法利用工程中较易获得的位移数据，进行岩体初始地应力反演。智能反演法即结合神经网络、遗传算法、粒子群算法等智能方法，解决了参数不确定性带来的影响。边界荷载调整法按照假定的计算域调整边界荷载，用有限元求解域内的构造应力场和重力场，经过试算使所求应力值在测点的计算值与实测值达到较好的拟合。该法认为初始应力由岩体自重和构造应力等复杂因素作用形成，计算中考虑了构造应力场和重力场，但边界荷载的调整无规律可循，对有多个测点或三维地应力场的求解调整难度加大，对解的收敛性也难以判断。函数反分析法的基本思想是根据弹性理论和地应力场的分布，设定一个应力函数，它满足调和方程，所以也满足平衡方程和变形协调方程。在计算域内给定点上，使借助函数计算的应力值与已知实测值相吻合。但该法用于有限元计算时，用其求出的应力分量并不能唯一求出其所对应的位移。因此，在现今大型工程初始应力场的分析中采用较多的仍然是有限元回归分析法，本章就此进行论述。

2.1　地应力场回归原理

影响地应力场分布的不确定性因素很多，这些因素彼此之间相互联系和相互影响，迄今人们并没有完全掌握其中的原理和机制，因而无法以精确的数学表达式表示它们之间的关系。人们常常通过大量的试验和观察，用统计方法寻求上述过程中变量之间的统计规律，建立回归关系，这个过程则称为回归分析。目前利用回归分析法进行地应力场分析得到了广泛应用。

2.1.1　回归模型

在工程实践中，影响初始地应力场(以下记为 Y)分布的变量通常有多个。假设影响地应力场分布的变量共有 p 个，并分别记为 $x_1,x_2,\cdots,x_p$，则研究变量 Y 与变量 $x_1,x_2,\cdots,x_p$ 之间的定量关系问题就类属于多元回归分析问题，并可分为多元线性回归和多元非线性回归两类。由于初始地应力场一般认为符合线性回归，本节仅对多元线性回归进行重点介绍。

设通过量测和分析获得的试验数据为

$$(y_i,x_{i1},x_{i2},\cdots,x_{ip}) \qquad i=1,2,\cdots,N \tag{2-1}$$

式中，N 为进行试验或实测的次数。根据线性回归理论，描述上述数据之间相互关系的表达式可表示为

$$\boldsymbol{Y}=\boldsymbol{X}\boldsymbol{\beta}+\boldsymbol{\varepsilon} \tag{2-2}$$

式中，$\boldsymbol{Y}$ 为观测值向量；$\boldsymbol{\beta}$ 为参数列向量；$\boldsymbol{X}$ 为可通过观测和分析而得到的系数矩阵；$\boldsymbol{\varepsilon}$ 为 N 维随机向量，代表影响地应力场分布的其他随机因素所起作用的总和。一般假设这

些因素可表示为一组相互独立且服从同一正态分布$N(0,\sigma)$的随机变量，其形式分别如下：

$$\boldsymbol{Y}=\left[y_1,y_2,y_3,\cdots,y_N\right]^{\mathrm{T}} \tag{2-3}$$

$$\boldsymbol{\beta}=\left[\beta_0,\beta_1,\beta_2,\cdots,\beta_p\right]^{\mathrm{T}} \tag{2-4}$$

$$\boldsymbol{\varepsilon}=(\varepsilon_1,\varepsilon_2,\cdots,\varepsilon_N)^{\mathrm{T}} \tag{2-5}$$

$$\boldsymbol{X}=\begin{bmatrix}1 & x_{11} & x_{12} & \cdots & x_{1p}\\ 1 & x_{21} & x_{22} & \cdots & x_{2p}\\ \vdots & \vdots & \vdots & & \vdots\\ 1 & x_{N1} & x_{N2} & \cdots & x_{Np}\end{bmatrix} \tag{2-6}$$

2.1.2 回归系数

统计学中常用的求解回归系数β的方法是最小二乘估计，设$b_0,b_1,\cdots,b_p$分别为$\beta_0,\beta_1,\beta_2,\cdots,\beta_p$的最小二乘估计，则回归方程可表达为

$$\hat{y}=b_0+b_1x_1+b_2x_2+\cdots+b_px_p \tag{2-7}$$

式中，$\hat{y}$为初始地应力的回归值，依据最小二乘法原理，观测值y_i与回归值$\hat{y}_i$之间的偏差平方和Q将达到最小，即

$$Q=\sum_i(y_i-\hat{y}_i)^2=Q_{\min} \tag{2-8}$$

由此根据微分学中的极值原理，可知可用于建立求解$b_0,b_1,\cdots,b_p$的方程组的基本关系式为

$$\frac{\partial Q}{\partial b_i}=0 \qquad i=0,1,2,\cdots,p \tag{2-9}$$

将式(2-7)、式(2-8)代入式(2-9)，即可得到求解回归系数的线性方程组。在统计数学中，这类方程组常称为正规方程组，如以矩阵形式表示，可写为

$$\boldsymbol{Ab}=\boldsymbol{B} \tag{2-10}$$

式中，$\boldsymbol{b}$为回归系数矩阵，是正规方程组的未知向量，其形式为

$$\boldsymbol{b}=\left[b_0,b_1,b_2,\cdots,b_p\right]^{\mathrm{T}} \tag{2-11}$$

右端项$\boldsymbol{B}$为常数向量，其形式可用矩阵$\boldsymbol{X}$和$\boldsymbol{Y}$表示为

$$\boldsymbol{B}=\begin{bmatrix}1 & 1 & \cdots & 1\\ x_{11} & x_{21} & \cdots & x_{N1}\\ x_{12} & x_{22} & \cdots & x_{N2}\\ \vdots & \vdots & & \vdots\\ x_{1p} & x_{2p} & \cdots & x_{Np}\end{bmatrix}\begin{Bmatrix}y_1\\ y_2\\ \vdots\\ y_n\end{Bmatrix}=\boldsymbol{X}^{\mathrm{T}}\boldsymbol{Y} \tag{2-12}$$

系数矩阵$\boldsymbol{A}$为对称矩阵，即

$$\boldsymbol{A}=\boldsymbol{X}^{\mathrm{T}}\boldsymbol{X} \tag{2-13}$$

在系数矩阵$\boldsymbol{A}$的逆矩阵$\boldsymbol{A}^{-1}$存在的条件下，可求得回归系数$\boldsymbol{b}$：

$$\boldsymbol{b}=\boldsymbol{A}^{-1}\boldsymbol{B}=[\boldsymbol{X}^{\mathrm{T}}\boldsymbol{X}]^{-1}\boldsymbol{X}^{\mathrm{T}}\boldsymbol{Y} \tag{2-14}$$

令

$$
\boldsymbol{C}=\boldsymbol{A}^{-1}=\begin{Bmatrix} c_{00} & c_{01} & c_{02} & \cdots & c_{0p} \\ c_{10} & c_{11} & c_{12} & \cdots & c_{1p} \\ c_{20} & c_{21} & c_{22} & \cdots & c_{2p} \\ \vdots & \vdots & \vdots & & \vdots \\ c_{p0} & c_{p1} & c_{p2} & \cdots & c_{pp} \end{Bmatrix} \tag{2-15}
$$

则式(2-14)可表示为

$$
\boldsymbol{b}=\boldsymbol{A}^{-1}\boldsymbol{B}=\boldsymbol{C}\boldsymbol{B} \tag{2-16}
$$

矩阵 $\boldsymbol{C}$ 在统计学中常被称为相关矩阵，它与回归系数 $\boldsymbol{b}$ 的相关矩阵只相差一个因子 σ^2。

2.1.3　回归效果

对回归分析所得的结果应进行统计检验，借助可靠性评价对其决定取舍。因为不能事先断定初始地应力观测值与其构成因素 $x_1,x_2,\cdots,x_p$ 间确有线性关系，因而依据线性模型进行回归分析所得的结果并不一定能符合要求。此外，即使对回归模型的显著性检验得出了肯定的结论，也并不能保证每个构成因素 $x_1,x_2,\cdots,x_p$ 对应力回归的影响都很重要。若将一些无关紧要的因素也引入回归方程，不仅将导致使用麻烦，而且会影响回归方程的稳定性，从而导致其使用价值下降。因此，有必要从回归方程中尽量剔除那些对现场初始地应力场分布影响不显著的因素。

1.残差平方和

对于多元线性回归分析，其回归方程如式(2-7)所示，将第 i 个试验点上的回归值记为 $\hat{y}_i$，则式(2-7)改写为

$$
\begin{Bmatrix} \hat{y}_1 \\ \hat{y}_2 \\ \vdots \\ \hat{y}_i \\ \vdots \\ \hat{y}_N \end{Bmatrix}=\begin{bmatrix} 1 & x_{11} & x_{12} & \cdots & x_{1p} \\ 1 & x_{21} & x_{22} & \cdots & x_{2p} \\ \vdots & \vdots & \vdots & & \vdots \\ 1 & x_{i1} & x_{i2} & \cdots & x_{ip} \\ \vdots & \vdots & \vdots & & \vdots \\ 1 & x_{N1} & x_{N2} & \cdots & x_{Np} \end{bmatrix}\begin{Bmatrix} b_0 \\ b_1 \\ b_2 \\ \vdots \\ b_p \end{Bmatrix} \tag{2-17}
$$

对多元线性回归分析，总离差平方和 L_{yy} 可写为

$$
L_{yy}=\sum_i (y_i-\overline{y})^2=\sum_i y_i^2-\frac{1}{N}(\sum_i y_i)^2 \qquad i=1,2,\cdots,N \tag{2-18}
$$

式(2-18)可分解为

$$
L_{yy}=\sum_{i=1}^{N}(\hat{y}_i-\overline{y})^2+\sum_{i=1}^{N}(y_i-\hat{y}_i)^2=U+Q \tag{2-19}
$$

式(2-19)中右端第一项 U 称为回归平方和，主要由自变量 x 的变化引起，其大小反映自变量的重要程度；第二项 Q 称为残差平方和，主要由量测误差和其他未计入的因素引起，

其值大小表示量测误差和其他因素对结果的影响程度。式中 $\overline{y}$ 为 y_i 的算术平均值，$\overline{y}=\frac{1}{N}\sum_{i=1}^{N}y_i$。

2.复相关系数 R

复相关系数 R 反映了引入回归方程中全部自变量的“方差贡献”，$0 \leqslant R \leqslant 1$，$R$ 越接近 1，则回归效果越好，具体的表达式为

$$R=\sqrt{1-\frac{Q}{L_{yy}}} \tag{2-20}$$

3.公共方差估计值 S_{σ}^{2}

$$S_{\sigma}^{2}=\frac{Q}{n-m-1} \tag{2-21}$$

$$S_{\sigma}=\sqrt{\frac{Q}{n-m-1}} \tag{2-22}$$

标准方差估计值 S_{σ} 是衡量总的回归效果的一个重要指标。计算中应当力求 S_{σ} 值为最小，以提高回归精度。

4.回归系数显著性检验

在地应力场的线性回归中，各自变量的贡献是不相同的，因此需检验各自变量对总体回归的贡献大小，一般采用偏相关系数 V_i 表示：

$$V_i=\sqrt{1-\frac{Q}{S_i}} \tag{2-23}$$

其中，

$$S_i=\sum_{i}\left(y_i-\sum_{p\neq i}b_p x_p\right)^2 \tag{2-24}$$

由于各子构造应力场之间是相容的，任意一个因素的引入必将造成其余因素的退化，因此，需要根据偏相关系数将不显著因素剔除。某因素的偏相关系数越小，说明对实测值的影响越不显著。

2.2 地应力场回归实例

研究所依托的隧道主要穿越炭质页岩，其在施工过程中遇到强烈的大变形问题。因此基于现场实测地应力数据，进行隧道区域应力场三维数值反演回归及地应力场演化分析，掌握区域应力场的形态与特点，为后续隧道开挖过程中围岩及结构的受力分析、大变形的支护设计提供基础的参考资料。

2.2.1　实测地应力

为探明隧址区的地应力大小、方向及地应力对隧道围岩稳定的影响，在隧道轴线附近进行了原位地应力测试，完成了三个钻孔的原位地应力测试工作，获得了工程区隧道围岩的地应力大小、方向等力学参数(表 2-1、表 2-2)，这些参数可为隧道的设计提供重要的基础依据。

表 2-1　隧道地应力测试钻孔布置及主要地质信息

钻孔	钻孔位置	终孔深度/m
1	DK125+300	70
2	DK126+059	185
3	DK126+490	105

表 2-2　钻孔地应力测试结果

测点位置	地应力参数	最大主应力 σ_1	中间主应力 σ_2	最小主应力 σ_3
DK125+300	量值/MPa	2.23	1.26	1.06
	方向/(°)	178.78	47.80	−49.72
DK126+059	量值/MPa	6.23	3.49	2.74
	方向/(°)	62.04	−69.88	174.53
DK126+490	量值/MPa	3.68	1.35	1.16
	方向/(°)	213.47	18.56	121.36

注：主应力方向是主应力的投影方向，以象限角表示，方位角以正北方向为标准，顺时针旋转为正值，逆时针旋转为负值。

2.2.2　回归地应力

1.回归分析计算方案

依据地质力学分析，以其主要组成成分为自重应力场和构造应力场的这一观点建立数学计算模型。根据多元回归法原理，将地应力回归计算值 $\hat{\sigma}_k$ 作为因变量，把有限元计算求得的自重应力场和构造应力场相应于实测点的应力计算值 σ_k^i 作为自变量，则回归方程的形式为

$$\hat{\sigma}_k = \sum_{i=1}^{n} b_i \sigma_k^i \tag{2-25}$$

式中，k 为观测点的序号；$\hat{\sigma}_k$ 为第 k 观测点的回归计算值；b_i 为相应于自变量的多元回归系数；$\hat{\sigma}_k$ 和 σ_k^i 为相应应力分量计算值的单列矩阵；n 为工况数。

假定有 m 个观测点，每个测点有 6 个观测分量，则最小二乘法的残差平方和为

$$Q = \sum_{k=1}^{m} \sum_{j=1}^{6} (\sigma_{jk} - \sum_{i=1}^{n} b_i \sigma_{jk}^i)^2 \tag{2-26}$$

式中，σ_{jk} 为第 k 观测点 j 应力分量的观测值；σ_{jk}^i 为 i 工况下 k 观测点 j 应力分量的有限元

计算值；$j=1,2,\cdots,6$，对应 6 个独立的初始应力分量。根据最小二乘法原理，使得残差平方和 Q 为最小值的方程组为

$$\begin{bmatrix} \sum\limits_{k=1}^{m}\sum\limits_{j=1}^{6}(\sigma_{jk}^{1})^{2} & \sum\limits_{k=1}^{m}\sum\limits_{j=1}^{6}\sigma_{jk}^{1}\sigma_{jk}^{2} & \cdots & \sum\limits_{k=1}^{m}\sum\limits_{j=1}^{6}\sigma_{jk}^{1}\sigma_{jk}^{n} \\ \text{对} & \sum\limits_{k=1}^{m}\sum\limits_{j=1}^{6}(\sigma_{jk}^{2})^{2} & \cdots & \sum\limits_{k=1}^{m}\sum\limits_{j=1}^{6}\sigma_{jk}^{2}\sigma_{jk}^{n} \\ & \vdots & \vdots & \vdots \\ & \text{称} & & \sum\limits_{k=1}^{m}\sum\limits_{j=1}^{6}(\sigma_{jk}^{n})^{2} \end{bmatrix} \times \begin{bmatrix} b_1 \\ b_2 \\ \vdots \\ b_n \end{bmatrix} = \begin{bmatrix} \sum\limits_{k=1}^{m}\sum\limits_{j=1}^{6}\sigma_{jk}^{1}\sigma_{jk} \\ \sum\limits_{k=1}^{m}\sum\limits_{j=1}^{6}\sigma_{jk}^{2}\sigma_{jk} \\ \vdots \\ \sum\limits_{k=1}^{m}\sum\limits_{j=1}^{6}\sigma_{jk}^{n}\sigma_{jk} \end{bmatrix} \tag{2-27}$$

解此方程组，得 n 个待定回归系数 $\boldsymbol{b}=(b_1,b_2,\cdots,b_n)^{\mathrm{T}}$，则计算区域内任意一点的回归初始应力可由式(2-25)获得，为衡量回归效果，需进行相关检验。

根据隧道实测地应力结果，将计算域内的地应力场视为自重应力场和边界构造应力场的线性叠加，通过分解、模拟自重应力场及边界荷载应力场，最后组合成计算地应力场。在本次地应力反演中考虑了 6 种工况。①自重应力：对模型施加重力加速度，在模型的侧边和模型的底部施加法向位移约束。②yz 面挤压应力场(构造应力场 1)：在模型的 yz 面上施加 0.01m 的 x 方向均匀挤压位移约束，模型的另两个侧面和底部施加法向位移约束。③xz 面挤压应力场(构造应力场 2)：在模型的 xz 面上施加 0.01m 的 y 方向均匀挤压位移约束，模型另两个侧面和底部施加法向约束。④侧面水平剪切应力场(构造应力场 3)：在模型的四个侧面分别施加大小为 0.01m 方向相反的水平剪切位移约束，在模型底部施加法向位移约束。⑤yz 面竖向剪切应力场(构造应力场 4)：在模型两个 yz 面施加大小为 0.01m 方向相反的竖向剪切位移约束，模型另两个侧面和底面施加法向位移约束。⑥xz 面竖向剪切应力场(构造应力场 5)：在模型两个 xz 面施加大小为 0.01m 方向相反的竖向剪切位移约束，模型另两个侧面和底面施加法向位移约束。

2.计算模型及参数

计算域及几何边界约束条件的确定直接影响有限元计算成果的精确性。在作回归分析时，计算域的确定至少必须遵循以下三个原则：几何范围必须包含全部感兴趣的有关区域；边界处的几何约束必须易于确定，通常将山脊线与河谷线选作边界，因为其量测地形大致对称，可以假定这类边界不会在与边界线垂直的方向上发生位移；不超出现有计算能力。

考虑到隧道的设计线路和隧道工程区域地质环境和地形地貌的复杂性，并充分考虑以上三点原则，本次模型在平面图上选择了隧道线路附近约 400m×2200m 的一块长方形区域作为主要的计算区域，其中沿隧道路线延伸方向取 2200m，垂直于隧道轴线方向取 400m。在立面图上，模型底面取标高 3000m 处。顶面高程取实际地形高程拟合成三维的曲面。在建立三维有限元模型时，依据现场地形图及 ANSYS 中的坐标系设置原则，取 x 轴正方向为隧道轴线方向，取 z 轴正方向为垂直隧道轴线方向，y 轴正方向为高程方向。

本次三维模型离散化全部采用八节点六面体等参单元(Solid45)。网格剖分如图 2-1 所示。岩体材料参数在综合参考该隧道地质试验资料和现场试验的基础上选取，如表 2-3 所示。

表 2-3　岩体材料参数

材料	弹性模量/GPa	泊松比	容重/(kN·m)	凝聚力/MPa	内摩擦角/(°)
V 级围岩	0.02	0.375	25	0.18	15

图 2-1　计算模型图

3.实测地应力坐标变换及其分析

由于现场实测的地应力资料是按主应力平面方位给出的，而在地应力场回归分析中，是以计算直角坐标系中各个坐标应力分量为基本对象，因此需要将实测地应力进行坐标变换。依据弹性力学理论，将原有的坐标系记为 x,y,z，新坐标系记为 x',y',z'，两个坐标系之间的方向余弦记为 l,m,n（表 2-4），则当由原有坐标系向新坐标系转换时，应力分量的计算式如式(2-28)所示。根据式(2-28)，实测应力张量坐标变换后的分量如表 2-5 所示。

$$\begin{pmatrix}\sigma_{x'}\\ \sigma_{y'}\\ \sigma_{z'}\\ \tau_{x'y'}\\ \tau_{y'z'}\\ \tau_{x'z'}\end{pmatrix}=\begin{bmatrix} l_1^2 & m_1^2 & n_1^2 & 2l_1m_1 & 2m_1n_1 & 2l_1n_1\\ l_2^2 & m_2^2 & n_2^2 & 2l_2m_2 & 2m_2n_2 & 2l_2n_2\\ l_3^2 & m_3^2 & n_3^2 & 2l_3m_3 & 2m_3n_3 & 2l_3n_3\\ l_1l_2 & m_1m_2 & n_1n_2 & (l_1m_2+l_2m_1) & (m_1n_2+m_2n_1) & (l_2n_1+l_1n_2)\\ l_2l_3 & m_2m_3 & n_2n_3 & (l_2m_3+l_3m_2) & (m_2n_3+m_3n_2) & (l_3n_2+l_2n_3)\\ l_3l_1 & m_3m_1 & n_3n_1 & (l_3m_1+l_1m_3) & (m_3n_1+m_1n_3) & (l_3n_1+l_1n_3)\end{bmatrix}\begin{pmatrix}\sigma_x\\ \sigma_y\\ \sigma_z\\ \tau_{xy}\\ \tau_{yz}\\ \tau_{xz}\end{pmatrix} \tag{2-28}$$

表 2-4　方向余弦表

坐标系	x	y	z
x'	l_1	m_1	n_1
y'	l_2	m_2	n_2
z'	l_3	m_3	n_3

表 2-5　钻孔应力转换值

钻孔	终孔深度/m	主应力坐标转换值/MPa					
		S_x	S_y	S_z	S_{xy}	S_{yz}	S_{xz}
1	70	1.291	1.276	1.982	0.253	0.153	1.266
2	185	3.403	3.255	5.506	0.176	2.236	2.332
3	105	1.701	1.671	2.818	0.945	0.709	0.382

4.隧道地应力场回归系数计算

根据自重应力场和 5 种构造应力场参数的数值计算结果(图 2-2～图 2-7，彩图见附录)，提取相应测点深度的应力分量值，以实测应力分量值为目标，进行多元线性回归分析。相应可获得隧道工程区岩体的地应力场回归方程为

$$\sigma = 1.793\sigma_{自重} + 21.099\sigma_{构1} + 4.907\sigma_{构2} + 32.534\sigma_{构3} + 38.645\sigma_{构4} + 116.424\sigma_{构5}$$

式中，$\sigma_{自重}$、$\sigma_{构1}$、$\sigma_{构2}$、$\sigma_{构3}$、$\sigma_{构4}$、$\sigma_{构5}$ 分别为自重应力场和构造应力场 1 至 5 参数引起的应力。

根据式(2-20)、式(2-23)分别进行复相关系数和回归系数偏相关系数的计算，具体结果见表 2-6。

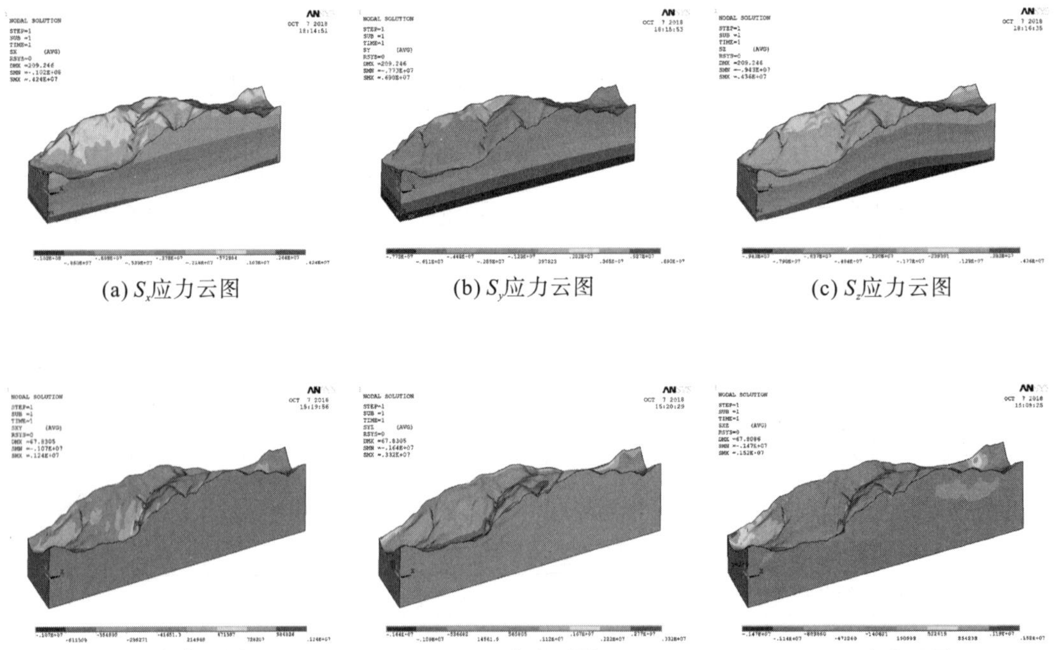

(a) S_x应力云图　(b) S_y应力云图　(c) S_z应力云图

(d) S_{xy}应力云图　(e) S_{yz}应力云图　(f) S_{xz}应力云图

图 2-2　自重应力场下应力分量(Pa)

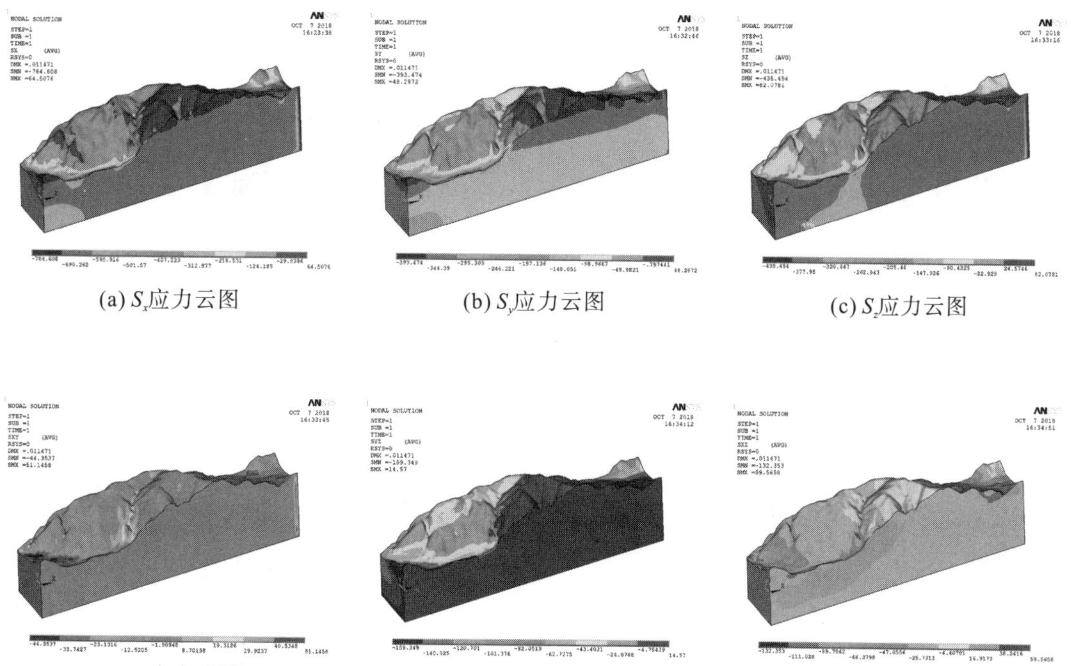

(a) S_x应力云图　(b) S_y应力云图　(c) S_z应力云图

(d) S_{xy}应力云图　(e) S_{yz}应力云图　(f) S_{xz}应力云图

图 2-3　构造应力场 1 下应力分量(kPa)

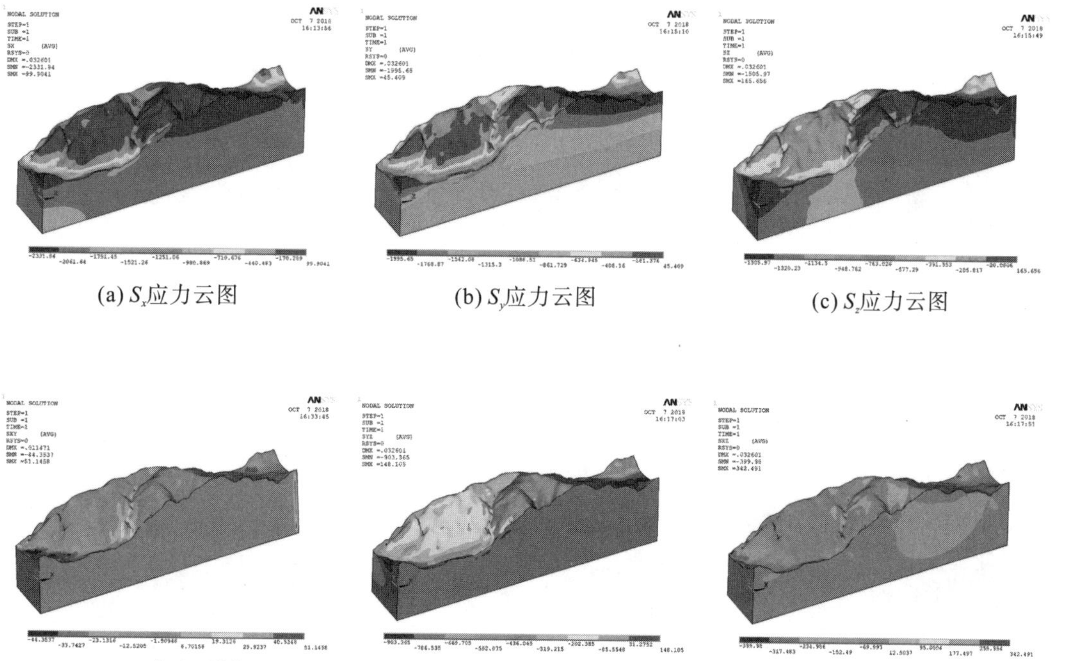

(a) S_x应力云图　(b) S_y应力云图　(c) S_z应力云图

(d) S_{xy}应力云图　(e) S_{yz}应力云图　(f) S_{xz}应力云图

图 2-4　构造应力场 2 下应力分量(kPa)

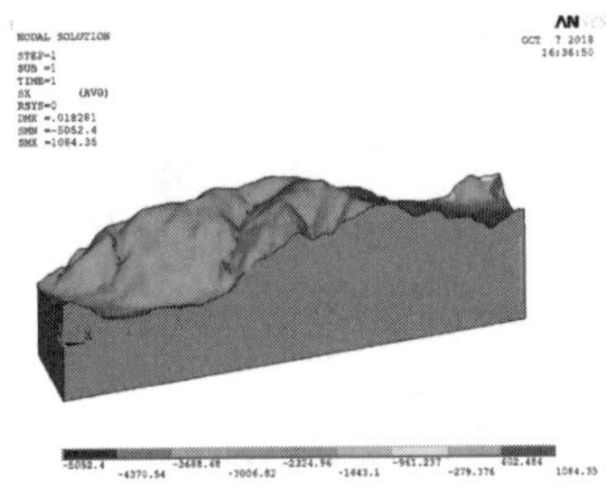

(a) S_x应力云图

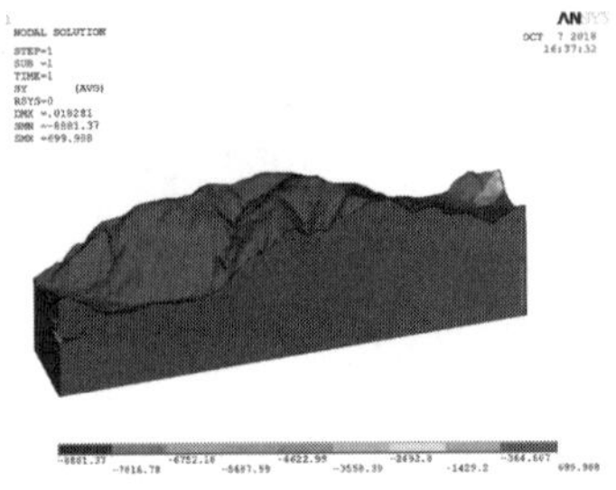

(b) S_y应力云图

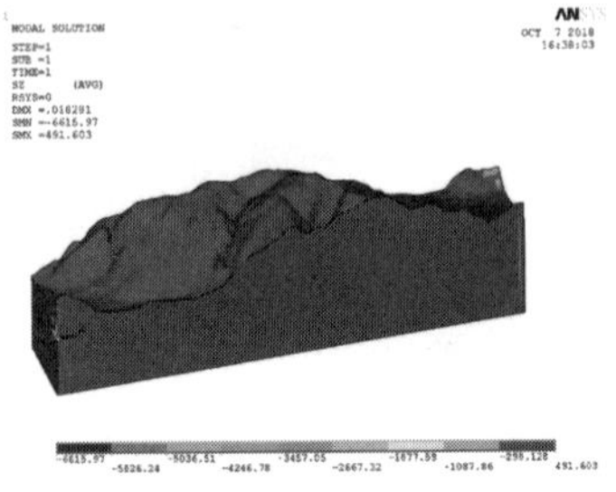

(c) S_z应力云图

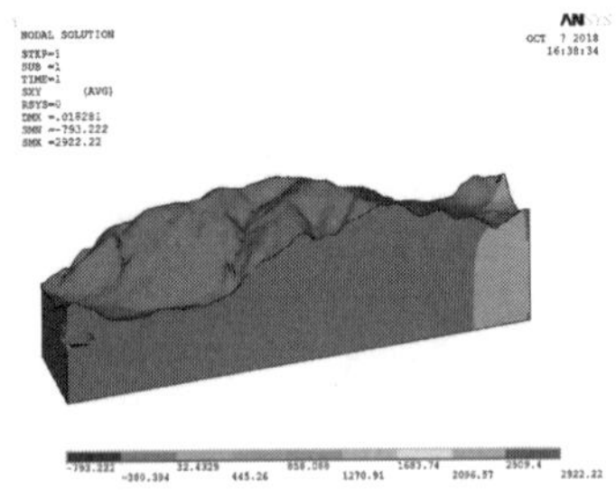

(d) S_{xy}应力云图

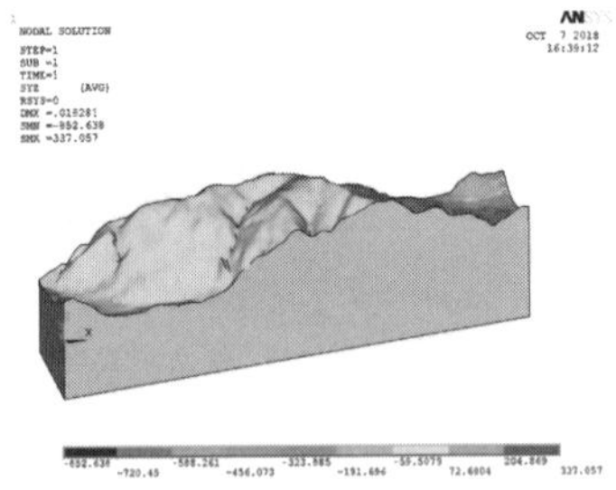

(e) S_{yz}应力云图

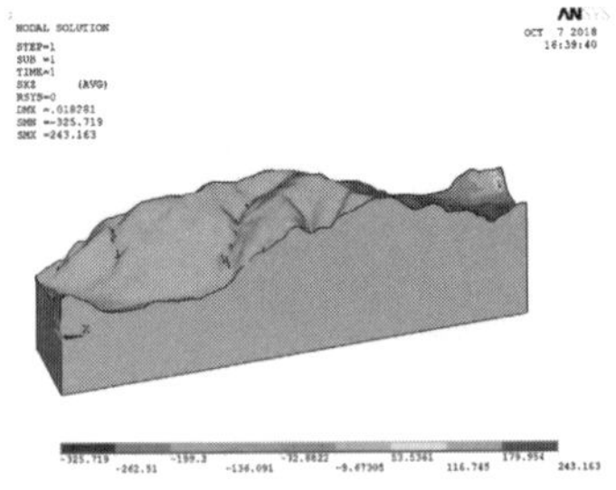

(f) S_{xz}应力云图

图 2-5　构造应力场 3 下应力分量(kPa)

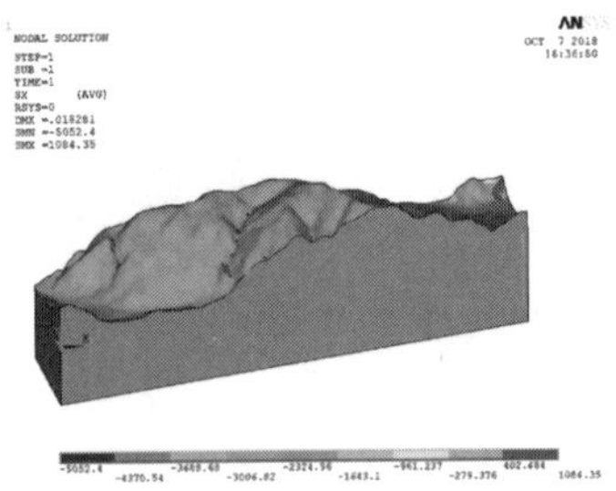

(a) S_x应力云图

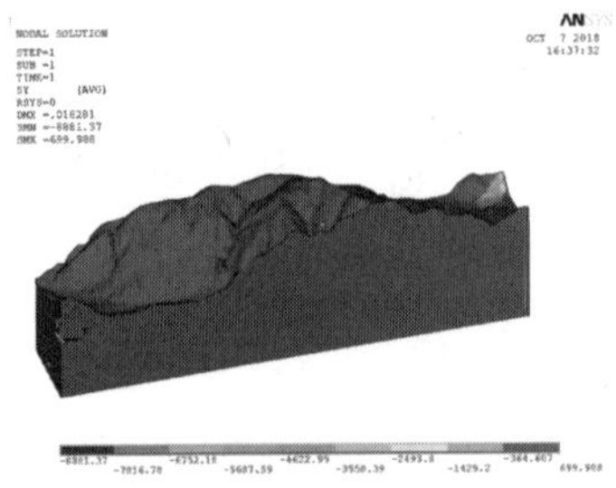

(b) S_y应力云图

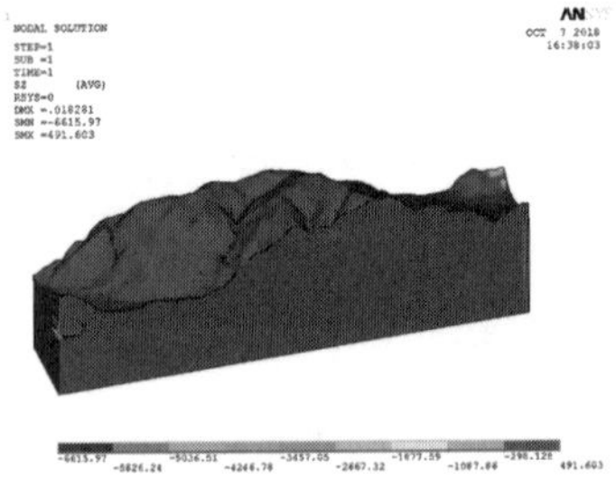

(c) S_z应力云图

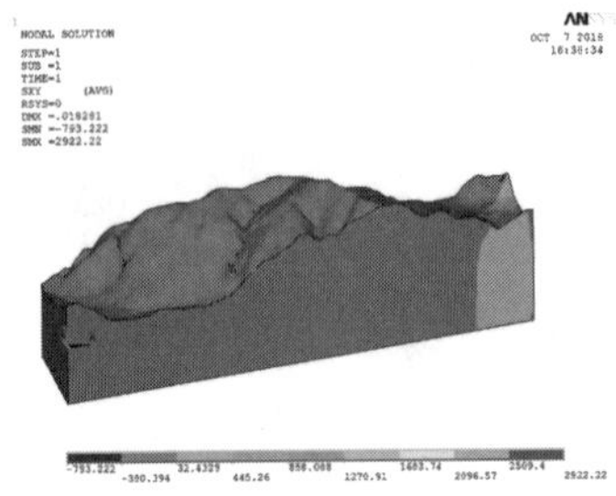

(d) S_{xy}应力云图

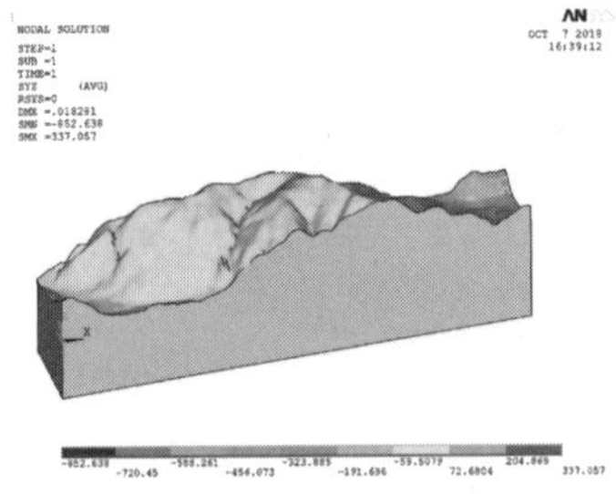

(e) S_{yz}应力云图

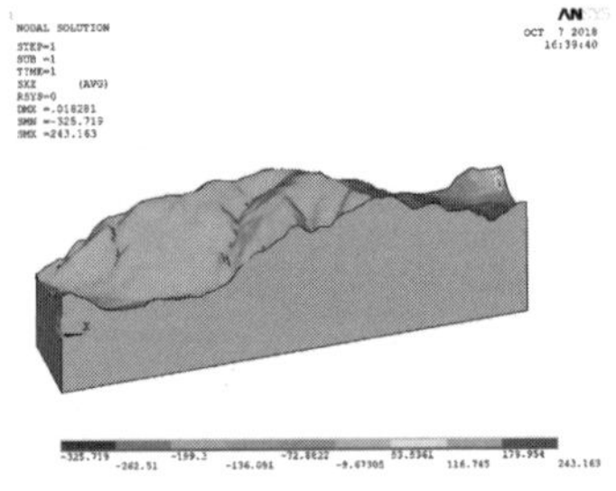

(f) S_{xz}应力云图

图 2-6　构造应力场 4 下应力分量(kPa)

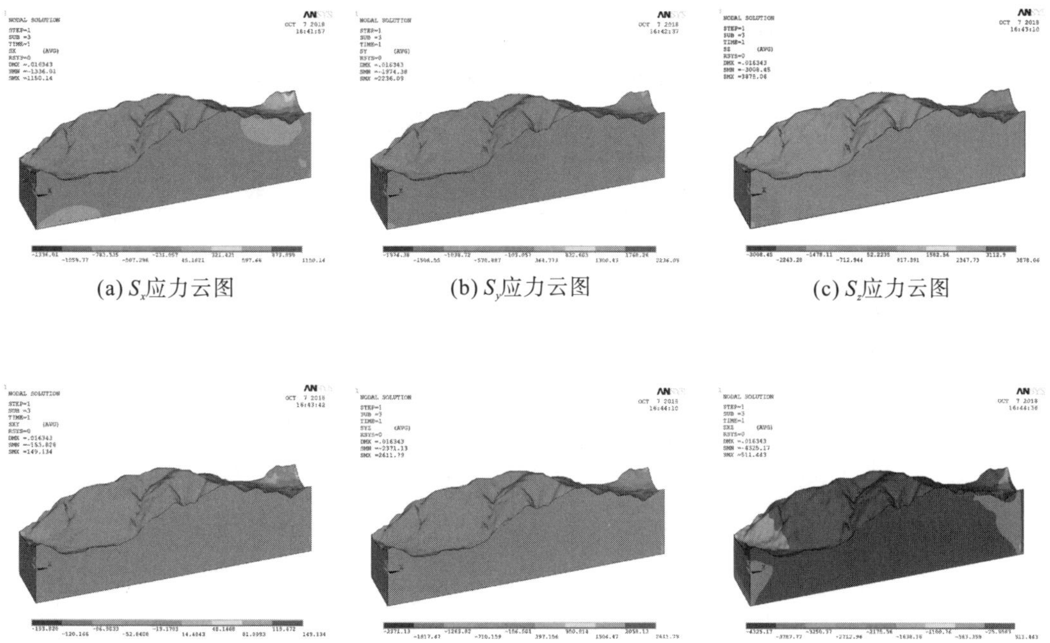

(a) S_x应力云图　(b) S_y应力云图　(c) S_z应力云图

(d) S_{xy}应力云图　(e) S_{yz}应力云图　(f) S_{xz}应力云图

图 2-7　构造应力场 5 下应力分量(kPa)

表 2-6　回归效果检验

复相关系数	偏相关系数					
	V_1	V_2	V_3	V_4	V_5	V_6
0.929	0.807	0.790	0.928	0.712	0.847	0.974

从表中给出的复相关系数的值可以看出，回归效果很好。从表中看出，偏相关系数的值都比较大，说明所施加的各项对观测数据的作用效果明显，为不可剔除项。

2.2.3　应力场特征

根据隧道隧址区初始地应力反演结果，求得地质体应力边界条件并施加于该地质体三维地质模型中，从而获得隧址区地应力场分布。从隧道洞门开始，沿隧道轴线方向按每 100m 一个观测点提取场区初始应力，获得了整个隧道线路轴线方向地应力场的分布情况，并据此转化为水平方向的应力分量和竖直方向的应力分量。图 2-8 给出了线路沿线地应力场的数值，从图中可以看出水平应力场和竖直应力场均随隧道埋深的增大而增大，由于有限元模型边界效应的影响，在隧道洞口段靠近模型边界处的回归应力值出现较大的波动。隧道轴线上最大水平主应力区域位于 K126+150～K126+200 附近，最大量值为 4.8MPa 左右；自重应力场最大值位于 K126+170 附近，量值达 7.104MPa。纵观隧道线路方向的主应力场变化规律可知：隧道轴线上的水平应力值随着埋深的增大而逐渐增加，线路轴线方向的地应力场中竖向应力分量占绝对主导地位，其明显大于水平应力分量，全线水平应力分量与竖向应力分量的比值约为 0.6。为避免边界效应的影响，在上述隧道轴线的应力场分析中未考虑洞口段。

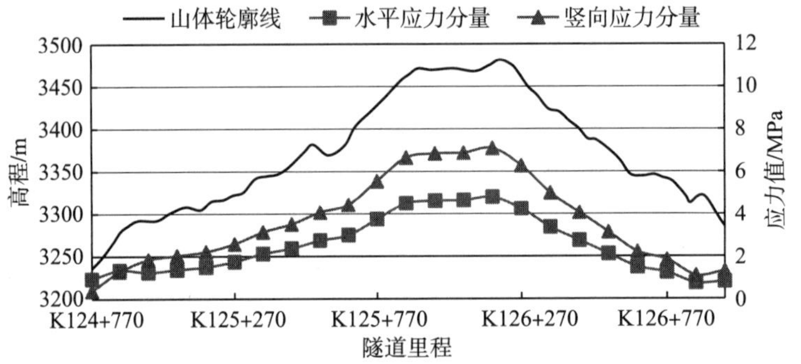

图 2-8　隧道轴线地应力场分布

2.3　本 章 小 结

通过对特定隧道地应力场分析，可以获得该炭质页岩隧道的如下认识：

(1) 在地形平面图上选择了隧道线路附近约 400m×2200m 的一块长方形区域作为主要的计算区域，模型顶面高程取实际地形高程拟合成三维的曲面。在最为关心的线路轴线附近以及 3 个测孔附近对网格进行了适当的加密。模型较好地反映了地形、地貌和地质条件对地应力场的影响。从回归值与实测值之间的相对误差来看，二者吻合很好，自重应力的回归结果基本与实测值相一致，即竖直方向应力以自重应力为主；水平方向的应力分量与回归值吻合较好，各测点的水平面内应力分量回归值与实测值相差较小。从回归效果检验看，复相关系数大于 0.9，说明回归效果较好；偏相关系数的计算也表明地应力场的计算效果很好，且遵循线性变化规律。因此前述回归得到的该隧道工程区的地应力场是合理、可信的。

(2) 利用回归方程，获得了整个隧道线路轴线方向地应力场的分布情况，并据此转化为水平和竖向应力分量后可以看出隧道轴线上最大水平主应力区域位于 K126+150～K126+200 附近，最大量值为 4.8MPa 左右；自重应力场最大值位于 K126+170 附近，量值达 7.104MPa。纵观隧道线路方向的主应力场变化规律可知：隧道轴线上的水平应力分量值随着埋深的增大而逐渐增加，线路轴线方向的地应力场中竖向应力分量占绝对主导地位，其量值明显大于以构造应力为主的水平应力场。

第3章　炭质页岩隧道大变形的成因机制

炭质页岩隧道发生大变形的根本原因是围岩相对软弱。为了研究软弱炭质页岩隧道大变形的成因机制，有必要对软岩的概念进行探讨，然后再分析其成因机制。

3.1　软岩概念

软弱围岩(软岩)一直没有统一的定义，关于软岩的概念在国内外一直争论不休，产生的软岩定义多达几十种，大体上可以分为描述性定义、指标化定义和工程定义3类[28]。

对于描述性定义，大都认为软岩指松散、软弱、破碎的岩层，其强度低、孔隙度大、胶结程度低、受构造面切割和风化影响显著，还包括膨胀性岩层[56-58]。

对于指标化定义，国际岩石力学与岩石工程学会(International Society for Rock Mechanics and Rock Engineering，ISRM)将软岩定义为单轴抗压强度在0.5～25MPa范围的岩石；1994年，G. Russo定义软岩为单轴抗压强度小于17MPa的岩石；还有将$\sigma_c/(\gamma H)<2$(σ_c为岩石单轴抗压强度，γ为岩石容重，H为埋深)的岩层称为软岩[59]。

对于工程定义，董方庭等认为松动圈大于1.5m的围岩为软岩[60,61]，鹿守敏等指出松动圈大于1.5m且常规支护手段不能适应的围岩为软岩[62,63]。

3.1.1　地质软岩

目前，人们普遍采用的软岩定义基本上可归于地质软岩的范畴，按地质学的岩性划分，地质软岩是指强度低、孔隙度大、胶结程度差、受构造面切割及风化影响显著或含有大量膨胀性黏土矿物的松、散、软、弱岩层，该类岩石多为泥岩、页岩、粉砂岩和泥质矿岩，是天然形成的复杂的地质介质。

上述国际岩石力学学会的软岩定义就是一种典型的地质软岩定义。该定义用于工程实践中会出现一些矛盾，如隧道所处深度足够浅，地应力水平足够低，则单轴抗压强度小于25MPa的岩石也不会产生软岩的特征，工程实践中，采用比较经济的一般支护技术即可奏效；相反，大于25MPa的岩石，如其工程部位所处的深度足够深，地应力水平足够高，也可以产生软岩的大变形、大地压和难支护的现象。因此，地质软岩的定义难以用于工程实践，故提出了工程软岩的概念。

3.1.2 工程软岩

工程软岩是指在工程力作用下能产生显著塑性变形的工程岩体。如果说目前流行的软岩定义强调了软岩的软、弱、松、散等低强度的特点，那么工程软岩的定义不仅重视软岩的强度特性，而且还强调软岩所承受的工程荷载的大小，强调从软岩的强度和工程荷载的对立统一关系中分析、把握软岩的相对性实质，即工程软岩要满足的条件是

$$\sigma>[\sigma], \qquad U>[U] \tag{3-1}$$

式中，σ 为工程荷载，MPa；$[\sigma]$为工程岩体强度，MPa；U 为隧道变形量，mm；$[U]$为隧道允许变形量，mm。

工程荷载是指作用在工程岩体上的力的总和，它可以是重力、构造残余应力、水的作用力和工程扰动力以及膨胀应力等。显著塑性变形是指以塑性变形为主体的变形量超过了工程设计的允许变形值，并影响了工程的正常使用。显著塑性变形包含显著的弹塑性变形、黏弹塑性变形、连续性变形和非连续性变形等。此定义揭示了软岩的相对性实质，即取决于工程力与岩体强度的相互关系。当工程力一定时，不同岩体，强度高于工程力水平的大多表现为硬岩的力学特性，强度低于工程力水平的则可能表现为软岩的力学特性；而对同种岩石，在较低工程力的作用下，则表现为硬岩的小变形特性，在较高工程力的作用下则可能表现为软岩的大变形特性。

工程软岩和地质软岩的关系是：工程荷载相对于地质软岩（如泥页岩等）的强度足够小时，地质软岩不产生软岩显著塑性变形力学特征，即不作为工程软岩，只有在工程力作用下发生了显著变形的地质软岩，才作为工程软岩；在大深度、高应力作用下，部分地质硬岩（如泥质胶结砂岩等）也呈现了显著变形特征，则应视其为工程软岩。

3.2 软岩变形力学机制

软岩工程变形、破坏和失稳的原因是多方面的，但根本原因是软岩具有复杂的变形力学机制。根据理论分析和大量的工程实践，初步将软岩的变形力学机制归纳为 3 大类，即物化膨胀型、应力扩容型和结构变形型。又依据引起变形的严重程度分为 A、B、C、D 四个等级，共 13 个亚类，如图 3-1 所示。显然，I 类机制与软岩本身分子结构的化学特性有关，II 类机制与力源有关，III类机制则与地下结构和岩体结构面的组合特性有关。这 3 类机制概括了软岩膨胀变形的主要动因。

- 软岩变形力学机制
  - Ⅰ型：物化膨胀型
    - I_{A}型：分子吸水膨胀机制
    - I_{AB}型：分子吸水膨胀+胶体膨胀机制
    - I_{B}型：胶体膨胀机制
    - I_{C}型：微裂隙毛细膨胀机制
  - Ⅱ型：应力扩容型
    - II_{A}型：构造应力机制
    - II_{B}型：重力机制
    - II_{C}型：水力机制
    - II_{D}型：工程偏应力机制
  - Ⅲ型：结构变形型
    - III_{A}型：断层型
    - III_{B}型：软弱夹层型
    - III_{C}型：层理型
    - III_{D}型：优势节理型
    - III_{E}型：随机节理型

图 3-1　软岩变形力学机制及其分类

3.2.1　物化膨胀型

1.分子吸水膨胀机制

含有蒙脱石和伊/蒙混层矿物的泥质岩类的膨胀性颇为显著。这种膨胀性与蒙脱石的分子结构特征关系十分密切，因此也可将这种膨胀机制称为蒙脱石型膨胀机制。

蒙脱石的晶体是由很多相互平行的晶胞组成的，每个晶胞厚度约 14Å，有 3 层，上层和下层为 Si-O 四面体，中间夹一层 Al-O-OH 八面体。其最大特点是每个晶胞中四面体和八面体数量之比为 2∶1，晶胞与晶胞之间以 O^{2-}接触，故不够紧密，可以吸收无定量的水分子，因而结构格架活动性大，亲水性强，晶胞之间的 Al^{3+}可被 Fe^{3+}、Fe^{2+}、Ca^{2+}、Mg^{2+}等离子取代而形成蒙脱石组各种不同的矿物。若为两价离子所取代，则在格架中出现多余的游离原子价，提高了吸附能力，有助于增强晶胞间的连接力。由于上述特性，蒙脱石组矿物具有吸水能力强，使体积大大膨胀，甚至使相邻晶胞失去连接力的特性。

由于蒙脱石的相邻晶胞具有同号电荷，因而具有斥力，活动性大。另一方面，晶胞之间的沸石水也有一些反离子。当泥岩通水后，其中的蒙脱石晶胞之间沸石水的一部分反离子逸出，使吸引力减小，水分子挤入，晶胞间距加大，使矿物颗粒本身急剧膨胀。另外，矿物颗粒之间的结合水膜也增厚，这属于胶体膨胀力学机制。由于蒙脱石具有遇水后颗粒内部晶胞间距剧增和粒间结合水膜加厚两种膨胀机制，所以其膨胀量在黏土矿物中是最大的。据测定，Ca 蒙脱石可膨胀到原体积的 7 倍多。

不仅蒙脱石具有上述晶粒内部膨胀机制，而且伊/蒙混层矿物、伊利石矿物也具有这种膨胀特性，只是伊利石的 3 层结构中的 SiO_2 比蒙脱石少一些。其上、下两层 Si-O 四面体中的 Si^{4+}可以被 Al^{3+}、Fe^{3+}所取代，因而游离原子价与蒙脱石不同，在相邻晶胞间可出现较多的一价正离子，有时甚至有二价正离子，以补偿晶胞中正电荷之不足。在软岩中，常见一价 K^+，故伊利石结晶格架活动性比蒙脱石小，亲水性也低一些。

2.胶体膨胀机制

有些软岩并不含蒙脱石、伊/蒙混层矿物和伊利石，也具有膨胀性。例如，黏粒成分为高岭石、腐殖质和难溶盐时，也具有一定的膨胀性。现以高岭石为例说明其膨胀机制。

高岭石的结构格架是由互相平行的晶胞组成的。由于晶胞之间通过 O^{2-}与 OH^-胶结连接，连接力较强，不允许水分子进入晶胞之间，所以其亲水性小，遇水后体积膨胀也小。高岭石等黏粒遇到水时，虽然其晶胞之间不允许进入水分子，但其黏粒表面具有游离价原子和离子，这些原子或离子具有静电引力，在土粒表面形成静电引力场。水分子是偶极体，一端带正电荷，一端带负电荷，可以为静电引力所吸引。于是黏粒表面附近的水分子紧密地、整齐地排列起来。这时水分子失去自由活动的能力，越靠近黏粒表面，这种情况就越显著；距黏粒表面稍远，静电引力场的强度渐小，水分子失去的自由能力渐小，排列也将不那么整齐，此即为胶体中的弱结合水：再远一些，静电引力几乎没有作用，水分子自由活动的能力和原来的差不多，成为自由液态水。完全失去自由活动能力的水分子是胶体中的强吸附层中的强结合水；部分失去自由活动能力的水分子是胶体中的弱吸附层中的弱结合水。这两部分结合水共同组成水化膜，使黏粒的体积膨胀。其结合水力学性质既不同于液体，也不同于固体，而是介于二者之间的过渡类型。由于黏粒极小，表面积很大，因此这种吸附作用极其明显。这时的黏粒将形成一种胶体，黏粒表面形成很厚的水化膜吸附层，使得黏土在宏观上产生膨胀。这种膨胀机制并非高岭石矿物独有，蒙脱石、伊利石等其他矿物，只要粒径小于 0.002mm，均能形成胶体，具有上述膨胀机制。

软岩一般是泥质岩类，基本上是黏粒的集合体。相邻的黏粒比较靠近时，各自形成的水化膜会有一部分重叠起来，形成公共水化膜(图 3-2)。当各自水化膜加厚时，公共水化膜消失，水胶连接力消失，软岩产生膨胀而进入塑性，若各自水化膜变薄，公共水化膜形成，水胶连接可以使软岩变得相当坚硬，这就是现场见到的软岩十分坚硬的原因。

软岩遇水膨胀(胶体膨胀机制)的过程如图 3-3 所示，可称为软岩胶体膨胀模式。固体软岩黏粒周围有公共强结合水化膜，故其硬度很大；吸水膨胀后，公共强结合水化膜消失，黏粒的弱结合水化膜加厚而出现公共弱结合水化膜，这时软岩变成塑性状态；黏粒进一步吸水膨胀，公共弱结合水化膜随水化膜加厚趋于消失，随之出现了黏粒之间的自由水，则软岩进入黏流状态和液流状态。

3.微裂隙毛细膨胀机制

软岩的空隙颇为发育，由于大量孔隙和裂隙的存在及水的表面张力，产生了毛细压力，使地下水通过软岩中的微小空隙通道吸入。其上升的高度和速度决定于它的孔隙、有效粒径、孔隙中吸附空气和水的性质以及湿度等。据试验数据，卵石的毛细高度为零至几厘米，砂土则在数十厘米之间，而黏土(相当于泥质软岩)可达数百厘米。因此，在整个毛细带内水因为毛细压力的作用被吸入到软岩的微小孔隙中，为软岩的进一步化学膨胀和胶体膨胀准备了条件。正是由于这种毛细作用，才使水通过毛细空隙向各方向运动。所谓毛细作用，实质上就是指水与软岩固体间的吸引力同水与空气界面的表面张力二者的相互作用，作用力学机制如图 3-4 所示。

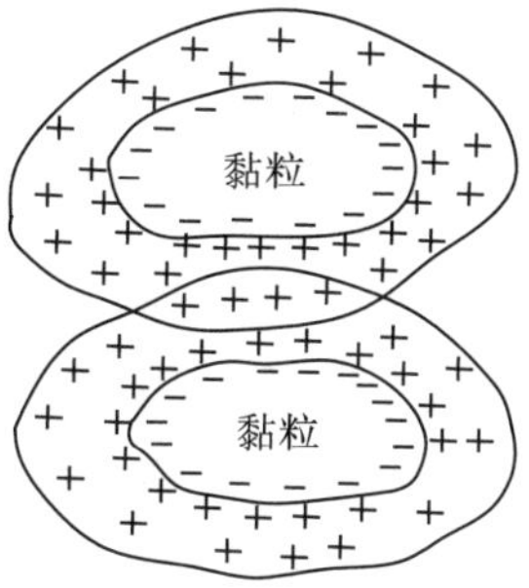

图 3-2　黏粒间水化膜使其膨胀

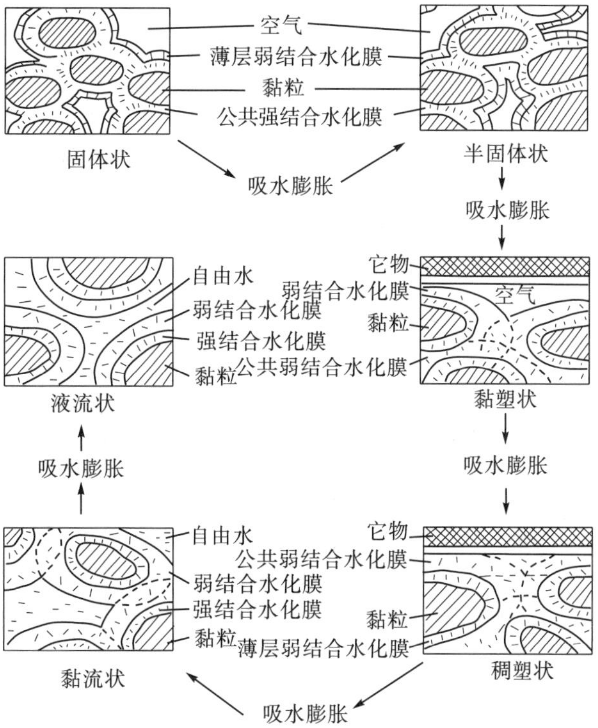

图 3-3　软岩中黏粒吸水膨胀机制

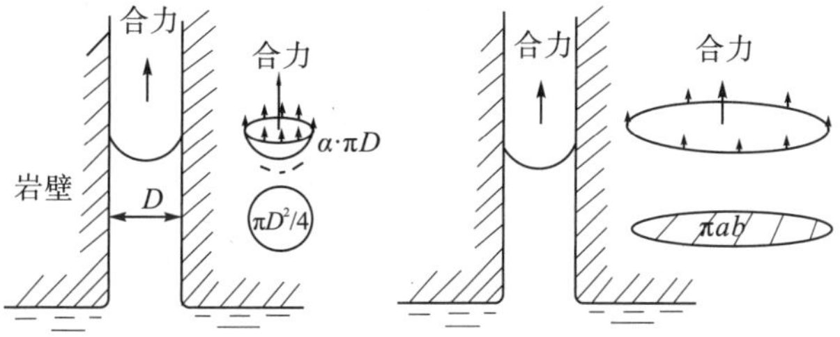

图 3-4　孔隙和裂隙介质中的毛细力作用机制

3.2.2　应力扩容型

1.构造应力机制

在地质历史时期，地层经历了多期地质构造应力场的作用，岩层本身以弹性变形的形式储存了变形能。一旦地层中掘进隧道，这些变形能以变形的形式向临空区释放，宏观上表现为岩层的扩容膨胀。另一方面，岩层在隧道成形时，应力状态从三维向二维转变，在构造应力作用下，又极易发生破坏而产生非线性弹塑性变形，这是一种与时间有关的变形。

这种变形往往导致软岩支护的宏观破坏，其特征是方向性破坏明显，破坏程度与深度无关。构造应力一般以水平构造应力为主，在构造应力显著地区，隧道两帮的破坏往往颇为明显，其力学模式如图 3-5 所示。

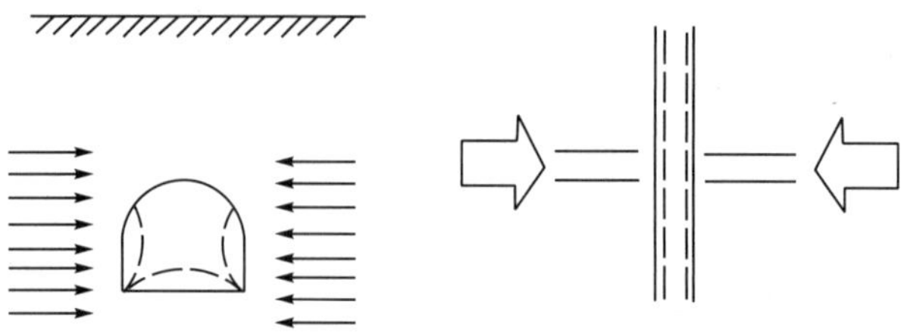

图 3-5 构造应力膨胀机制

2.水力机制

水的作用可分为两部分，力学作用和物理化学作用。水的力学作用又分为静水压力作用和动水压力作用。

当在含水岩层中开挖隧道时，围岩稳定首先受到地下水泄出的影响，作为一种动水压力作用使支护(如喷层)难度增大；而一旦支护体形成，增加了支护体变形和破坏的可能性。另一方面，地下水的泄出增加了其与其他泥质软岩接触的机会，使泥质软岩中有膨胀潜能的矿物急剧膨胀。其机制是前面讨论过的晶粒化学膨胀机制和黏粒胶体膨胀机制。

3.重力机制

由上覆围岩自重引起的自重应力为垂直应力，并引起相应的水平应力。软岩隧道的破坏表现出明显的与深度有关而与方向无关的特点。即在开挖浅部隧道时，按常规支护形式，隧道变形破坏不很明显；随深度增加，开挖到深部巷道时，变形破坏变得严重起来，而破坏的方向性不甚明显。这些特征往往表现为重力机制起作用的扩容膨胀。

4.工程偏应力机制

隧道开挖后，围岩应力发生了较大改变，切向应力在岩壁附近出现局部集中现象，越远则越接近于原岩应力状态。同时，一个隧道的开挖，对旁侧相邻隧道围岩有影响。这种影响在隧道围岩中任一点的应力状态可用二阶应力张量表示，即

$$\begin{bmatrix} \sigma_{xx} & \tau_{xy} & \tau_{xz} \\ \tau_{yx} & \sigma_{yy} & \tau_{yz} \\ \tau_{zx} & \tau_{zy} & \sigma_{zz} \end{bmatrix} \tag{3-2}$$

此二阶应力张量可分解为两部分：球形应力张量和偏应力张量，即

$$\begin{bmatrix} \sigma_{xx} & \tau_{xy} & \tau_{xz} \\ \tau_{yx} & \sigma_{yy} & \tau_{yz} \\ \tau_{zx} & \tau_{zy} & \sigma_{zz} \end{bmatrix} = \begin{bmatrix} \sigma_{xx}-\sigma_c & \tau_{xy} & \tau_{xz} \\ \tau_{yx} & \sigma_{yy}-\sigma_c & \tau_{yz} \\ \tau_{zx} & \tau_{zy} & \sigma_{zz}-\sigma_c \end{bmatrix} + \begin{bmatrix} \sigma_c & 0 & 0 \\ 0 & \sigma_c & 0 \\ 0 & 0 & \sigma_c \end{bmatrix} \tag{3-3}$$

球形应力张量不引起形变，它是一种三向均压状态。偏应力张量引起隧道围岩的变形破坏，因此工程开挖引起的偏应力局部集中是软岩隧道变形破坏的重要原因之一。其特点与开挖的断面、隧道密度和交叉方式有关。

3.2.3　结构变形型

当不同隧道通过同一岩层时，顺层的隧道破坏甚为严重，穿层的隧道破坏比较轻微，其原因是变形受结构面的影响而呈现各向异性特征，当岩层中发育软弱夹层时尤其如此。根据岩层层理或节理的形态的不同，其变形力学机制又可分为断层型、软弱夹层型、层理型、优势节理型和随机节理型等变形力学机制(图 3-1)。

3.3　围岩大变形分类

围岩大变形是指在深埋软弱围岩隧道或者膨胀性围岩隧道开挖后，围岩发生大范围的塑性破坏，围岩位移得不到有效约束，变形量远超过规范允许的变形量或者设计预留的变形量(有的学者定义为变形超过隧道洞径的 3%)，并且长时间不收敛，在此过程中，隧道支护结构发生破坏，出现混凝土开裂掉块，钢拱架扭曲变形乃至折断等现象。围岩大变形具有显著的流塑性变形特征，并表现出累进扩展特征和明显的时间效应，给施工带来极大的困难。

隧道开挖后的力学行为可以概括为：开挖前的原始平衡→围岩松弛→发生松散、坍塌→形成新的平衡。必须指明，这里所说的“松弛”和“松散”是两个不同的概念。其中“松弛”指的是岩体的应力水平会随着围岩的变形而发生降低，一般情况下，在这个阶段隧道围岩均处于受压状态，所以在一定程度上仍然保持连续介质状态；“松散”是指围岩的变形累积到一定程度后将会引起部分岩块脱离“母岩”，形成一定范围的坍塌从而以岩体自重形式作用于隧道支护结构，这部分作用称为“松散压力”。而在围岩处于松弛阶段且变形有限时，随着围岩变形支护结构也要承受相应荷载，这部分荷载与坍塌岩体的自重荷载有所不同，可称之为“形变压力”，又可分为弹性变形压力、塑性变形压力和流变压力。此外，围岩在遇水或其他因素下体积膨胀时会相应产生“膨胀压力”[9,37]。由上可知，隧道开挖后围岩破坏形式与压力来源密切相关。按照其发生机理，隧道围岩大变形可以分为以下四类。

3.3.1　松动大变形

在硬质岩($\sigma_c >$25MPa)中开挖隧道时，围岩的松弛过程持续时间很短，相应的围岩变形量也较小。如果不施作支护结构，岩体完整性较好的围岩会自行稳定，而节理、裂隙发育的围岩会发展成松散直至坍塌，这个过程中围岩变形不会很大。然而，不是所有硬质岩都不会发生大变形，某些情形下隧道围岩单轴抗压强度虽然不低，埋深也不大，没有高地应力，支护结构仍然发生了急剧变形的现象，和大变形比较相似，这种情形一般发生在断层破碎带等处。由于岩体松散，隧道开挖后造成部分岩石脱离周围岩体，并以松散压力形式对支护结构造成过大的压力，从而造成其变形加剧。变形监测数据一般会呈现出台阶式或跳跃式的增长(图 3-6)，某些情况下还可能会出现变形曲线反弯，这种急剧变形与软弱围岩破碎带的松动有关，可称为松动大变形。

松动大变形是可以防止的，支护设计和施工失当是诱发松动大变形的重要原因，还包括初期支护不及时、支护结构刚度不足和初期支护同围岩不密贴。松动大变形是围岩大坍方的预兆，十分危险，处治方案可以简单明确地归结为：立即“加强支护”。如果松动型大变形已经发展到需拆换支护、扩挖断面的程度，施工中的安全风险是很大的，必须有防范措施。

3.3.2 膨胀大变形

岩石中的有些矿物质在遇水后会发生体积膨胀，如果隧道围岩中这些矿物质含量较高，则在隧道开挖后，地下水会向隧道方向产生渗流，而围岩中的膨胀性矿物在遇到地下水后，产生体积膨胀便会发生膨胀大变形(图 3-7)[64]。围岩膨胀变形可以分为两类：黏性膨胀和化学性膨胀。黏性膨胀是指黏土矿物遇水后颗粒间的水膜变厚，进而产生体积膨胀的现象，黏性膨胀主要发生在亲水类矿物中，如伊利石、蒙脱石等；化学性膨胀是指某些矿物吸水发生结晶或变相造成体积膨胀，如石膏、无水芒硝等。

国外如最近修建的都灵隧道，最大径向位移高达 2m。国内比较典型的实例，如关角铁路隧道，施工期间隧底上鼓约 1m，两侧边墙内挤很大，通车后不久，隧底便上鼓 30cm，行车中断。

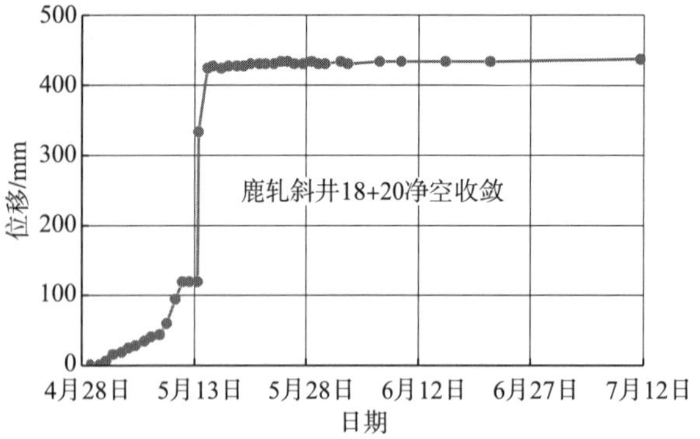

图 3-6 典型的松动大变形收敛变形曲线

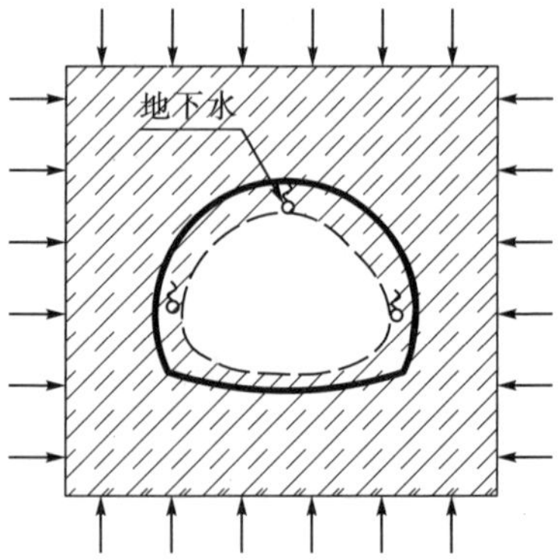

图 3-7 膨胀大变形

3.3.3 挤压大变形

隧道工程中所说的高地应力是一个相对的概念。它不仅是用 $\sigma_{\max}$ 的绝对大小来衡量，而且还要考虑围岩自身的强度 σ_c。因此，目前国内外的通用做法是用围岩强度应力比来衡量地应力场的高低。

围岩强度应力比定义为

$$G_N = \sigma_c / \sigma_{max} \tag{3-4}$$

目前在隧道工程中，都将围岩强度应力比作为判别围岩所处的地应力水平及围岩稳定性的指标，表 3-1 中为国内外不同组织对高地应力等级的一些划分标准。

表 3-1　国内外部分地应力分级标准

分级标准	一般	高	极高
我国《铁路隧道设计规范》	＞7	4～7	＜4
法国隧道协会	＞4	2～4	＜2
日本新奥法指南	＞6	4～6	＜4
日本仲野分级	＞4	2～4	＜2

注：表中数值为围岩强度应力比 σ_c / σ_{max}。

在隧道埋深较大且具有高地应力时，若遇围岩软弱破碎则隧道开挖导致的应力集中会超越隧道围岩强度极限，在隧道周围一定范围内的岩体将会发生塑性剪切滑移，从而发生量值较大的围岩变形[65]。这种大变形一般被称为“挤压性大变形”。挤压性大变形一般发生在围岩应力重分布过程中的松弛阶段。国际岩石力学与工程学会中的隧道挤压性岩石专业委员会对其作了如下定义：挤压大变形是指围岩具有时效的大变形，其本质上是岩体内的剪应力超限而引起的剪切蠕动，变形可发生在施工阶段，也可能会延续较长时间。

围岩的挤压性程度，即变形量级、速率以及滑移区范围，同地应力水平和岩体强度有关，通常用 N_c 作为判定围岩挤压性程度的指标，称为“挤压因子”。

$$N_c = \frac{\sigma_c}{p_0} \tag{3-5}$$

式中，σ_c 为岩体单轴抗压强度；p_0 为地应力。

由于岩体结构的复杂性，式中 σ_c 实际上是一个综合、概化地反映岩体强度的参数。根据 Hoek-Brown 的研究：

$$\sigma_c = \left(0.0034 m_i^{0.8}\right) \sigma_{ci} \left[1.029 + 0.025 \mathrm{e}^{-0.1 m_i}\right]^{\mathrm{GSI}} \mathrm{GSI} \tag{3-6}$$

式中，σ_{ci} 为岩块强度，可用点荷载仪测定；m_i 为 Hoek-Brown 常数，反映岩石各组分之间摩擦特性；GSI 为地质强度指数，反映岩石和岩体之间的性质差异。m_i 和 GSI 均可根据地质勘查的描述查表获得。

岩体强度也可按熟知的莫尔-库仑准则估算：

$$\sigma_c = \frac{2c\cos\varphi}{1-\sin\varphi} \tag{3-7}$$

式中，c 为岩体的黏聚力；φ 为岩体的内摩擦角。

对于剪切屈服挤压性围岩的大多数情况，由于岩性软弱，地应力主要由自重产生。因此在论述挤压型变形的文献中，挤压因子 N_c 表达式中的地应力直接取隧道上覆岩层的重量，即

$$N_c = \frac{\sigma_c}{p_0} = \frac{\sigma_c}{\gamma H} \tag{3-8}$$

式中，γ 为岩体容重；H 为隧道埋深。Hoek 根据工点资料统计，提出围岩挤压性分级如表 3-2 所示。

表 3-2　挤压性分级

N_c	＜0.11	0.11～0.16	0.16～0.22	0.22～0.36	＞0.36
挤压性等级	极度	非常严重	严重	轻度	不明显
相对变形/%	＞10	5～10	2.5～5	1～2.5	＜1

由塑性滑移(剪切屈服)产生的挤压性变形，当地应力的大主应力为垂直方向时，边墙中部的水平位移要大于拱顶沉降。反之，如果地质构造引起的水平地应力大于垂直应力，则拱顶沉降值较大。这就对挤压性围岩一般边墙水平位移较大的现象做出了很好的解释——这是由挤压性围岩自重地应力场的特点所决定的。

在对围岩挤压性大变形隧道工程进行研究时，总是希望通过实测对地应力进行一些定量的了解，测试获得的结果往往是水平构造地应力大于垂直应力。值得指出的是，鉴于在软弱岩体中用“水压致裂法”实测地应力较为困难，往往选择临近较为完整的岩体进行试验，所测得的结果可以总体上反映隧道所在区域地质体的构造运动背景，但很难用于阐明具体发生挤压性变形处软弱围岩的地应力状态。

3.3.4　流变大变形

在地下工程中，尤其是在高地应力裂隙化岩体中开挖的地下洞室，在高地应力作用下围岩发生扩容，向临空面产生强烈的变形，导致围岩大变形，如图 3-8 所示。围岩所表现出的大变形特征和长期监测资料表明，自洞室开挖至数月或数年内，围岩的变形和应力分布仍随时间而发生变化，具有明显的时间效应特征，这种变形就是流变围岩所具有的特征[66]。法国至意大利的一座隧道，修建好后一直完好，20 年后才出现开裂；加拿大的一些隧道，40 年后才出现明显的变形破坏；我国金川矿区的大变形也属于这种变形机制。

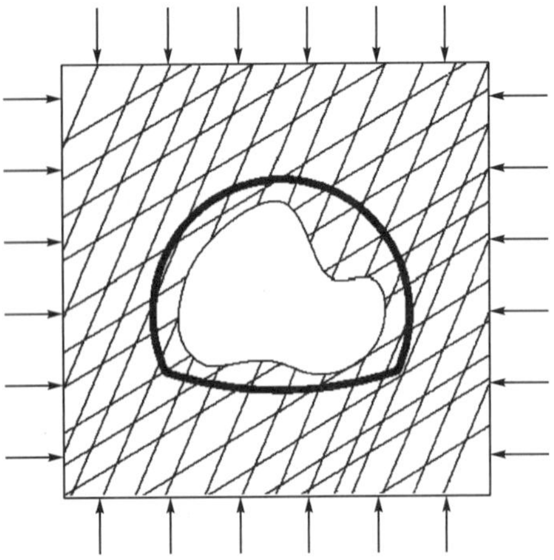

图 3-8　流变大变形

实际工程中的围岩大变形，可能不单是某一种类型，也有可能存在以上两种或几种大变形的组合作用。四种大变形的发生机理、发生条件及变形特征归纳于表 3-3。

表 3-3　大变形的类型

大变形类型	发生机理	发生条件	变形特征
松动大变形	松散塌落	支护刚度太小 支护施作不够及时 支护与围岩不密贴	变形突发性 位移速率递增
膨胀大变形	体积膨胀	膨胀性矿物 地下水	变形无明显优势方向 底鼓
挤压大变形	剪切滑移	高地应力 软弱围岩	变形有明显的优势方向 受地应力主方向控制
流变大变形	围岩流变	高地应力	变形时间长

研究中重点依托的隧道最大埋深约 190m，现场原位实验得到内摩擦角 φ 为 15°，内聚力 c 为 220kPa，炭质页岩的容重 γ 为 25kN/m^3，在隧道埋深 H 为 100m 的区段，利用式(3-4)和式(3-5)可得 N_c 为 0.23。显然，在埋深更大的区段，挤压因子会更小。隧道的围岩以软弱破碎炭质页岩为主，收敛变形以水平方向为主，即水平方向为变形的优势方向。因此，该隧道的大变形属于围岩剪切滑移引起的挤压大变形。

3.4　炭质页岩大变形机制

3.4.1　工程物理特性

为了探明前述隧道的地质情况，隧道中部布置 3 个地勘钻孔(DK125+385，DK125+611，DK126+201，具体位置见图 3-9)。通过勘探钻孔，获得如下信息：

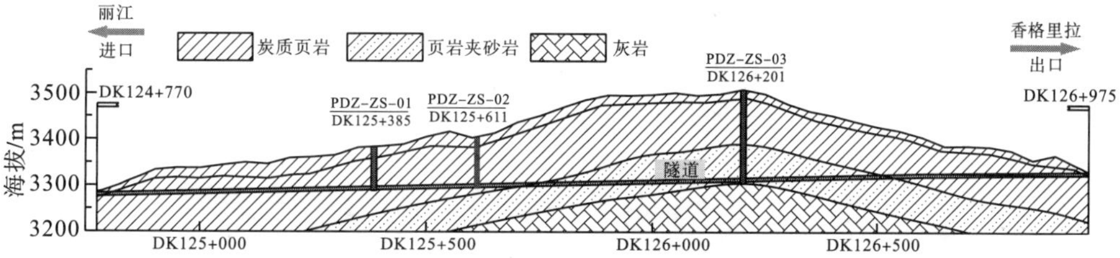

图 3-9　勘探钻孔位置

PDZ-ZS-01 号孔隧道路肩埋深 94.32m，71.01～94.32m 井段岩心(图 3-10)平均采取率 68%，岩石质量指标(Rock Quality Designation，RQD)值为 0，岩心采取率一般，RQD 值极低；岩性为炭质页岩，岩质软弱，遇水易软化，加之顺层偏压影响，围岩稳定性差，围岩级别为Ⅴ级强风化，在施工时易产生顶部坍方及边墙侧向挤出等危害。

PDZ-ZS-02 号孔隧道路肩埋深 89.05m，68.22～89.05m 井段岩心(图 3-11)采取率为 74%，RQD 值为 0，岩性为炭质页岩，岩质软弱，该段地表位于沟槽内，地下水较发育，围岩遇水极易软化，围岩稳定性差，围岩级别为Ⅴ级强风化，在施工时易产生顶部坍方及边墙侧向挤出及涌水危害。

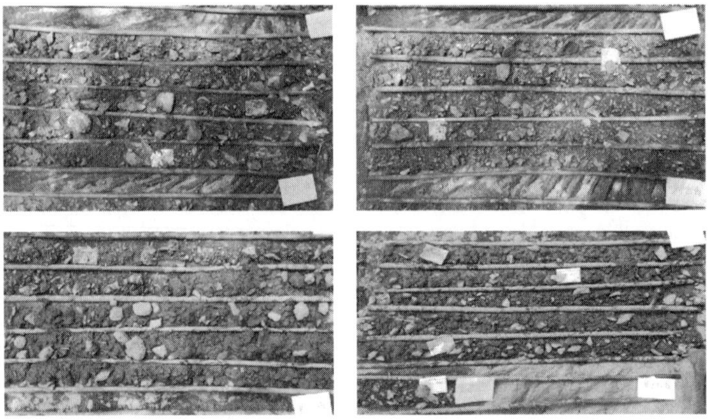

图 3-10　PDZ-ZS-01 洞身附近照片

图 3-11　PDZ-ZS-02 洞身附近照片

PDZ-ZS-03 号孔隧道路肩埋深 190.55m，168.00～190.55 井段岩心(图 3-12)采取率为 61%，RQD 值为 0；岩性为炭质页岩，岩质软弱，遇水易软化，该段位于背斜的核部，节理裂隙发育，岩体松散破碎，围岩稳定性差，围岩级别为Ⅴ级强风化，在施工时易产生顶部坍方及边墙侧向挤出等危害。地勘钻孔勘探结果总结于表 3-4。

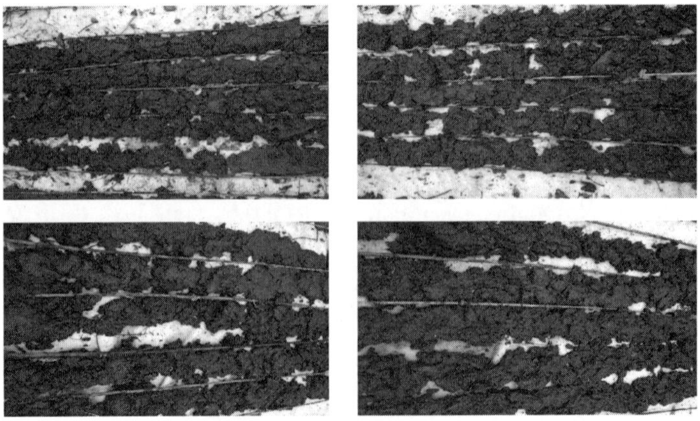

图 3-12　PDZ-ZS-03 洞身附近照片

表 3-4　隧道洞身段岩体采取率和 RQD 值及工程条件简要表

孔号	路肩埋深/m	洞身段附近井深段/m	岩心采取率/%	RQD 值/%	工程条件简要评价
PDZ-ZS-01	94.32	71.01～94.32	68	0	岩性为炭质页岩，岩质软弱，遇水易软化，受顺层偏压影响，围岩稳定性差，围岩级别为Ⅴ级
PDZ-ZS-02	89.05	68.22～89.05	74	0	岩性为炭质页岩，岩质软弱，该段地表位于沟槽内，地下水较发育，围岩遇水极易软化，围岩稳定性差，围岩级别为Ⅴ级
PDZ-ZS-03	190.55	168.00～190.55	61	0	岩性为炭质页岩，岩质软弱，遇水易软化，该段位于背斜的核部，节理裂隙发育，岩体松散破碎，围岩稳定性差，围岩级别为Ⅴ级

结合该隧道勘察、施工揭示围岩状况分析：炭质页岩是一种碳化机制页岩，包含黏土矿物、沉积碎屑物和少量金属氧化物，属于黏土岩。以灰褐色为主，局部为浅黄、灰白色，薄层状，岩质较软，节理裂隙发育，易剥离，用硬物打击易裂成碎片。其工程力学特性如下。

1.各向异性

不同于其他硬质岩，炭质页岩由于其显著的层理构造，结构面控制着炭质页岩的力学行为，造就了其明显的各向异性力学特性。

2.可塑性

炭质页岩含有大量的黏土矿物和碎屑，变形是由于岩石中节理、裂缝、结构面扩容引起的，所以即使作用力取消之后，变形也不可恢复，这就是炭质页岩的可塑性。隧道开挖以前处于初始地应力平衡状态，开挖后平衡被破坏，围岩应力就会在瞬间重新分布，洞室围岩应力由三维应力状态转变为二维应力状态，越靠近临空面洞室切向应力越大，径向应力由洞室临空面向围岩深处逐渐增大，最终形成距离临空面不同距离的塑性流动区、塑性软化区、塑性硬化区和弹性区，如图 3-13 所示。这四个区域的力学行为对应于岩石的全应力-应变曲线中的相应段，其中弹性区对应于岩石全应力-应变曲线的弹性变形阶段，塑性硬化区对应于全应力-应变曲线的塑性硬化阶段，塑性软化区对应于曲线的峰后软化阶段，塑性流动区对应于岩石的松动破坏阶段。

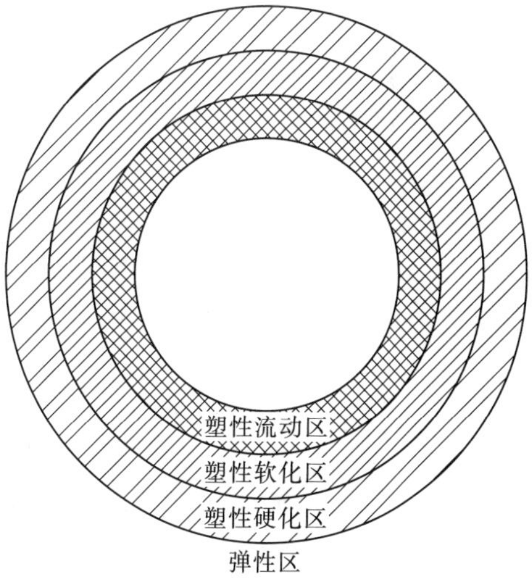

图 3-13　静压条件下软岩分区

3.横纵向多变性

主要分为岩性多变性和构造多变性。炭质页岩属于沉积型岩石，成岩时间短，埋深、水、工程应力等的作用对岩性的影响很大，使得隧道纵向上的岩体呈现多种差异较大的岩性。受构造应力和层理构造影响，水平方向相距很近的两个平行的开挖面岩体强度会相差很大，出现横向上岩体发育较好与破碎的差异。炭质页岩横纵向多变性会使得隧道工程在同样的工程应力下，围岩产生不同物理力学参数和本构关系，使炭质页岩隧道工程更加复杂化，增加施工和支护难度。

4.崩解性

炭质页岩中含有的矿物成分破碎性较强，胶结较弱，在一定条件下会发生崩解。根据崩解机理将崩解分为低应力软岩和高应力软岩、节理化软岩崩解。低应力软岩的崩解是由于其包含的黏土矿物在水的作用下发生膨胀，膨胀力不均匀分布造成结构体解体、崩裂现象。高应力和节理化软岩的崩解表现为在工程力的作用下，裂缝中的应力集中引起结构体解体、崩裂的现象。

5.流变性

隧道工程开挖后围岩变形受时空效应影响显著，且支护完成后长期受力的特性使得软岩的流变性更为突出。流变性又称黏性，是指物体受力变形过程与时间有关的性质。软岩的流变性包括弹性后效、流动、结构面的闭合和滑移变形，主要表现在流变性、松弛性和流动极限的衰减性质。弹性后效在外力卸除后不留变形，是一种延迟发生的弹性变形和弹性恢复；流动可以分为黏性流动和塑性流动，黏性流动是指岩体在微小外力作用下就会发生的变形，塑性流动是指外力达到极限值后岩体才开始发生的塑性变形，流动是一种随时间变化而发生的塑性变形，不可恢复；闭合和滑移是岩体中存在的结构面在受力后压缩变形和错动的现象。

6.易扰动性

易扰动性是指炭质页岩由于节理裂缝发育、松散破碎、自稳能力差的特点，会对施工动作如爆破震动、掘进扰动等产生较大的响应。

3.4.2 物理力学特性

岩样采集和样品制备是一项细致的工作，现场采取的样品必须能真实地反映岩体的情况。试验中所用的炭质页岩（图 3-14）是在工程现场取得的岩样，采用土工布包裹，运输到实验室加工成试件，参照《工程岩体试验方法标准》（GB/T 50266—99），经过水钻法钻取岩心，制成直径为 50mm，高 100mm 的圆柱体岩样（图 3-15），制成的试件符合国际岩石力学与岩石工程学会（ISRM）的规定：高径比不小于 2.0，直径误差不超过 0.3mm，两端面的不平行度最大不超过 0.05mm，岩样端面应垂直于轴线，最大偏差应小于 0.25°。

图 3-14　现场采集的块状炭质页岩

图 3-15　部分加工完成的试件

炭质页岩单轴压缩试验及三轴压缩试验均采用 MTS815 Flex Test 岩石力学试验系统。MTS815 是美国 MTS 公司生产的液压伺服力学系统，主要用于测试岩体、混凝土、煤体在复杂应力条件下的力学性质以及渗流特性，测试精度高，性能稳定，可以进行高低速数据采集，采用力、位移、轴向应变、横向应变等控制方式。轴向最大加载载荷 4600kN，围压最大 140MPa，孔隙水压最大 80MPa，温度最高 200℃。能进行劈裂、单轴压缩、循环加卸载试验，三轴压缩、循环加卸载、卸围压试验及渗流试验。

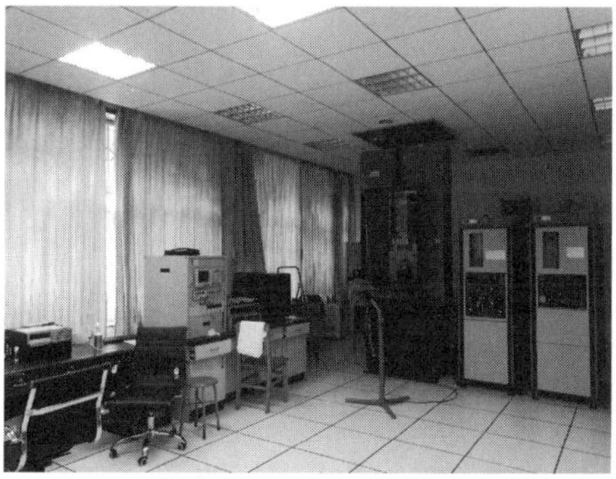

图 3-16　MTS815 岩石力学试验系统

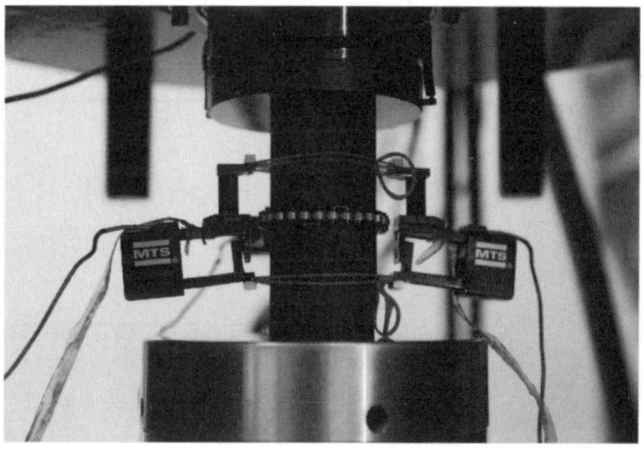

图 3-17　单轴压缩试验

为了获得炭质页岩的单轴抗压强度，分析围岩以及水对炭质页岩的力学特性的影响，分别进行了单轴压缩试验以及不同围压下饱水和自然状态的炭质页岩试件的三轴压缩试验。

通过对炭质页岩进行单轴压缩试验，得到其应力应变曲线，见图 3-18，炭质页岩的物理力学参数见表 3-5。结合图表可知，炭质页岩在单轴压缩条件下，表现出明显的脆性，达到峰值应力时的应变较小；炭质页岩的单轴抗压强度 σ_c 为 55.3MPa，弹性模量 E 为 42.4GPa，泊松比 v 为 0.145。

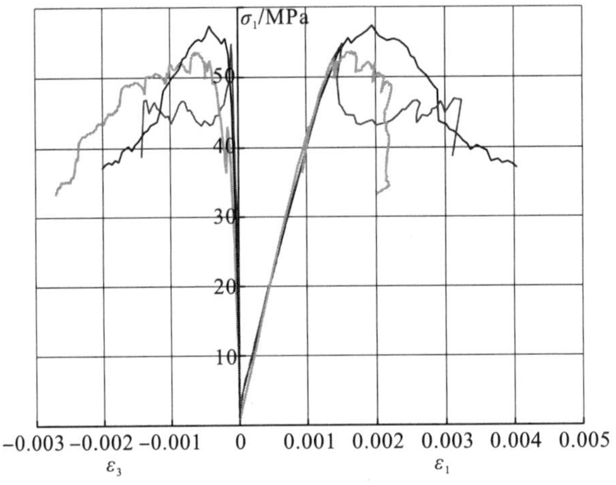

图 3-18 炭质页岩单轴压缩应力应变曲线

表 3-5 炭质页岩物理力学参数

岩样编号	直径/mm	高度/mm	高径比	σ_c/MPa	E/GPa	ν
sg-9	49.96	100.02	2.0020	57.4	43.3	0.138
sg-10	50.05	100.12	2.0004	54.8	41.3	0.151
sg-11	50.03	99.98	1.9984	53.7	42.6	0.145
均值	—	—	—	55.3	42.4	0.145

图 3-19 为炭质页岩试件单轴压缩破坏后形态，从图中可以看出，炭质页岩的结构面发育，试件的破坏形态主要受结构面的影响，破裂滑动都是沿着原生结构面。

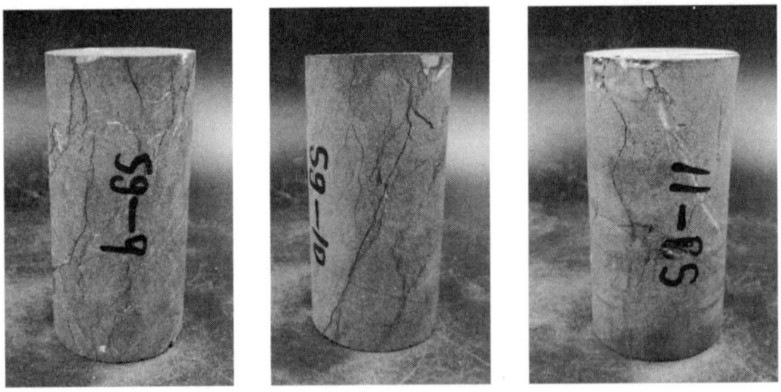

图 3-19 试样单轴压缩破坏后形态

对自然状态和饱水状态的炭质页岩试件进行三轴压缩试验，得到图 3-20 的三轴压缩试验的应力应变曲线。从图中可以看出，自然状态的炭质页岩呈脆性破坏特征，饱水状态下的炭质页岩试件的延性增加，炭质页岩的峰值强度随着围压的升高而增大。图 3-21 为围压与峰值强度的关系，可以看出：无论是自然状态还是饱水状态，峰值强度与围压呈良好的线性关系。基于莫尔-库仑准则，通过如下公式进行回归分析，得到峰值强度与围压的关系：

$$\sigma_1 = a + b\sigma_3 \tag{3-9}$$

$$a = \frac{2c\cos\varphi}{1-\sin\varphi} \tag{3-10}$$

$$b = \frac{1+\sin\varphi}{1-\sin\varphi} \tag{3-11}$$

岩石在饱水后抗压强度降低，可以通过如下公式定义岩石的软化系数：

$$T = \frac{\sigma_{sat}}{\sigma_{nat}} \tag{3-12}$$

其中，σ_{sat} 为饱水状态下岩石的峰值强度；σ_{nat} 为自然状态下岩石的峰值强度。

通过以上分析，得到表 3-6 的三轴压缩试验结果。三轴压缩条件下炭质页岩的弹性模量为 49.4GPa，泊松比为 0.127。饱水试件的软化系数最小为 0.541，最大为 0.625，平均为 0.589，同时经回归分析得到自然状态下炭质页岩的内聚力 c 为 12.1MPa，内摩擦角为 54.2°，饱水状态下内聚力 c 为 8.7MPa，内摩擦角为 45.1°，即含水量的增加不仅导致岩石峰值强度降低，而且降低了内聚力和内摩擦角。

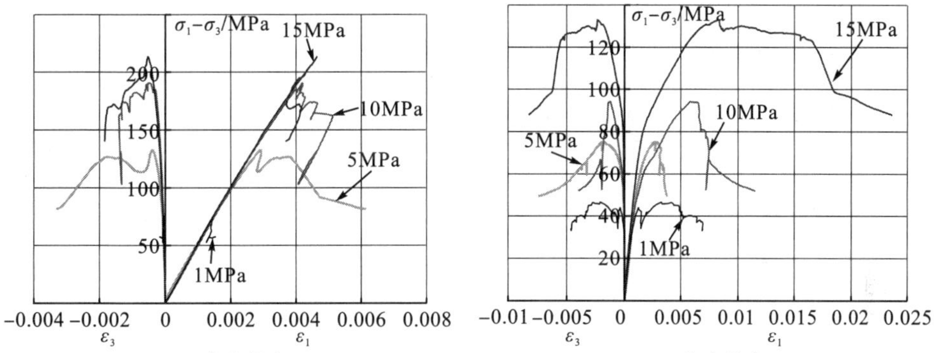

图 3-20　三轴压缩试验应力应变曲线

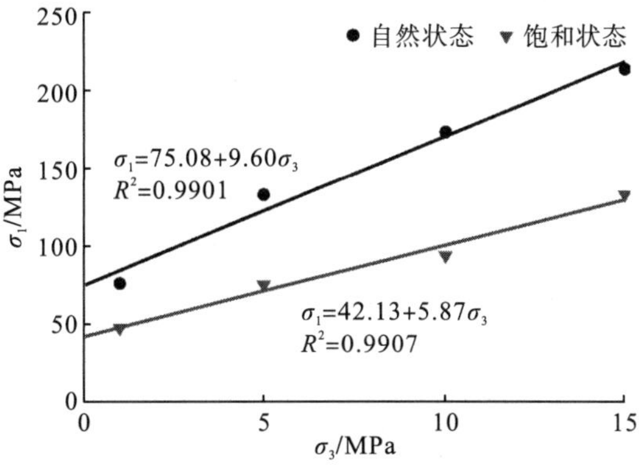

图 3-21　围岩与峰值强度的关系

表 3-6　炭质页岩三轴压缩试验结果

岩样编号	含水状态	围压/MPa	峰值强度/MPa	峰值应变/%	E/GPa	v	软化系数	c/MPa	φ/(°)
sg-1	自然	1	76.3	0.15	50.7	0.106	—	12.1	54.2
sg-2		5	133.4	0.29	48.3	0.113	—		
sg-3		10	173.8	0.40	48.9	0.121	—		
sg-4		15	214.4	0.44	48.9	0.118	—		
sg-5	饱和	1	47.7	0.41	52.0	0.150	0.625	8.7	45.1
sg-6		5	75.3	0.26	52.0	0.129	0.565		
sg-7		10	94.1	0.59	46.4	0.142	0.541		
sg-8		15	133.5	1.01	47.8	0.138	0.623		
均值	—	—	—	—	49.4	0.127	0.589	—	—

岩石破坏作为岩石内部众多微观裂纹相互作用的结果，其破坏模式反映了岩石的受力状态和自身的特性。图 3-22 和图 3-23 分别为自然状态和饱水状态下试件在不同围压下的破坏形态。对岩石破坏形态进行观察，可以看出：

sg-1　　sg-2　　sg-3　　sg-4

图 3-22　自然状态下试件的破坏形态

自然状态下，试件破裂成 2～3 块，块度大，能够观察到明显的主破裂面，伴有为数不多的次生小裂纹。其中，围压为 1MPa 时，呈拉伸破坏；围压为 5MPa、10MPa、15MPa 时，呈剪切破坏。

sg-5　　sg-6　　sg-7　　sg-8

图 3-23　饱水状态下试件的破坏形态

与自然状态的试件相比，饱水状态下试件的破坏形态有明显的不同。试件破裂成数块，块度变小，存在主破裂面，同时伴随着大量的次生裂纹，这些次生裂纹反映出了炭质页岩的内部结构面的几何形态与分布特征；饱水状态下所有试件都呈剪切破坏。

因此，水的存在改变了炭质页岩的破坏形态，对炭质页岩的弱化作用明显。大量的水侵入到了岩石内部的结构面，能够软化、溶蚀层理面间的填充物，导致试件沿着层理面发生滑动，三轴压缩试验时产生大量的次生裂纹。

3.4.3　大变形影响因素

1.岩性

岩性是围岩的基本地质物理特性，是影响围岩稳定性的重要因素之一。软岩是指在工程力作用下能产生显著变形的工程岩体。显著变形是指超过了隧道设计允许的变形，该变形包含弹性变形、塑性变形、黏弹性变形、连续变形和非连续变形等，但以显著的塑性变形和非连续变形为主。从隧道试验段监测数据可以发现，炭质页岩具有明显的流变特性，即变形随着时间持续增长，围岩中的应力及围岩作用对隧道结构的压力随时间而发展变化，这种随时间而不断增大的围岩压力对隧道结构的稳定不利。

炭质页岩属于沉积岩，其物质成分由黏土矿物及有机质构成，在地壳运动过程中通过挤压、脱水、重结晶和胶结等一系列物理化学反应作用最终形成。炭质页岩属于泥质结构，节理发育，薄层状构造，岩体软弱，强度低，风化易破碎，易与地下水发生作用而进一步软化并丧失稳定性。

炭质页岩在形成的过程中，由于其具有薄层状构造，应力挤压作用使岩层在垂直层理的方向上易发生弯曲的褶皱现象，从而形成层状挤密体。隧道开挖后，在应力释放的作用下，洞室周围处于层状挤密状态的炭质页岩层理体会产生恢复其原状的扩张作用；暴露于空气中的炭质页岩受风化作用影响，岩体逐渐破碎、强度降低，导致变形加剧。

炭质页岩呈黑色、灰黑色，软岩中的胶结物是其颜色的主要影响因素。除影响外观颜色外，胶结物对岩体强度也有一定程度的影响，并且不同软岩胶结物的成分及含量有较大的不同。本研究依托隧道炭质页岩中含有泥质胶结物和有机质胶结物，这些胶结物在环境因素的影响下，其稳定性与膨胀性有很大的差异，进而影响其变形程度。

2.地下水

地下水对岩体的物理化学作用软化了滑动面强度，洞室周围岩土体浸水后，由于水的软化和润滑作用，岩土体颗粒间的摩阻系数以及胶结能力降低，岩土体的黏聚力和内摩擦角都减小。同时，地下水渗流产生溶滤作用使岩体出现侵蚀现象，洞室周围出现细观或者宏观上的孔穴，使得围岩的完整性和强度进一步降低。现场施工过程中曾出现围岩以及初期支护面溢水现象。地下水对围岩大变形的具体影响可分为以下几点。

地下水赋存因素使得围岩中的含水量增大、饱和度提高，岩体的强度、黏聚力与内摩擦角等物理力学参数在地下水的作用下经过一系列反应而降低，进一步使围岩受到破坏，加剧了变形的发展。

地下水渗流产生溶解、溶滤、搬运作用以及其过程中引起的各种物理化学等附加反应产生的作用，加剧了围岩的侵蚀与泥化，洞室周围出现宏观或者微观上的孔穴，使得围岩的完整性和强度进一步降低。

有些饱和岩体中的裂隙或者是存在空隙的岩体内部，在静水压力的作用下，其有效压应力减小。不管是对裂隙还是岩体自身，其应力状态都因此趋于恶化。

岩体中的某些亲水性矿物，与地下水作用后导致岩石膨胀而软化崩解，降低了围岩的强度和稳定性。

在一定的条件下，当围岩具有一定的透水能力时，坑道开挖使得岩土介质与空气产生了新的接触面，就意味着坑道周边的地下水有了新的排泄孔道，从而在坑道周围产生了压力梯度。

3.施工方法

在软岩隧道的施工过程中，每一个施工步骤都会造成围岩应力的重分布，从而影响围岩的稳定性。因此合理的施工方法不仅能够有效减小对围岩的扰动次数与程度，还能够提高施工效率，增快施工进度。不同的隧道开挖方法都是通过尽量减少对围岩的扰动，分割隧道断面，减少每次开挖的面积，从而提高隧道施工的安全性。

在软岩隧道施工过程中，应该对不良地质条件、环境条件的区段进行预加固处理，超前小导管注浆加固能够提高围岩的物理力学特性，减小注浆岩层地下水的渗透系数以阻挡其向坑道内渗漏水；同时，隧道围岩开挖后应及时施作支护结构，避免围岩暴露时间过长，减少支护结构封闭成环的时间；在围岩条件较差的地段，采用双层初期支护的方法提高支护结构刚度，限制围岩产生过大的变形；尽量使开挖速度与支护速度同步，并及时施作二次衬砌，有利于围岩的稳定。

4.软弱夹层

软弱夹层具有力学强度低、受力后变形大的特性，而且在水的作用下性质极不稳定，易在渗流作用下发生渗透变形，导致失去承载能力或渗流阻力，从而发生胀缩、崩解和软化的情况。软弱夹层的软化作用是一个长期的过程，先是在最易接受水和干湿变化的部位逐渐软化而形成结构破坏，继而沿层面和节理逐渐深入和扩大，导致失稳破坏。

层理、节理裂隙等构造起软化、膨胀、崩解的作用。软弱夹层除因自身力学性质软弱而降低结构面强度外，其强度对结构面的力学性质也有显著的影响。因为有结构面的存在，软岩会产生一系列特有的力学性质，而这些特性与结构面的成因类型、结构面的形状及其组合形式相关联，也与结构面的充填物及充填程度密不可分。一般来说，结构面的抗剪强度受软弱夹层厚度影响较大，其抗剪强度随夹层厚度增大而明显降低，当软弱夹层厚度超过某一值之后，结构面的抗剪强度主要取决于软弱夹层的力学性质。

与此同时，炭质页岩中的炭质矿物也会对软弱夹层的性质产生一定影响，它们在岩石中常是定向分布，且含碳量越高，岩石的胶结程度越差、层理发育且易风化，弱化岩石。

3.4.4　大变形机理

研究中依托隧道的围岩以炭质页岩为主，从地质勘测资料以及对其围岩变形特征的总结与分析可知，此类围岩岩性较差、质软强度低，容易受地下水、软弱夹层和施工因素的影响从而产生软岩大变形。其主要的变形机理可概括为以下三个方面。

1.软岩的塑性剪切滑移变形

从现场试验得到的变形特征来看，其围岩具有较强的塑性与流变性。在坑道开挖之前，岩体受到较高的围岩压力作用，其处于紧密而且干燥的状态。而坑道开挖之后，由于岩体松散、破碎且对水的敏感性较强，与地下水作用后，强度很快弱化，加上构造和风化作用的影响，围岩的自稳能力很差。初期支护施作以后，完全松散、破碎的岩体在不断释放的应力作用下，围岩体的自身承载能力进一步降低，此时在洞室周围产生一定范围的塑性区域，围岩应力不断调整，支护结构承担了较大的围岩压力；随着时间的发展，岩体内会产生一定的塑性流动，塑性区范围不断扩展，变形持续发展，当塑性区范围内作用在初期支护上的围岩压力超过其所提供的承载力时，就会造成支护结构的屈服变形破坏，从而进一步造成隧道围岩大变形。

2.岩层的弯曲变形

隧道炭质页岩为薄层状构造，在施工中由于围岩应力释放的作用，岩体容易发生弯曲变形而导致破坏。洞室周边的岩体在隧道施工过程中受开挖卸荷作用的影响，其所受径向应力降低而切向应力增大，层状构造的岩体以板梁的形式受横弯或者纵弯作用而发生挠曲变形。层状岩体受到隧道开挖应力重分布的作用影响而发生弯曲，导致岩体向坑道内沿径向方向产生变形。对于洞壁的顶部和底部，则能够受水平应力作用影响而发生垂直方向的弯曲从而导致拱顶下沉和底部隆起，如图 3-24 所示。

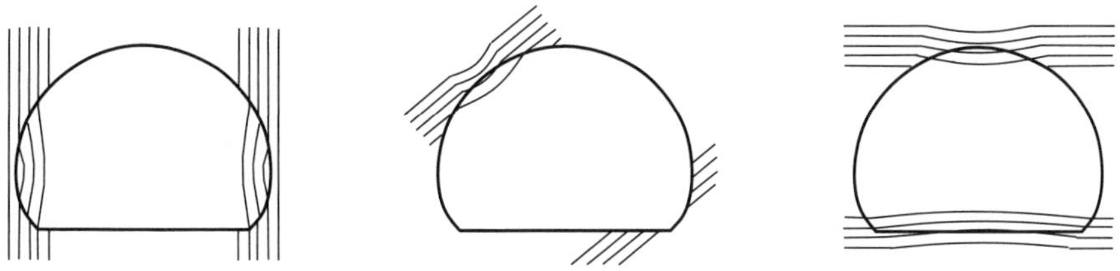

(a) 竖向岩层　(b) 倾斜岩层　(c) 水平岩层

图 3-24　岩层的弯曲变形

3.软弱夹层的软化作用

软弱夹层的力学强度低，受力后易产生较大的变形，且其与水作用后，围岩会在一系列物理化学作用下产生胀缩、崩解与软化等反应，从而导致围岩强度再次降低。其次，软弱夹层的厚度对结构面强度也有一定影响，厚度越大，结构面抗剪强度越低，从而影响围岩的强度。

炭质页岩中的炭质矿物也会影响软弱夹层的性质，含碳量的大小影响岩石的胶结程度。炭质矿物在岩石中常呈定向分布，含碳量越高，岩石的胶结程度越差，页理越发育，越易受风化作用的影响，从而降低岩体强度。其次，岩体内部分泥质胶结物中含有岩盐、高岭石等膨胀性矿物，其对环境条件敏感，易受地下水与风化作用影响。在干湿交替的施工条件下，表现出一定的胀缩性，导致围岩产生一定形变，影响围岩的稳定性。因此，本研究依托隧道的大变形以软弱破碎炭质页岩的塑性剪切滑移为主，岩层弯曲变形和软弱夹层也会引起一定的变形。

炭质页岩隧道的大变形是以软弱破碎炭质页岩的塑性剪切滑移为主、挤压作用明显的挤压大变形，炭质页岩软弱破碎、强度低是大变形的内在因素，地下水与软弱夹层等环境因素加剧了大变形的发展，施工扰动则影响着围岩变形发生的概率与程度。

3.5 本章小结

本章首先对隧道大变形分类进行梳理，其次分析了软岩变形力学机制，在此基础上，分析了隧道变形破坏机制，最后对该大变形隧道的大变形机制进行了总结，得到以下认识：

(1)地质软岩是指强度低、孔隙度大、胶结程度差、受构造面切割及风化影响显著或含有大量膨胀性黏土矿物的松、散、软、弱岩层，该类岩石多为泥岩、页岩、粉砂岩和泥质矿岩，是天然形成的复杂的地质介质。工程软岩是指在工程力作用下能产生显著塑性变形的工程岩体。工程荷载相对于地质软岩(如泥页岩等)的强度足够小时，地质软岩不产生软岩显著塑性变形力学特征，即不作为工程软岩，只有在工程力作用下发生了显著变形的地质软岩，才作为工程软岩；在大深度、高应力作用下，部分地质硬岩也呈现了显著变形特征，则应视其为工程软岩。

(2)物化膨胀型变形力学机制包括分子吸水膨胀机制、分子吸水膨胀+胶体膨胀机制、胶体膨胀机制、微裂隙毛细膨胀机制；应力扩容型变形力学机制包括构造应力机制、重力机制、水力机制和工程偏应力机制；结构变形型软岩的变形力学机制是指变形受结构面的影响而呈现各向异性特征，可分为断层型、软弱夹层型、层理型、优势节理型和随机节理型等变形力学机制。

(3)隧道大变形分为松动大变形、膨胀大变形、挤压大变形和流变大变形四大类。松动大变形一般发生在断层破碎带等处，由于岩体松散，隧道开挖后造成部分岩石脱离周围岩体，并以松散压力形式对支护结构造成过大的压力，从而造成其变形加剧。在地下水发育、围岩中含有大量的膨胀性矿物的地段，膨胀性矿物遇水导致膨胀大变形。在高应力地段，围岩软弱破碎则隧道开挖导致的应力集中会超越隧道围岩强度极限，在隧道周围一定范围内的岩体将会发生塑性剪切滑移，从而发生量值较大的挤压大变形。隧道开挖后围岩的变形和应力分布仍随时间而发生变化，具有明显的时间效应特征，这种变形就是流变围岩所具有的特征，这种条件下发生的围岩大变形属于流变大变形。

(4) 炭质页岩在单轴压缩条件下呈脆性破坏，单轴抗压强度约为 55MPa；在三轴压缩条件下，试件的峰值强度随围压的升高而增大，含水量的增加不仅降低了试件的峰值强度（软化系数为 0.589），同时还改变了试件的破坏形态；无论是自然状态还是饱水状态，峰值强度与围压呈良好的线性关系。

(5) 炭质页岩的工程特性包括各向异性、可塑性、横纵向多变性、崩解性、流变性和易扰动性。施工过程中出现的大变形受围岩岩性、地下水、施工方法和软弱夹层的影响，其中受岩性影响最大，其次为地下水和施工方法。

(6) 炭质页岩隧道大变形是以软弱破碎炭质页岩的塑性剪切滑移为主、挤压作用明显的挤压大变形，炭质页岩软弱破碎、强度低是大变形的内在因素，地下水与软弱夹层等环境因素加剧了大变形的发展，施工扰动则影响着围岩变形发生的概率与程度。

第4章　炭质页岩大变形隧道支护体系与开挖方法

隧道施工期间围岩-支护结构的稳定与隧址区围岩特性、水文地质，以及隧道支护体系及施工工序等因素密切相关。大量实践表明，合理的施工工法是软岩隧道顺利实施的关键。隧道施工中开挖面产生的时空效应在时间和空间的不可逆性，导致不同的开挖方式带来不同的围岩变形及结构受力结果，尤其对软弱破碎炭质页岩而言，围岩与支护体系的变形及力学特征更甚。目前国内并没有对软弱破碎炭质页岩地层常用的工法进行全面研究，使得各工法对软弱破碎炭质页岩地层开挖的适宜性未能明确，往往导致因施工方法选择不当而诱发严重的大变形灾害。

本章基于对软弱破碎炭质页岩与支护结构相关作用关系的最新认识，利用数值计算方法对比分析了软弱破碎炭质页岩隧道在采用不同支护参数及开挖方法下围岩及支护结构的变形及力学特性，以期提出适用于软弱破碎炭质页岩单线铁路隧道的合理工法及关键设计参数。

4.1　支护与围岩相互作用

隧道开挖导致围岩应力的重分布，即所谓的二次应力状态。围岩在二次应力状态下处于弹-塑性受力状态，紧靠洞周的围岩可能处于塑性状态。随着洞周位移的发展，围岩可能产生松动变形，出现对支护结构的松动压力，需要及时施作具有一定刚度的支护结构以限制围岩过大的变形，防止围岩失稳。根据新奥法的原理，隧道的围岩压力由支护结构和围岩共同承担。初期支护施作后，在支护反力约束下，围岩变形达到合理的数值，即为围岩特征曲线与支护特征曲线的交点处的位移值，可以充分发挥围岩的自承能力，从而达到安全性与经济性的最佳选择[67]。

假定圆形隧道支护结构的应力应变关系符合理想的弹-塑性本构模型，则在静水压力作用下，根据材料力学原理可以得出，支护结构上的围岩压力 P_i 与其径向变形 u 的关系式：

$$u = P_i / K \tag{4-1}$$

式中，K 为支护刚度，表现为支护特征曲线的斜率。

考虑到在隧道开挖后到施作初期支护这段时间内的围岩变形量，则支护特征曲线式为

$$u = u_0 + P_i / K \tag{4-2}$$

由式可见，确定支护特征曲线的关键是确定支护刚度 K 。下面分别对喷射混凝土、锚

杆、钢拱架以及组合支护的特征曲线进行分析。

4.1.1　喷射混凝土支护特征曲线

对于外径为r_0，厚度为t_c的圆形喷射混凝土衬砌(图 4-1)，材料的弹性模量和泊松比分别为E、v，则其刚度K的表达式为

$$K=\frac{E\left[r_0^2-\left(r_0-t_c\right)^2\right]}{\left(1+v\right)\left[\left(1-2v\right)r_0^2+\left(r_0-t_c\right)^2\right]} \tag{4-3}$$

虽然钢筋网片对喷射混凝土应力分布和防止开裂效果明显，但对喷射混凝土的刚度贡献较小，所以公式中忽略了混凝土中钢筋网片对刚度K的影响。

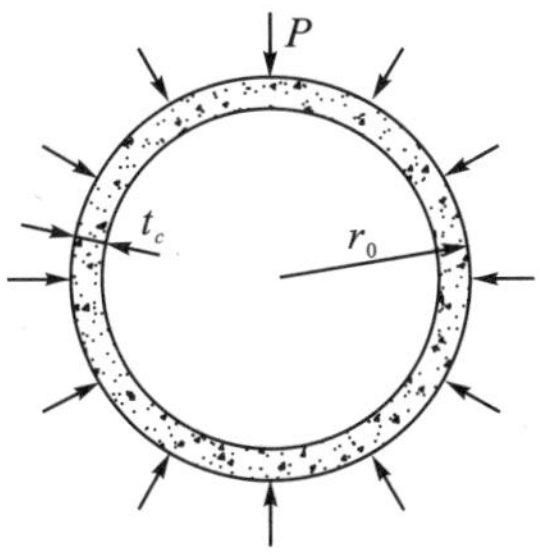

图 4-1　喷射混凝土示意图

根据隧道内侧混凝土最先达到抗压强度，可以计算出喷射混凝土衬砌所能对围岩提供的最大径向支护力：

$$P_{\max}=\frac{1}{2}\sigma_c\left[1-\frac{\left(r_0-t_c\right)^2}{r_0^2}\right] \tag{4-4}$$

式中，σ_c为喷射混凝土的单轴抗压强度。

当喷射混凝土的厚度t_c小于喷射混凝土外径r_0的 4%时，可根据弹性力学薄壁圆筒理论的公式计算衬砌刚度K和最大支护力$P_{\max}$：

$$K=E\frac{t_c}{r_0} \tag{4-5}$$

$$P_{\max}=\frac{t_c\sigma_c}{r_0} \tag{4-6}$$

喷射混凝土在施作后较短时间内发挥作用，因此需要选择合适的σ_c、E和v来计算衬砌刚度和最大支护力，即采用喷射混凝土的早期强度值σ_c及E和v。根据相关试验资料，因为喷射混凝土初期强度较高，在绘制喷射混凝土特征曲线时，一般采用 3 天的强度。常燕庭[68]通过声波法研究喷射混凝土的弹性模量增长规律，发现喷射混凝土的弹性模量在 2～3 天的龄期时已经不再增长，且 1 天龄期喷射混凝土的弹性模量约为 28 天龄期的 67%，3 天龄期的弹性模量约为 28 天的 81%；另外在以往研究中，还可以发现，3 天龄期

的喷射混凝土的泊松比基本与终期泊松比相同[69,70]。所以，喷射混凝土实际计算中多采用3天龄期的参数(强度、弹性模量和泊松比)。

由式(4-6)可知，对于同一断面的喷射混凝土支护，喷层的厚度越大，所能提供的支护抗力就越大。35cm厚喷射混凝土所能提供的支护抗力约为厚度为25cm喷射混凝土的1.4倍，但是喷层厚度不能太厚，容易引起过大的变形压力而导致喷射混凝土的开裂。喷射混凝土支护刚度越大，则其支护允许最大位移就越小。

4.1.2 锚杆支护特征曲线

工程中采用的锚杆按照锚固形式大致可以分为端部锚固锚杆和全长锚固锚杆两大类。全长锚固锚杆的受力情况比较复杂，可采用拉拔试验进行锚杆理论分析。一般情况下，锚杆拉拔试验所得的拉拔荷载与位移关系曲线是非线性的，表明拉拔荷载与锚杆本身材料强度、长度、直径以及注浆材料等多种因素有关[71-73]。可以采用下式来表示全长锚固锚杆的支护刚度以简化计算：

$$K=\frac{P_{\max}}{S_c S_l u_{\max}} \tag{4-7}$$

式中，$P_{\max}$为锚杆的最大支护反力，可根据试验或理论计算确定；S_c、S_l分别为锚杆的环向和纵向间距；$u_{\max}$为锚杆的最大位移。从上式可以看出，确定锚杆的支护特征曲线关键在于确定$P_{\max}$和$u_{\max}$。根据大量的锚杆现场内力测试和数值分析结果，锚杆轴力沿长度l方向大致呈单峰状分布。为了简化计算，假定峰值在$l/2$处且按三角形分布，则锚杆的最大位移为

$$u_{\max}=\frac{1}{2}\frac{P_{\max}l}{E_b A} \tag{4-8}$$

将式(4-8)代入式(4-7)得全长锚固锚杆的刚度：

$$K=\frac{P_{\max}}{S_c S_l u_{\max}} \tag{4-9}$$

$$K=\frac{\pi d_b^2 E_b}{2S_c S_l l} \tag{4-10}$$

式中，l、A和d_b分别为锚杆长度、截面面积和直径；E_b为锚杆的弹性模量。从上式可知，锚杆的支护刚度K与锚杆的弹性模量E_b、锚杆的直径d_b、长度l和支护间距有关。$P_{\max}$可根据锚杆失效的三种假定情况中的支护反力最不利值确定，如表4-1所示。

表4-1 锚杆支护反力值的计算

计算工况	计算公式	参数含义
锚杆杆体破断	$P_{\max}=A\sigma_p m_y$	A、σ_p分别为锚杆钢筋断面面积和钢筋抗拉强度；m_y为工作条件参数，取0.9～1.0
锚杆与胶结材料脱离	$P_{\max}=\pi d_b \tau_1 lkm_y$	d_b、l分别为锚杆的直径和长度；τ_1为钢筋与胶结材料的黏结强度；k为锚杆长度修正系数；m_y为工作条件参数，取0.6～0.7
胶结材料与孔壁脱离	$P_{\max}=\pi d_c \tau_2 lkm_y$	d_c、l分别为锚杆的直径和长度；τ_2为胶结材料与孔壁的黏结强度；k为锚杆长度修正系数；m_y为工作条件参数，取0.6～0.8

4.1.3　钢拱架支护特征曲线

钢拱架是以榀为单位并以一定间距布置在初期支护中(图 4-2)，其支护特征曲线的计算公式为

$$K_{st}=\frac{1}{\dfrac{d\left(R_0-t_{block}-h_{st}/2\right)^2}{E_{st}A_{st}}+\dfrac{2\theta d t_{block}R_0}{E_{block}b_{block}^2}} \tag{4-11}$$

$$P_{max}=\frac{\sigma_{st}A_{st}}{\left(R_0-h_{st}/2\right)d} \tag{4-12}$$

式中，K_{st} 为钢拱架的支护刚度；E_{st} 为钢拱架材料的弹性模量；R_0 为圆形隧道开挖半径；d 为钢拱架沿隧道纵向的间距；A_{st} 为钢拱架的横截面面积；2θ 为木垫块连接点间的夹角；t_{block} 为木垫块的径向厚度；b_{block} 为木垫块的环向宽度；E_{block} 为木垫块材料的弹性模量；σ_{st} 为钢拱架材料的抗压强度；h_{st} 为钢拱架横截面高度。

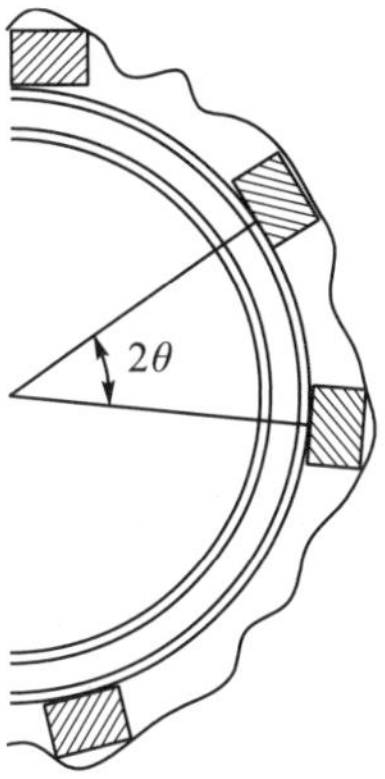

图 4-2　钢拱架布置示意图

假定钢拱架与围岩密贴，即不考虑木垫块的作用，其刚度计算式变为

$$K_{st}=\frac{E_{st}A_{st}}{d\left(R_0-h_{st}/2\right)^2} \tag{4-13}$$

由此可见，在钢拱架的支护间距一定时，随着钢拱架型号的增加(即钢拱架横截面面积增加)，所能提供的支护抗力增大[74,75]，钢拱架型号从 I18 提高到 I20b，其最大承载力提高 28.7%；从 I20b 提高到 I22b，其最大承载力提高 17.6%；从 I22b 提高到 I25b，其最大承载力提高 15.1%。钢拱架支护刚度越大，则其允许支护最大位移就越小。

4.1.4　组合支护与围岩相互作用

当采用上述支护结构中的二种或三种构成组合支护结构时，其支护特征曲线的计算过程如下：

$$K_{\text{tot}} = \sum_j \overline{K}_j \tag{4-14}$$

当 $u < u_{\text{el},j}$ 时，

$$\overline{K}_j = K_j \tag{4-15}$$

当 $u > u_{\text{el},j}$ 时，

$$\overline{K}_j = 0 \tag{4-16}$$

$$u_{\text{max,tot}} = \min u_{\text{max},j} \tag{4.17}$$

$$P_{\text{max,tot}} = K_{\text{tot}} u_{\text{max,tot}} \tag{4-18}$$

式中，K_{tot} 为组合支护结构的总刚度；$\overline{K}_j$ 为单一支护结构在组合支护中实际发挥作用的刚度；K_j 为组合支护中单一支护结构的刚度；$P_{\text{max,tot}}$ 为组合支护体系能承受的最大荷载；$u_{\text{el},j}$ 和 $u_{\text{max},j}$ 分别为组合支护中各个单一支护达到弹性极限时和组合支护结构破坏时的洞周位移；$u_{\text{max,tot}}$ 为组合支护结构破坏时的洞周位移。由此可见公式的假定条件是组合支护中只要出现一种支护形式的失效，则整个组合支护结构破坏，组合支护结构中各种支护形式需要同时施作。

4.2 数值分析模型

数值计算的准确性除与合理的边界条件及荷载选择相关以外，还与岩土体所采用的本构关系有直接关系。若所采用的本构关系能够比较全面地体现岩土的主要力学特征，则数值模拟的结果就能真实地反映其实际力学行为。当前，岩土与隧道工程中广泛应用的本构关系有弹塑性本构关系和黏弹塑性本构关系。本章分析中围岩采用莫尔-库仑弹塑性本构模型，喷射混凝土、钢拱架及锚杆使用线弹性本构模型。

4.2.1 模型边界

数值计算中，计算区域的大小对计算结果有重要的影响，计算区域太小影响计算精度和可靠性，而计算区域太大，则会使单元划分得过多，影响计算速度，因此选取一个合适的计算区域非常重要。已有的数值模拟研究表明，在距离 5 倍的洞室跨度范围时，其分析误差不足 1%，距离 3 倍洞室跨度范围，其分析误差不足 5%。综合考虑多方面因素，本研究中采用 FLAC3D 建立基本数值模型并进行分析，FLAC3D 中应力以压为负，以拉为正。计算模型横向取 90m(大于 5 倍洞径)，竖直向上取至拱顶以上 50m，其余埋深通过施加竖向荷载的方式来体现，竖直向下取 40m，纵向取 80m。考虑到模型具有对称性，这里取模型的一半进行分析，模型及网格划分如图 4-3 所示(彩图见附录)。模型的边界条件采用位移边界条件，顶部无约束为自由变形边界，在模型底部施加垂直于该面的法向约束，在模型的前、后、左、右界面的法线方向的水平位移限定为零。

在数值计算中，围岩和二次衬砌采用三维实体单元，初期支护采用壳(shell)单元，锚杆采用三维锚索(cable)单元，计算时考虑围岩材料为各向同性，将二次衬砌视为弹性体。支护结构计算模型如图 4-4 所示。

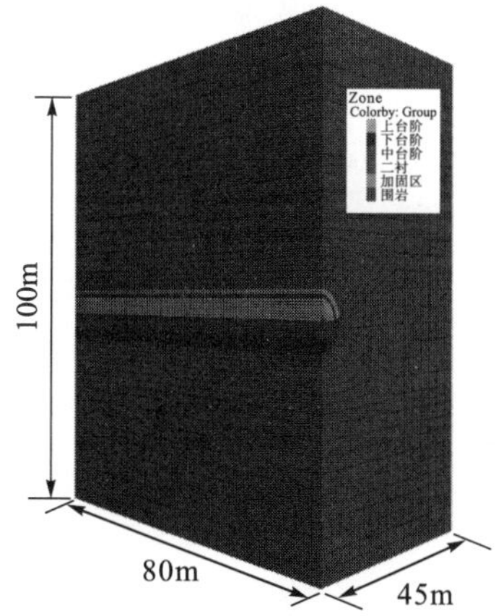

图 4-3　计算模型全图

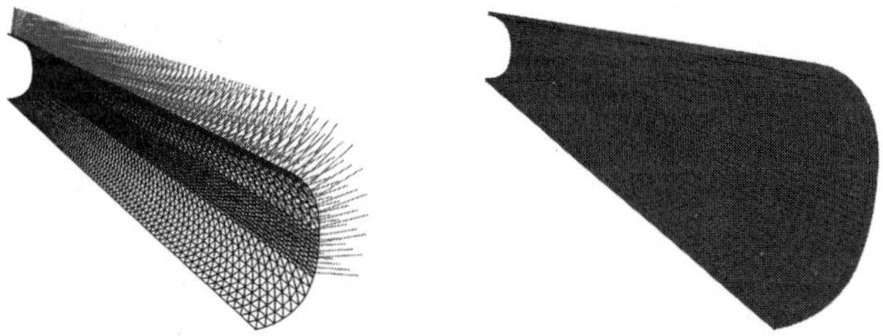

(a) 系统锚杆和喷射混凝土　　(b) 二次衬砌

图 4-4　支护结构模型

4.2.2　模型参数

岩体参数选取的真实可靠程度，直接影响数值模拟的效果，所以参数的选取一定要尽量符合实际情况。隧道进出口工区开挖揭示出的地质岩性均为薄片状炭质页岩，软塑状、节理发育、结构松散，局部地段渗水。岩石具挠性，质软，手掰即碎，岩石强度低。由于计算参数的选取对计算结果的影响较大，本次分析的计算参数参考《铁路隧道设计规范》《混凝土结构设计规范》进行修正，具体参数选取如表 4-2 所示。表中，围岩超前加固区是将该部位围岩参数近似提高一个级别的方式来实现，图 4-5(彩图见附录)为加固区示意图。

表 4-2　模型材料物理力学参数表

材料	弹性模量 E/GPa	泊松比 v	容重 γ /(kN·m^{-3})	内聚力 c/MPa	内摩擦角 φ/(°)
V 级强风化	0.02	0.375	25	0.22	15
V 级弱风化	0.2	0.3	25	0.35	20
围岩加固区	0.04	0.35	26	0.36	18
二次衬砌	28.5	0.25	23	—	—
锚杆、钢拱架	200	0.3	79	—	—
喷射混凝土	21	0.3	22	—	—

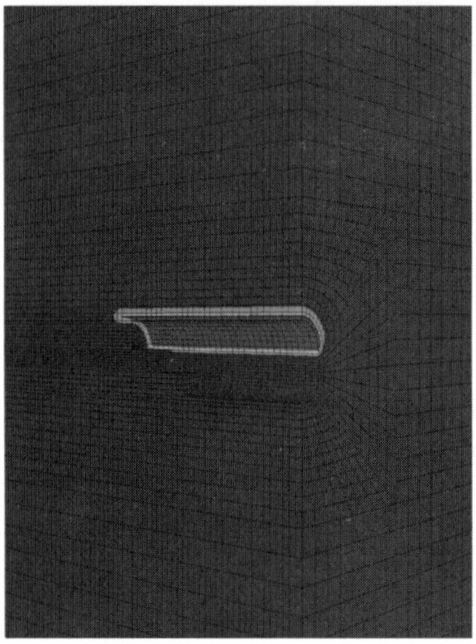

图 4-5 隧道围岩加固区

支护结构中钢拱架的作用通过等效替代的原则来考虑，即提高喷射混凝土的弹性模量来代替钢拱架的作用[76]，其具体计算公式如下：

$$E = E_0 + \frac{E_g A_g}{DL} \tag{4-19}$$

式中，E 为折算后喷射混凝土的弹性模量；E_0 为原喷射混凝土弹性模量；E_g 为钢拱架的弹性模量；A_g 为钢拱架的截面积；D 为喷射混凝土厚度；L 为钢拱架间距。

4.2.3 分析工况

为了研究边墙曲率、锚杆长度与布置方式、喷射混凝土厚度、钢拱架的刚度、间距等因素对隧道变形的影响，分别考虑如下工况。

边墙曲率：建立Ⅴ级加强型衬砌模型、大变形Ⅱ型衬砌模型和大变形Ⅱa 型衬砌模型。锚杆布设方式：分别考虑锚杆长度为 4m、6m、8m 和仅在边墙部位布设 8m 长锚杆。喷射混凝土厚度：建立厚度为 25cm、27cm、30cm 和 32cm 的喷射混凝土模型。钢拱架：采用 I18、I20b、I22b 和 I25b 这 4 种型号工字钢，模拟不同钢拱架不同的刚度；建立 0.5m、0.6m、0.8m 和 1.0m 间距的钢拱架模型。超前加固长度：考虑超前加固 3m、超前加固 6m 以及不超前加固三种工况。开挖方法：对三台阶快速成环、三台阶+临时仰拱、三台阶+长锚杆三种工法进行对比分析。台阶长度：分别考虑台阶长度为 5m、6m、7m 和 8m 这四种工况。开挖进尺：考虑开挖进尺为 0.5m、1.0m 和 1.5m 三种工况。

为了减小有限元建模时的边界效应对模拟结果的影响，仿真模拟结果的位移、应力应变节点和单元选取位于隧道轴线中间里程，即选取纵向 y=40m 断面用于结果分析。

三台阶具体模拟开挖过程为：①上台阶开挖进尺，掌子面停止施工，进行锚杆以及初期支护施作，这样循环施工直到上台阶与中台阶相距达到 5m；②上台阶掘进 5m 后，中台阶和上台阶同时开挖，进行锚杆以及初期支护施作，锚杆间距为 1.0m×1.0m，保持上台阶和中台阶距离为 5m，直到中台阶与下台阶纵向相距达到 5m；③中台阶掘进 5m 后，下台阶和仰拱、中台阶以及上台阶同时开挖，进行锚杆以及初期支护施作；距离上台阶开挖面 40m 时，施工二次衬砌，厚度为 45cm。整个过程为循环开挖，台阶长度为 5m。隧道开挖循环顺序如图 4-6 所示。隧道周边监测点布置见图 4-7。

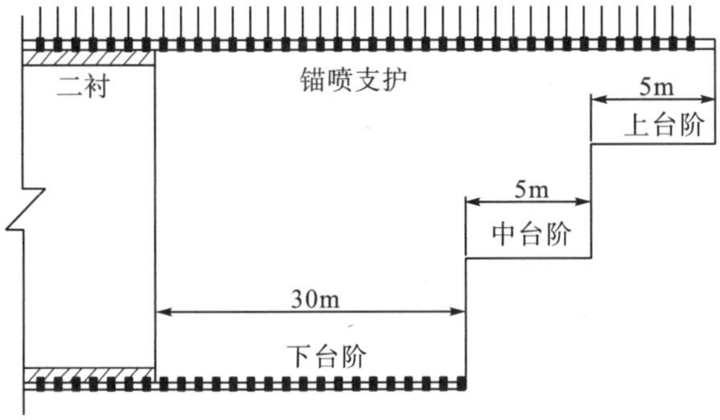

图 4-6　隧道开挖工序示意图

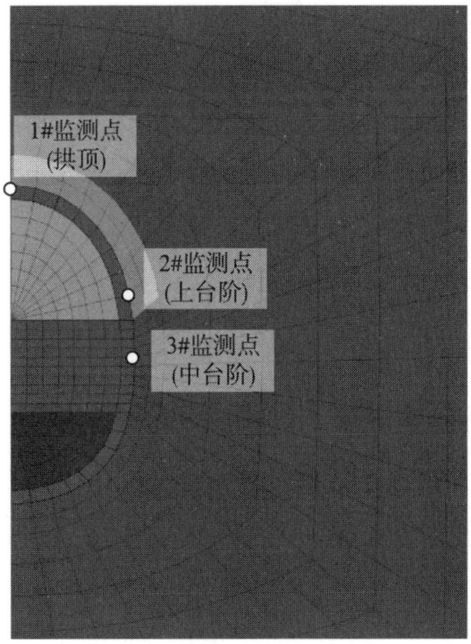

图 4-7　监测点布置

4.3　大变形隧道支护体系优化

4.3.1　不同边墙曲率

为了分析边墙曲率对隧道变形的影响，建立三种不同边墙曲率的模型，分别为V级加强型衬砌模型[图 4-8(a)]、大变形II型衬砌模型[图 4-8(b)]和大变形IIa 型衬砌模型[图 4-8(c)](彩图见附录)，分析不同模型的变形、应力、塑性区分布。从V级加强型衬砌模型、大变形II型衬砌模型到大变形IIa 型衬砌模型，隧道边墙的曲率逐渐增加，隧道断面形状更加圆滑。

为了分析隧道围岩位移随开挖面处于不同位置时的变化情况，并减小边界效应的影响，以隧道纵向 30～50m 段作为分析对象，选取距模型隧道洞口处 40m 的断面为监测断面，对监测断面的拱顶沉降及台阶的水平收敛进行分析，以了解开挖面处于不同位置时围岩位移的变化规律。图 4-9(彩图见附录)为各工况竖向位移云图，图 4-10(彩图见附录)为各工况水平位移云图。隧道拱顶沉降位移小于隧道拱底隆起位移，最大水平收敛位移分布在隧道边墙中部，位于中台阶。

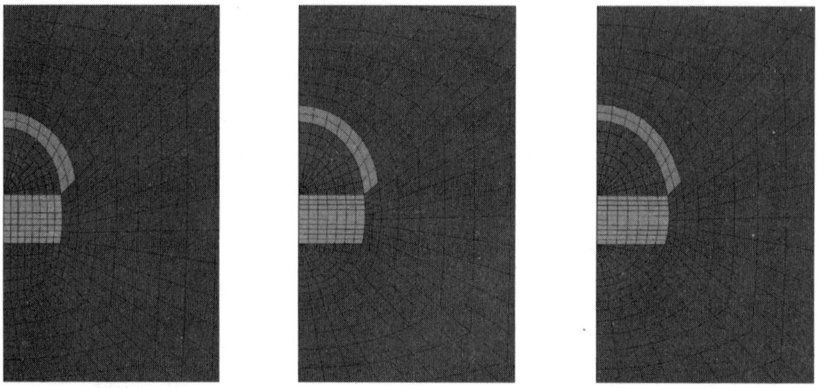

(a) Ⅴ级加强型衬砌　　(b) 大变形Ⅱ型衬砌　　(c) 大变形Ⅱa型衬砌

图 4-8　衬砌模型

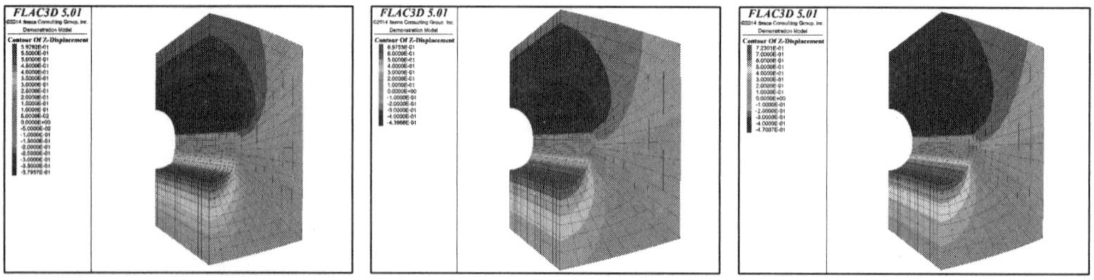

(a) Ⅴ级加强型衬砌　　(b) 大变形Ⅱ型衬砌　　(c) 大变形Ⅱa型衬砌

图 4-9　各工况竖向位移云图

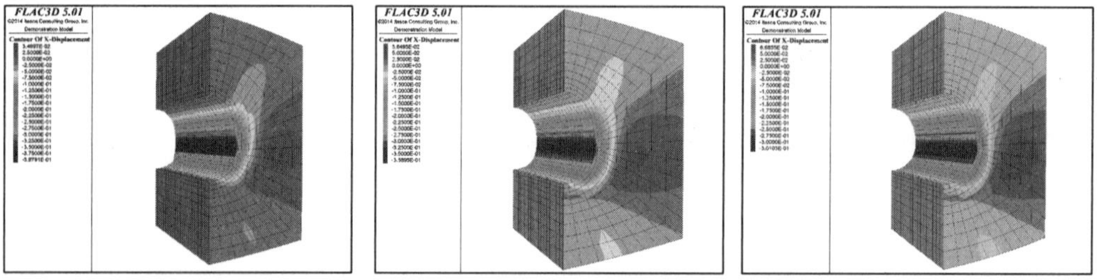

(a) Ⅴ级加强型衬砌　　(b) 大变形Ⅱ型衬砌　　(c) 大变形Ⅱa型衬砌

图 4-10　各工况水平位移云图

图 4-11 为不同工况下监测断面的拱顶沉降位移随施工步的变化曲线。从图中可以看出，随着开挖工作面与监测断面距离的不断减小，开挖作业对监测断面拱顶沉降的影响逐渐增大，当工作面与监测断面距离达到一定范围时，沉降基本趋于稳定，工作面继续向前开挖，监测断面沉降逐渐趋于收敛；隧道开挖面到达监测断面之前，由于围岩开挖卸荷，监测断面拱顶会发生先行沉降位移。Ⅴ级加强型衬砌模型、大变形Ⅱ型衬砌模型和大变形Ⅱa 型衬砌模型的拱顶沉降位移分别为 348.8mm、433.2mm 和 466.4mm。大变形Ⅱ型衬砌模型的拱顶沉降位移是Ⅴ级加强型衬砌模型的 1.24 倍，而大变形Ⅱa 型衬砌模型的拱顶沉

降位移是Ⅴ级加强型衬砌模型的 1.34 倍。开挖面到达监测断面时，Ⅴ级加强型衬砌模型、大变形Ⅱ型衬砌模型和大变形Ⅱa 型衬砌模型的拱顶沉降位移分别为 112.9mm、159.5mm 和 171.3mm，占总位移的比例分别为 32.4%、36.8%和 36.7%。因此，隧道掌子面开挖时已释放的位移约为总位移的三分之一。开挖面距监测断面约 5m 时，拱顶沉降位移迅速增加，上台阶开挖后，拱顶沉降位移继续增长；中台阶开挖后，拱顶沉降位移继续增长，但增长速率减小；下台阶开挖后，拱顶沉降位移缓慢增长，沉降速率进一步减小。由此可见，上台阶开挖对拱顶沉降位移影响最大。

图 4-12 为不同工况下监测断面的上台阶水平位移随施工步的变化曲线，图 4-13 为不同工况下监测断面的中台阶水平位移随施工步的变化曲线。由图可见，上台阶水平位移受上台阶开挖的影响作用最大，受中台阶开挖的影响次之，下台阶开挖的影响最小；上台阶和中台阶的开挖对中上台阶水平位移影响都较大，受下台阶的影响较小。Ⅴ级加强型衬砌模型、大变形Ⅱ型衬砌模型和大变形Ⅱa 型衬砌模型的上台阶水平位移分别为 235.0mm、213.9mm 和 189.8mm，后两种衬砌模型的上台阶水平位移分别降低到Ⅴ级加强型衬砌模型的 91%和 81%。这三种衬砌模型的对应的中台阶水平位移分别为 386.3mm、348.4mm 和 288.7mm，后两种衬砌模型的中台阶水平位移分别降低到Ⅴ级加强型衬砌模型的 90%和 75%。为了更加直观明了地分析边墙曲率对隧道变形的影响，将隧道最终的拱顶沉降位移、上台阶水平位移和中台阶水平位移提取并绘制不同工况下位移曲线，见图 4-14。从图中可以看出，隧道上台阶水平位移始终小于中台阶水平位移；随着隧道边墙曲率的增加，拱顶沉降位移显著增加，上台阶水平位移和中台阶水平位移显著减小。

图 4-15（彩图见附录）为各工况开挖到监测断面时的塑性区分布图。从图中可以看出，隧道开挖后以剪切破坏为主，在开挖的台阶面出现局部的拉伸破坏；隧道边墙外侧破坏深度最大，其次为隧道仰拱下部；Ⅴ级加强型衬砌模型的塑性区深入掌子面约 6m，大变形Ⅱ型衬砌模型的塑性区深入掌子面约为 7m，大变形Ⅱa 型衬砌模型的塑性区深入掌子面约为 8m。

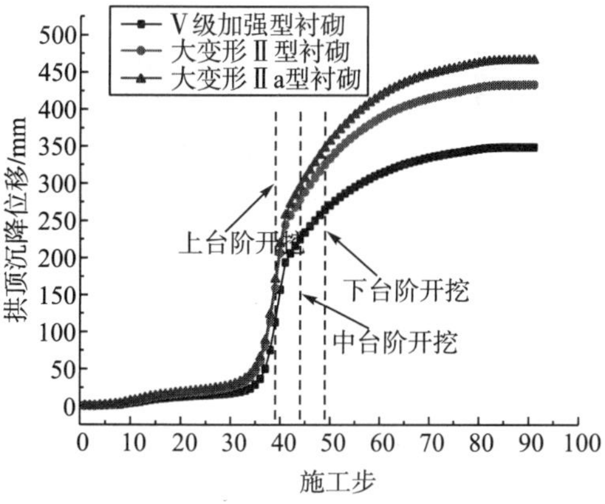

图 4-11　各工况拱顶沉降位移曲线

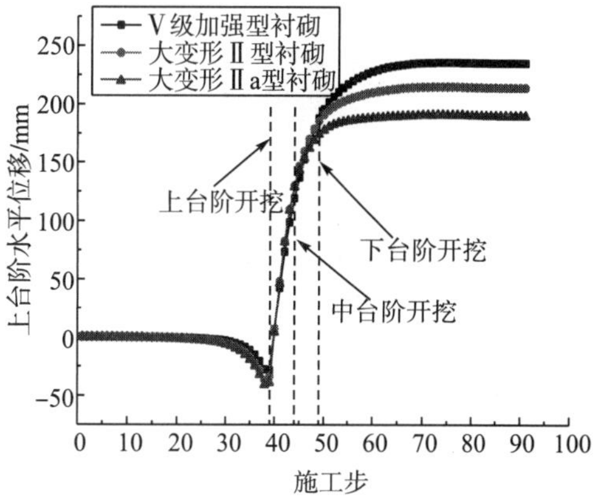

图 4-12　各工况上台阶监测点水平位移曲线

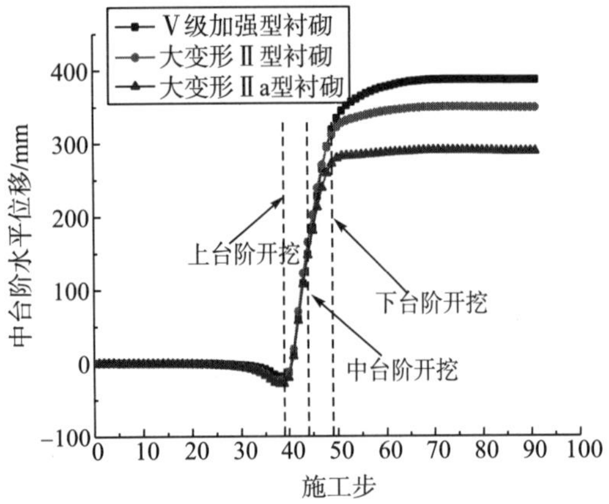

图 4-13 各工况中台阶监测点水平位移曲线

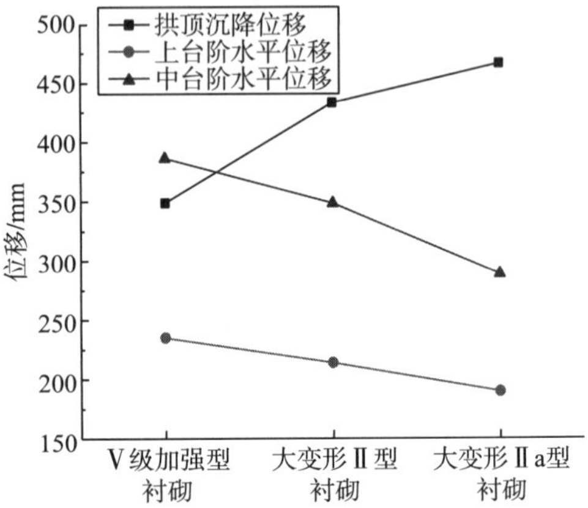

图 4-14 各工况最大位移对比

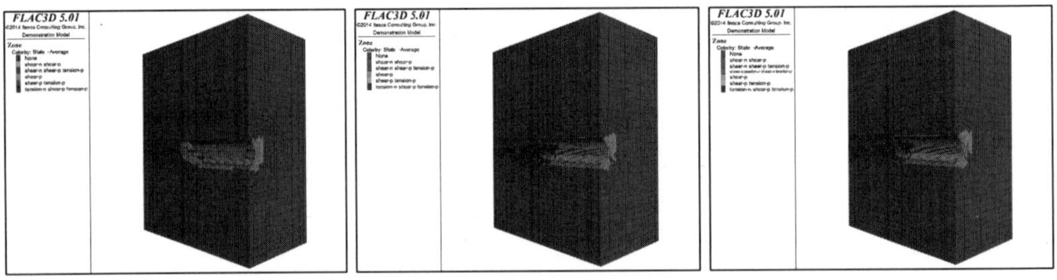

(a) V级加强型衬砌　(b) 大变形Ⅱ型衬砌　(c) 大变形Ⅱa型衬砌

图 4-15 各工况开挖到监测断面时的塑性区分布

图 4-16(彩图见附录)为各工况在隧道贯通后的塑性分布图。从隧道纵断面看，三种工况下塑性区分布模式基本相同。从横断面看，拱顶部位的塑性区深度最小，约为 0.5m；其次为仰拱部位，深度约为 2.0m；在隧道边墙塑性区深度最大，约为 6.5m。

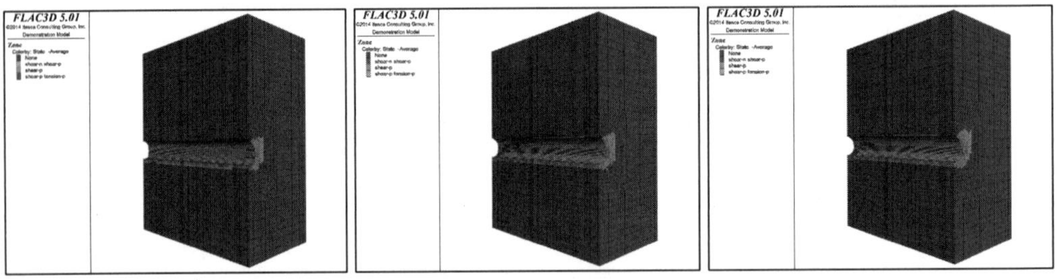

(a) V级加强型衬砌　(b) 大变形Ⅱ型衬砌　(c) 大变形Ⅱa型衬砌

图 4-16 各工况在隧道贯通后的塑性区分布

图 4-17 为各工况在开挖到监测断面时和隧道贯通后的塑性区体积统计结果。围岩塑性区体积增大，表明围岩承担更多的荷载；围岩塑性区减小，表明支护结构承担更多的荷

载。由图可知，随着边墙曲率的增加，塑性区体积增大，Ⅴ级加强型衬砌到大变形Ⅱ型衬砌的塑性区体积增加量较大，大变形Ⅱ型衬砌到大变形Ⅱa 型衬砌的塑性区体积增加量相对较小。因此，增大边墙曲率使围岩承担更多的荷载，有效减小支护结构的受力，围岩能够发挥更好的自支承作用。

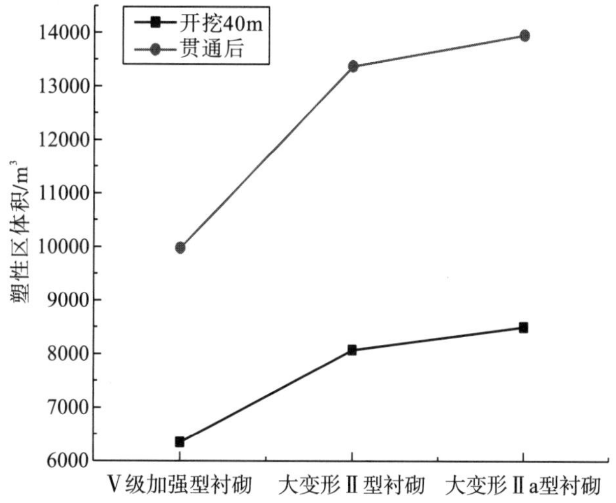

图 4-17 各工况塑性区体积

图 4-18(彩图见附录)为各工况初期支护平均轴向应力分布，可以根据公式 $F=\sigma A$ 计算初期支护的轴力。由图可推知，隧道拱顶初期支护轴力最大，其次为隧道边墙，隧道仰拱处的轴力较小。Ⅴ级加强型衬砌模型、大变形Ⅱ型衬砌模型和大变形Ⅱa 型衬砌模型的初期支护最大轴向应力分别为 4.739MPa、4.750MPa 和 4.721MPa，最小轴向应力分别为 1.993MPa、2.257MPa 和 2.344MPa。通过换算可以得到，Ⅴ级加强型衬砌模型初期支护最大轴力为 1185kN，最小轴力为 498kN；大变形Ⅱ型衬砌模型初期支护最大轴力为 1188kN，最小轴力为 565kN；大变形Ⅱa 型衬砌模型初期支护最大轴力为 1180kN，最小轴力为 585kN。图 4-19 为各工况下初期支护轴力对比，随着边墙曲率的增加，最大初期支护轴力几乎保持不变，最小初期支护轴力逐渐增加，即初期支护中受到更多荷载。

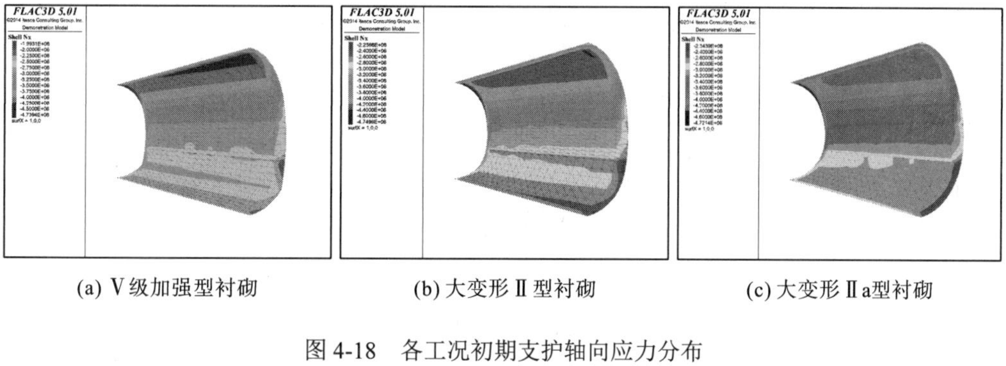

(a) Ⅴ级加强型衬砌　(b) 大变形Ⅱ型衬砌　(c) 大变形Ⅱa型衬砌

图 4-18 各工况初期支护轴向应力分布

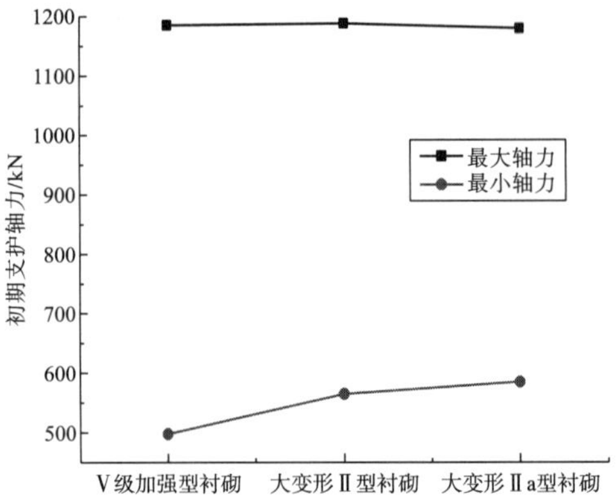

图 4-19 各工况初期支护轴力对比

图 4-20(彩图见附录)为各工况初期支护弯矩分布。由图可见，在上台阶下部初期支护承受较大的弯矩，其次为中台阶，在台阶交界面处的初期支护内弯矩较小，隧道仰拱中部的初期支护弯矩最小。V级加强型衬砌模型、大变形Ⅱ型衬砌模型和大变形Ⅱa 型衬砌模型的初期支护最大弯矩分别为 439.1kN·m、421.5kN·m 和 366.3kN·m。由图 4-21 可见，隧道边墙曲率逐渐增大时，弯矩分布更加均匀，初期支护最大弯矩明显减小。

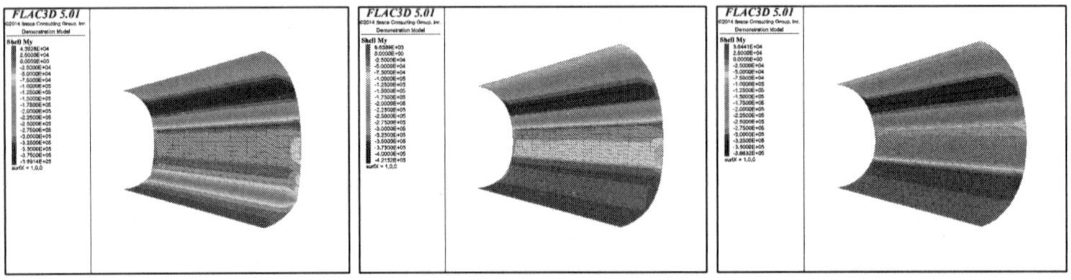

(a) V级加强型衬砌　(b) 大变形Ⅱ型衬砌　(c) 大变形Ⅱa型衬砌

图 4-20 各工况初期支护弯矩分布

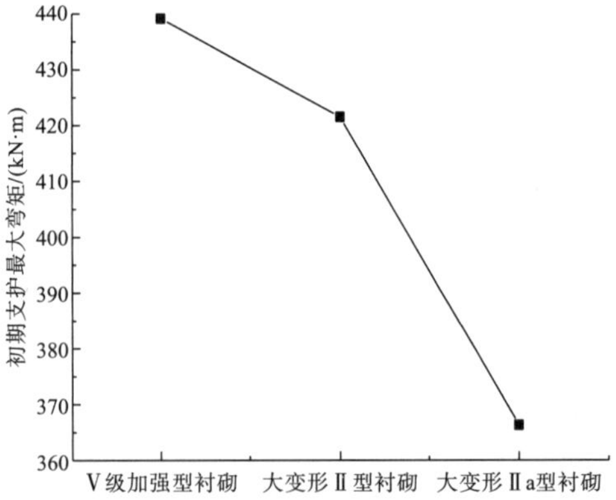

图 4-21 各工况初期支护最大弯矩对比

通过建立V级加强型衬砌、大变形Ⅱ型衬砌和大变形Ⅱa 型衬砌等三种衬砌模型，模拟并分析了不同边墙曲率对隧道变形及结构受力的影响。通过分析发现，随着边墙曲率的增加，拱顶沉降位移逐渐增加，上台阶水平位移和中台阶水平位移逐渐减小；隧道拱顶塑性区深度较小，其次为仰拱部位，隧道边墙两侧的塑性区深度较大，约为 6.5m，塑性区的体积开始增加较多，由大变形Ⅱ型衬砌到大变形Ⅱa 型衬砌时塑性区体积增长较少；最大初期支护轴力几乎保持不变，最小初期支护轴力逐渐增加，即初期支护中受到更多轴向荷载；初期支护弯矩分布更加均匀，最大弯矩逐渐减小。

由于水平方向是隧道变形的优势方向，应当以控制水平方向变形为主，因此，大变形Ⅱa 型衬砌优于大变形Ⅱ型衬砌。施工中应采用大变形Ⅱa 型衬砌，其次为大变形Ⅱ型衬砌，避免采用Ⅴ级加强型衬砌。在现场试验过程中，大变形Ⅱ型衬砌的支护效果明显优于Ⅴ级加强型衬砌，大变形Ⅱa 型衬砌的支护效果明显优于大变形Ⅱ型衬砌。

4.3.2　不同喷射混凝土厚度

为了研究不同喷射混凝土厚度对隧道变形的影响，以大变形Ⅱ型衬砌模型为基础，考虑初期支护喷射混凝土(喷混)厚度为 25cm、27cm、30cm 和 32cm 这四种情况。对四种工况进行模拟，对比四种模型的隧道变形、应力和初期支护内力的分布，分析喷射混凝土厚度对变形的影响。

图 4-22(彩图见附录)为不同喷混厚度情况下隧道周边的竖向位移云图，图 4-23(彩图见附录)为不同喷混厚度情况下隧道周边的水平位移云图。从图中可以看出，隧道拱顶位置处的沉降位移最大，中台阶位置处的水平收敛位移最大。

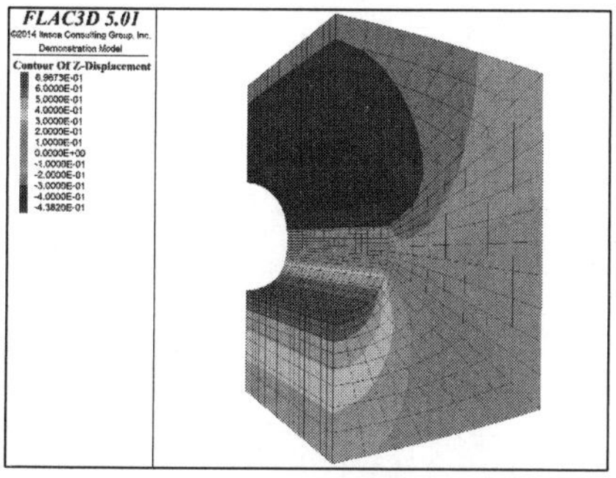

(a) 喷混厚度25cm

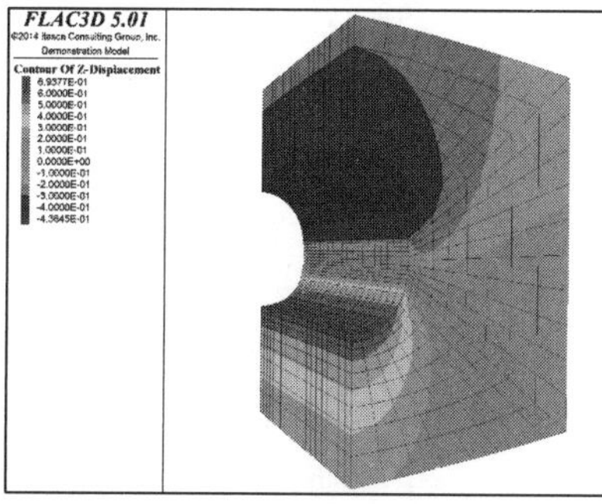

(b) 喷混厚度27cm

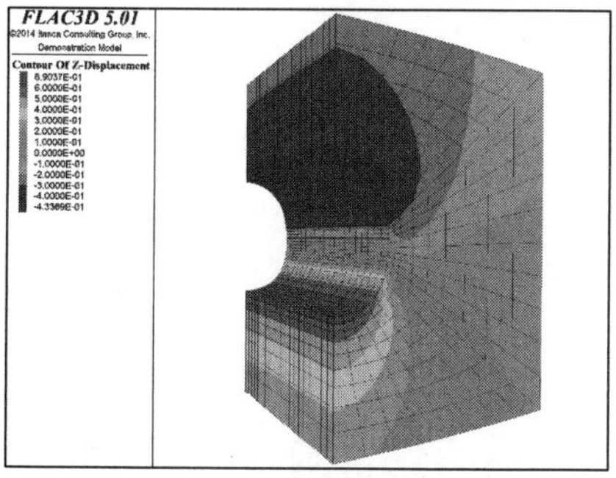

(c) 喷混厚度30cm

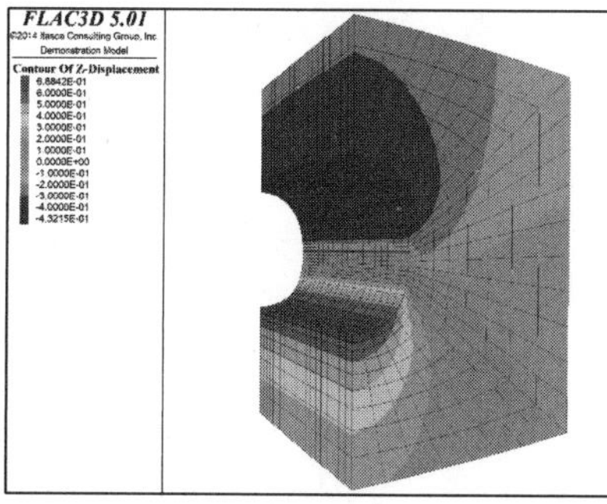

(d) 喷混厚度32cm

图 4-22　不同喷混厚度下竖向位移云图

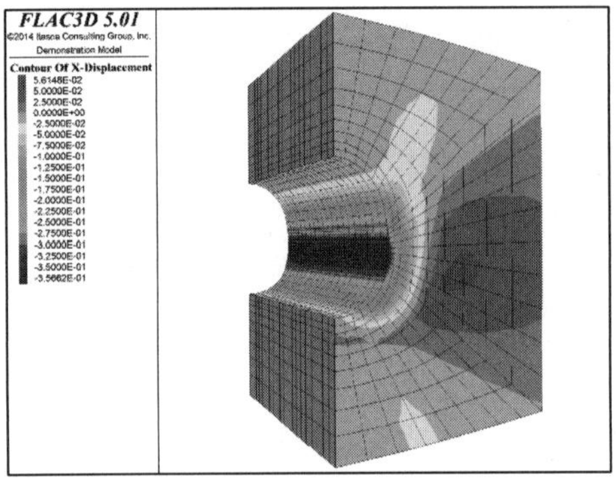

(a) 喷混厚度25cm

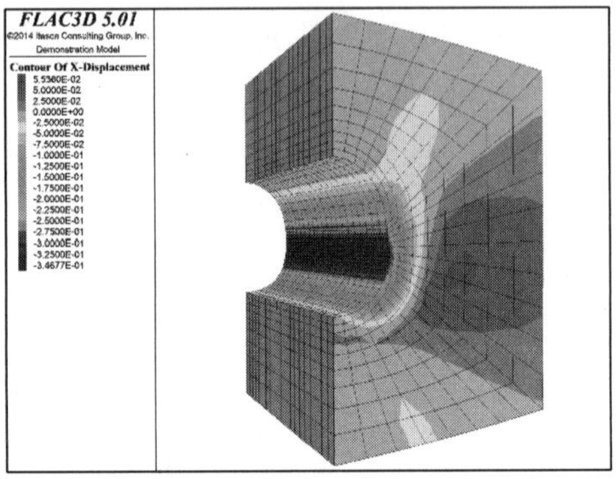

(b) 喷混厚度27cm

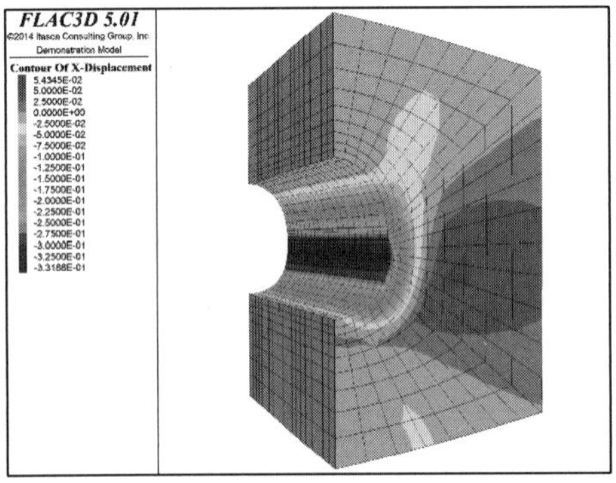

(c) 喷混厚度30cm

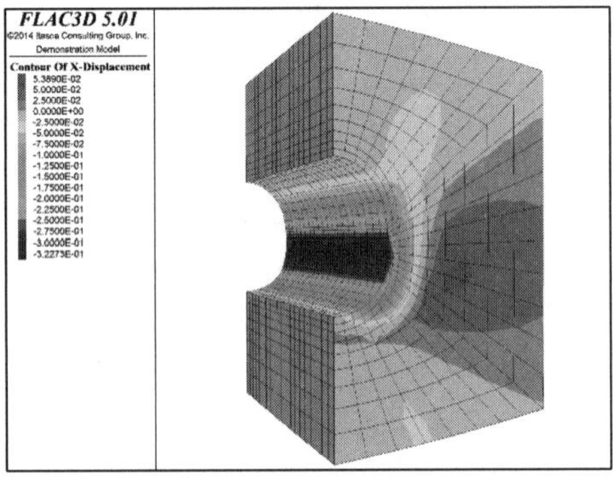

(d) 喷混厚度32cm

图 4-23 不同喷混厚度下水平位移云图

图 4-24 为不同工况下监测断面的拱顶沉降位移随施工步的变化曲线。从图中可以看出，隧道开挖面到达监测断面之前，由于围岩开挖卸荷，监测断面拱顶会发生先行沉降位移；当开挖面距监测断面约 5m 时，拱顶沉降位移迅速增加，当开挖到监测断面前方约 2m 时，拱顶沉降位移增速逐渐减小；中台阶和下台阶开挖后，拱顶沉降位移继续增长，其增长速率逐步减小；当工作面与监测断面距离达到一定范围时，沉降基本趋于稳定，工作面继续向前开挖，监测断面沉降逐渐趋于收敛。喷混厚度为 25cm、27cm、30cm 和 32cm 的拱顶沉降位移分别为 431.8mm、428.5mm、424.8m 和 423.2mm，随喷混厚度增加略有降低，最大降幅只有 2%。开挖面到达监测断面时，三种不同喷混厚度下拱顶下沉释放位移约占总位移的比例为 34%。

图 4-25 为不同工况下监测断面的上台阶水平位移随施工步的变化曲线，图 4-26 为不同工况下监测断面的中台阶水平位移随施工步的变化曲线。由图可见，喷混厚度为 25cm、27cm、30cm、32cm 时上台阶水平位移分别为 211.6mm、202.5mm、188.3mm 和 179.6mm，随喷混厚度的增加而降低，其中喷混厚度为 32cm 时降低到喷混厚度为 25cm 时的 85%，即最大降幅为 15%。喷混厚度为 25cm、27cm、30cm、32cm 时中台阶水平位移分别为 346.1mm、336.1mm、321.7mm 和 312.5mm，中台阶水平位移同样随喷混厚度的增加而降低，最大降幅约为 10%。拱顶沉降位移、上台阶水平位移、中台阶水平位移与喷混厚度的

关系见图 4-27。从图中可以看出，随着隧道喷射混凝土厚度的增加，拱顶沉降位移、上台阶水平位移和中台阶水平位移逐渐降低，其中拱顶沉降位移降低值较小，上台阶水平位移和中台阶水平位移显著降低。增加喷混厚度对控制水平方向沉降效果较好，对控制拱顶沉降作用较小。

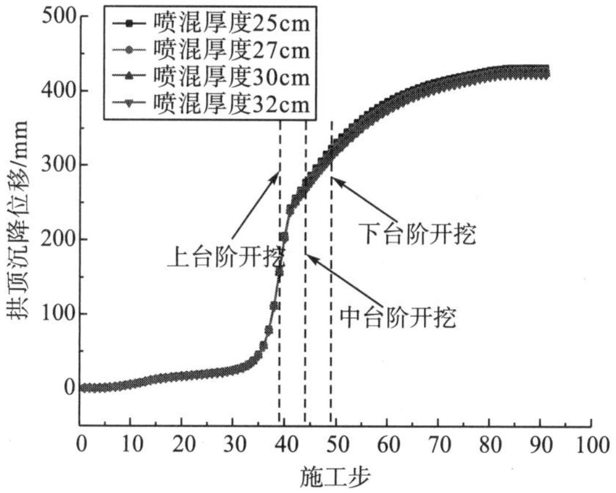

图 4-24　不同喷混厚度下的拱顶沉降位移曲线

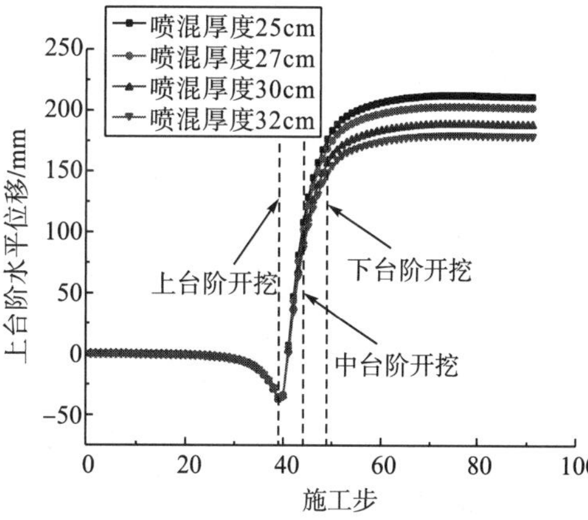

图 4-25　不同喷混厚度时上台阶监测点水平位移曲线

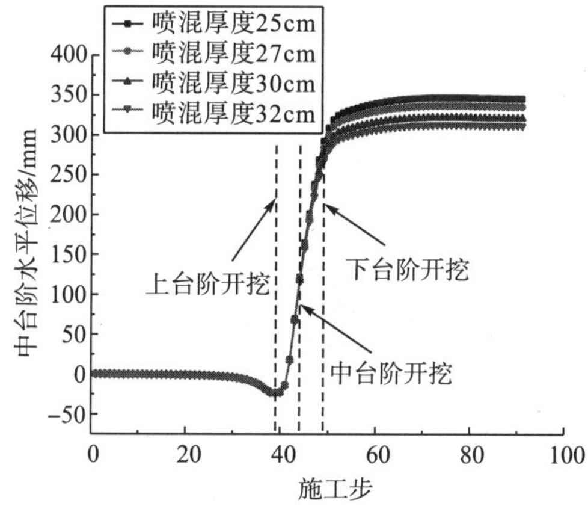

图 4-26　不同喷混厚度时中台阶监测点水平位移曲线

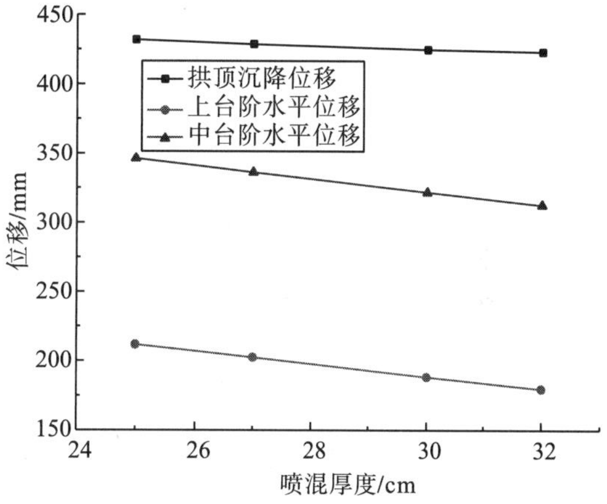

图 4-27　不同喷混厚度时最大位移对比

图 4-28(彩图见附录)为各工况开挖到监测断面时的塑性区分布图。从图中可以看出，隧道开挖后以剪切破坏为主，在开挖的台阶面出现局部的拉伸破坏；隧道边墙外侧破坏深度最大，其次为隧道仰拱下部；三种工况下的塑性区深入掌子面都约为 7m。隧道贯通后的塑性区分布规律基本一致，见图 4-29(彩图见附录)。

图 4-30 为不同喷混厚度的情况下模型内塑性区体积统计结果。从图中可以看出，随着喷混厚度的增加，塑性区体积逐渐减小，支护结构承担更多的荷载。

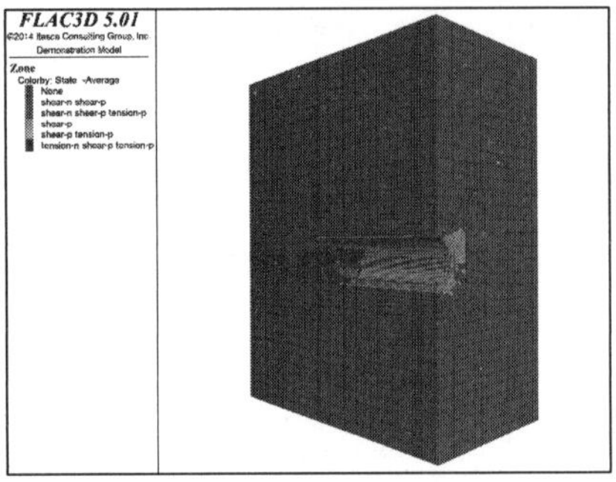

(a) 喷混厚度25cm

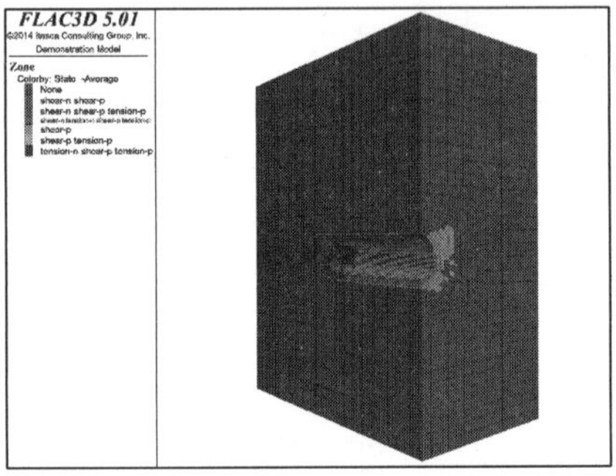

(b) 喷混厚度27cm

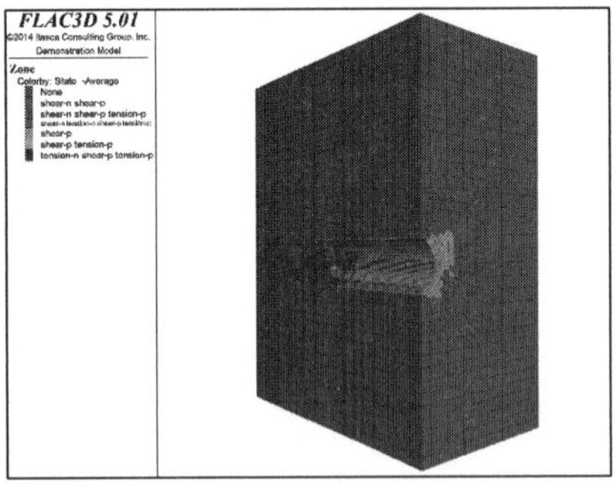

(c) 喷混厚度30cm

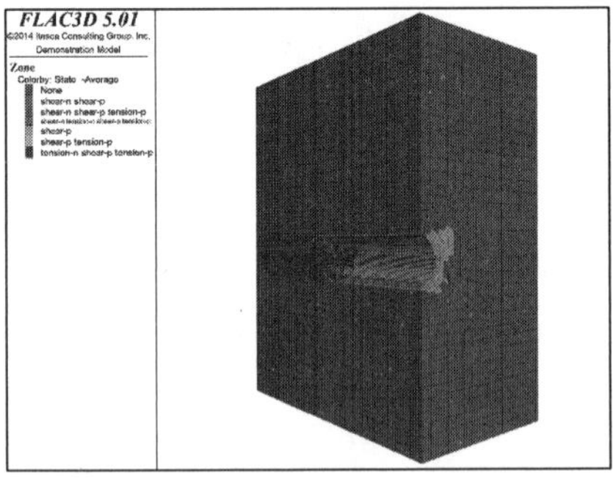

(d) 喷混厚度32cm

图 4-28　开挖到监测断面时的塑性区分布

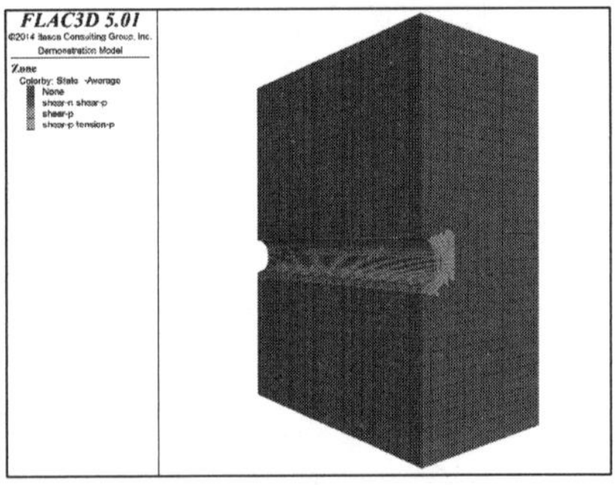

(a) 喷混厚度25cm

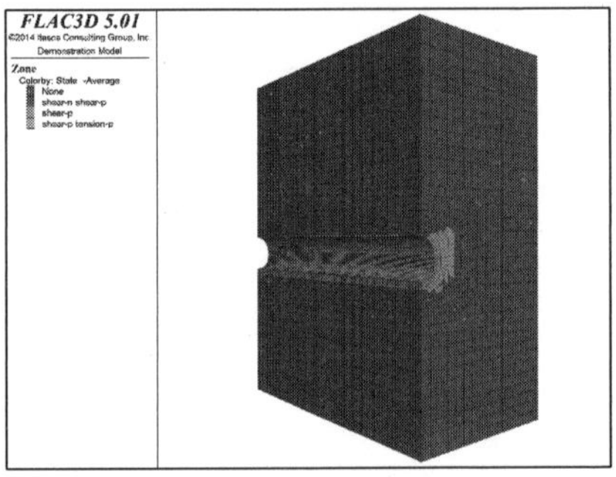

(b) 喷混厚度27cm

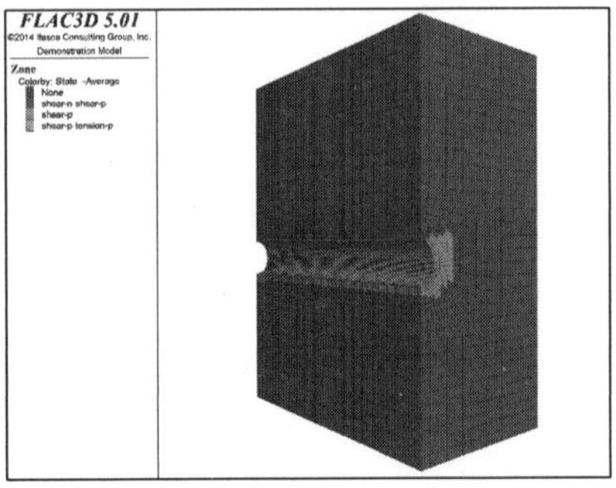

(c) 喷混厚度30cm

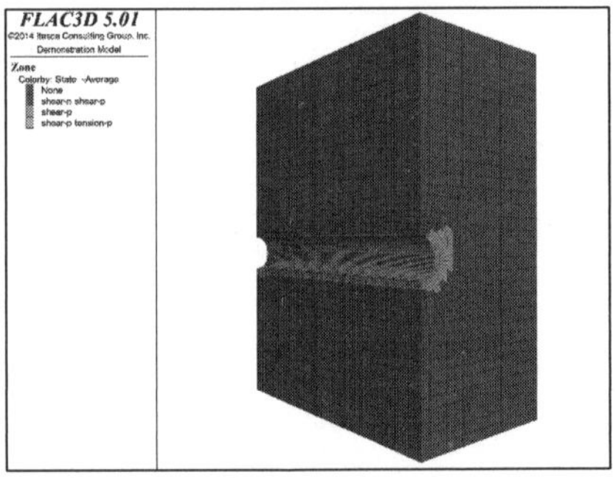

(d) 喷混厚度32cm

图 4-29　隧道贯通监测断面时的塑性区分布

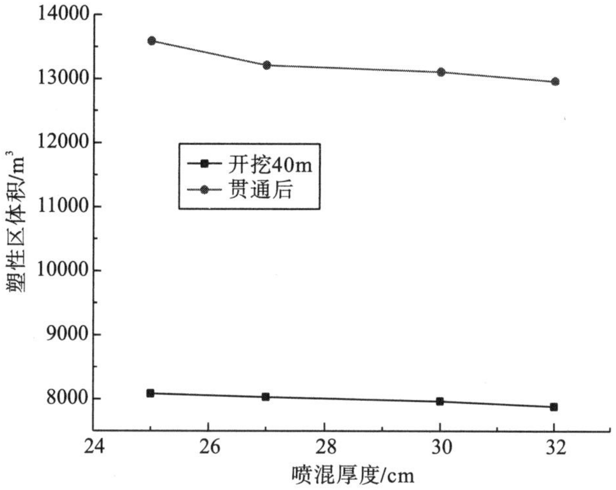

图 4-30　各工况塑性区体积

图 4-31(彩图见附录)为各工况初期支护平均轴向应力分布。由图可推知，隧道拱顶初期支护轴力最大，其次为隧道边墙，隧道仰拱处的轴力较小。喷混厚度为 25cm、27cm、30cm 和 32cm 时初期支护的最大轴向应力分别为 4.759MPa、4.743MPa、4.739MPa 和 4.741MPa，最小轴向应力分别为 2.244MPa、2.242MPa、2.211MPa 和 2.194MPa。通过换算可以得到，喷混厚度为 25cm 时初期支护最大轴力为 1190kN，最小轴力为 561kN；喷混厚度为 27cm 时初期支护最大轴力为 1281kN，最小轴力为 605kN；喷混厚度为 30cm 时初期支护最大轴力为 1422kN，最小轴力为 663kN；喷混厚度为 32cm 时初期支护最大轴力为 1517kN，最小轴力为 702kN。图 4-32 为各工况下初期支护轴力对比，随着喷混厚度的增加，最大初期支护轴力逐渐增加，同样的最小初期支护轴力也逐渐增加，即初期支护中受到更多轴向荷载。

图 4-33(彩图见附录)为各工况初期支护弯矩分布。由图可见，在上台阶下部初期支护承受较大的弯矩，其次为中台阶，在台阶交界面处的初期支护内弯矩较小，隧道仰拱中部的初期支护弯矩最小。喷混厚度为 25cm、27cm、30cm 和 32cm 时初期支护的最大弯矩分别为 429.4kN·m、489.9kN·m、585.9kN·m 和 651.6kN·m，随喷混厚度增加而增大，较之于喷混厚度为 25cm 的模型，最大增幅达到 51.8%。由图 4-34 可见，随着喷混厚度的增加，初期支护中的最大弯矩近似呈线性增长，初期支护承担更多的弯矩。

通过建立喷混厚度为 25cm、27cm、30cm 和 35cm 的这四种模型，模拟并分析了不同喷混厚度对隧道变形及结构受力的影响。通过分析发现，随着隧道喷射混凝土厚度的增加，拱顶沉降位移、上台阶水平位移和中台阶水平位移逐渐降低，其中拱顶沉降位移降低值较小，上台阶水平位移和中台阶水平位移显著降低，增加喷混厚度对控制水平方向沉降效果较好，对控制拱顶沉降作用较小；隧道周边围岩中第一主应力最大值几乎保持不变，但第三主应力最小值逐渐增加，主应力差值逐渐减小，围岩的受力状态在不断改善；隧道开挖后以剪切破坏为主，在开挖的台阶面出现局部的拉伸破坏，隧道边墙外侧破坏深度最大，其次为隧道仰拱下部，三种工况下的塑性区深入掌子面都约为 7m；随着喷混厚度的增加，塑性区体积逐渐减小，支护结构承担更多的荷载；初期支护最大轴力逐渐增加，同样的初期支护最小轴力也逐渐增加，即初期支护中受到更多轴向荷载；初期支护中的最大弯矩近似呈线性增长，初期支护承担更多的弯矩。

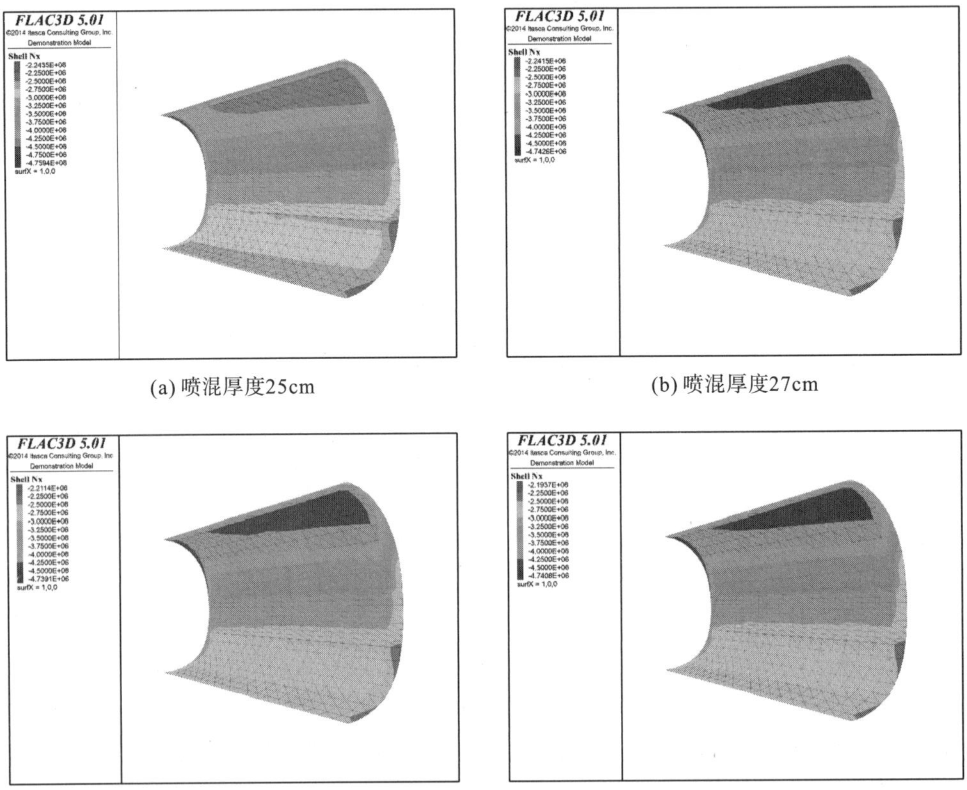

(a) 喷混厚度25cm　(b) 喷混厚度27cm

(c) 喷混厚度30cm　(d) 喷混厚度32cm

图 4-31　不同喷混厚度下初期支护轴向应力分布

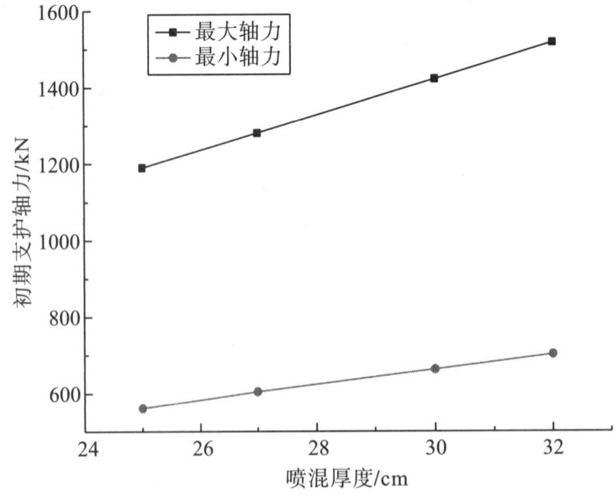

图 4-32　不同喷混厚度下初期支护轴力对比

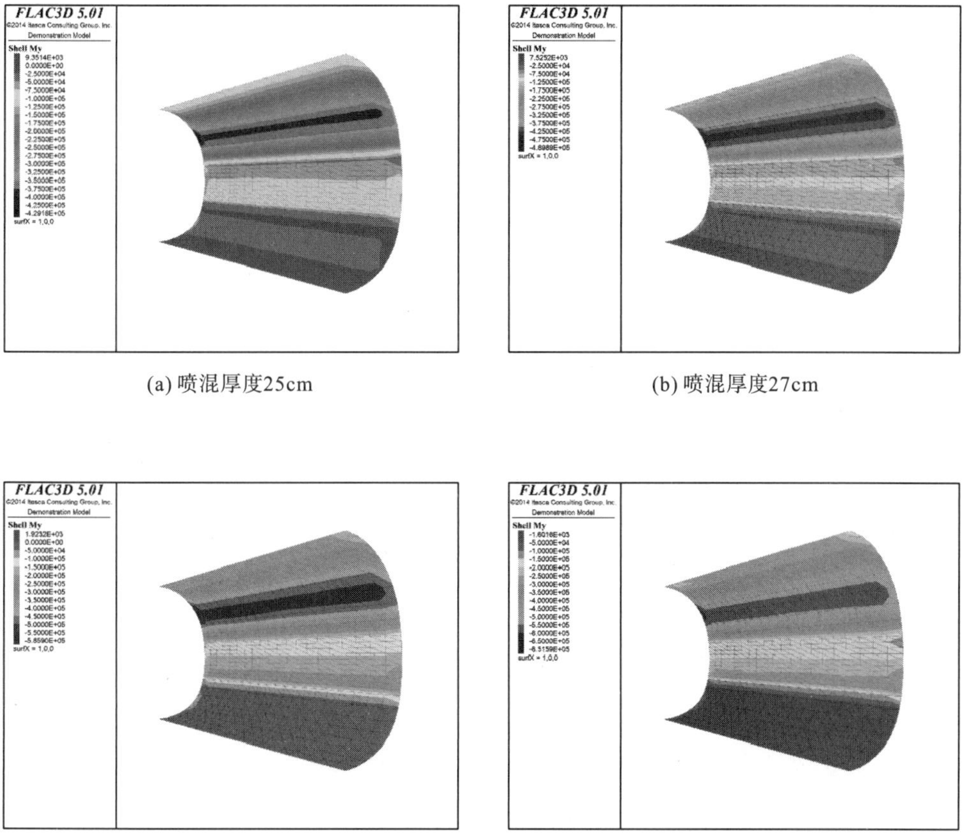

(a) 喷混厚度25cm　　(b) 喷混厚度27cm

(c) 喷混厚度30cm　　(d) 喷混厚度32cm

图 4-33　不同喷混厚度下初期支护弯矩分布

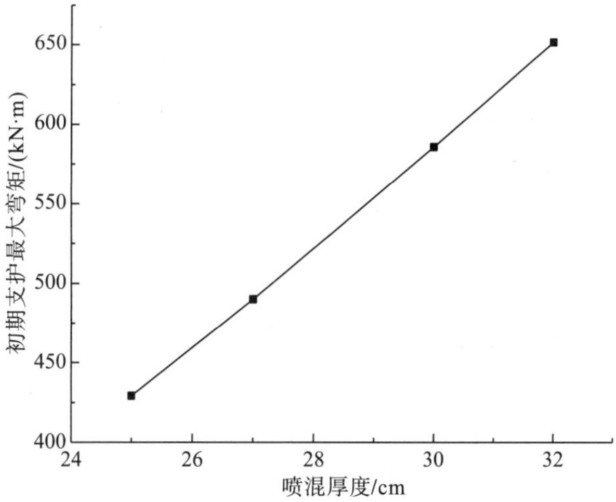

图 4-34　不同喷混厚度下初期支护最大弯矩

喷射混凝土厚度的增加会导致支护刚度的增大，能增大支护抗力，减小隧道收敛变形量，但同时会引起过大的形变压力，承受更大的弯矩，导致喷射混凝土开裂破坏，从经济上看也会增加混凝土的消耗量。在保证隧道支护结构稳定的情况下，应优先保证喷射混凝土厚度，优先采用 32cm 厚的喷混。

4.3.3 不同钢拱架刚度

对于受轴向拉压作用的杆件，弹性模量 E 与横截面面积 A 的乘积值 EA 表征杆件抵抗轴向拉压变形的能力，称为杆件的抗拉(压)刚度，其刚度变化既可以通过改变杆件横截面面积 A 来实现，也可以通过改变杆件的弹性模量 E 来实现。为了研究钢拱架刚度对隧道变形的影响，以大变形Ⅱ型衬砌模型为基础，改变钢拱架的横截面面积来实现钢拱架刚度的变化，分别采用 I18 型、I20b 型、I22b 型和 I25b 型工字钢，对比四种模型的隧道变形、应力和初期支护内力的分布，分析钢拱架刚度对变形的影响。计算时不单独考虑工字钢，利用工字钢等效原则来考虑，即提高喷射混凝土的弹性模量来代替钢拱架的作用，最终选择的型钢喷射混凝土参数工况如表 4-3 所示。

表 4-3 型钢喷射混凝土等效参数

工况	喷射混凝土厚度/cm	钢拱架间距/m	钢拱架型号	折算后喷射混凝土弹性模量/GPa
1	25	0.6	I18	25.1
2	25	0.6	I20b	26.3
3	25	0.6	I22b	27.2
4	25	0.6	I25b	28.1

图 4-35 为采用不同型号工字钢时隧道周边的竖向位移云图，图 4-36 为采用不同型号工字钢时隧道周边的水平位移云图。从图中可以看出，隧道拱顶位置处的沉降位移最大，中台阶位置处的水平收敛位移最大。

图 4-37 为不同工况下监测断面的拱顶沉降位移随施工步的变化曲线。从图中可以看出，隧道开挖面到达监测断面之前，由于围岩开挖卸荷，监测断面拱顶会发生先行沉降位移；当开挖面距监测断面约 5m 时，拱顶沉降位移迅速增加，当开挖到监测断面前方约 2m 时，拱顶沉降位移增速逐渐减小；中台阶和下台阶开挖后，拱顶沉降位移继续增长，其增长速率逐步减小；当工作面与监测断面距离达到一定范围时，沉降基本趋于稳定，工作面继续向前开挖，监测断面沉降逐渐趋于收敛。采用 I18、I20b、I22b 和 I25b 型工字钢时拱顶沉降位移分别为 431.8mm、429.8mm、428.5mm 和 427.3mm。开挖面到达监测断面时，三种不同钢拱架刚度下拱顶下沉释放位移约占总位移的比例为 34%。

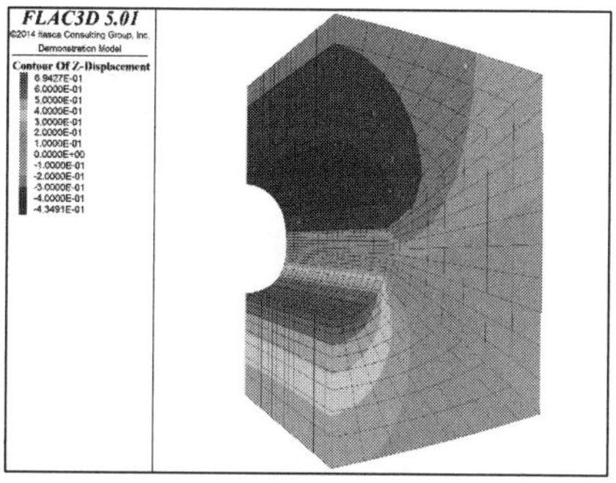

(a) I18型工字钢

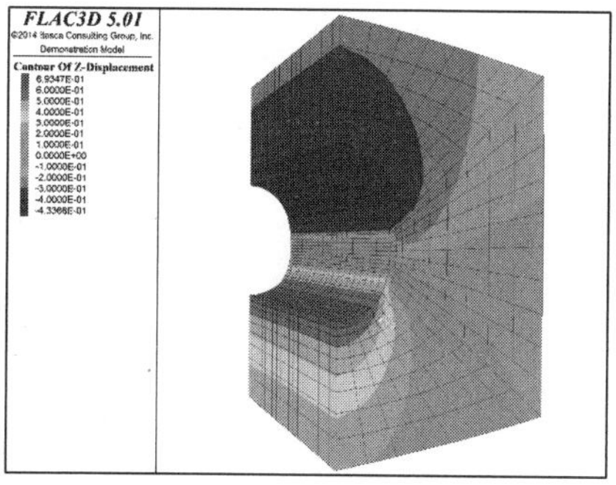

(b) I20b型工字钢

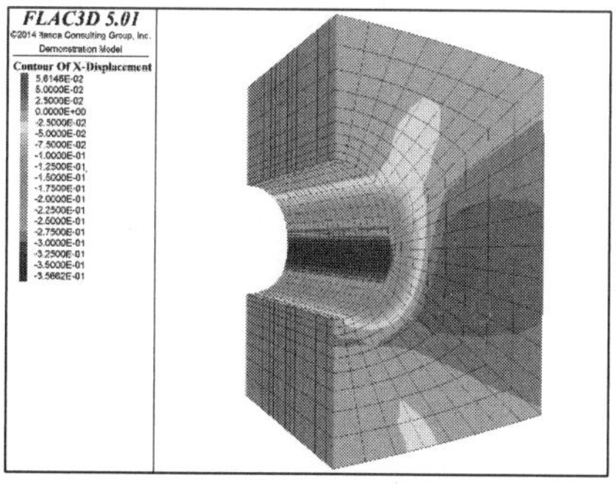

(c) I22b型工字钢

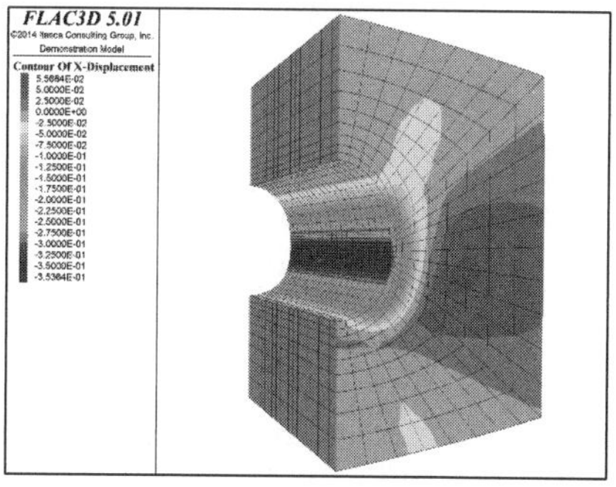

(d) I25b型工字钢

图4-35　采用不同型号工字钢时竖向位移云图

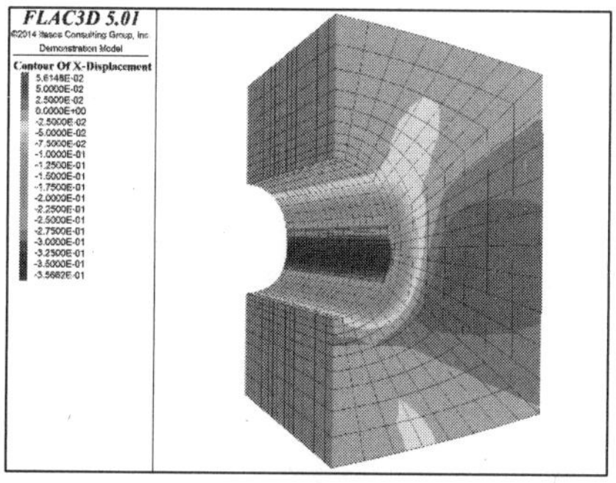

(a) I18型工字钢

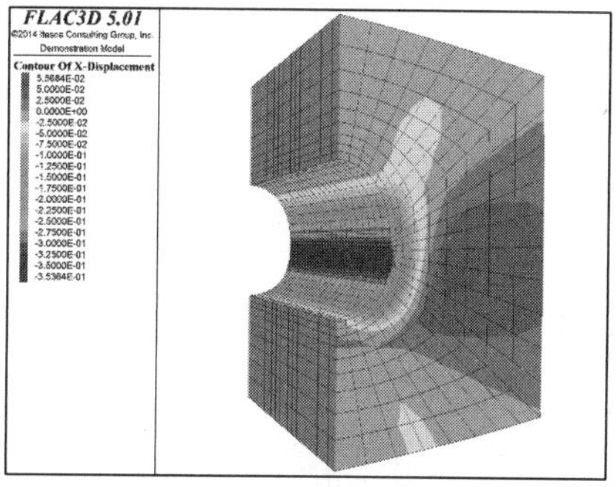

(b) I20b型工字钢

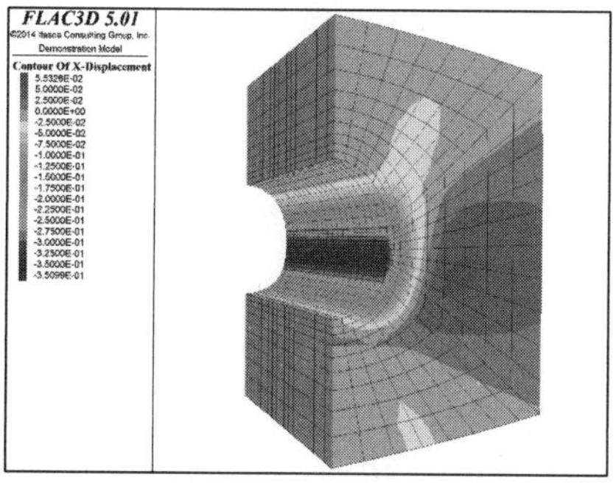

(c) I22b型工字钢

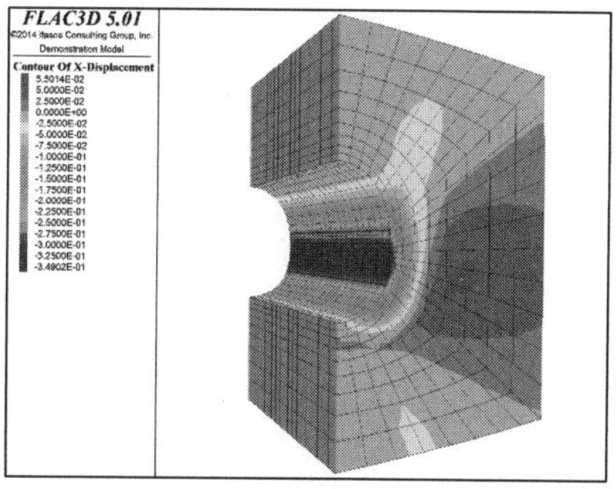

(d) I25b型工字钢

图4-36　采用不同型号工字钢时水平位移云图

图 4-38 为不同工况下监测断面的上台阶水平位移随施工步的变化曲线，图 4-39 为不同工况下监测断面的中台阶水平位移随施工步的变化曲线。由图可见，采用 I18、I20b、I22b 和 I25b 型工字钢时，上台阶的水平位移分别为 211.6mm、208.7mm、206.4mm 和 204.2mm，中台阶的水平位移分别为 346.1mm、343.1mm、340.8mm 和 338.7mm。隧道的拱顶沉降位移、上台阶水平位移、中台阶水平位移与钢拱架刚度的关系见图 4-40。从图中可以看出，随着钢拱架刚度的增加，拱顶沉降位移、上台阶水平位移和中台阶水平位移逐渐降低，但是位移降低值很小。

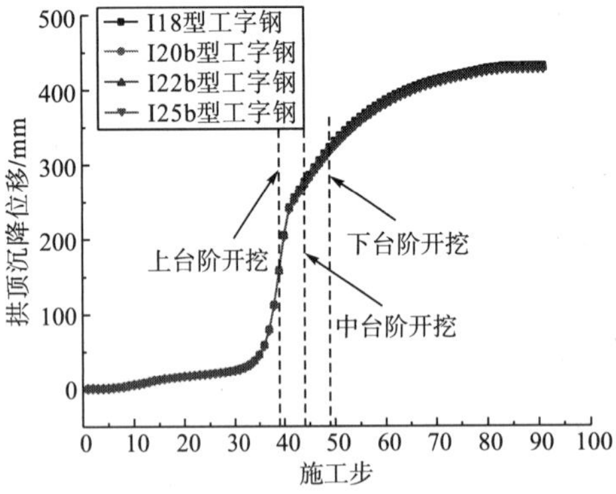

图 4-37　采用不同型号工字钢时的拱顶沉降位移曲线

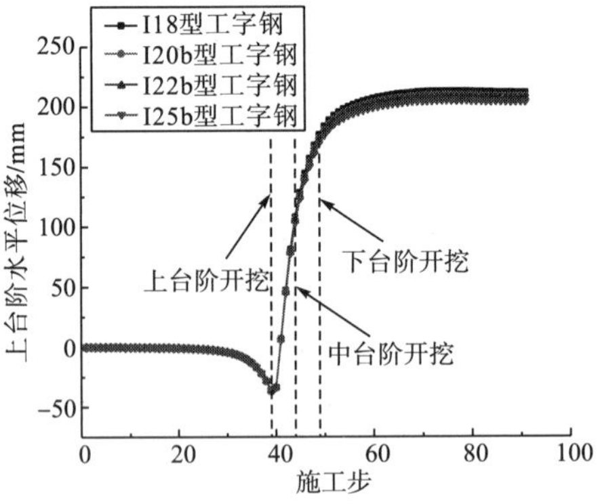

图 4-38　采用不同型号工字钢时上台阶监测点水平位移曲线

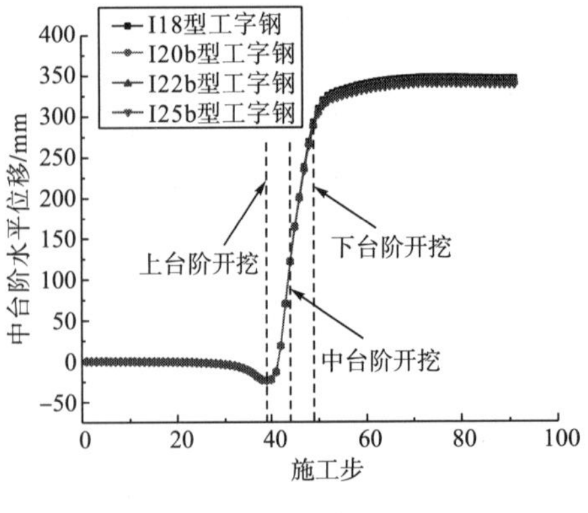

图 4-39　采用不同型号工字钢时中台阶监测点水平位移曲线

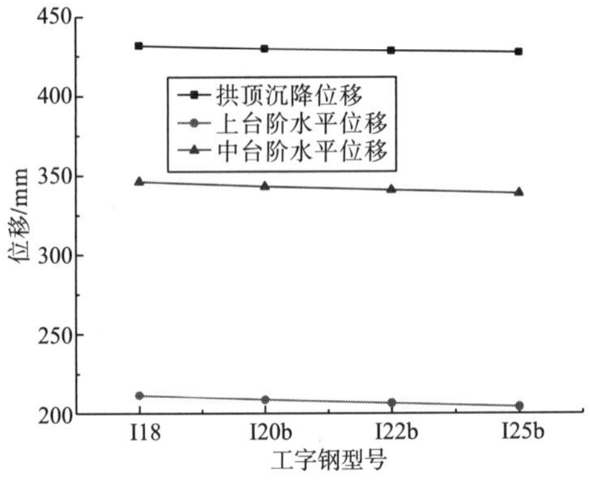

图 4-40　采用不同型号工字钢时最大位移对比

图 4-41 为各工况开挖到监测断面时的塑性区分布图。从图中可以看出，隧道开挖后以剪切破坏为主，在开挖的台阶面出现局部的拉伸破坏；隧道边墙外侧破坏深度最大，其次为隧道仰拱下部；三种工况下的塑性区深入掌子面都约为 7m。隧道贯通后的塑性区分布规律基本一致，见图 4-42。

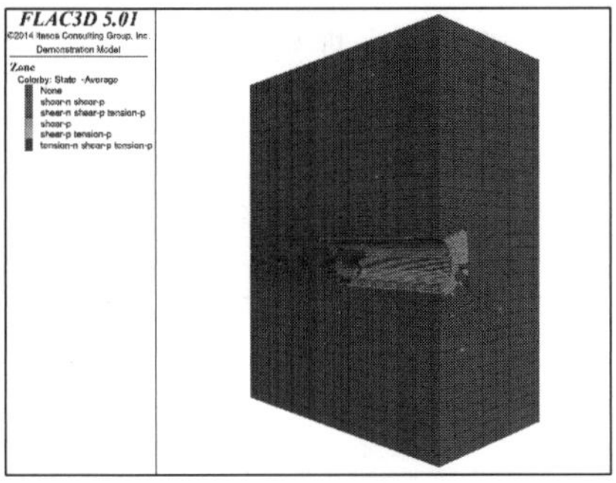

(a) I18型工字钢

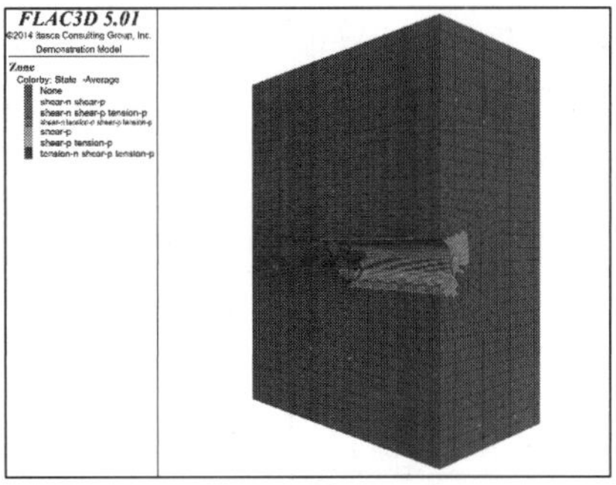

(b) I20b型工字钢

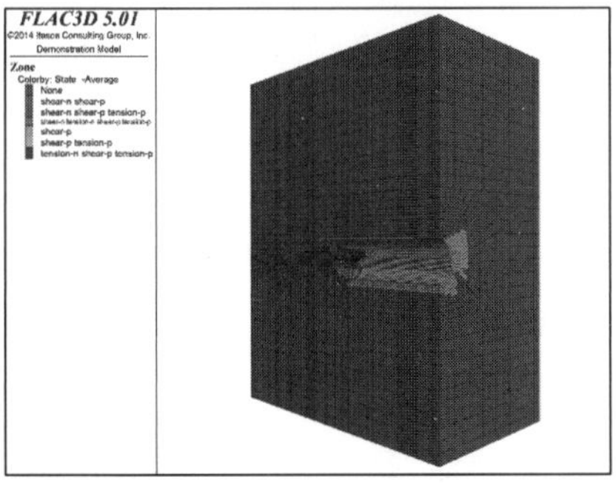

(c) I22b型工字钢

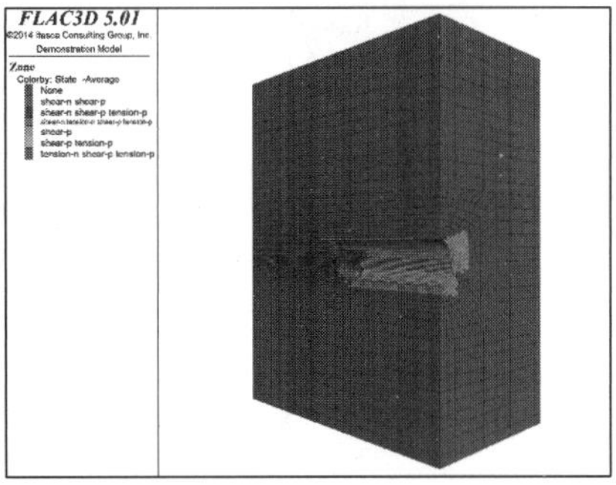

(d) I25b型工字钢

图 4-41　采用不同型号工字钢时开挖到监测断面时的塑性区分布

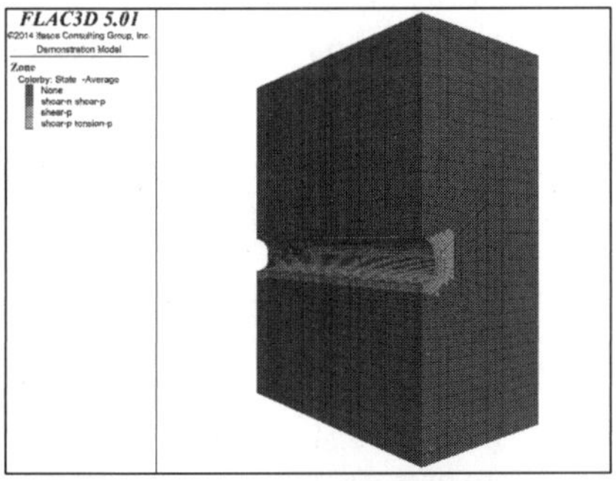

(a) I18型工字钢

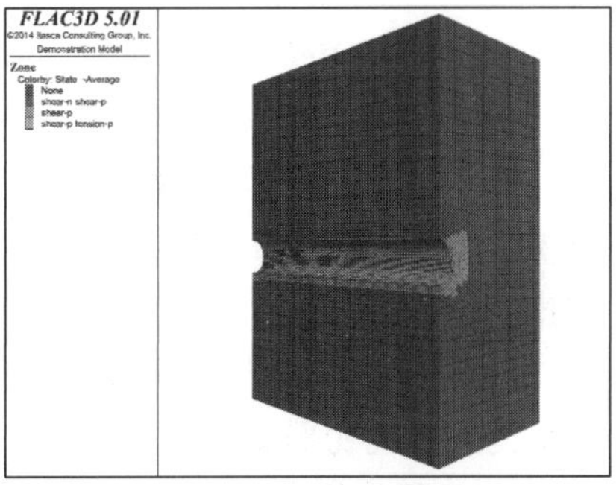

(b) I20b型工字钢

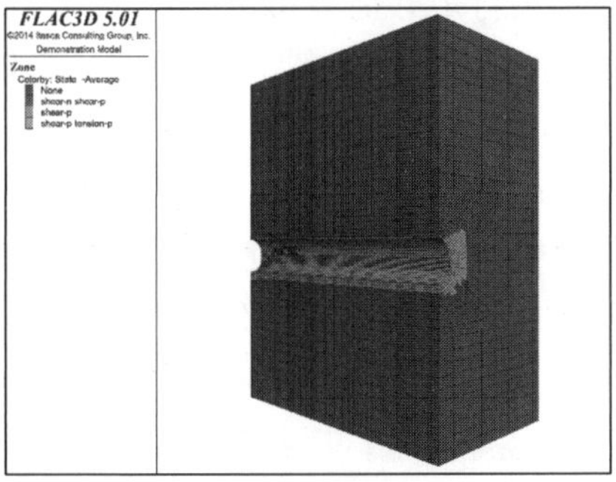

(c) I22b型工字钢

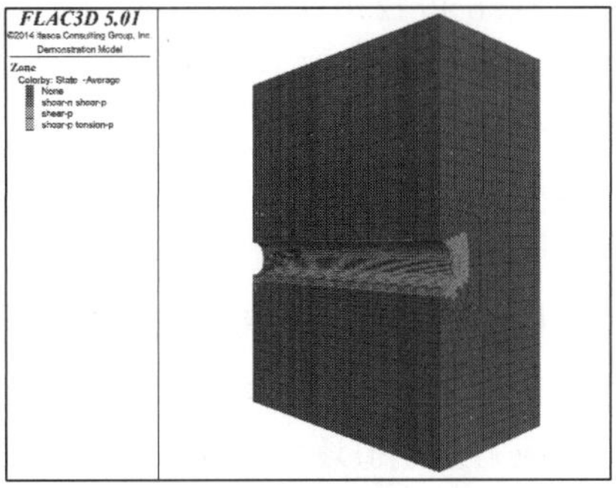

(d) I25b型工字钢

图 4-42　采用不同型号工字钢时隧道贯通后的塑性区分布

图 4-43 为采用不同刚度的钢拱架时模型内塑性区体积统计结果。从图中可以看出，随着钢拱架刚度的增加，塑性区体积逐渐减小，但减小幅度很小。

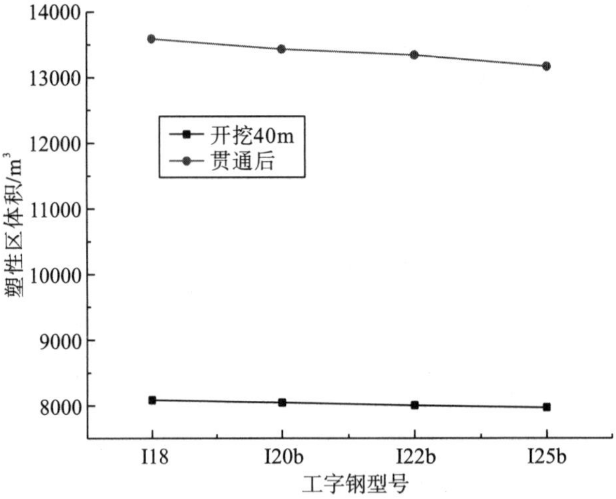

图 4-43 采用不同型号工字钢时塑性区体积

图 4-44 为各工况初期支护平均轴向应力分布，由图可推知，隧道拱顶初期支护轴力最大，其次为隧道边墙，隧道仰拱处的轴力较小。采用 I18、I20b、I22b 和 I25b 型工字钢时初期支护的最大轴向应力分别为 4.760MPa、4.748MPa、4.746MPa 和 4.757MPa，最小轴向应力分别为 2.244MPa、2.237MPa、2.250MPa 和 2.226MPa。通过换算可以得到，采用 I18 型工字钢时初期支护最大轴力为 1190kN，最小轴力为 561kN；采用 I20b 型工字钢时初期支护最大轴力为 1187kN，最小轴力为 559kN；采用 I22b 型工字钢时初期支护最大轴力为 1187kN，最小轴力为 563kN；采用 I25b 型工字钢时初期支护最大轴力为 1189kN，最小轴力为 557kN。图 4-45 为各工况下初期支护轴力对比，随着钢拱架刚度的增加，初期支护最大轴力和初期支护最小轴力几乎保持不变。

图 4-46 为各工况初期支护弯矩分布。由图可见，在上台阶下部初期支护承受较大的弯矩，在台阶交界面处的初期支护内弯矩较小，隧道仰拱中部的初期支护弯矩最小。采用 I18、I20b、I22b 和 I25b 型工字钢时初期支护的最大弯矩分别为 429.2kN·m、440.6kN·m、448.6kN·m 和 456.2kN·m。由图 4-47 可见，随着钢拱架刚度的增加，初期支护中的最大弯矩近似呈线性增加。

通过建立 I18 型工字钢、I20b 型工字钢、I22b 型工字钢和 I25b 型工字钢这四种不同刚度的工字钢数值分析模型，模拟并分析了不同刚度钢拱架对隧道变形及结构受力的影响。通过分析发现，随着钢拱架刚度的增加，拱顶沉降位移、上台阶水平位移和中台阶水平位移逐渐降低，但是位移降低幅度较小；隧道周边围岩中第一主应力最大值几乎保持不变，第三主应力最小值逐渐增加，最大主应力差值逐渐降低；随着钢拱架刚度的增加，塑性区体积逐渐减小，但减小幅度很小；初期支护最大轴力和初期支护最小轴力几乎保持不变，初期支护中的最大弯矩近似呈线性增大。

钢拱架的主要作用是喷射混凝土发挥作用前支撑围岩，阻止围岩松动，同时能提高初期支护的刚度。因此，大变形隧道应尽量采用刚度大的钢拱架，在条件允许情况下，采用 I25b 型及其以上型号工字钢。

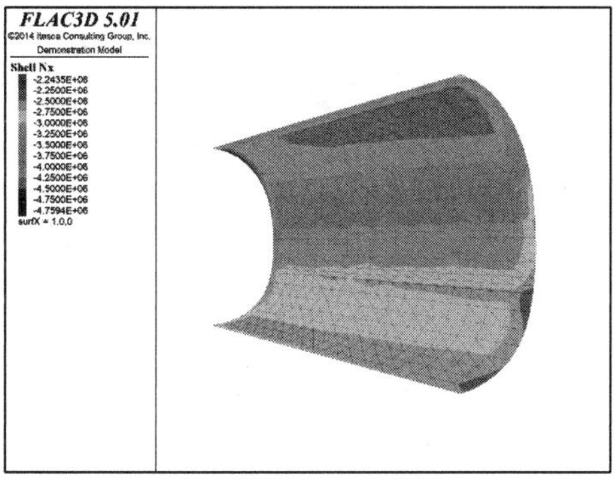

(a) I18型工字钢

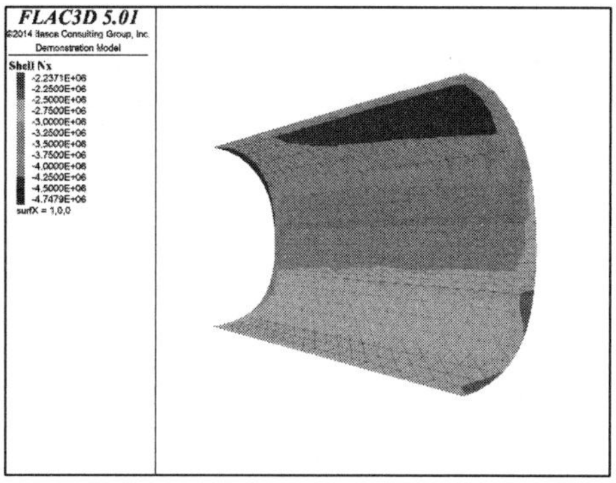

(b) I20b型工字钢

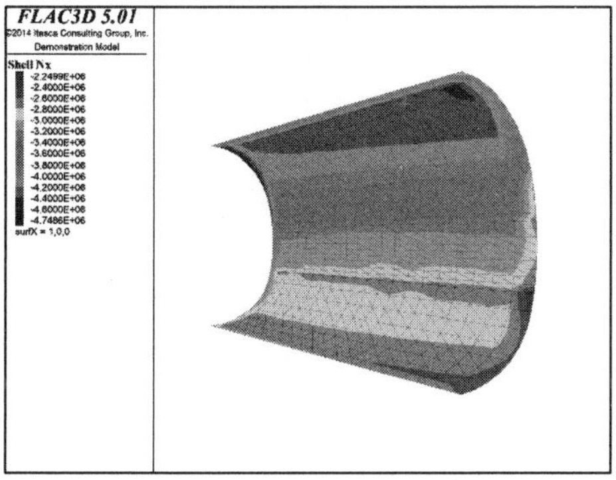

(c) I22b型工字钢

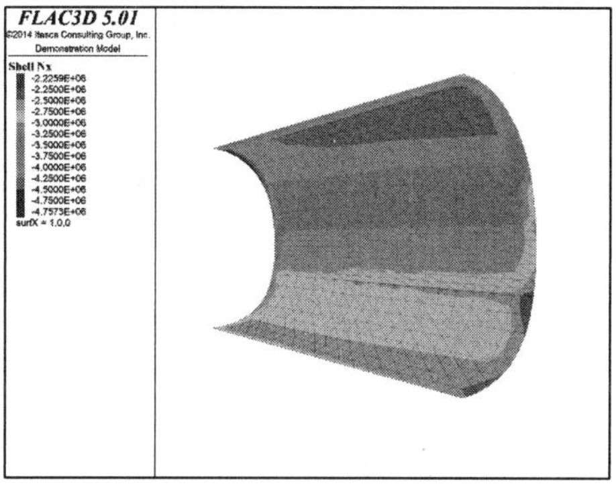

(d) I25b型工字钢

图 4-44　采用不同型号工字钢时初期支护轴向应力分布

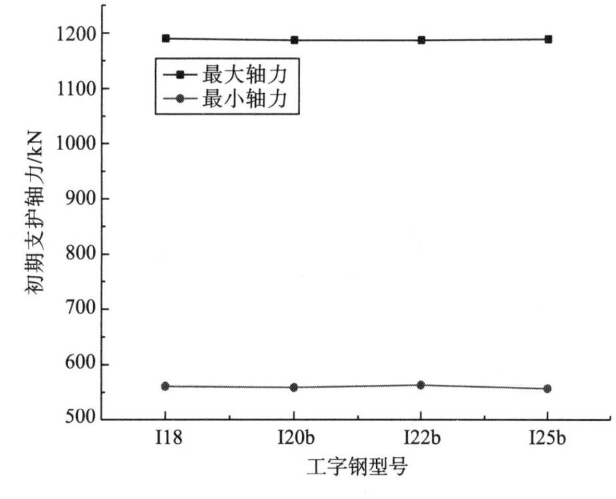

图 4-45　采用不同型号工字钢时初期支护轴力对比

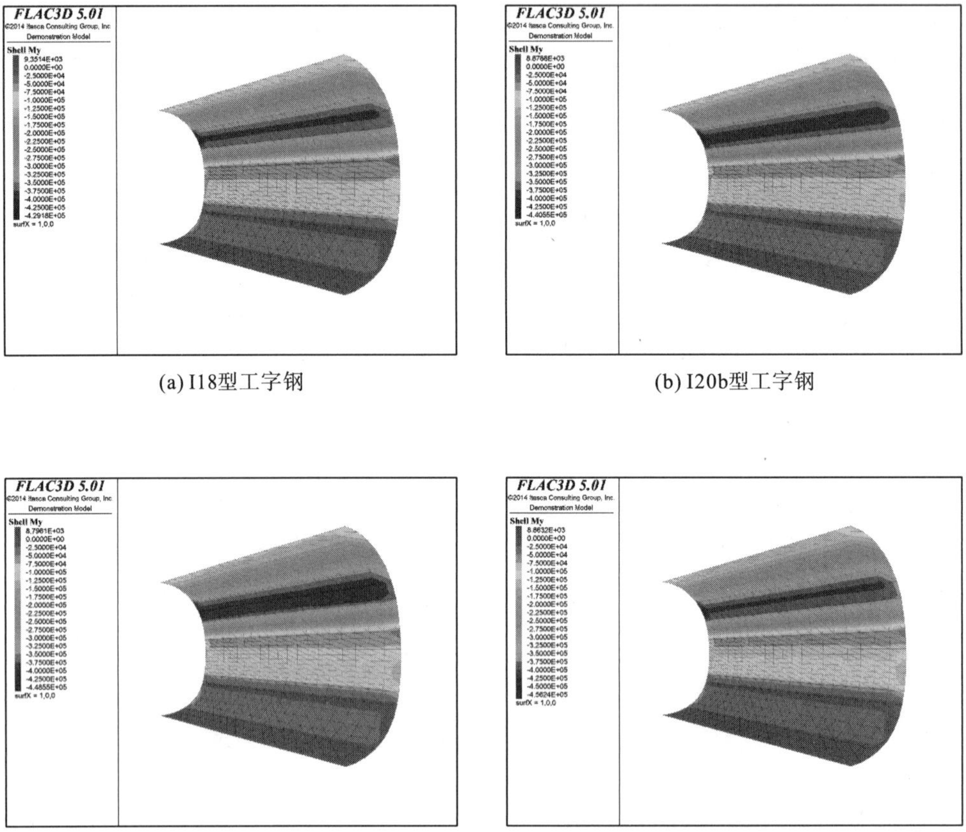

(a) I18型工字钢

(b) I20b型工字钢

(c) I22b型工字钢

(d) I25b型工字钢

图 4-46　采用不同型号工字钢时弯矩分布

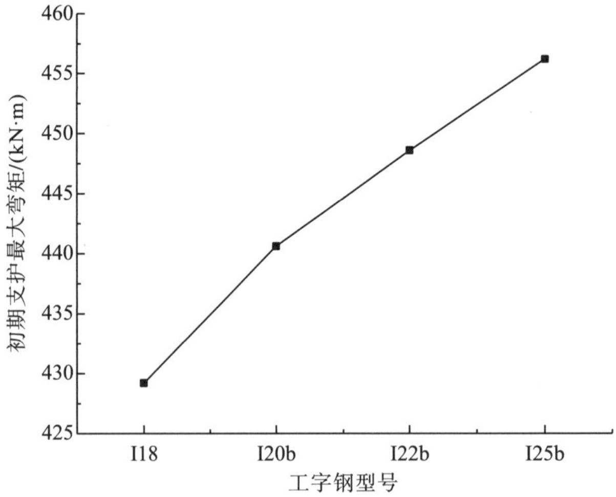

图 4-47　采用不同型号工字钢时初期支护最大弯矩

4.3.4 不同钢拱架间距

为了研究钢拱架间距对隧道变形的影响，以大变形II型衬砌模型为基础，分别建立钢拱架间距为 0.5m、0.6m、0.8m 和 1.0m 四种模型，对比四种模型的隧道变形、应力和初期支护内力的分布，分析钢拱架间距对变形的影响。计算时不单独考虑工字钢，利用工字钢等效原则来考虑，即提高喷射混凝土的弹性模量来代替钢拱架的作用，最终选择的型钢喷射混凝土参数工况如表 4-4 所示。

表 4-4　型钢喷射混凝土等效参数

工况	喷射混凝土厚度/cm	钢拱架间距/m	钢拱架型号	折算后喷射混凝土弹性模量/GPa
1	25	0.5	I18	25.9
2	25	0.6	I18	25.1
3	25	0.8	I18	24.1
4	25	1.0	I18	23.5

图 4-48 为不同钢拱架间距时隧道周边的竖向位移云图，图 4-49 为不同钢拱架间距时隧道周边的水平位移云图。从图中可以看出，隧道拱顶位置处的沉降位移最大，中台阶位置处的水平收敛位移最大。

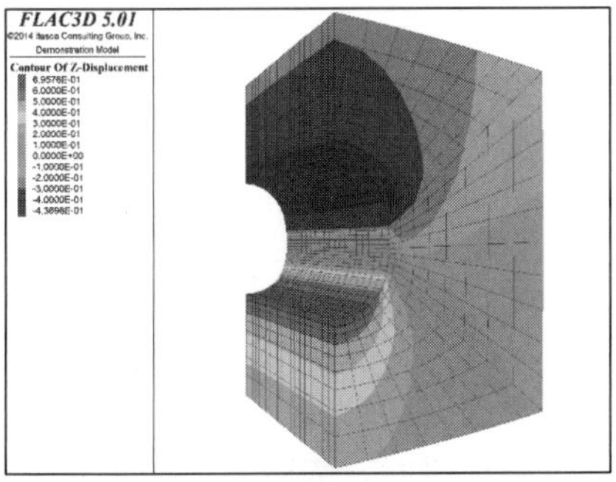

(a) 间距0.5m

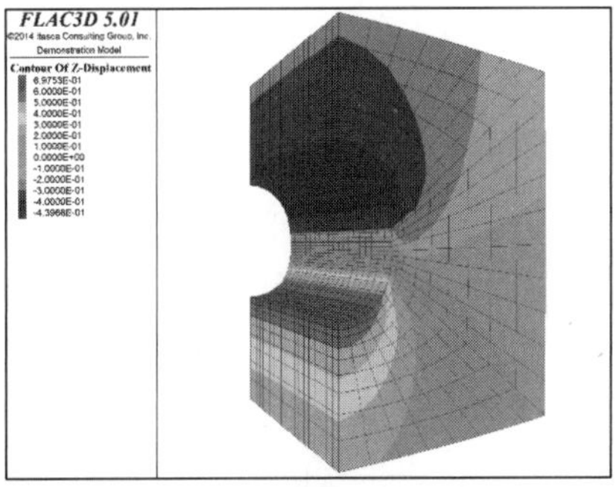

(b) 间距0.6m

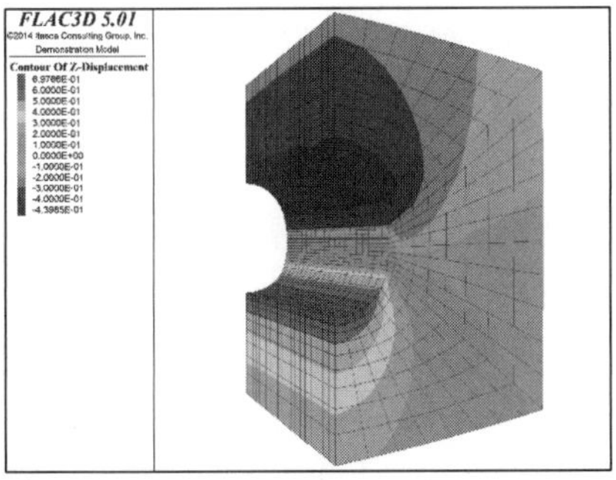

(c) 间距0.8m

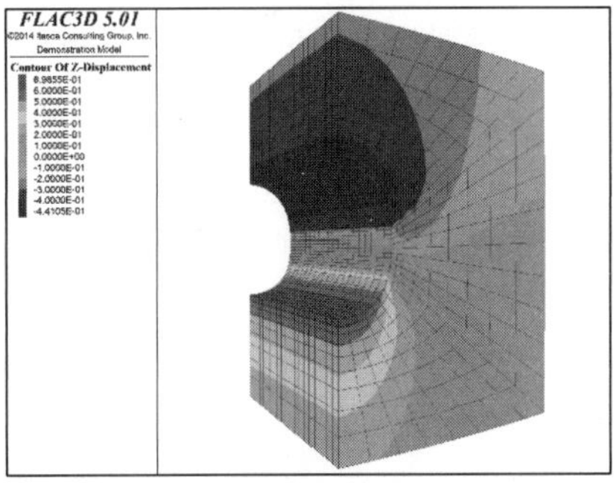

(d) 间距1.0m

图 4-48　不同钢拱架间距时竖向位移云图

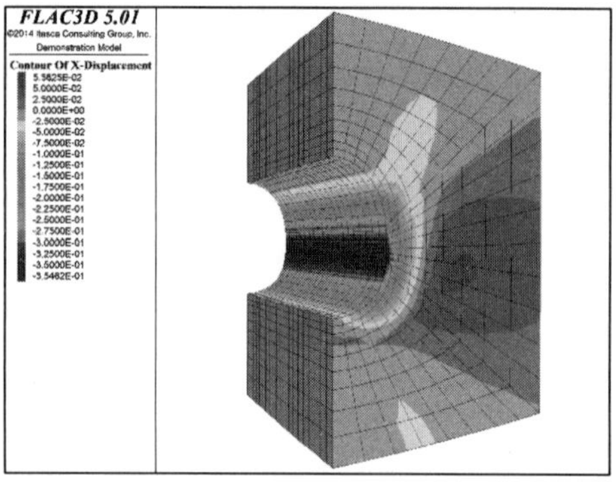

(a) 间距0.5m

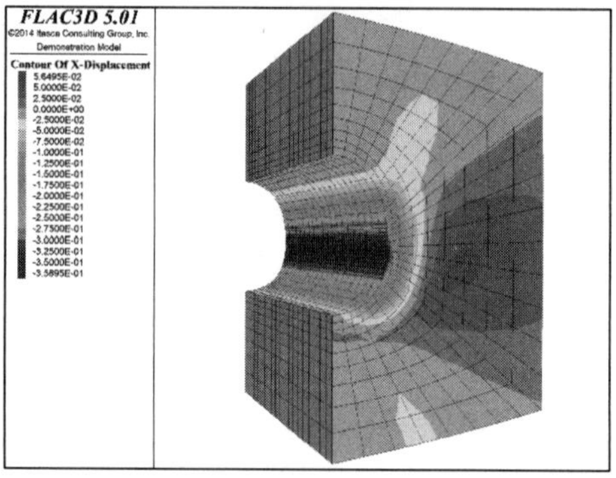

(b) 间距0.6m

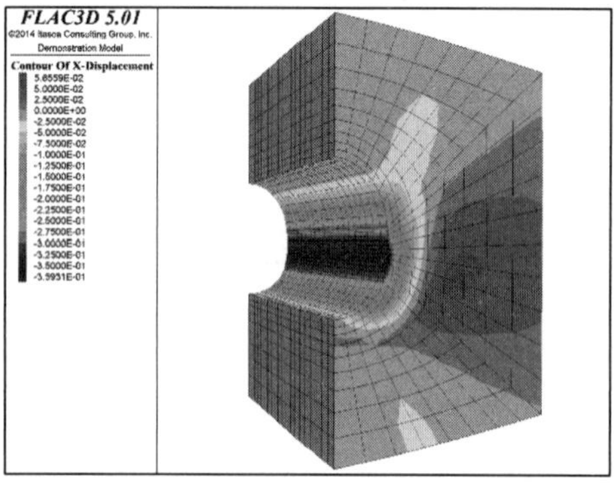

(c) 间距0.8m

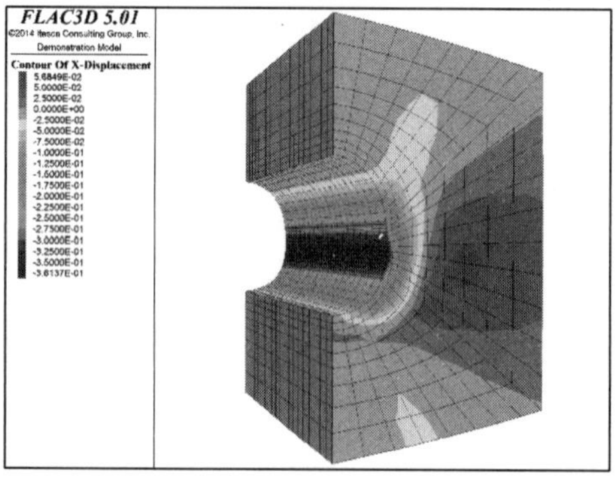

(d) 间距1.0m

图 4-49 不同钢拱架间距时水平位移云图

图 4-50 为不同工况下监测断面的拱顶沉降位移随施工步的变化曲线。从图中可以看出，隧道开挖面到达监测断面之前，由于围岩开挖卸荷，监测断面拱顶会发生先行沉降位移；当开挖面距监测断面约 5m 时，拱顶沉降位移迅速增加，当开挖到监测断面前方约 2m 时，拱顶沉降位移增速逐渐减小；中台阶和下台阶开挖后，拱顶沉降位移继续增长，其增长速率逐步减小；当工作面与监测断面距离达到一定范围时，沉降基本趋于稳定，工作面继续向前开挖，监测断面沉降逐渐趋于收敛。钢拱架间距为 0.5m、0.6m、0.8m 和 1.0m 时拱顶沉降位移分别为 430.5mm、431.8mm、433.4mm 和 434.5mm。开挖面到达监测断面时，4 种不同钢拱架间距下拱顶下沉释放位移约占总位移的比例为 34%。

图 4-51 为不同工况下监测断面的上台阶水平位移随施工步的变化曲线，图 4-52 为不同工况下监测断面的中台阶水平位移随施工步的变化曲线。由图可见，钢拱架间距为 0.5m 时上台阶水平位移为 209.7mm，钢拱架间距为 0.6m 时上台阶水平位移为 211.6mm，钢拱架间距为 0.8m 时上台阶水平位移为 214.4mm，钢拱架间距为 1.0m 时上台阶水平位移为 216.3mm；钢拱架间距为 0.5m 时中台阶水平位移为 344.0mm，钢拱架间距为 0.6m 时中台阶水平位移为 346.1mm，钢拱架间距为 0.8m 时中台阶水平位移为 348.9mm，钢拱架间距为 1.0m 时中台阶水平位移为 350.7mm。钢拱架间距对拱顶沉降位移、上台阶水平位移和

中台阶水平位移的影响见图 4-53。从图中可以看出，随着钢拱架间距的增加，拱顶沉降位移、上台阶水平位移和中台阶水平位移逐渐增加，增幅很小。

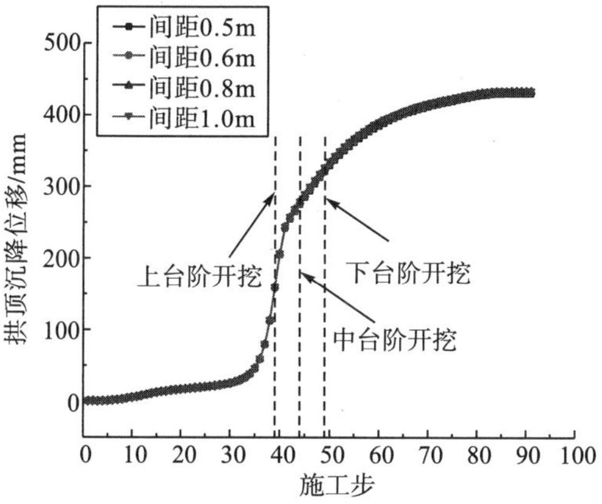

图 4-50　不同钢拱架间距时拱顶沉降位移曲线

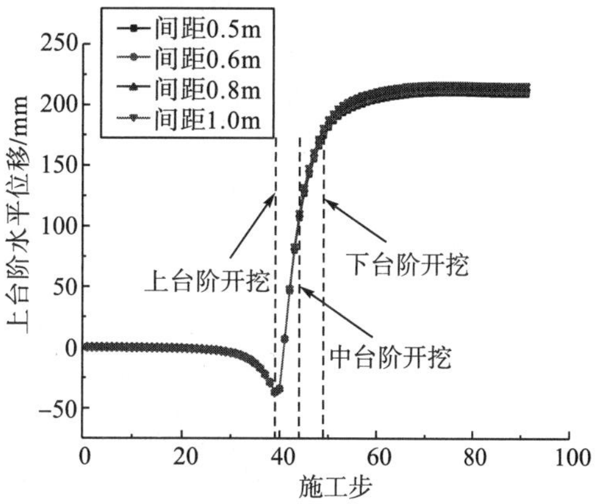

图 4-51　不同钢拱架间距时上台阶监测点水平位移曲线

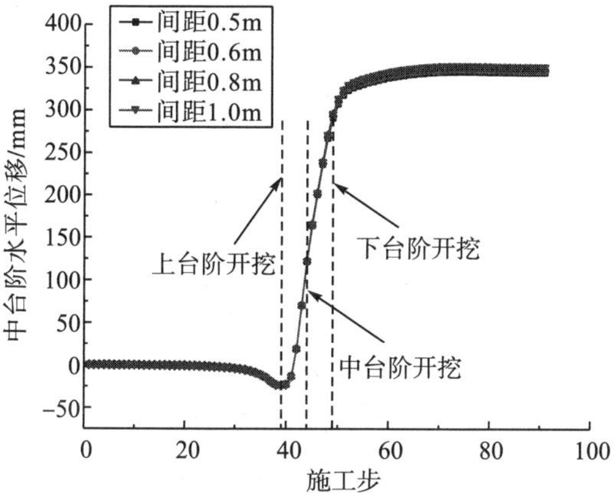

图 4-52　不同钢拱架间距时中台阶监测点水平位移曲线

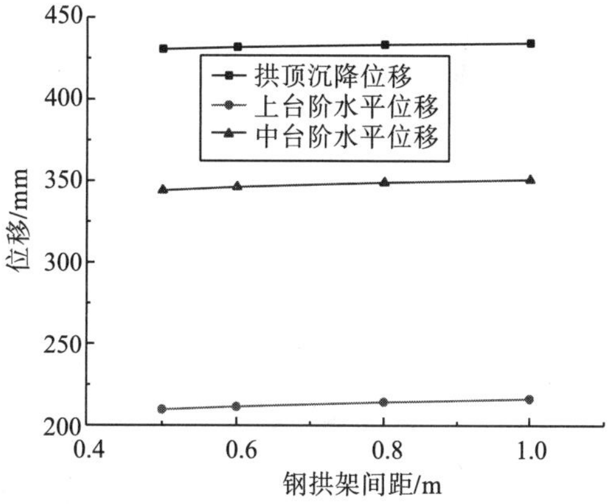

图 4-53　不同钢拱架间距时最大位移对比

图 4-54 为各工况开挖到监测断面时的塑性区分布图。从图中可以看出，隧道开挖后以剪切破坏为主，在开挖的台阶面出现局部的拉伸破坏；隧道边墙外侧破坏深度最大，其次为隧道仰拱下部；三种工况下的塑性区深入掌子面都约为 7m。隧道贯通后的塑性区分布规律基本一致，见图 4-55。

图 4-56 为不同钢拱架间距时模型内塑性区体积统计结果。从图中可以看出，随着钢拱架间距的增加，塑性区体积逐渐增加，但是增幅很小。

图 4-57 为各工况初期支护平均轴向应力分布，由图可推知，隧道拱顶初期支护轴力最大，其次为隧道边墙，隧道仰拱处的轴力较小。钢拱架间距为 0.5m、0.6m、0.8m 和 1.0m 时，初期支护的最大轴向应力分别为 4.746MPa、4.759MPa、4.756MPa 和 4.749MPa，最小轴向应力分别为 2.254MPa、2.244MPa、2.242MPa 和 2.246MPa。通过换算可以得到，钢拱架间距为 0.5m 时初期支护最大轴力为 1187kN，最小轴力为 564kN；钢拱架间距为

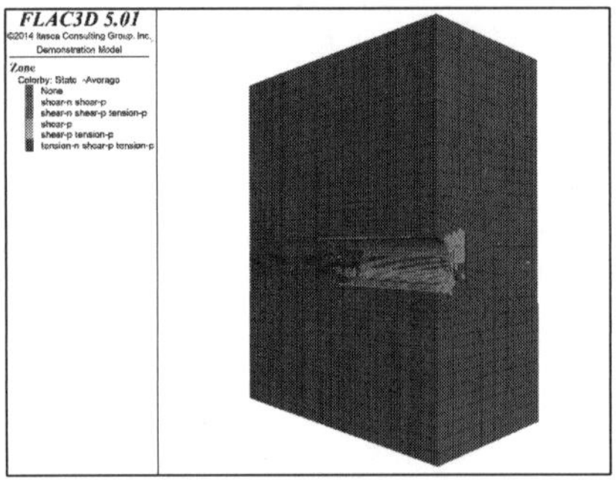

(a) 间距0.5m

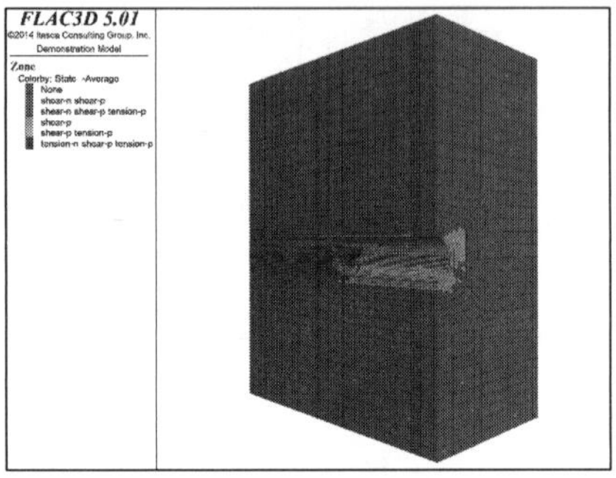

(b) 间距0.6m

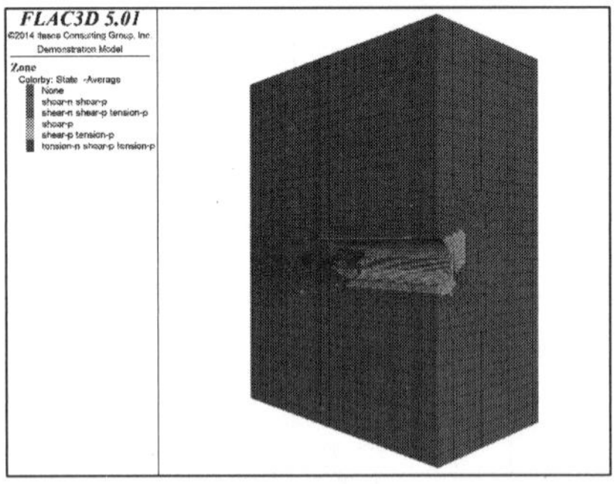

(c) 间距0.8m

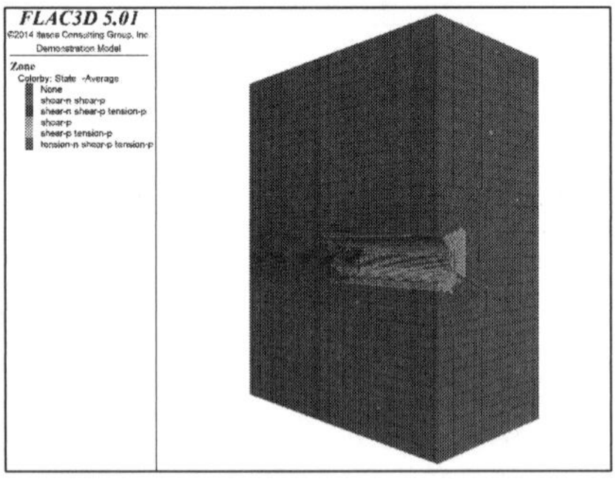

(d) 间距1.0m

图 4-54　不同钢拱架间距时开挖到监测断面时的塑性区分布

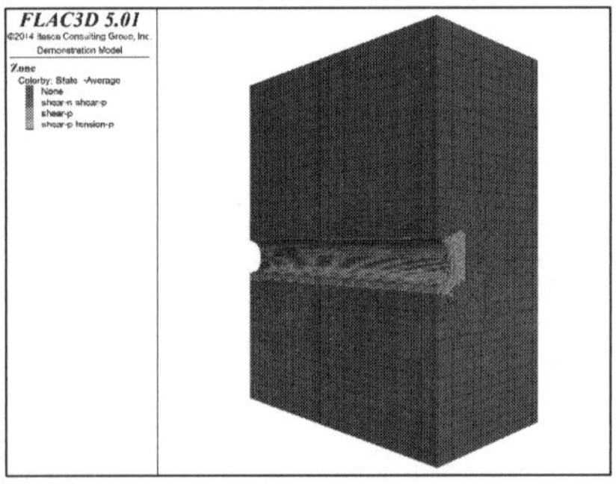

(a) 间距0.5m

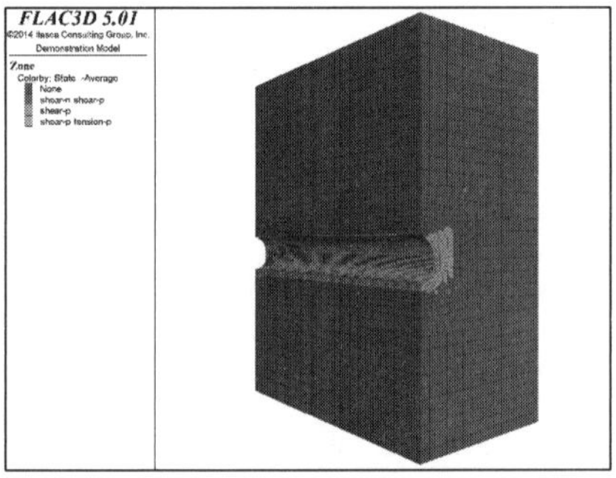

(b) 间距0.6m

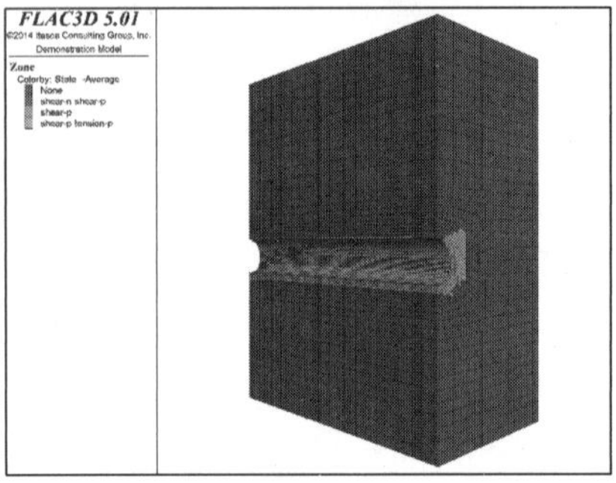

(c) 间距0.8m

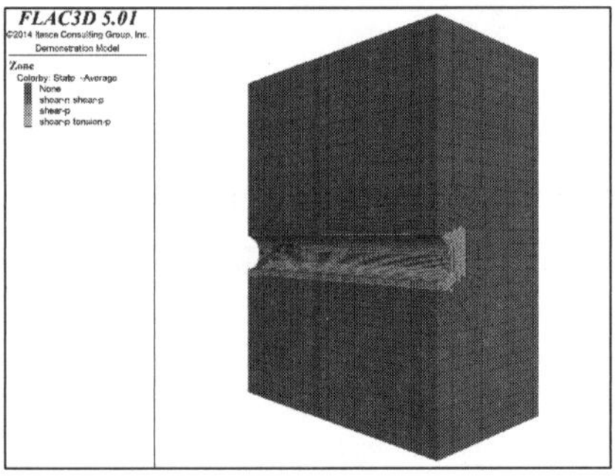

(d) 间距1.0m

图 4-55　不同钢拱架间距时隧道贯通后的塑性区分布

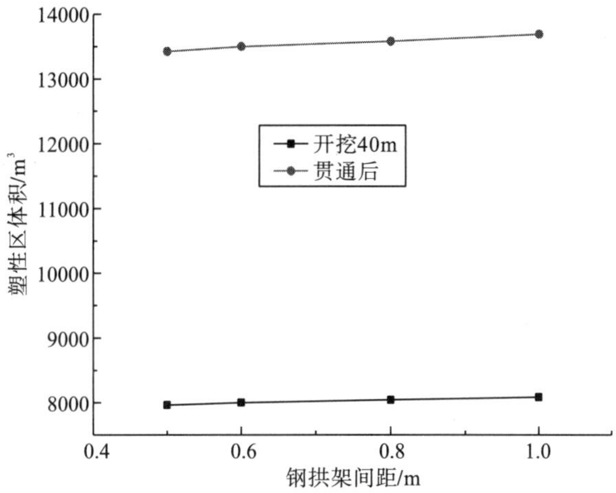

图 4-56 不同钢拱架间距时塑性区体积

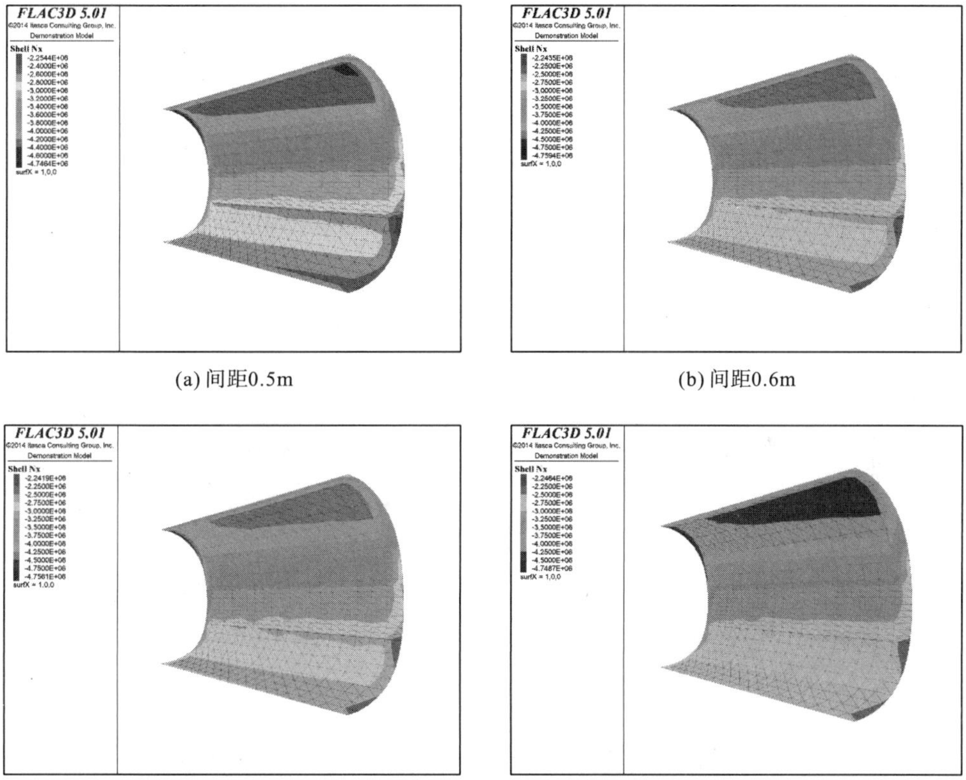

(a) 间距0.5m

(b) 间距0.6m

(c) 间距0.8m

(d) 间距1.0m

图 4-57 不同钢拱架间距时初期支护轴向应力分布

0.6m 时初期支护最大轴力为 1190kN，最小轴力为 561kN；钢拱架间距为 0.8m 时初期支护最大轴力为 1189kN，最小轴力为 561kN；钢拱架间距为 1.0m 时初期支护最大轴力为 1187kN，最小轴力为 562kN。图 4-58 为各工况下初期支护轴力对比，随着钢拱架间距的增加，初期支护最大轴力和初期支护最小轴力几乎保持不变。

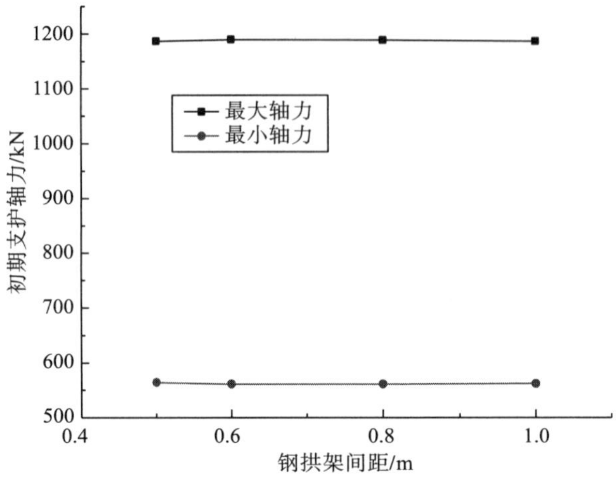

图 4-58　不同钢拱架间距时初期支护轴力对比

图 4-59 为各工况初期支护弯矩分布。由图可见，在上台阶下部初期支护承受较大的弯矩，在台阶交界面处的初期支护内弯矩较小，隧道仰拱中部的初期支护弯矩最小。钢拱架间距为 0.5m、0.6m、0.8m 和 1.0m 时初期支护的最大弯矩分别为 436.6kN·m、429.2kN·m、419.8kN·m 和 413.4kN·m。由图 4-60 可见，随着钢拱架间距的增加，初期支护中的最大弯矩逐渐减小。

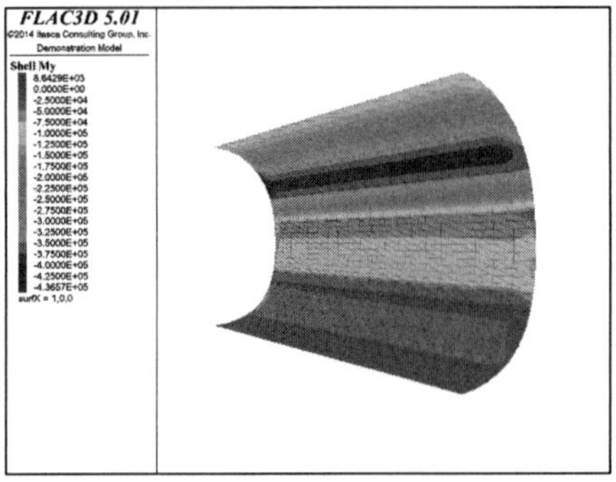

(a) 间距0.5m

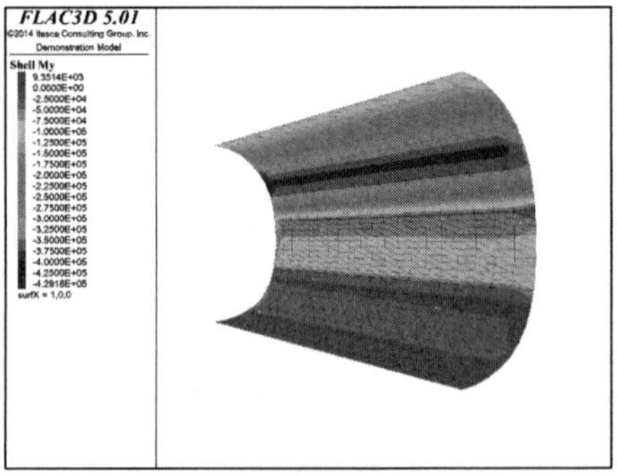

(b) 间距0.6m

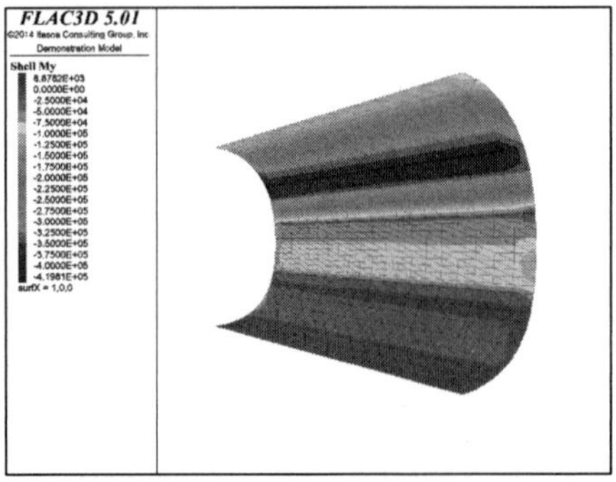

(c) 间距0.8m

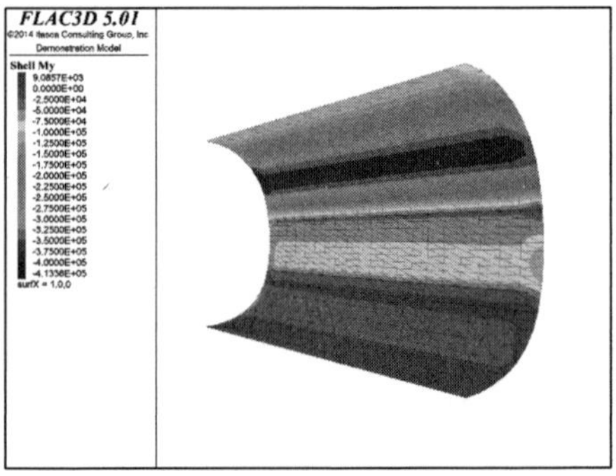

(d) 间距1.0m

图 4-59　不同钢拱架间距时弯矩分布

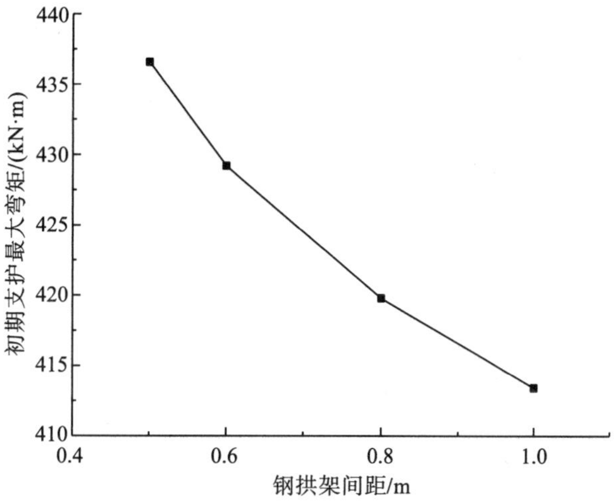

图 4-60　不同钢拱架间距时初期支护最大弯矩

通过建立钢拱架间距为 0.5m、0.6m、0.8m 和 1.0m 这四种分析模型，模拟并分析不同钢拱架间距对隧道变形及结构受力的影响。通过分析发现，随着钢拱架间距的增加，拱顶沉降位移、上台阶水平位移和中台阶水平位移逐渐增大，但是增幅较小；隧道周边围岩中第一主应力最大值几乎保持不变，第三主应力最小值逐渐增加，最大主应力差值逐渐增大；随着钢拱架间距的增加，塑性区体积逐渐增大；初期支护最大轴力和初期支护最小轴力几乎保持不变；初期支护中的最大弯矩逐渐减小。

大变形隧道应尽量减小钢拱架间距，推荐钢拱架间距为 0.6m，还可根据开挖揭示地质岩性进行动态调整，保证喷射混凝土施作前围岩不发生大的变形甚至坍塌。

4.3.5　不同锚杆布设形式

为了研究不同锚杆长度及布设方式对隧道变形的影响，以大变形 II 型衬砌模型为基础，考虑锚杆长度为 4m、6m、8m 和仅在隧道边墙布设 8m 长锚杆这四种情况(图 4-61)，对四种工况进行模拟，对比四种模型的隧道变形、应力和初期支护内力的分布，分析锚杆布设对变形的影响。

图 4-62(彩图见附录)为不同锚杆布设方式下锚杆轴力分布。从图中可以看出，绝大部分锚杆处于受拉状态，且最大拉力达到 210kN；隧道拱顶部位的锚杆处于受压状态，而锚杆的主要作用是承受拉力，因而隧道拱顶部位的锚杆没有发挥作用，可以减少部分拱顶部位的锚杆。当锚杆长度为 4m 时，锚杆中最大压力为 88.9kN；当锚杆长度为 6m 时，锚杆中最大压力为 66.3kN；当锚杆长度为 8m 时，锚杆中最大压力为 56.5kN；当锚杆长度为 8m 仅布设在隧道边墙时，全部锚杆处于受拉状态，充分发挥了锚杆的作用。因此，部分隧道拱顶部位的锚杆处于受压状态，不起支护作用；随着锚杆长度的增加，处于受拉状态的锚杆比例更高，支护作用更强，支护效果更好；仅在隧道边墙部位布设锚杆时，全部锚杆处于受拉状态，可取消隧道拱顶的部分锚杆。

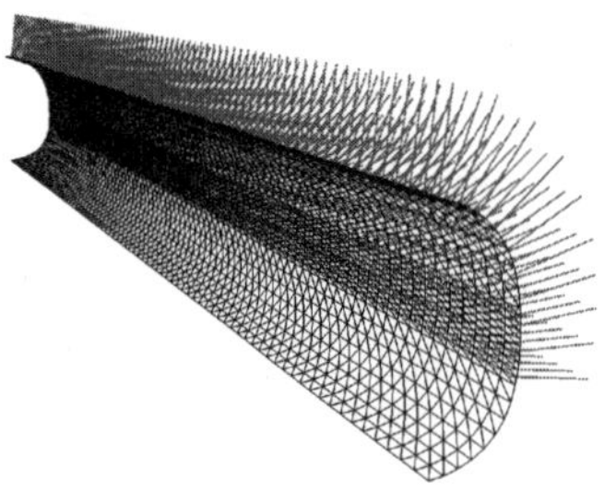

(a) 锚杆长度4m

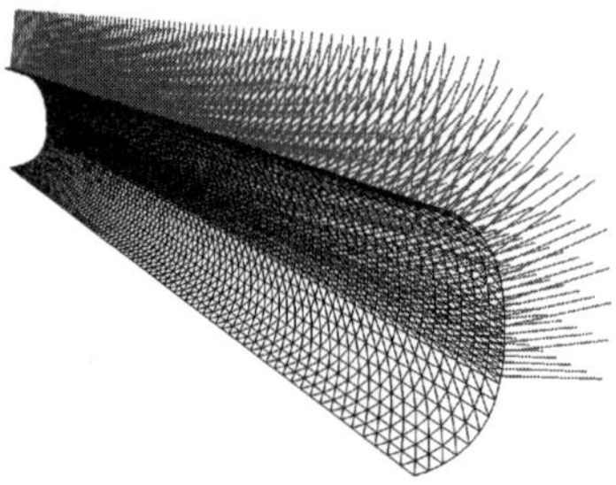

(b) 锚杆长度6m

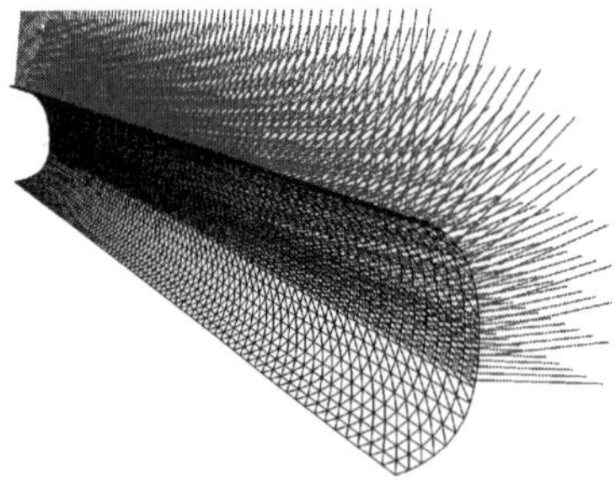

(c) 锚杆长度8m

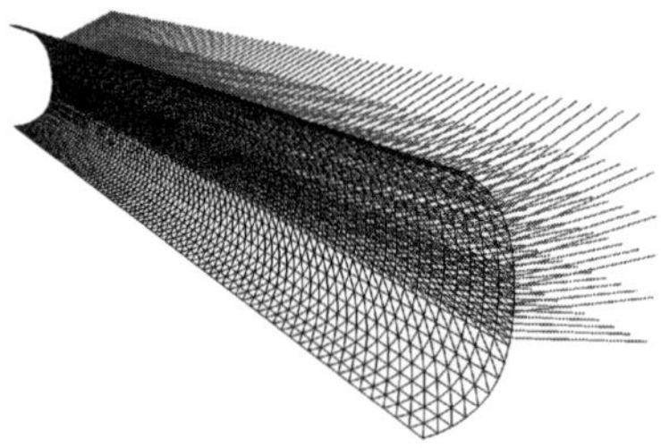

(d) 锚杆长度8m仅布设在边墙

图 4-61 不同锚杆布设方式

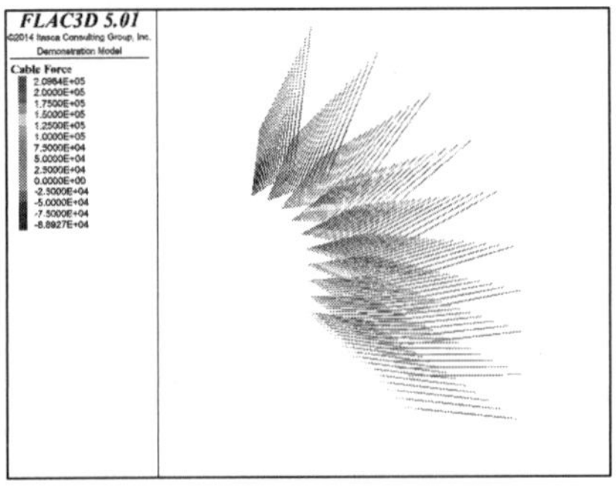

(a) 锚杆长度4m

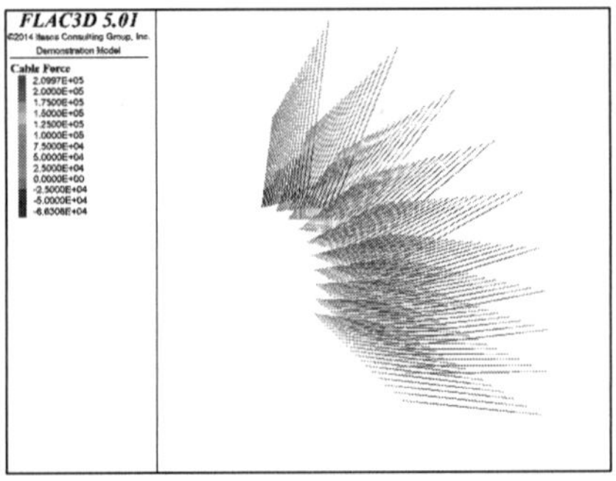

(b) 锚杆长度6m

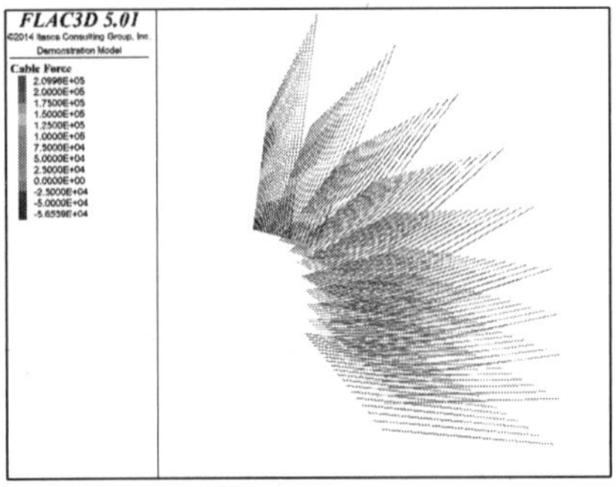

(c) 锚杆长度8m

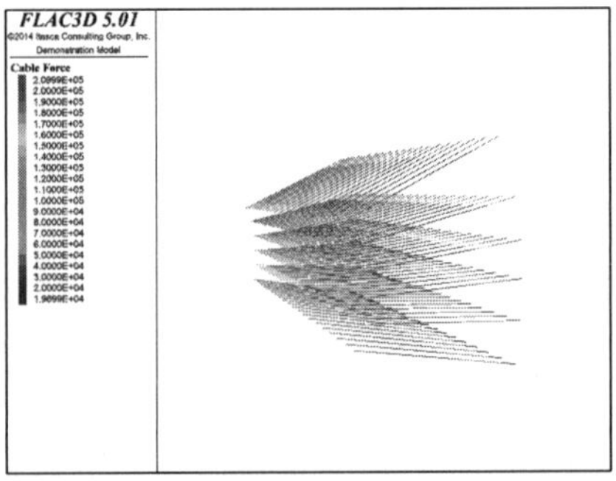

(d) 锚杆长度8m仅布设在边墙

图 4-62 不同锚杆布设方式下锚杆轴力分布

图 4-63 为不同锚杆布设方式下隧道周边的竖向位移云图，图 4-64 为不同锚杆布设方式下隧道周边的水平位移云图。从图中可以看出，隧道拱顶位置处的沉降位移最大，中台阶位置处的水平收敛位移最大。

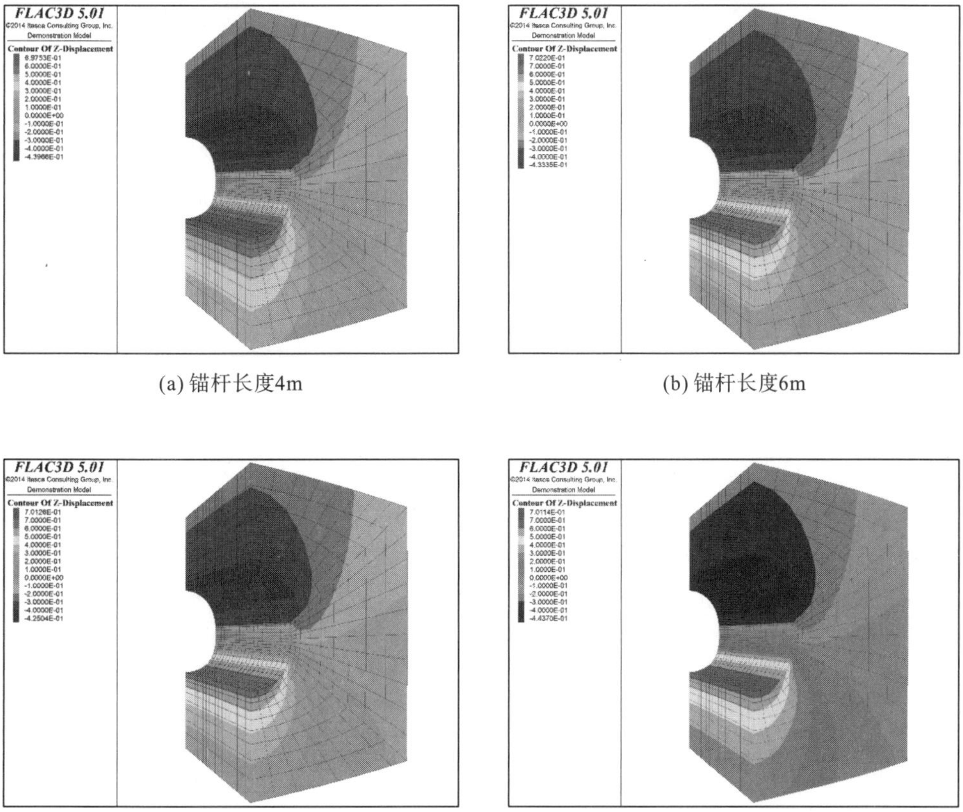

(a) 锚杆长度4m　　(b) 锚杆长度6m

(c) 锚杆长度8m　　(d) 锚杆长度8m仅布设在边墙

图 4-63　不同锚杆布设方式下竖向位移云图

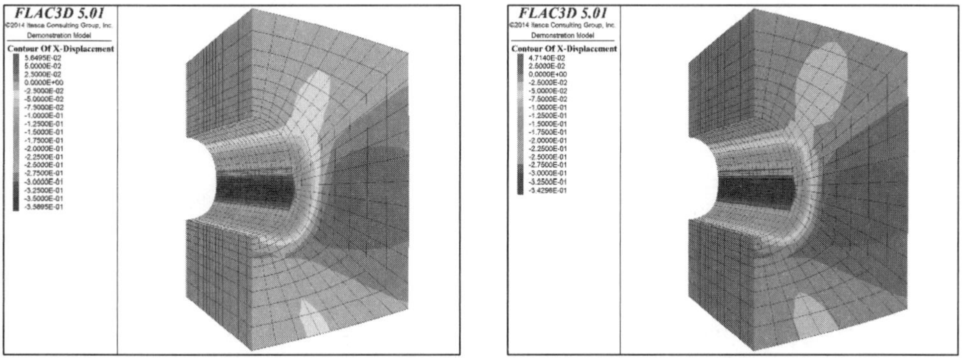

(a) 锚杆长度4m　　(b) 锚杆长度6m

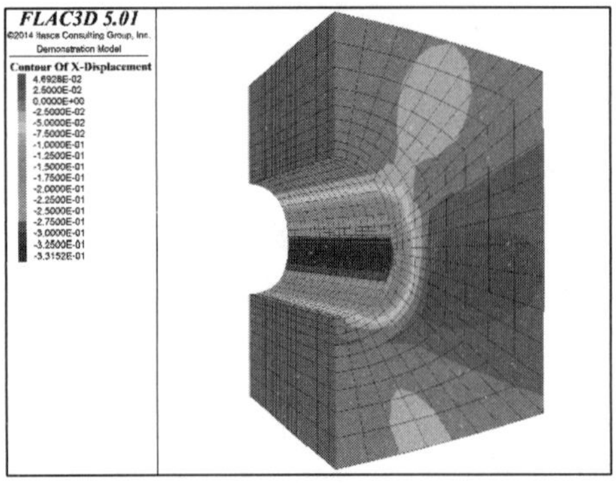

(c) 锚杆长度8m

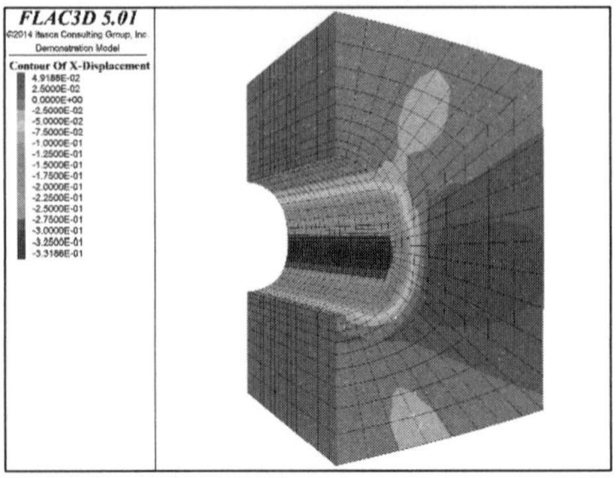

(d) 锚杆长度8m仅布设在边墙

图 4-64　不同锚杆布设方式下水平位移云图

图 4-65 为不同工况下监测断面的拱顶沉降位移随施工步的变化曲线。从图中可以看出，隧道开挖面到达监测断面之前，由于围岩开挖卸荷，监测断面拱顶会发生先行沉降位移；当开挖面距监测断面约 5m 时，拱顶沉降位移迅速增加，当开挖到监测断面前方约 2m 时，拱顶沉降位移增速逐渐减小；中台阶和下台阶开挖后，拱顶沉降位移继续增长，其增长速率逐步减小；当工作面与监测断面距离达到一定范围时，沉降基本趋于稳定，工作面继续向前开挖，监测断面沉降逐渐趋于收敛。这四种锚杆布设方式下隧道的拱顶沉降位移分别为 433.2mm、430.4mm、422.5mm 和 439.7mm。开挖面到达监测断面时，四种不同锚杆布设方式下拱顶下沉释放位移约占总位移的比例为 34%。

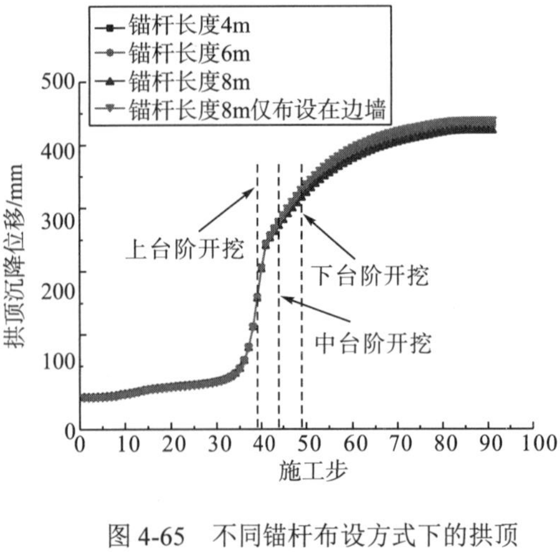

图 4-65　不同锚杆布设方式下的拱顶沉降位移曲线

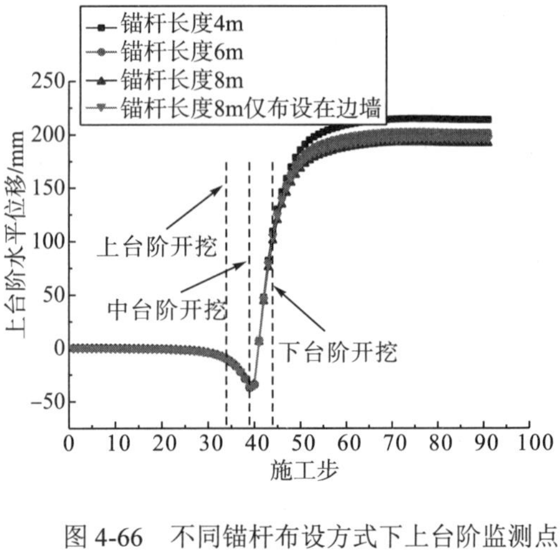

图 4-66　不同锚杆布设方式下上台阶监测点水平位移曲线

图 4-66 为不同工况下监测断面的上台阶水平位移随施工步的变化曲线，图 4-67 为不同工况下监测断面的中台阶水平位移随施工步的变化曲线。由图可见，锚杆长度为 4m 时上台阶水平位移为 213.9mm，锚杆长度为 6m 时上台阶水平位移为 201.5mm，锚杆长度为 8m

时上台阶水平位移为 191.8mm，锚杆长度为 8m 仅布设在边墙时上台阶水平位移为 196.5mm；锚杆长度为 4m 时中台阶水平位移为 348.4mm，锚杆长度为 6m 时中台阶水平位移为 331.6mm，锚杆长度为 8m 时中台阶水平位移为 320.7mm，锚杆长度为 8m 仅布设在边墙时中台阶水平位移为 321.2mm。锚杆布设方式对隧道拱顶沉降位移、上台阶水平位移和中台阶水平位移的影响见图 4-68。从图中可以看出，随着锚杆长度的增加，拱顶沉降位移、上台阶水平位移和中台阶水平位移逐渐降低，其中拱顶沉降位移降低值较小，上台阶水平位移和中台阶水平位移的降低值较大；与锚杆长度为 8m 工况比较，当锚杆长度为 8m 仅布设在边墙时拱顶沉降、上台阶水平位移和中台阶水平位移变化不大，说明锚杆仅布设在边墙位置也能取得较好的支护效果。

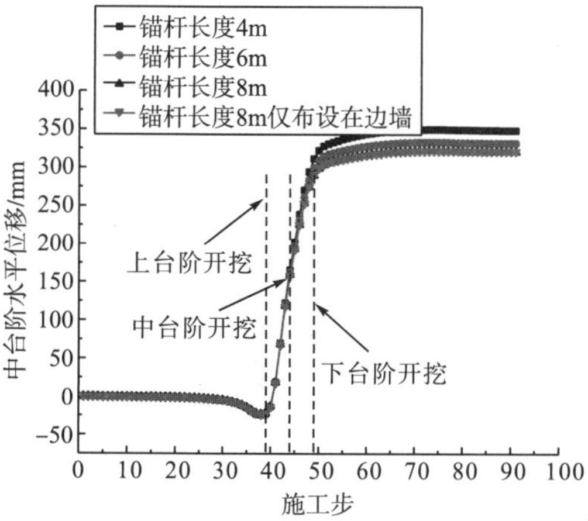

图 4-67　不同锚杆布设方式下中台阶监测点水平位移曲线

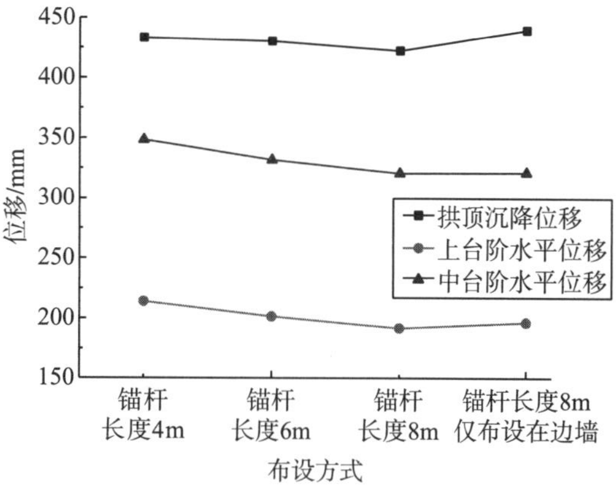

图 4-68　不同锚杆布设方式下最大位移对比

图 4-69 为各工况开挖到监测断面时的塑性区分布图。从图中可以看出，隧道开挖后以剪切破坏为主，在开挖的台阶面出现局部的拉伸破坏；隧道边墙外侧破坏深度最大，其次为隧道仰拱下部；三种工况下的塑性区深入掌子面都约为 7m。隧道贯通后的塑性区分布规律基本一致，见图 4-70。

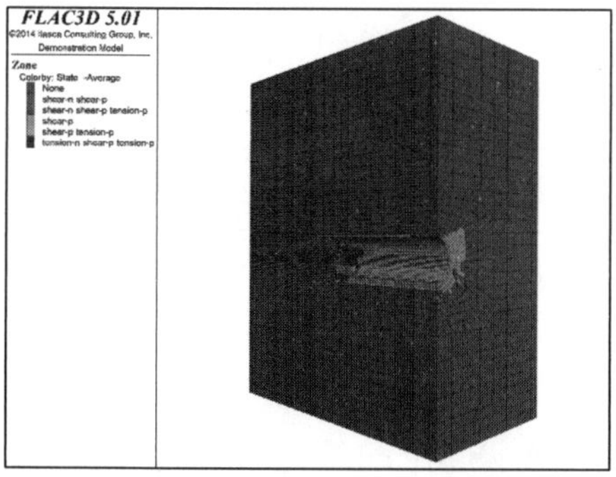

(a) 锚杆长度4m

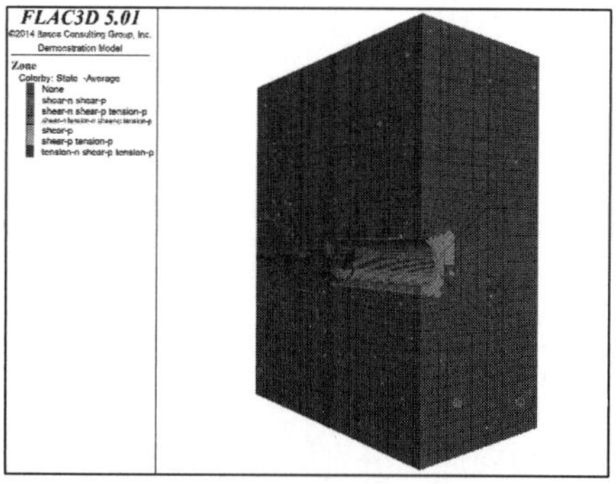

(b) 锚杆长度6m

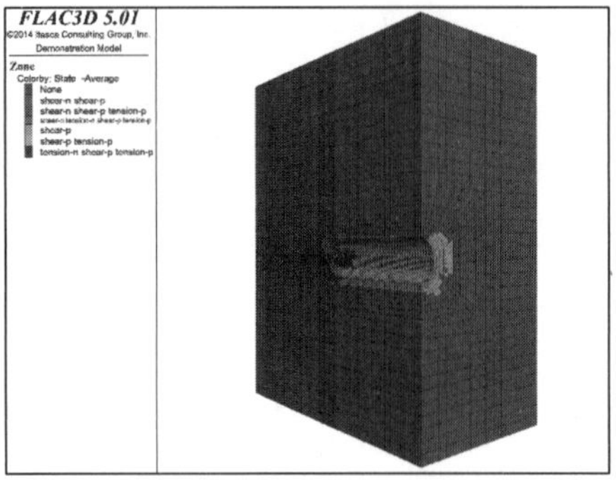

(c) 锚杆长度8m

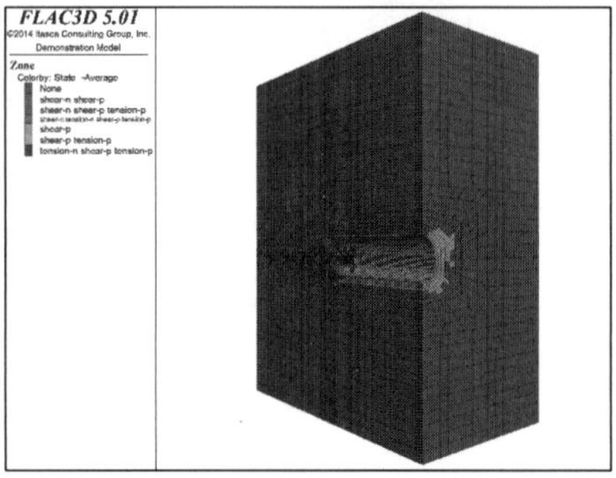

(d) 锚杆长度8m仅布设在边墙

图 4-69　不同锚杆布设方式下开挖到监测断面时的塑性区分布

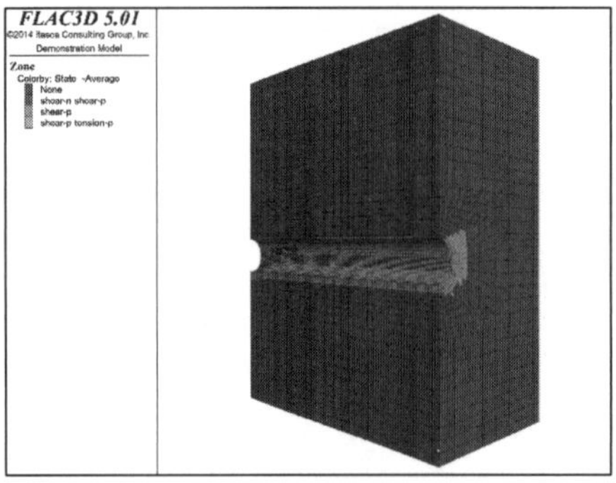

(a) 锚杆长度4m

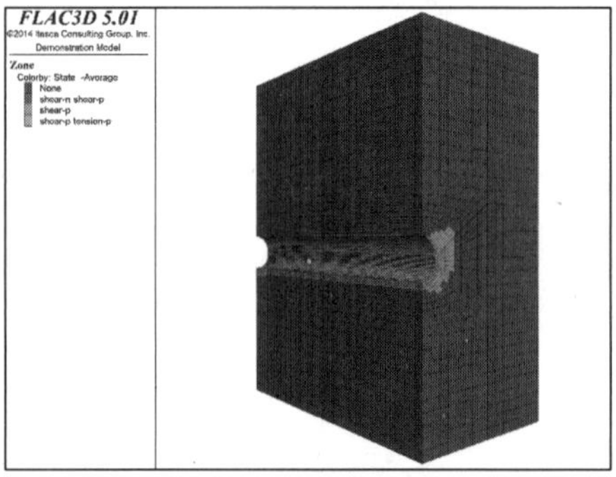

(b) 锚杆长度6m

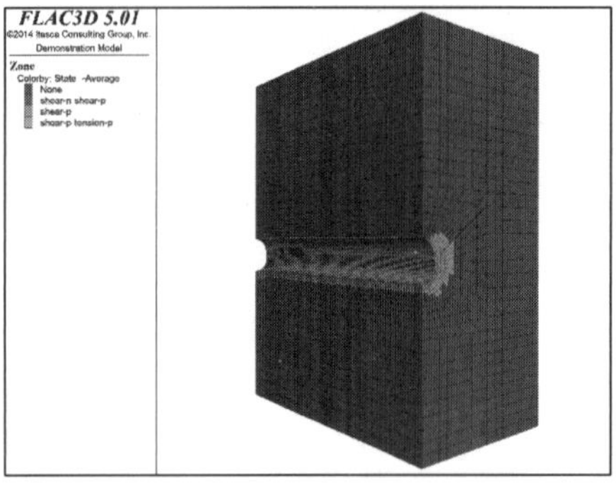

(c) 锚杆长度8m

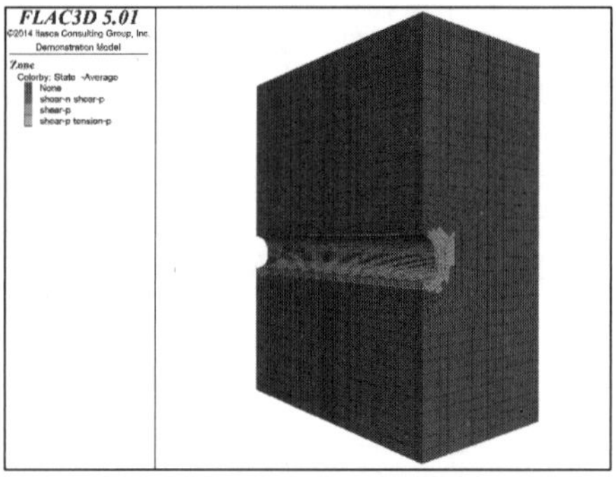

(d) 锚杆长度8m仅布设在边墙

图 4-70　不同锚杆布设方式下隧道贯通后的塑性区分布

图 4-71 为不同锚杆布设方式下模型内塑性区体积统计结果。从图中可以看出，随着锚杆长度的增加，塑性区体积逐渐减小，当锚杆仅布设在边墙部位时，塑性区体积增加。

图 4-72 为各工况初期支护平均轴向应力分布，由图可推知，隧道拱顶初期支护轴力最大，其次为隧道边墙，隧道仰拱处的轴力较小。在这四种锚杆布设方式状况下，初期支护的最大轴向应力分别为 4.750MPa、4.500MPa、4.424MPa 和 4.574MPa，最小轴向应力分别为 2.257MPa、2.204MPa、2.180MPa 和 2.200MPa。通过换算可以得到，锚杆长度为

4m 时初期支护最大轴力为 1188kN，最小轴力为 565kN；锚杆长度为 6m 时初期支护最大轴力为 1125kN，最小轴力为 551kN；锚杆长度为 8m 时初期支护最大轴力为 1106kN，最小轴力为 545kN；锚杆长度为 8m 仅布设在边墙时初期支护最大轴力为 1144kN，最小轴力为 550kN。图 4-73 为各工况下初期支护轴力对比，随着锚杆长度的增加，初期支护最大轴力逐渐减小，同样的初期支护最小轴力也逐渐减小，仅在边墙部位布设锚杆时，初期支护轴力增大。

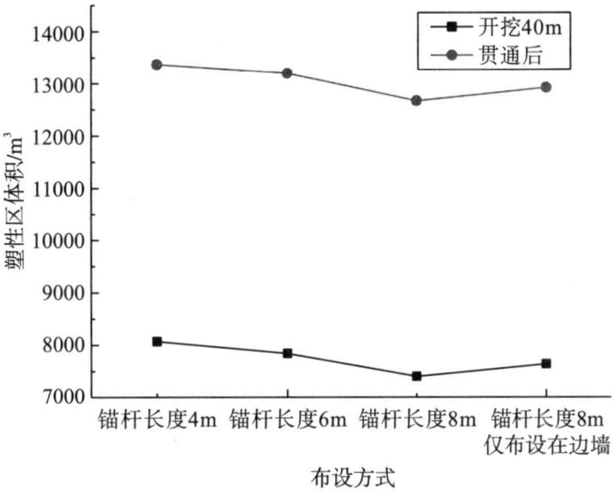

图 4-71　不同锚杆布设方式下塑性区体积

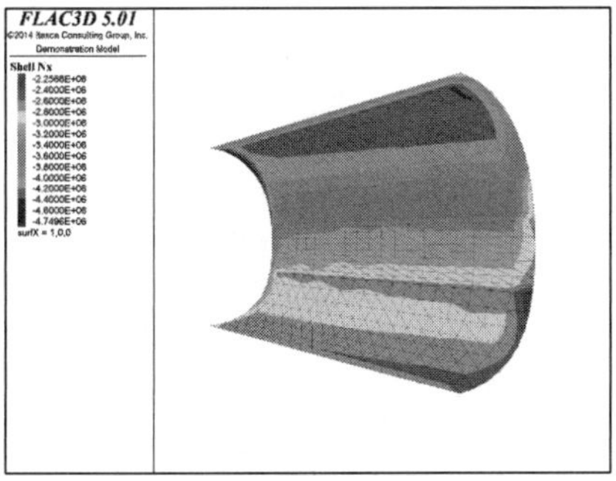

(a) 锚杆长度4m

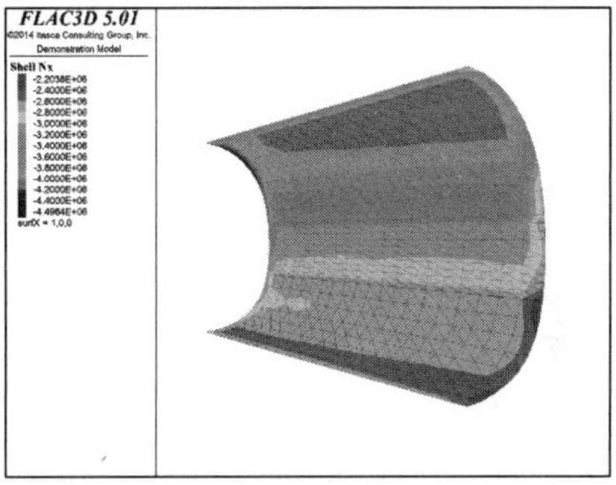

(b) 锚杆长度6m

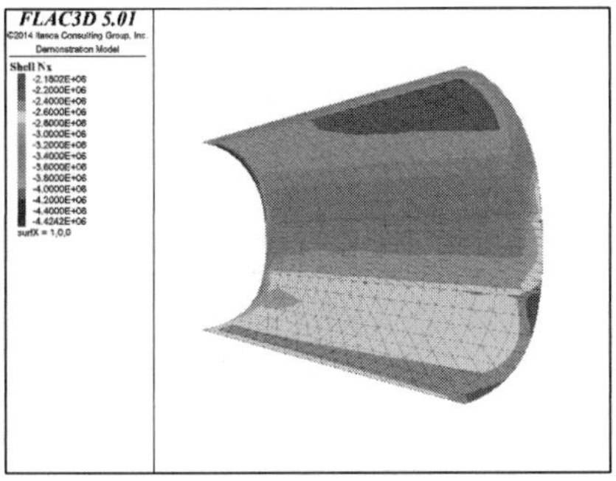

(c) 锚杆长度8m

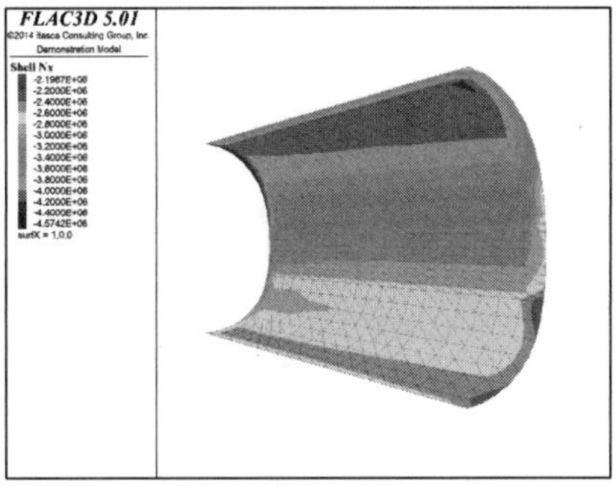

(d) 锚杆长度8m仅布设在边墙

图 4-72　不同锚杆布设方式下初期支护轴向应力分布

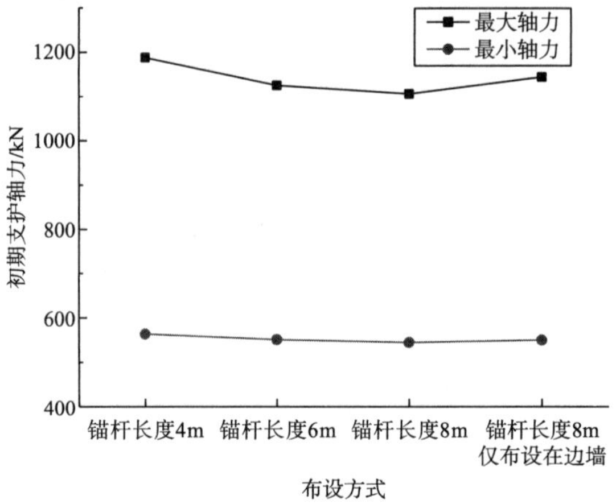

图 4-73　不同锚杆布设方式下初期支护轴力对比

图 4-74 为各工况初期支护弯矩分布。由图可见，在上台阶下部初期支护承受较大的弯矩，在台阶交界面处的初期支护内弯矩较小，隧道仰拱中部的初期支护弯矩最小。这四种锚杆布设方式下初期支护的最大弯矩分别为 425.7kN·m、421.5kN·m、408.1kN·m 和 398.9kN·m。由图 4-75 可见，随着锚杆长度的增加，初期支护中的最大弯矩逐渐降低，当锚杆仅布设在边墙部位时，初期支护中最大弯矩最小。

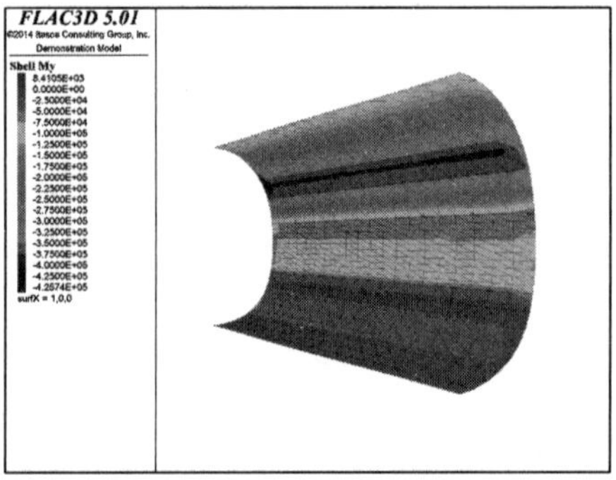

(a) 锚杆长度4m

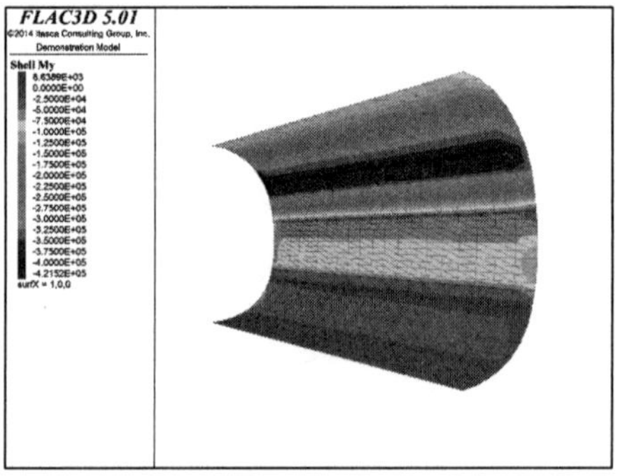

(b) 锚杆长度6m

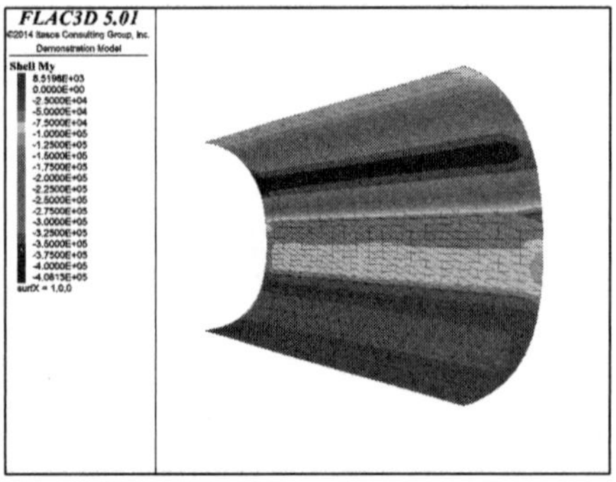

(c) 锚杆长度8m

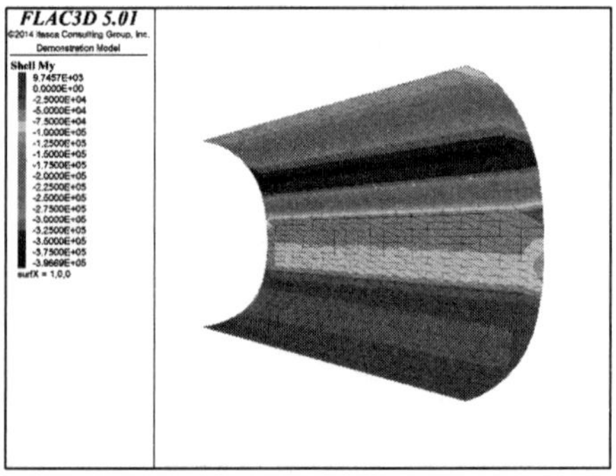

(d) 锚杆长度8m仅布设在边墙

图 4-74　不同锚杆布设方式下弯矩分布

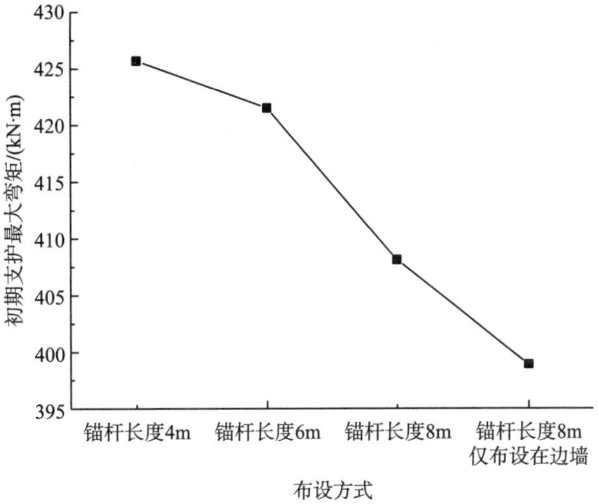

图 4-75　不同锚杆布设方式下初期支护最大弯矩

通过建立锚杆长度为 4m、6m、8m 和仅在隧道边墙布设 8m 长锚杆这四种模型，模拟并分析了不同锚杆布设方式对隧道变形及结构受力的影响。通过分析发现，随着锚杆长度的增加，上台阶水平位移和中台阶水平位移逐渐降低；与锚杆长度为 8m 工况比较，当锚杆长度为 8m 仅布设在边墙时拱顶沉降、上台阶水平位移和中台阶水平位移变化不大，说明锚杆仅布设在边墙位置也能取得较好的支护效果；隧道周边围岩中第一主应力最大值和第三主应力最小值都逐渐增加，锚杆长度为 8m 时主应力差值最小，围岩的受力状态在不断调整；随着锚杆长度的增加，塑性区体积逐渐减小，当锚杆仅布设在边墙部位时，塑性区体积增加；随着锚杆长度的增加，初期支护最大轴力逐渐减小，同样的初期支护最小轴力也逐渐减小，仅在边墙部位布设锚杆时，初期支护轴力增大；随着锚杆长度的增加，初期支护中的最大弯矩逐渐降低，当锚杆仅布设在边墙部位时，初期支护中最大弯矩最小。

通过在隧道出口 DK126+777 断面布置 4 个测试孔，测定的松动圈厚度为 5.0～5.7m。为了保证锚固效果，锚杆锚固段必须进入稳定围岩一定深度，假如有效锚固长度至少为 1m，则锚杆长度至少为 7m，这与数值模拟分析的结果一致，锚杆长度为 8m 时的支护效果明显好于长度为 6m 以下的锚杆。

因此，基于连续介质力学分析与现场松动圈测试，隧道拱部锚杆处于受压状态，不能发挥其作用，锚杆长度的增加可以减小隧道收敛变形量。锚杆支护作为一种主动支护方式，其支护效果比数值计算结果更好。因此，可取消隧道拱部的锚杆，仅在隧道边墙布置 8m 长锚杆。

4.3.6　不同超前加固长度

隧道采用超前小导管注浆加固掌子面前方的围岩。本次研究通过将围岩超前加固区的围岩参数近似提高一个级别的方法来实现，分别考虑超前加固 0m(不采用超前加固)、超前加固 3m[图 4-76(a)]和超前加固 6m[图 4-76(b)]这三种工况，以大变形Ⅱ型衬砌模型为基础，建立三种工况的数值模型，对比不同工况下的隧道变形、应力和初期支护内力的分布，分析超前加固长度对变形的影响。

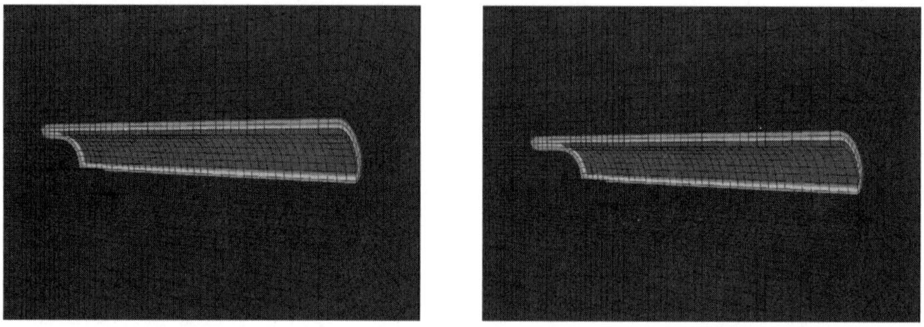

(a) 超前加固3m　　(b) 超前加固6m

图 4-76　不同超前加固长度

图 4-77 为不同超前加固长度时隧道周边的竖向位移云图，图 4-78 为不同超前加固长度时隧道周边的水平位移云图。从图中可以看出，隧道拱顶位置处的沉降位移最大，中台阶位置处的水平收敛位移最大。

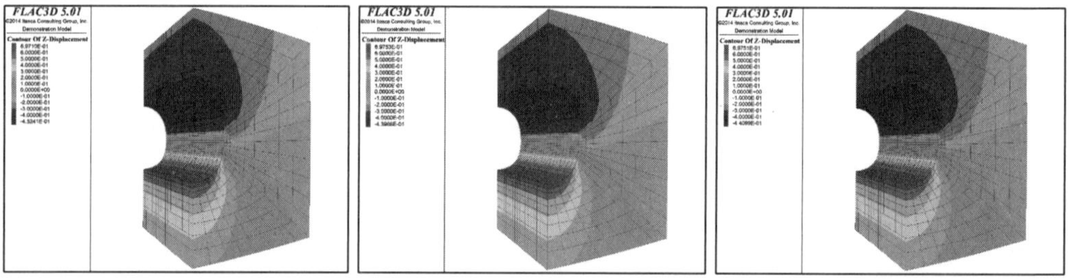

(a) 超前加固0m　　(b) 超前加固3m　　(c) 超前加固6m

图 4-77　不同超前加固长度时竖向位移云图

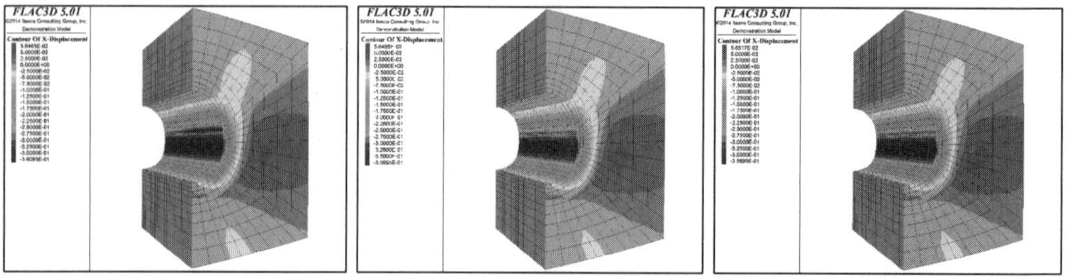

(a) 超前加固0m　　(b) 超前加固3m　　(c) 超前加固6m

图 4-78　不同超前加固长度时水平位移云图

图 4-79 为不同工况下监测断面的拱顶沉降位移随施工步的变化曲线。从图中可以看出，隧道开挖面到达监测断面之前，由于围岩开挖卸荷，监测断面拱顶会发生先行沉降位移；当开挖面距监测断面约 5m 时，拱顶沉降位移迅速增加，当开挖到监测断面前方约 2m 时，拱顶沉降位移增速逐渐减小；中台阶和下台阶开挖后，拱顶沉降位移继续增长，其增长速率逐步减小；当工作面与监测断面距离达到一定范围时，沉降基本趋于稳定，工作面继续向前开挖，监测断面沉降逐渐趋于收敛。这三种超前加固方案下拱顶沉降位移分别为 448.7mm、433.2mm 和 427.8mm。开挖面到达监测断面时，三种不同超前加固长度下拱顶下沉释放位移约占总位移的比例为 34%。

图 4-80 为不同工况下监测断面的上台阶水平位移随施工步的变化曲线，图 4-81 为不同工况下监测断面的中台阶水平位移随施工步的变化曲线。由图可见，超前加固长度为 0m、3m 和 6m 时，上台阶的水平位移分别为 248.2mm、213.9mm、213.4mm，中台阶的水平位移分别为 353.3mm、348.4mm 和 348.3mm。隧道拱顶沉降位移、上台阶水平位移、中台阶水平位移与超前加固长度的关系见图 4-82。从图中可以看出，随着超前加固长度的增加，隧道拱顶沉降位移逐渐减小，中台阶水平位移几乎不变，超前加固距离由 0m 变为 3m 时，上台阶水平位移减小 34.3mm，超前加固距离由 3m 变为 6m 时，上台阶水平位移减小 0.5mm。因此，超前加固长度的增加，对控制拱顶沉降和上台阶水平位移作用较好，对中台阶水平位移几乎不起作用。

图 4-83 为各工况开挖到监测断面时的塑性区分布图。从图中可以看出，隧道开挖后以剪切破坏为主，在开挖的台阶面出现局部的拉伸破坏；隧道边墙外侧破坏深度最大，其次为隧道仰拱下部；三种工况下的塑性区深入掌子面都约为 7m。隧道贯通后的塑性区分布规律基本一致，见图 4-84。

图 4-85 为不同超前加固长度时模型内塑性区体积统计结果。从图中可以看出，随着超前加固长度的增加，塑性区体积逐渐减小，但是降幅很小。

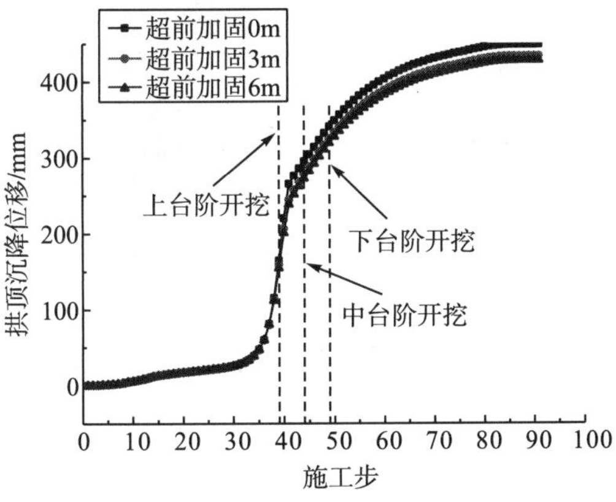

图 4-79　不同超前加固长度时拱顶沉降位移曲线

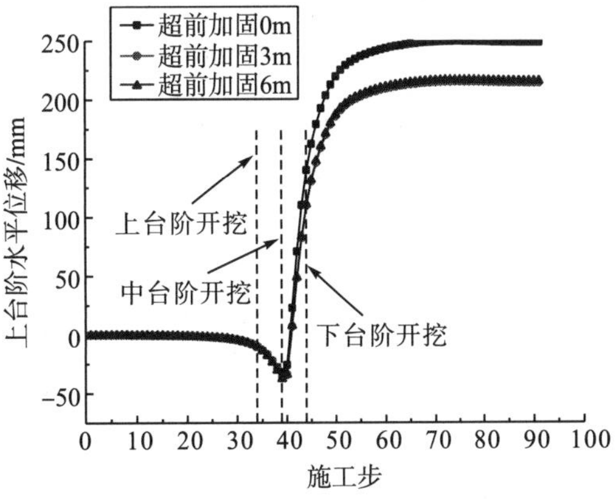

图 4-80　不同超前加固长度时上台阶监测点水平位移曲线

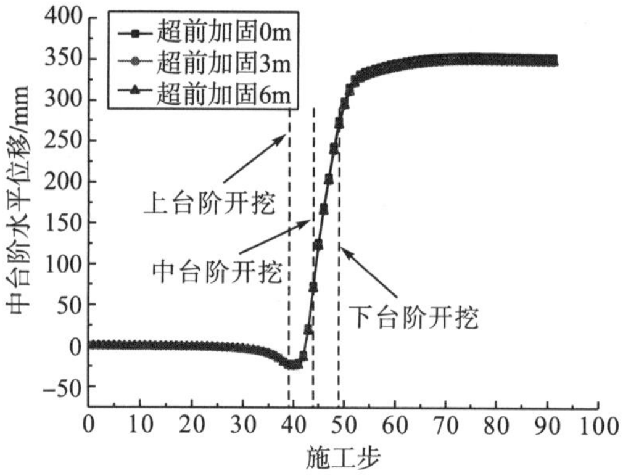

图 4-81 不同超前加固长度时中台阶监测点水平位移曲线

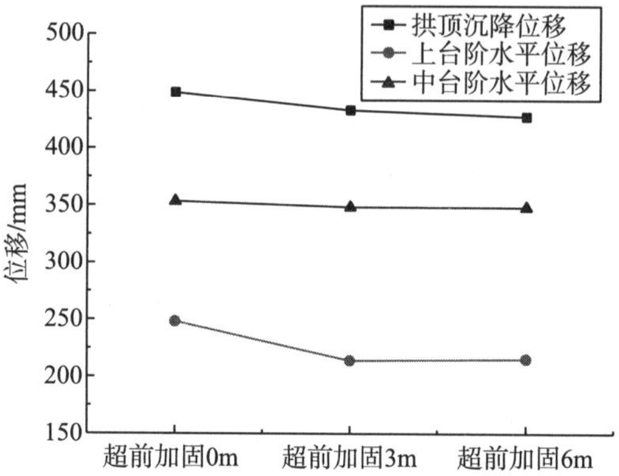

图 4-82 不同超前加固长度时最大位移对比

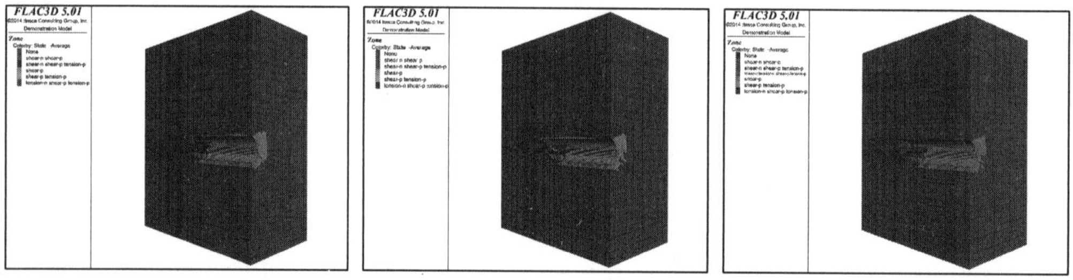

(a) 超前加固0m (b) 超前加固3m (c) 超前加固6m

图 4-83 不同超前加固长度开挖到监测断面时塑性区分布

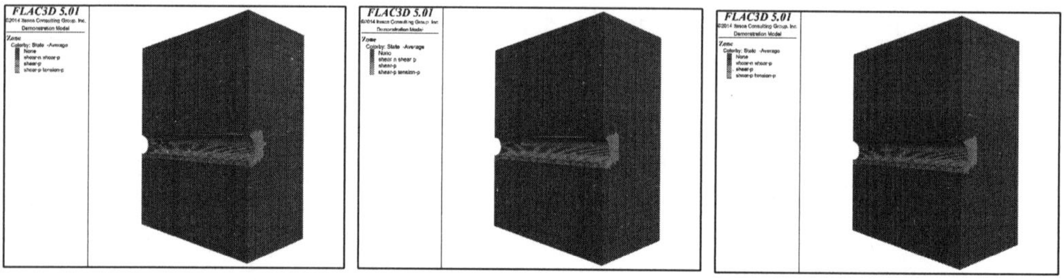

(a) 超前加固0m (b) 超前加固3m (c) 超前加固6m

图 4-84 不同超前加固长度时隧道贯通后的塑性区分布

图 4-86 为各工况初期支护平均轴向应力分布，由图可推知，隧道拱顶初期支护轴力最大，其次为隧道边墙，隧道仰拱处的轴力较小。这三种加固方案下的初期支护最大轴向应力分别为 4.748MPa、4.750MPa 和 4.755MPa，最小轴向应力分别为 2.281MPa、2.257MPa 和 2.265MPa。通过换算可以得到，超前加固 0m 时初期支护最大轴力为 1187kN，最小轴力为 570kN；超前加固 3m 时初期支护最大轴力为 1188kN，最小轴力为 564kN；超前加固 6m 时初期支护最大轴力为 1189kN，最小轴力为 566kN。图 4-87 为各工况下初期支

护轴力对比，随着超前加固长度的增加，初期支护最大轴力和初期支护最小轴力几乎保持不变。

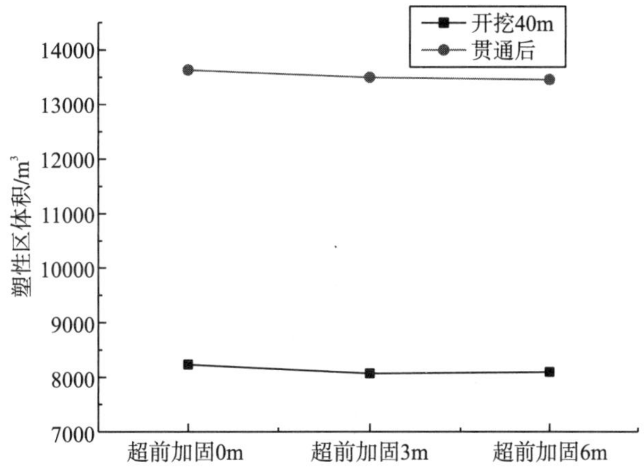

图 4-85　不同超前加固长度时塑性区体积

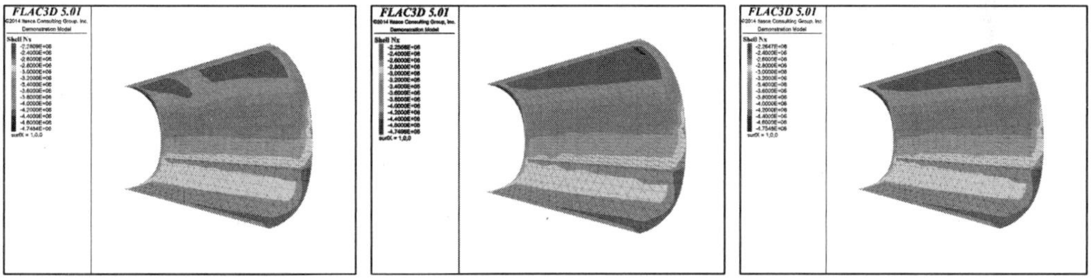

(a) 超前加固0m　　(b) 超前加固3m　　(c) 超前加固6m

图 4-86　不同超前加固长度时初期支护轴向应力分布

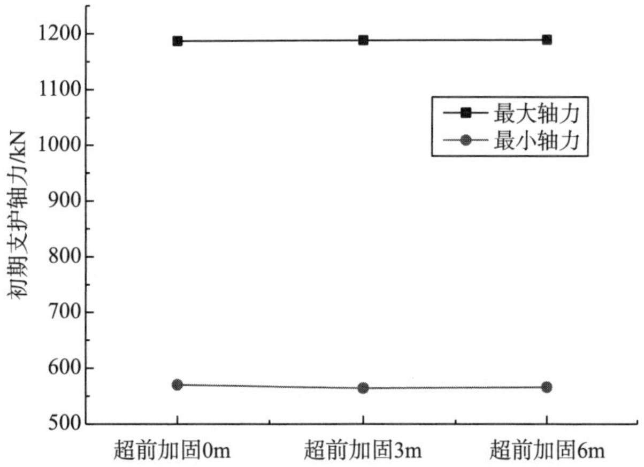

图 4-87　不同超前加固长度时初期支护轴力对比

图 4-88 为各工况初期支护弯矩分布。由图可见，在上台阶下部初期支护承受较大的弯矩，在台阶交界面处的初期支护内弯矩较小，隧道仰拱中部的初期支护弯矩最小。这三种方案下的初期支护最大弯矩分别为 421.9kN·m、421.5kN·m 和 421.4kN·m。由图 4-89 可见，随着超前加固长度的增加，初期支护中的最大弯矩逐渐减小，但降幅很小。

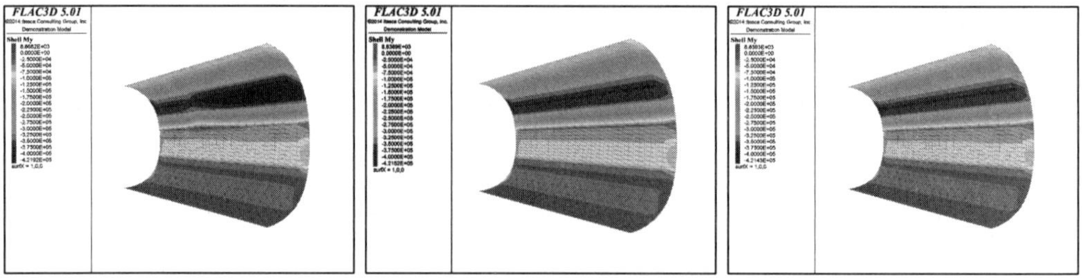

(a) 超前加固0m　(b) 超前加固3m　(c) 超前加固6m

图 4-88　不同超前加固长度时弯矩分布

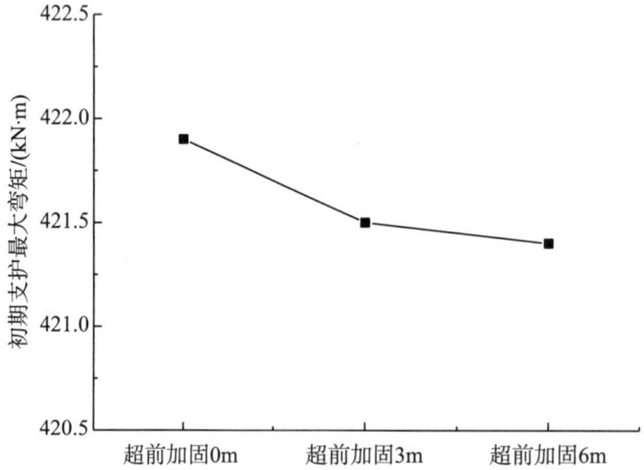

图 4-89　不同超前加固长度时初期支护最大弯矩

通过建立超前加固 0m、超前加固 3m 和超前加固 6m 这三种分析模型，模拟并分析不同超前加固长度对隧道变形及结构受力的影响。通过分析发现，超前加固长度的增加，对控制拱顶沉降和上台阶水平位移作用较好，对中台阶水平位移几乎不起作用；不采用超前加固措施时，最大主应力差最大，超前加固 3m 和超前加固 6m 的主应力差值相等；塑性区体积逐渐减小，但是降幅很小。

因此，超前加固对控制上台阶开挖时的拱顶沉降位移和上台阶水平位移有较好的作用。超前加固 6m 与超前加固 3m 的支护效果几乎一致。因此，在施工中，推荐采用 3m 的超前加固距离。

4.4　大变形隧道开挖方式优化

4.4.1　不同开挖支护方法

为了研究不同开挖方法对隧道变形的影响，以大变形Ⅱ型衬砌模型为基础，建立三台阶快速成环、三台阶+长锚杆、三台阶+临时仰拱等三种工况的数值模型，对比模型的隧道变形、应力和初期支护内力的分布，分析不同开挖方法对隧道变形的影响。

图 4-90 为采用不同开挖方法时隧道周边的竖向位移云图，图 4-91 为采用不同开挖方法时隧道周边的水平位移云图。从图中可以看出，隧道拱顶位置处的沉降位移最大，中台阶位置处的水平收敛位移最大。

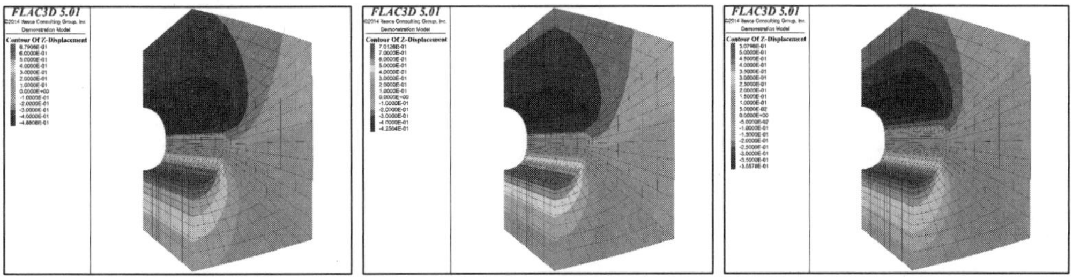

(a) 三台阶快速成环　　(b) 三台阶+长锚杆　　(c) 三台阶+临时仰拱

图 4-90　不同开挖方法的竖向位移云图

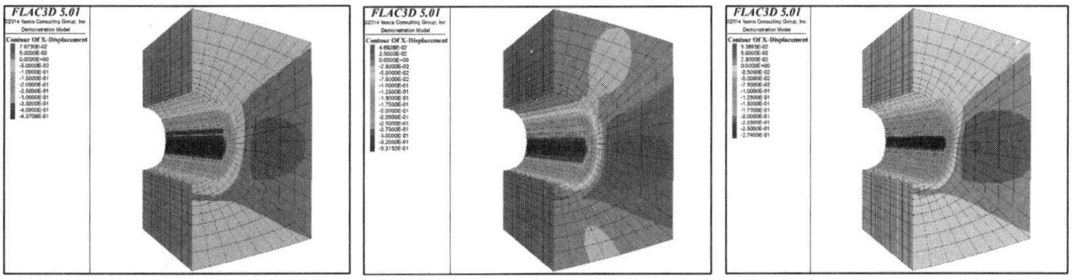

(a) 三台阶快速成环　　(b) 三台阶+长锚杆　　(c) 三台阶+临时仰拱

图 4-91　不同开挖方法的水平位移云图

图 4-92 为不同工况下监测断面的拱顶沉降位移随施工步的变化曲线。从图中可以看出，隧道开挖面到达监测断面之前，由于围岩开挖卸荷，监测断面拱顶会发生先行沉降位移；当开挖面距监测断面约 5m 时，拱顶沉降位移迅速增加；对于三台阶快速成环工法和三台阶+长锚杆工法，在中台阶和下台阶开挖后，拱顶沉降位移继续增长，其增长速率逐步减小，对于三台阶+临时仰拱工法，下台阶开挖后拱顶沉降位移小于另外两种开挖工法；当工作面与监测断面距离达到一定范围时，沉降基本趋于稳定，工作面继续向前开挖，监测断面沉降逐渐趋于收敛。采用三台阶快速成环工法时拱顶沉降位移为 433.7mm，采用三

台阶+长锚杆工法时拱顶沉降位移为 422.5mm，采用三台阶+临时仰拱工法时拱顶沉降位移为 354.3mm。开挖面到达监测断面时，三台阶快速成环工法和三台阶+长锚杆工法的拱顶下沉释放位移占总位移的比例约为 34%，三台阶+临时仰拱工法的拱顶下沉释放位移占总位移的比例约为 38%。

图 4-93 为不同工况下监测断面的上台阶水平位移随施工步的变化曲线，图 4-94 为不同工况下监测断面的中台阶水平位移随施工步的变化曲线。由图可见，采用三台阶快速成环工法时上台阶水平位移为 291.1mm，采用三台阶+长锚杆工法时上台阶水平位移为 191.8mm，采用三台阶+临时仰拱工法时上台阶水平位移为 110.3mm；采用三台阶快速成环工法时中台阶水平位移为 424.4mm，采用三台阶+长锚杆工法时中台阶水平位移为 320.7mm，采用三台阶+临时仰拱工法时中台阶水平位移为 274.0mm。开挖方法对拱顶沉降位移、上台阶水平位移、中台阶水平位移的影响见图 4-95。从图中可以看出，采用三台阶快速成环工法的拱顶沉降位移、上台阶水平位移和中台阶水平位移最大，采用三台阶+临时仰拱工法的拱顶沉降位移、上台阶水平位移和中台阶水平位移最小。从控制隧道变形的方面考虑，三台阶+临时仰拱工法最优，其次为三台阶+长锚杆工法，三台阶快速成环工法的位移始终较大，不利于控制变形。

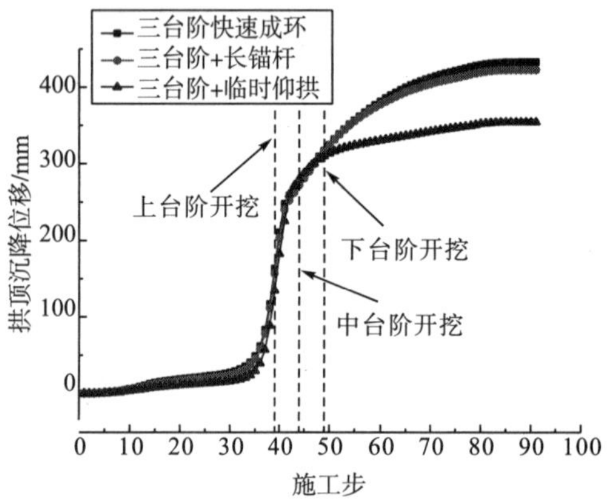

图 4-92　不同开挖方法的拱顶沉降位移曲线

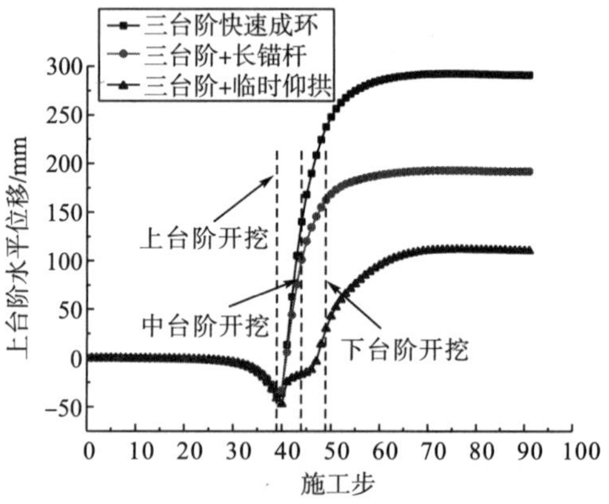

图 4-93　不同开挖方法的上台阶监测点水平位移曲线

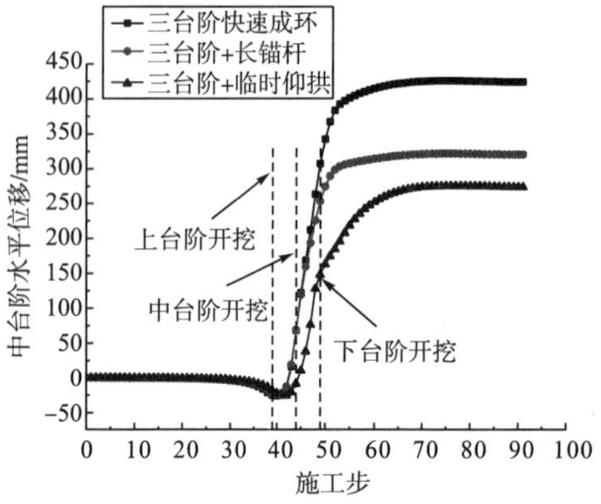

图 4-94　不同开挖方法的中台阶监测点水平位移曲线

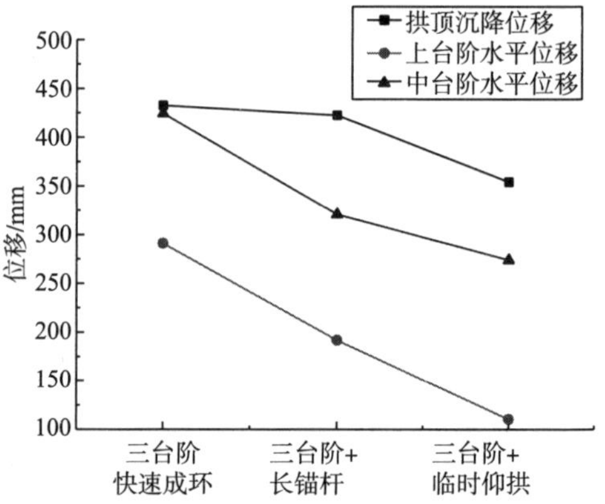

图 4-95　不同开挖方法的最大位移对比

图 4-96 为各工况开挖到监测断面时的塑性区分布图。从图中可以看出，隧道开挖后以剪切破坏为主，在开挖的台阶面出现局部的拉伸破坏；隧道边墙外侧破坏深度最大，其次为隧道仰拱下部；采用三台阶快速成环工法时塑性区深入掌子面都约为 8m，采用三台阶+长锚杆工法时塑性区深入掌子面都约为 7m，采用三台阶+临时仰拱工法时塑性区深入掌子面都约为 6m。隧道贯通后，采用三台阶+临时仰拱工法在隧道边墙处的塑性区深度小于另两种工法，其深度约为 5m，采用三台阶+长锚杆工法在隧道边墙处塑性区深度约为 7m，采用三台阶快速成环工法时在隧道边墙处塑性区深度约为 9m，见图 4-97。

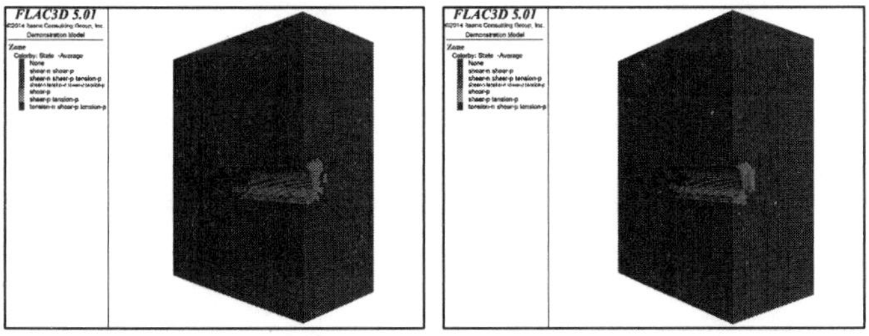

(a) 三台阶快速成环　　(b) 三台阶+长锚杆　　(c) 三台阶+临时仰拱

图 4-96　不同开挖方法开挖到监测断面时的塑性区分布

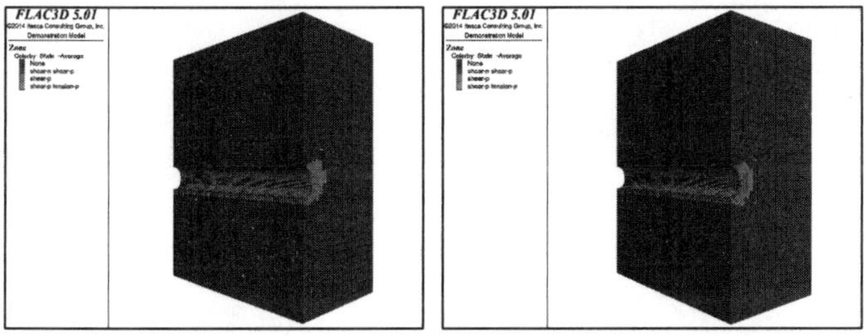

(a) 三台阶快速成环　　(b) 三台阶+长锚杆　　(c) 三台阶+临时仰拱

图 4-97　采用不同开挖方法时隧道贯通后的塑性区分布

图 4-98 为采用不同开挖方法时模型内塑性区体积统计结果。从图中可以看出，三台阶快速成环工法塑性区体积最大，其次为三台阶+长锚杆工法，三台阶+临时仰拱工法的塑性区体积最小，采用三台阶+长锚杆工法和三台阶+临时仰拱工法能显著降低塑性区体积。

图 4-99 为各工况初期支护平均轴向应力分布，由图可推知，对于三台阶快速成环工法和三台阶+长锚杆工法隧道拱顶初期支护轴力最大，其次为隧道边墙，隧道仰拱处的轴力较小，而三台阶+临时仰拱工法的初期支护轴力分布更加均匀。采用三台阶快速成环、三台阶+长锚杆、三台阶+临时仰拱工法的初期支护最大轴向应力分别为 5.304MPa、4.424MPa 和 4.991MPa，最小轴向应力为 2.270MPa、2.180MPa 和 1.920MPa。通过换算可以得到，采用三台阶快速成环工法时初期支护最大轴力为 1326kN，最小轴力为 568kN；采用三台阶+长锚杆工法时初期支护最大轴力为 1106kN，最小轴力为 545kN；采用三台阶

+临时仰拱工法时初期支护最大轴力为 1248kN，最小轴力为 480kN。图 4-100 为各工况下初期支护轴力对比，对于最大初期支护轴力：三台阶+长锚杆工法＜三台阶+临时仰拱工法＜三台阶快速成环工法，对于最小初期支护轴力：三台阶+临时仰拱工法＜三台阶+长锚杆工法＜三台阶快速成环工法。

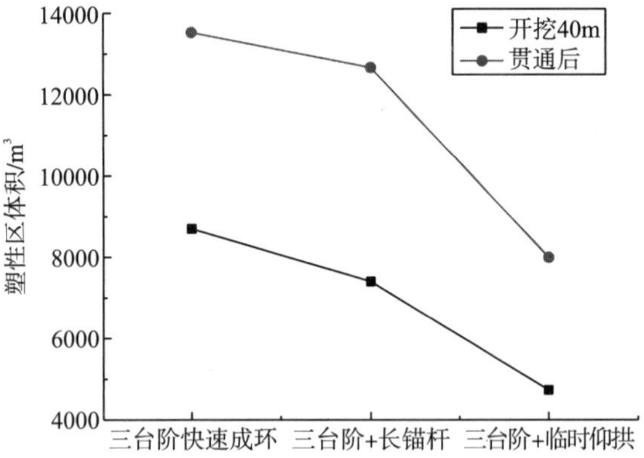

图 4-98　不同开挖方法的塑性区体积

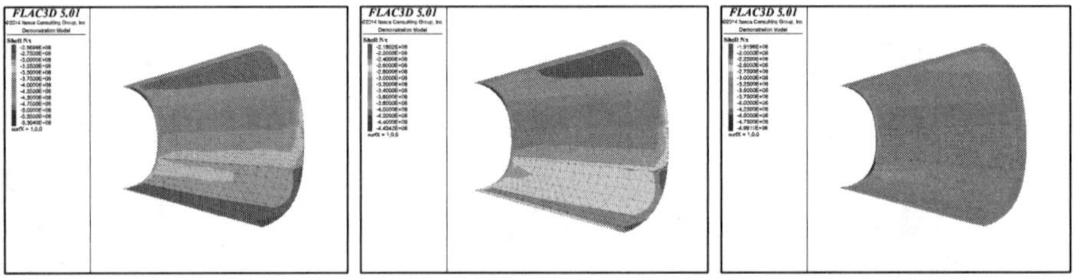

(a) 三台阶快速成环　(b) 三台阶+长锚杆　(c) 三台阶+临时仰拱

图 4-99　不同开挖方法的初期支护轴向应力分布

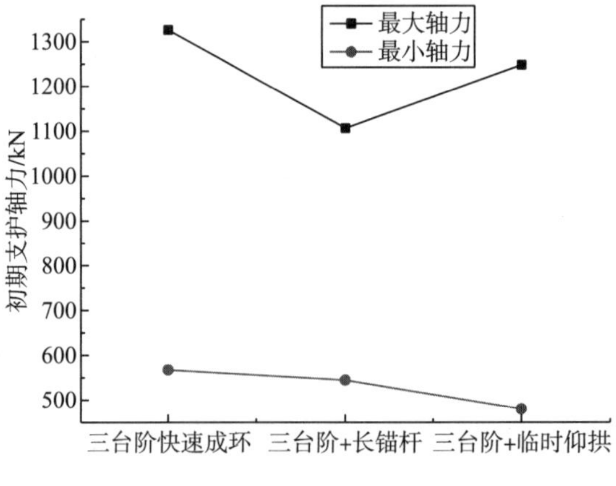

图 4-100　不同开挖方法的初期支护轴力对比

图 4-101 为各工况初期支护弯矩分布。由图可见，三台阶快速成环工法和三台阶+长锚杆工法的初期支护弯矩分布规律较为相似，在上台阶下部初期支护中承受较大的弯矩，在台阶交界面处的初期支护内弯矩较小，隧道仰拱中部的初期支护弯矩最小；而三台阶+临时仰拱工法在上台阶与中台阶的交界面附近和中台阶与下台阶交界面附近的弯矩较大，且为正弯矩。采用三台阶快速成环、三台阶+长锚杆、三台阶+临时仰拱工法的初期支护最大弯矩分别为 491.6kN·m、425.7kN·m 和 269.9kN·m。由图 4-102 可见，采用三台阶+长锚杆工法能减小初期支护中的弯矩，而采用三台阶+临时仰拱工法能显著减小初期支护中的弯矩，使初期支护以轴向受力为主，降低初期支护开裂的风险。

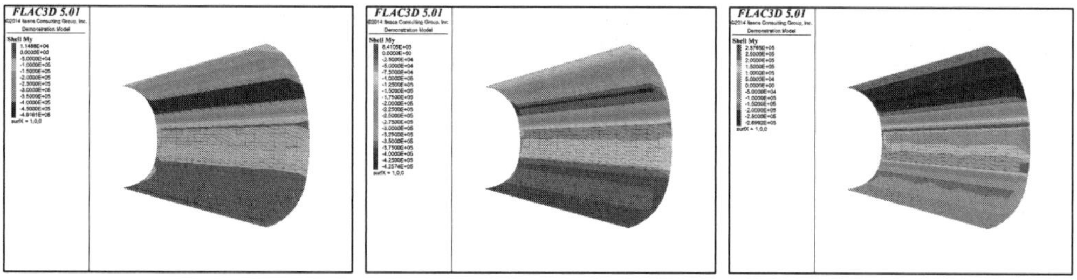

(a) 三台阶快速成环　(b) 三台阶+长锚杆　(c) 三台阶+临时仰拱

图 4-101　不同开挖方法的初期支护弯矩分布

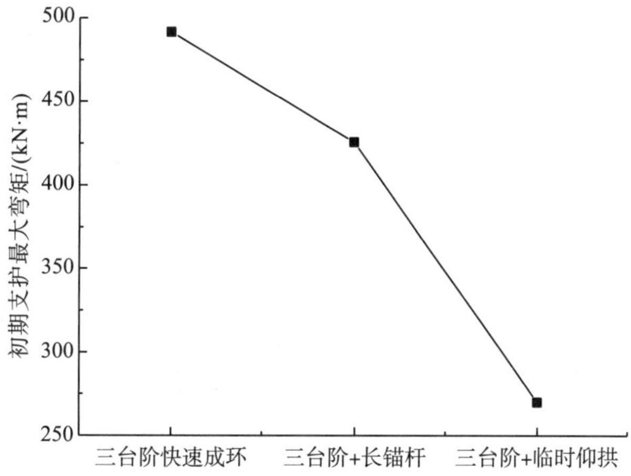

图 4-102　不同开挖方法的初期支护最大弯矩

通过建立三台阶快速成环、三台阶+长锚杆、三台阶+临时仰拱等三种工况的数值分析模型，模拟并分析了不同开挖工法对隧道变形及结构受力的影响。从控制隧道变形的方面考虑，三台阶+临时仰拱工法最优，其次为三台阶+长锚杆工法，三台阶快速成环工法的位移始终较大，不利于控制变形；三台阶快速成环工法塑性区体积最大，其次为三台阶+长锚杆工法，三台阶+临时仰拱工法的塑性区体积最小，采用三台阶+长锚杆工法和三台阶+临时仰拱工法能显著降低塑性区体积；对于最大初期支护轴力：三台阶+长锚杆工法＜三台阶+临时仰拱工法＜三台阶快速成环工法，对于最小初期支护轴力：三台阶+临时仰拱工法＜三台阶+长锚杆工法＜三台阶快速成环工法；采用三台阶+长锚杆工法能减小初期支护中的弯矩，而采用三台阶+临时仰拱工法能显著减小初期支护中的弯矩，使初期支护以轴向受力为主，降低初期支护开裂的风险。

“三台阶+临时仰拱被动约束技术”抑制围岩变形最优，但增加了临时仰拱的安装与拆除工序，不利于施工组织。“三台阶+长锚杆主动约束技术”抑制围岩变形弱于“三台阶+临时仰拱被动约束技术”，但随着锚杆杆体长度增加，施工难度随之增大，遇水地段锚杆作用会失效，但施工组织优于“三台阶+临时仰拱被动约束技术”。“三台阶快速成环开挖控制技术”有效抑制了软弱围岩变形控制，该技术避免了“三台阶+临时仰拱被动约束技术”与“三台阶+长锚杆主动约束技术”施工的不利因素，同时利于施工组织。施工中应根据现场实际情况选择适宜的工法。

4.4.2 不同台阶长度

为了研究不同台阶长度对隧道变形的影响，以大变形Ⅱ型衬砌模型为基础，建立 5m 台阶、6m 台阶、7m 台阶和 8m 台阶四种工况的数值模型，对比模型的隧道变形、应力和初期支护内力的分布，分析不同开挖方法对隧道变形的影响。

图 4-103 为采用不同台阶长度时隧道周边的竖向位移云图，图 4-104 为采用不同台阶长度时隧道周边的水平位移云图。从图中可以看出，隧道拱顶位置处的沉降位移最大，中台阶位置处的水平收敛位移最大。

图 4-105 为不同工况下监测断面的拱顶沉降位移随施工步的变化曲线。从图中可以看出，隧道开挖面到达监测断面之前，由于围岩开挖卸荷，监测断面拱顶会发生先行沉降位移；当开挖面距监测断面约 5m 时，拱顶沉降位移迅速增加；当工作面与监测断面距离达到一定范围时，沉降基本趋于稳定，工作面继续向前开挖，监测断面沉降逐渐趋于收敛。台阶长度为 5m、6m、7m 和 8m 时的拱顶沉降位移为 431.8mm、470.6mm、508.5mm 和 543.2mm。开挖面到达监测断面时，这四种工况的拱顶下沉释放位移约占总位移的比例为 36%～38%。图 4-106 为不同工况下监测断面的上台阶水平位移随施工步的变化曲线，图 4-107 为不同工况下监测断面的中台阶水平位移随施工步的变化曲线。由图可见，台阶长度为 5m、6m、7m 和 8m 时的上台阶水平位移分别为 211.6mm、249.0mm、277.8mm 和 308.4mm，中台阶水平位移分别为 346.1mm、392.5mm、434.4mm 和 473.8mm。拱顶沉降、上台阶水平位移、中台阶水平位移与台阶长度的关系见图 4-108。从图中可以看出，随着台阶长度的增加，隧道的拱顶沉降位移、上台阶水平位移和中台阶水平位移近似呈线性增长。为了减小隧道变形量，降低支护难度，在保证现场作业空间足够且工序搭接合理的情况下，应尽量缩短台阶长度。

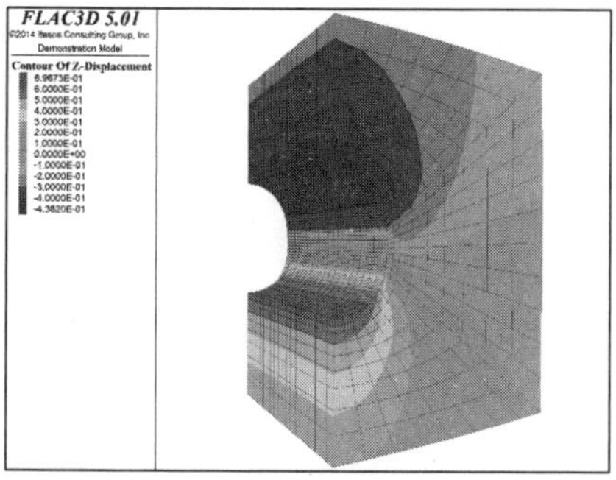

(a) 5m台阶

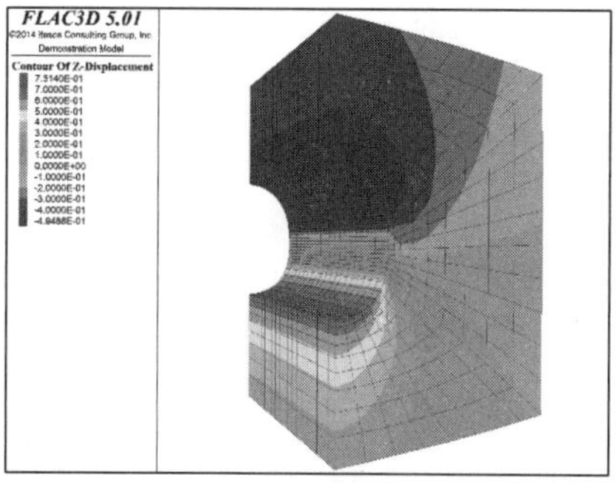

(b) 6m台阶

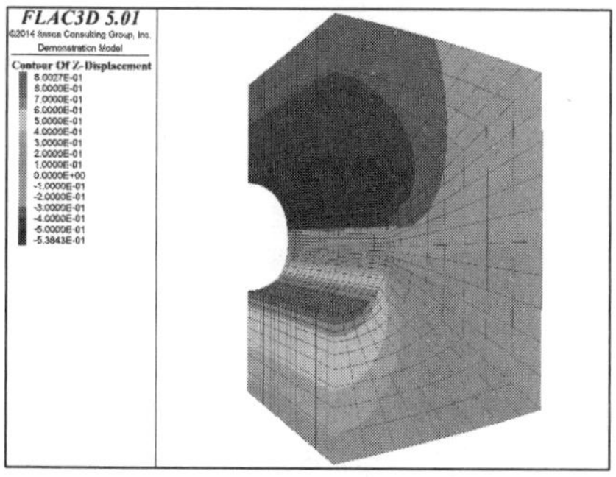

(c) 7m台阶

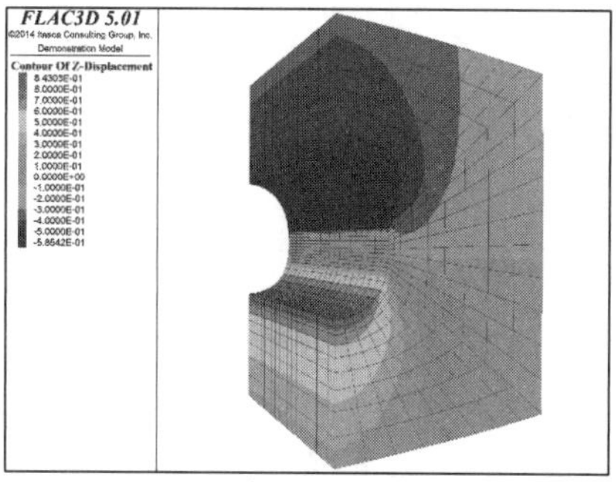

(d) 8m台阶

图 4-103　不同台阶长度的竖向位移云图

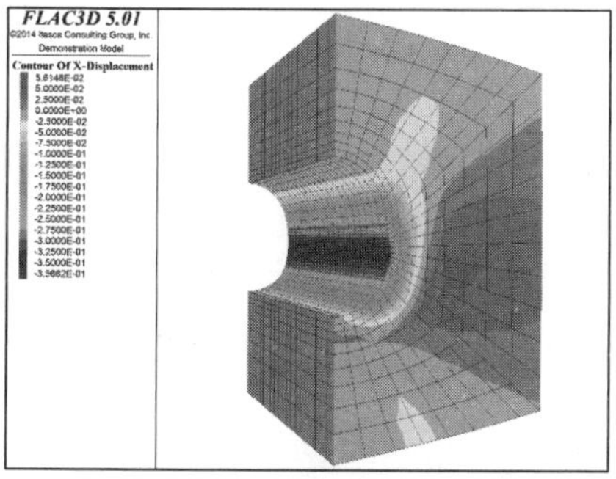

(a) 5m台阶

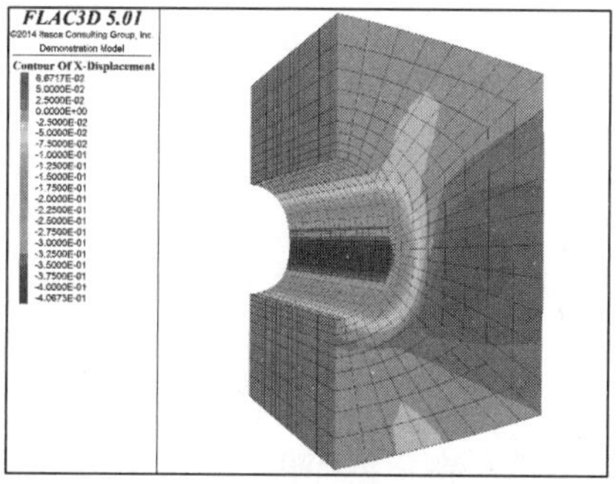

(b) 6m台阶

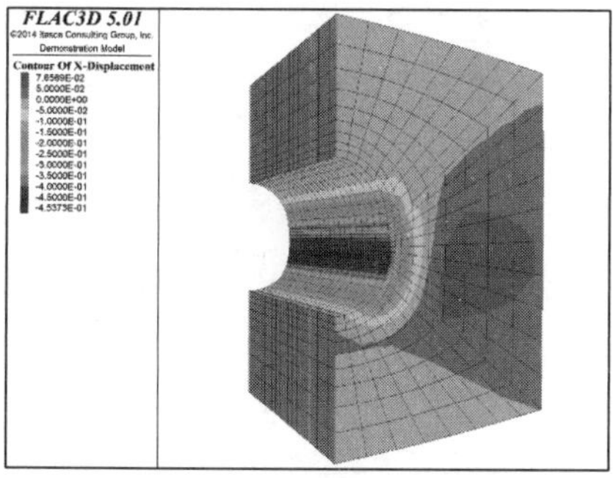

(c) 7m台阶

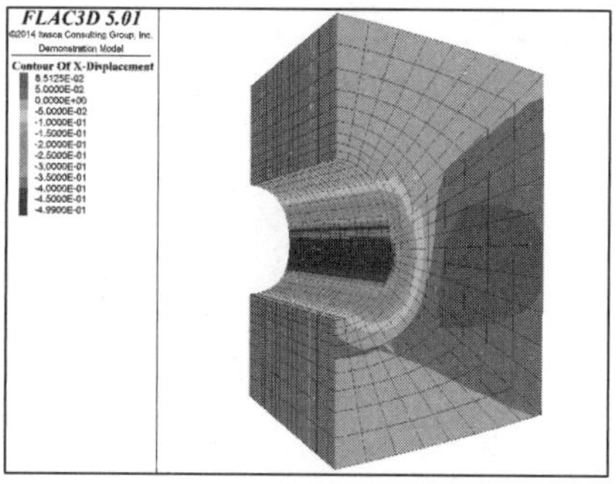

(d) 8m台阶

图 4-104　不同台阶长度的水平位移云图

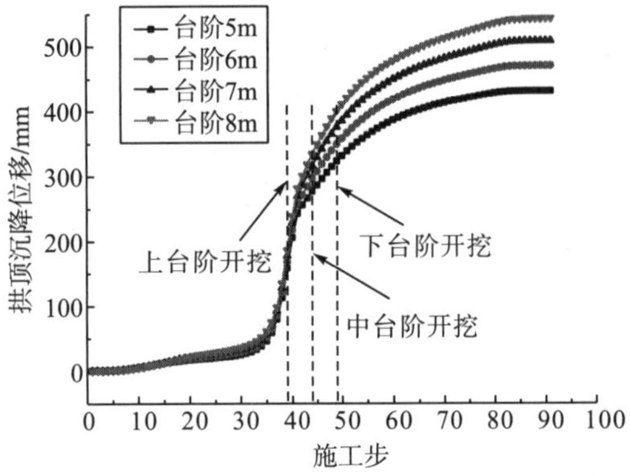

图 4-105 不同台阶长度的拱顶沉降位移曲线

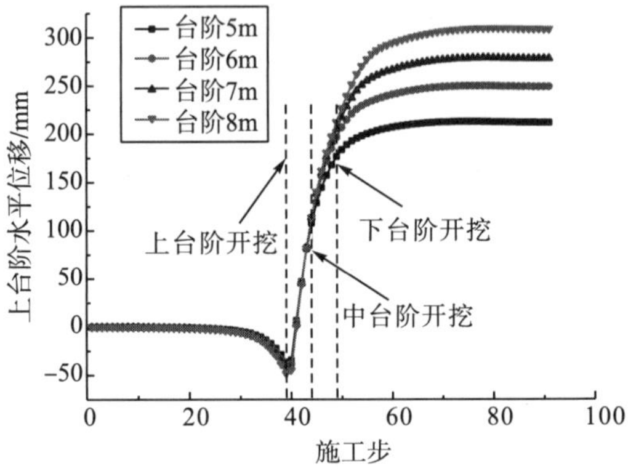

图 4-106 不同台阶长度的上台阶监测点水平位移曲线

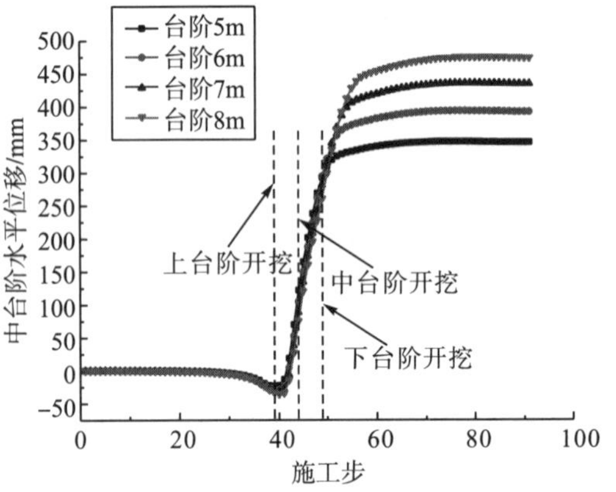

图 4-107 不同台阶长度的中台阶监测点水平位移曲线

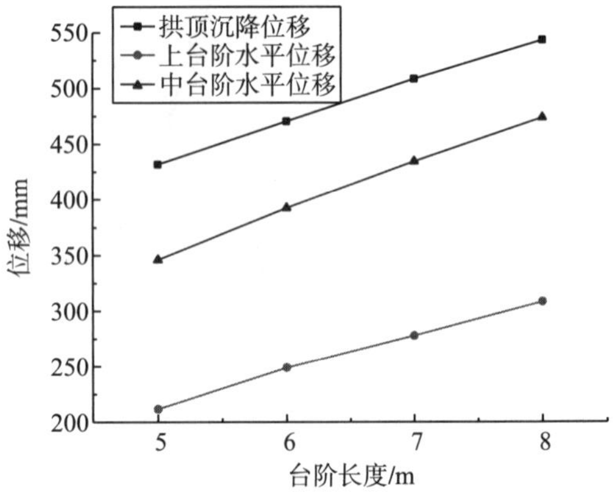

图 4-108 不同台阶长度的最大位移对比

图 4-109 为各工况开挖到监测断面时的塑性区分布图。从图中可以看出，隧道开挖后以剪切破坏为主，在开挖的台阶面出现局部的拉伸破坏；隧道边墙外侧破坏深度最大，其次为隧道仰拱下部；三种台阶长度下塑性区深入掌子面都约为 7m。隧道贯通后，台阶长度越大，塑性区在横截面内扩展的范围越大，见图 4-110。

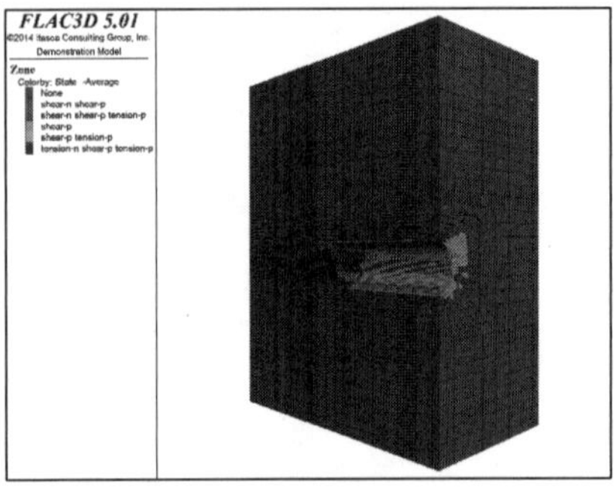

(a) 5m台阶

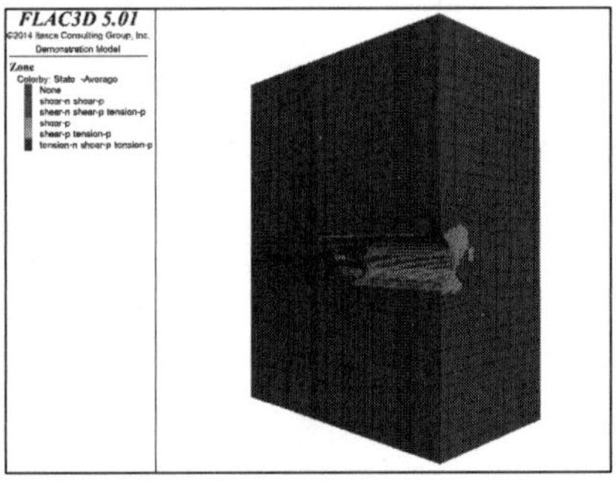

(b) 6m台阶

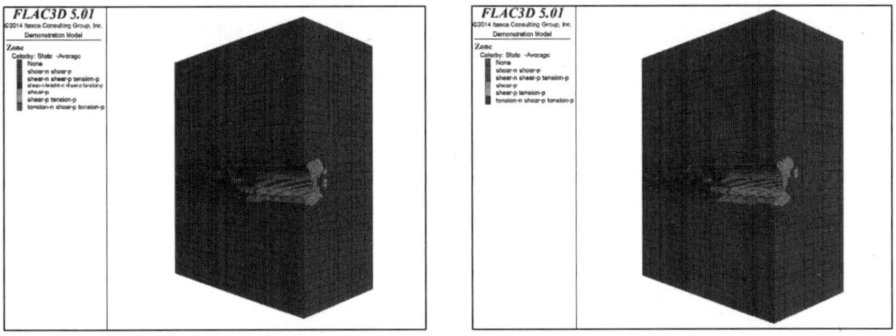

(c) 7m台阶　　(d) 8m台阶

图 4-109　开挖到监测断面时的塑性区分布

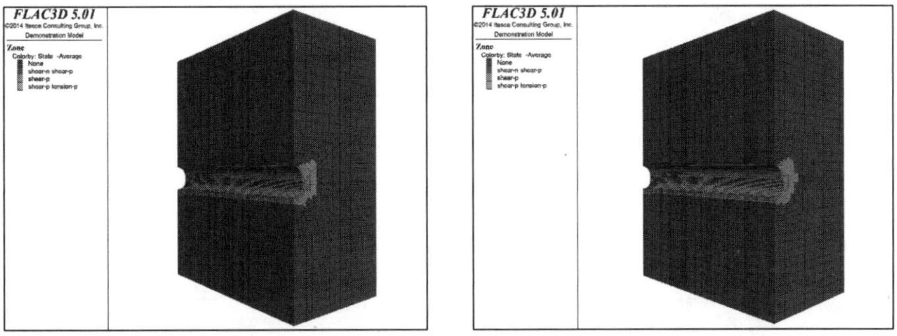

(a) 5m台阶　　(b) 6m台阶

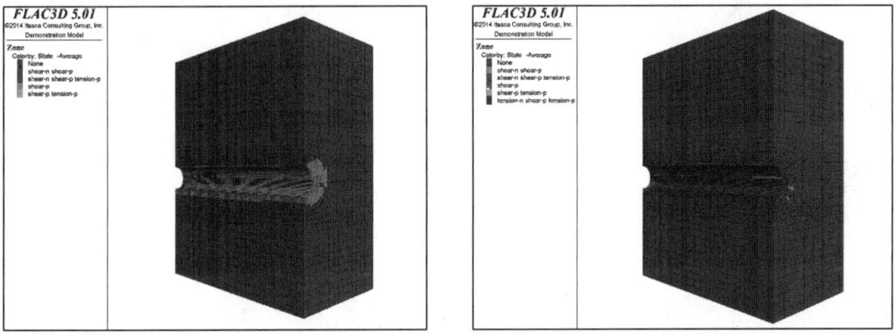

(c) 7m台阶　　(d) 8m台阶

图 4-110　隧道贯通后的塑性区分布

图 4-111 为采用不同台阶长度时模型内塑性区体积统计结果。从图中可以看出，随着台阶长度的增加，塑性区体积近似呈线性增加。

图 4-112 为各工况初期支护平均轴向应力分布，由图可推知，三种工况隧道拱顶初期支护轴力最大，其次为隧道边墙，隧道仰拱处的轴力较小。台阶长度为 5m、6m、7m 和 8m 时初期支护的最大轴向应力分别为 4.760MPa、4.793MPa、4.791MPa 和 4.791MPa，最小轴向应力分别为 2.244MPa、2.042MPa、1.873MPa 和 1.728MPa。通过换算可以得到，台阶长度为 5m 时初期支护最大轴力为 1190kN，最小轴力为 561kN；台阶长度为 6m 时初期支护最大轴力为

1198kN，最小轴力为 511kN；台阶长度为 7m 时初期支护最大轴力为 1198kN，最小轴力为 468kN；台阶长度为 8m 时初期支护最大轴力为 1198kN，最小轴力为 432kN。图 4-113 为各工况下初期支护轴力对比，随着台阶长度的增加，初期支护中最大轴力几乎保持不变，最小轴力逐渐减小。

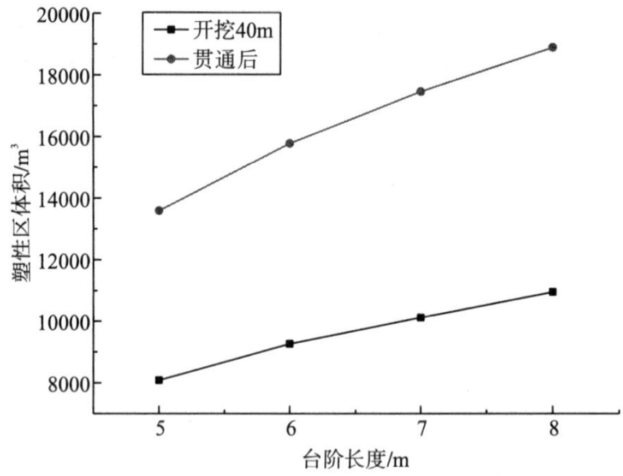

图 4-111 不同台阶长度的塑性区体积

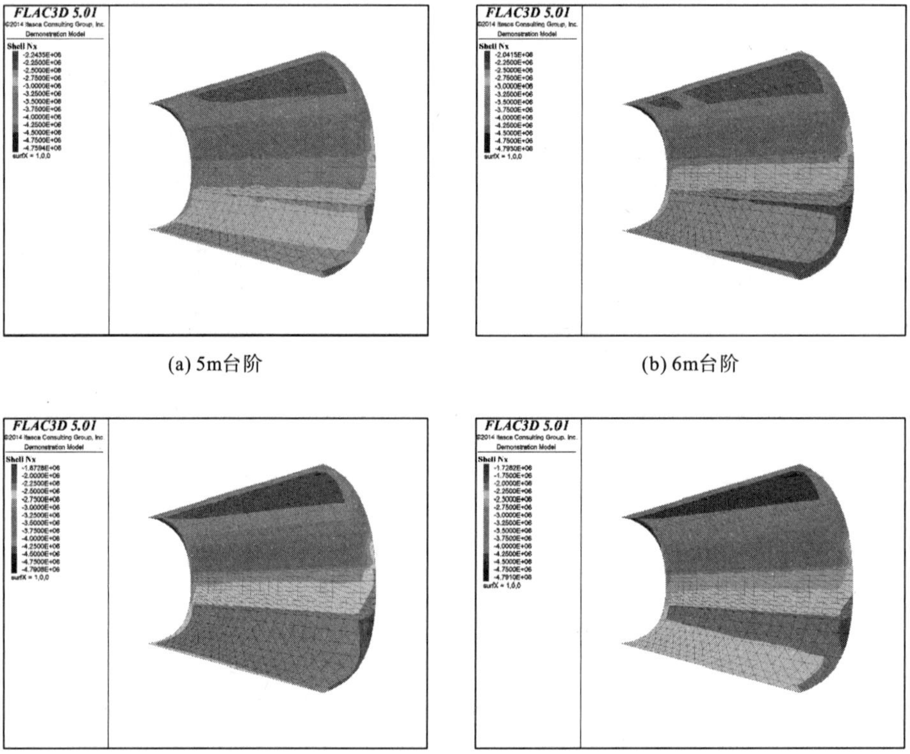

(a) 5m台阶 (b) 6m台阶

(c) 7m台阶 (d) 8m台阶

图 4-112 不同台阶长度的初期支护轴向应力分布

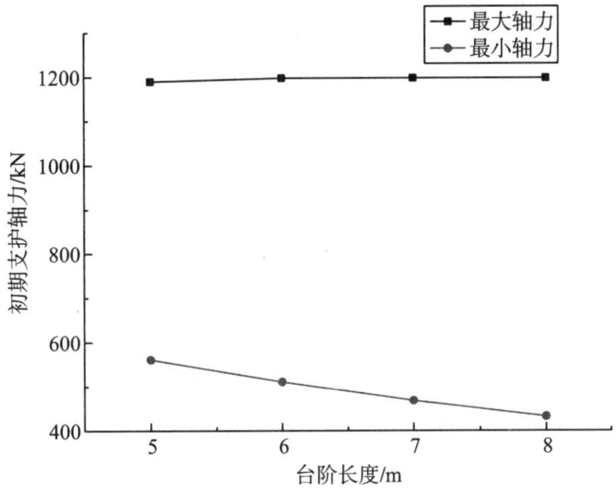

图 4-113　不同台阶长度的初期支护轴力对比

图 4-114 为各工况初期支护弯矩分布。由图可见，三种工况的初期支护弯矩分布规律较为相似，在上台阶下部初期支护中承受较大的弯矩，在台阶交界面处的初期支护内弯矩较小，隧道仰拱中部的初期支护弯矩最小。台阶长度为 5m、6m、7m 和 8m 时的初期支护最大弯矩分别为 429.2kN·m、452.1kN·m、470.9kN·m 和 488.9kN·m。由图 4-115 可见，随着台阶长度的增加，初期支护中最大弯矩明显增加。

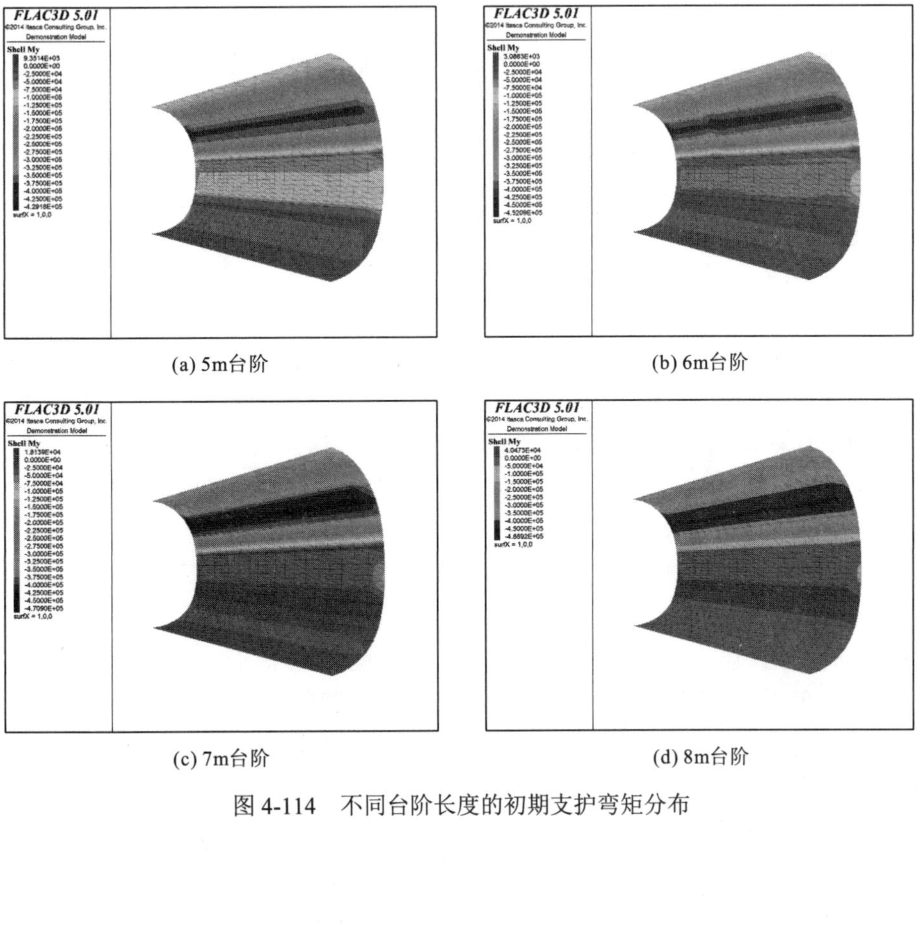

(a) 5m台阶　(b) 6m台阶

(c) 7m台阶　(d) 8m台阶

图 4-114　不同台阶长度的初期支护弯矩分布

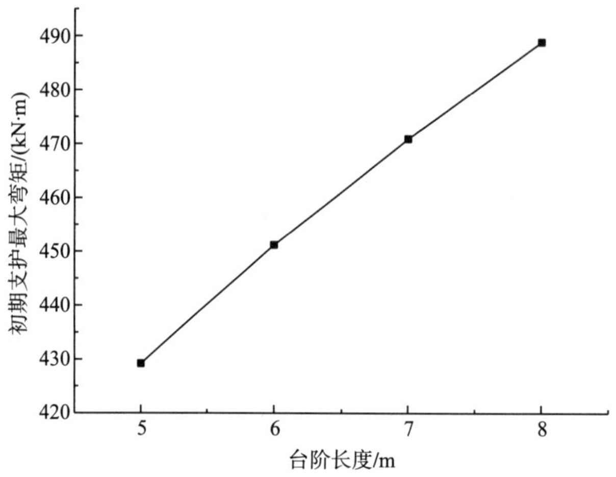

图 4-115 不同台阶长度的初期支护最大弯矩

通过建立台阶长度分别为 5m、6m、7m 和 8m 这四种工况的数值分析模型，模拟并分析了不同台阶长度对隧道变形及结构受力的影响。随着台阶长度的增加，隧道的拱顶沉降位移、上台阶水平位移和中台阶水平位移显著增长。主应力差也增大，围岩的受力状态变得更加不利；塑性区在横截面内扩展的范围增大，塑性区体积近似呈线性增加；初期支护中最大轴力近似保持不变，最小轴力逐渐减小，初期支护中最大弯矩和初期支护中的第一主应力显著增加。

台阶长度的增加会造成隧道收敛变形量的显著增加，为了减小隧道变形量，降低支护难度，在保证现场作业空间足够且工序搭接合理的情况下，应尽量缩短台阶长度，推荐条件合适的情况下台阶长度取为 5m，施工过程中应及时封闭成环。

4.4.3 不同开挖进尺

为了研究不同开挖进尺对隧道变形的影响，以大变形Ⅱ型衬砌模型为基础，考虑开挖进尺为 1.2m、1.8m 和 2.4m 三种工况，并建立三种工况的数值模型，对比模型的隧道变形、应力和初期支护内力的分布，分析不同开挖方法对隧道变形的影响。

图 4-116 为采用不同开挖进尺时隧道周边的竖向位移云图，图 4-117 为采用不同开挖进尺时隧道周边的水平位移云图。从图中可以看出，隧道拱顶位置处的沉降位移最大，中台阶位置处的水平收敛位移最大。

图 4-118 为不同工况下监测断面的拱顶沉降位移随施工步的变化曲线。从图中可以看出，隧道开挖面到达监测断面之前，由于围岩开挖卸荷，监测断面拱顶会发生先行沉降位移；当开挖面距监测断面约 5m 时，拱顶沉降位移迅速增加；当工作面与监测断面距离达到一定范围时，沉降基本趋于稳定，工作面继续向前开挖，监测断面沉降逐渐趋于收敛。开挖进尺为 1.2m、1.8m 和 2.4m 时拱顶沉降位移分别为 431.8mm、454.9mm 和 475.6mm。

图 4-119 为不同工况下监测断面的上台阶水平位移随施工步的变化曲线，图 4-120 为

不同工况下监测断面的中台阶水平位移随施工步的变化曲线。由图可见，开挖进尺为 1.2m、1.8m 和 2.4m 时，上台阶水平位移分别为 217.3mm、235.3mm 和 283.6mm，中台阶水平位移分别为 342.7mm、383.2mm 和 416.5mm。为了更加直观明了地分析不同开挖进尺对隧道变形的影响，将隧道最终的拱顶沉降位移、上台阶水平位移和中台阶水平位移提取并绘制不同工况下位移曲线，见图 4-121。从图中可以看出，随着开挖进尺的增加，隧道的拱顶沉降位移和水平收敛位移近似呈线性增长。

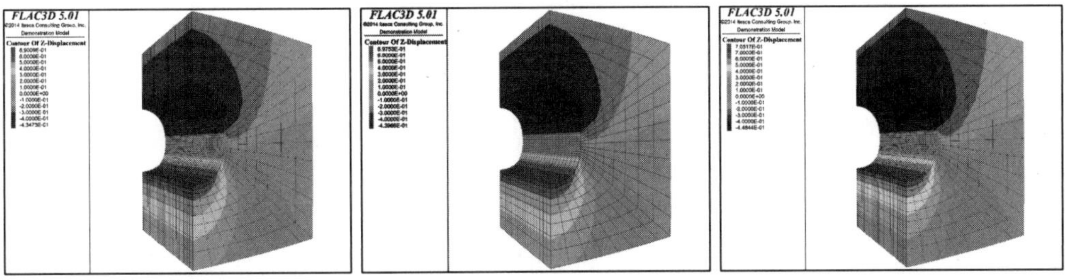

(a) 进尺1.2m　　(b) 进尺1.8m　　(c) 进尺2.4m

图 4-116　不同开挖进尺的竖向位移云图

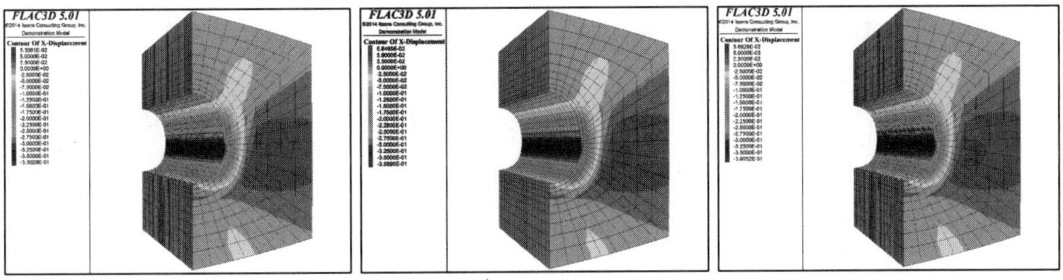

(a) 进尺1.2m　　(b) 进尺1.8m　　(c) 进尺2.4m

图 4-117　不同开挖进尺的水平位移云图

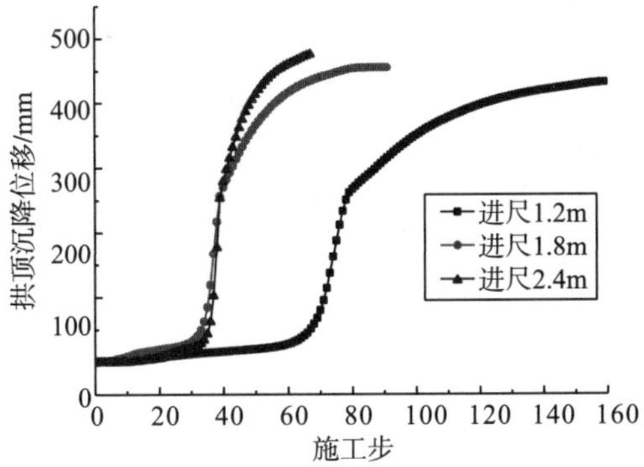

图 4-118　不同开挖进尺的拱顶沉降位移曲线

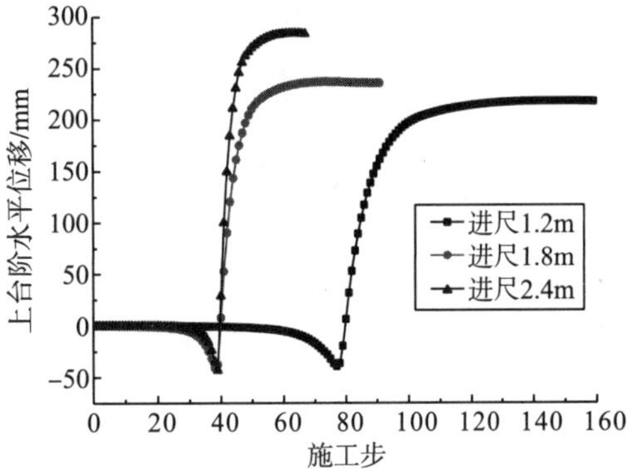

图 4-119　不同开挖进尺的上台阶监测点水平位移曲线

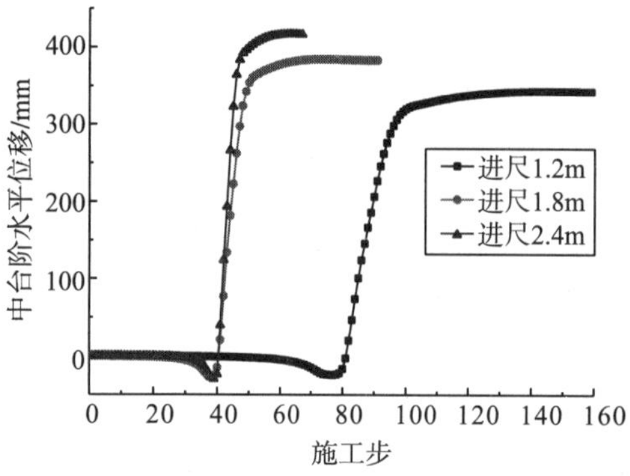

图 4-120　不同开挖进尺的中台阶监测点水平位移曲线

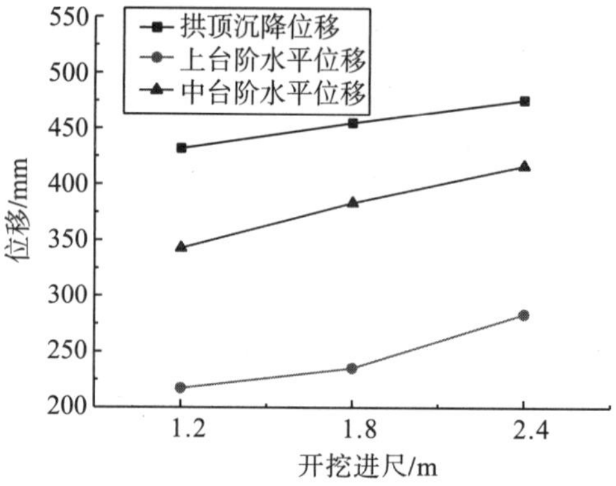

图 4-121　不同开挖进尺的最大位移对比

图 4-122 为各工况开挖到监测断面时的塑性区分布图。从图中可以看出，隧道开挖后以剪切破坏为主，在开挖的台阶面出现局部的拉伸破坏；隧道边墙外侧破坏深度最大，其次为隧道仰拱下部；三种开挖进尺下塑性区深入掌子面都约为 7m。隧道贯通后，开挖进尺越大，塑性区在横截面内扩展的范围越大，见图 4-123。

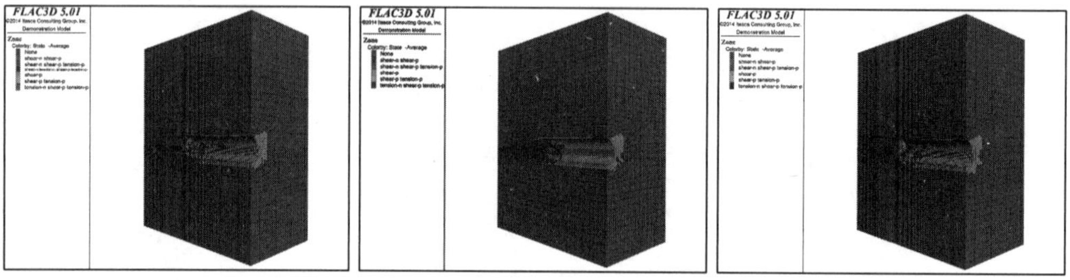

(a) 进尺1.2m　　(b) 进尺1.8m　　(c) 进尺2.4m

图 4-122　开挖到监测断面时的塑性区分布

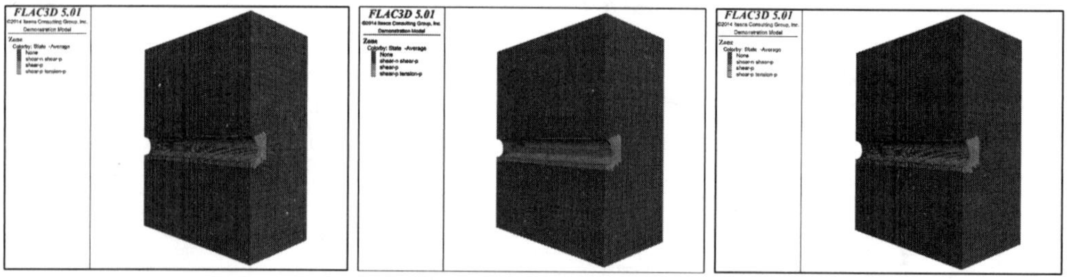

(a) 进尺1.2m　　(b) 进尺1.8m　　(c) 进尺2.4m

图 4-123　隧道贯通后的塑性区分布

图 4-124 为采用不同开挖进尺时模型内塑性区体积统计结果。从图中可以看出，随着开挖进尺的增加，塑性区体积近似线性增加。

图 4-125 为各工况初期支护平均轴向应力分布，由图可推知，三种工况隧道拱顶初期支护轴力最大，其次为隧道边墙，隧道仰拱处的轴力较小。开挖进尺为 1.2m、1.8m 和 2.4m 时初期支护最大轴向应力分别为 4.479MPa、4.750MPa 和 6.601MPa，最小轴向应力分别为 2.401MPa、2.257MPa 和 0.916MPa。通过换算可以得到，开挖进尺为 1.2m 时初期支护最大轴力为 1120kN，最小轴力为 600kN；开挖进尺为 1.8m 时初期支护最大轴力为 1188kN，最小轴力为 564kN；开挖进尺为 2.4m 时初期支护最大轴力为 1650kN，最小轴力为 229kN。图 4-126 为各工况下初期支护轴力对比，随着开挖进尺的增加，初期支护中最大轴力逐渐增加，最小轴力逐渐减小，初期支护中的轴力分布越来越不均匀。

图 4-127 为各工况初期支护弯矩分布。由图可见，三种工况的初期支护弯矩分布规律较为相似，在上台阶下部初期支护中承受较大的弯矩，在台阶交界面处的初期支护内弯矩较小，隧道仰拱中部的初期支护弯矩最小。开挖进尺为 1.2m、1.8m 和 2.4m 时初期支护的最大弯矩分别为 508.1kN·m、421.5kN·m 和 429.4kN·m。由图 4-128 可见，随着开挖进尺的增加，初期支护中最大弯矩先明显降低，再稍微增长。

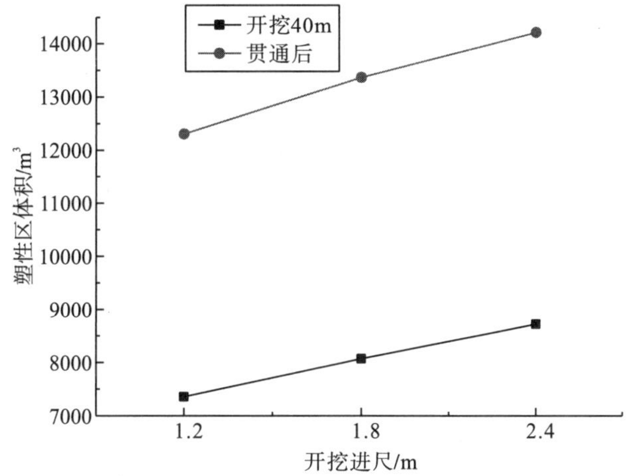

图 4-124　不同开挖进尺的塑性区体积

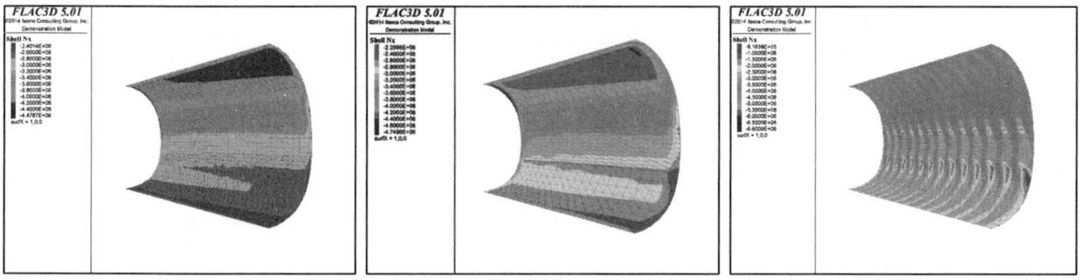

(a) 进尺1.2m　(b) 进尺1.8m　(c) 进尺2.4m

图 4-125　不同开挖进尺的初期支护轴向应力分布

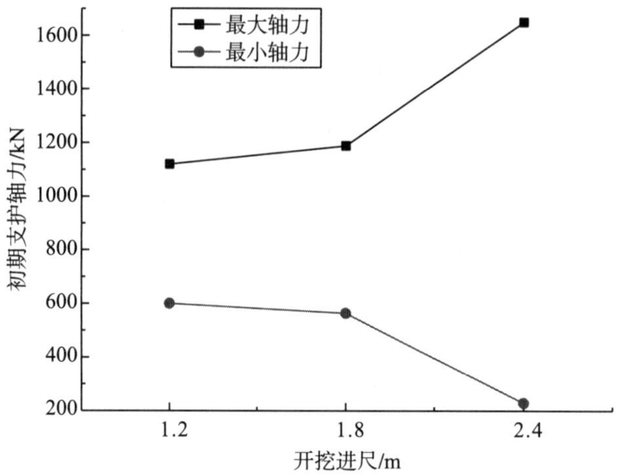

图 4-126　不同开挖进尺的初期支护轴力对比

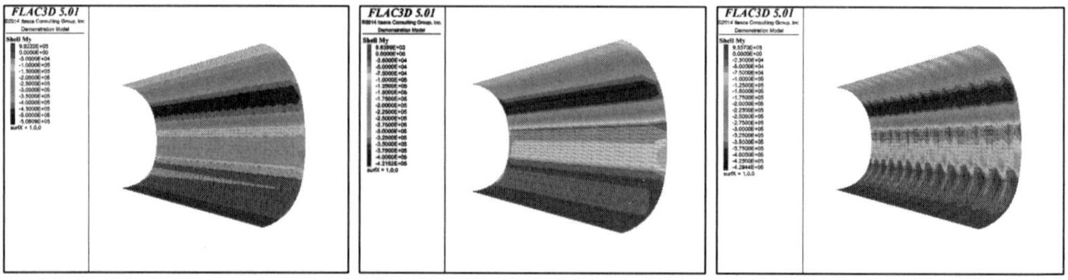

(a) 进尺1.2m　(b) 进尺1.8m　(c) 进尺2.4m

图 4-127　不同开挖进尺的初期支护弯矩分布

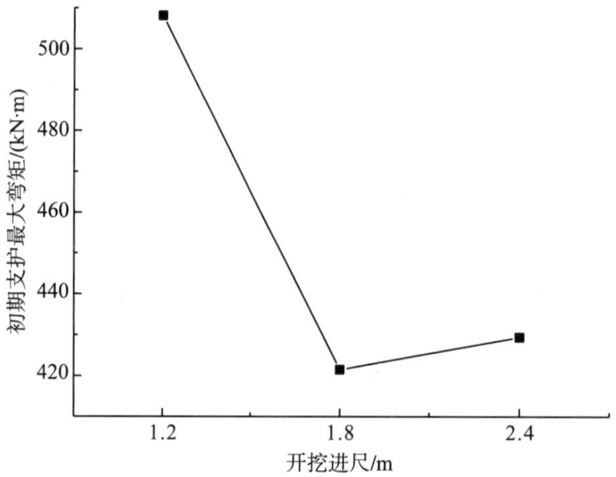

图 4-128　不同开挖进尺的初期支护最大弯矩

通过建立开挖进尺分别为 1.2m、1.8m 和 2.4m 这三种工况的数值分析模型，模拟并分析了不同开挖进尺对隧道变形及结构受力的影响。随着开挖进尺的增加，隧道的拱顶沉降位移和水平收敛位移近似呈线性增长；塑性区在横截面内扩展的范围增大，塑性区体积近似线性增加；初期支护中最大轴力逐渐增加，最小轴力逐渐减小，初期支护中的轴力分布越来越不均匀，初期支护中最大弯矩先明显降低，再稍微增长。

因此，施工中要根据围岩状况选择合适的开挖循环进尺：在围岩自稳能力差时，应控制在 1.2m；围岩相对自稳时，应控制在 1.8m；围岩自稳时，应控制在 2.4m。

4.5　施工工艺及现场试验

4.5.1　施工工艺

在炭质页岩大变形隧道施工过程中，根据现场情况形成了一系列的施工工艺，主要包括喷射混凝土的施工工艺、钢拱架的施工工艺、锁脚小导管的施工工艺、长锚杆的施工工艺、三台阶临时仰拱工法的工艺、三台阶长锚杆工法的工艺和三台阶快速成环工法的工艺。

1.喷射混凝土施工

喷射混凝土具有较高的黏结强度，与钢筋网联合使用可以提高混凝土的抗拉强度，改善喷射混凝土的力学性能和耐久性能。喷射混凝土起到支撑地压的作用，同时能充填围岩的裂隙、节理和隧道凹凸的表面，从而提高围岩的稳定性；与此同时，喷射混凝土及时封闭了围岩表面，隔绝了水与空气的侵蚀；较高的黏结力使喷射混凝土与围岩紧密结合，形成一个共同受力、共同工作的承载结构。

隧道喷射混凝土采用湿喷工艺施工，以减少回弹及粉尘，在隧道内创造良好的作业环境，其流程见图 4-129。喷射混凝土前，应当清洗壁面，做到受喷面无松动岩块，墙脚无虚碴堆积。衬砌应当分二次喷至设计厚度，初喷厚度≥4cm，复喷在完成锚杆、钢筋网、

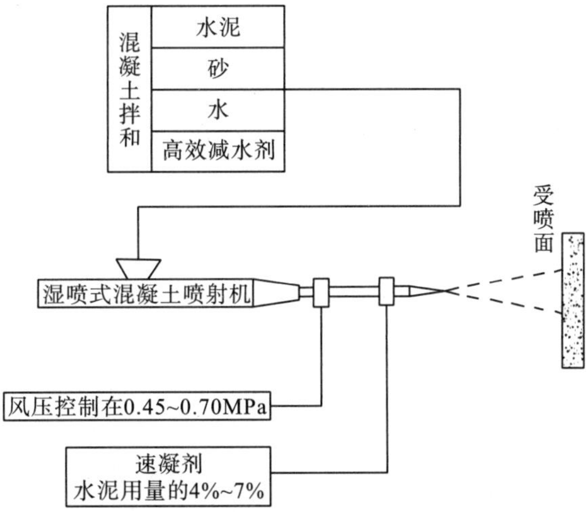

图 4-129　湿喷混凝土施工工艺流程图

钢拱架安装后进行，一次达到设计厚度。采用湿喷机施工，严格湿喷工艺作业；严格控制混凝土配合比，在拌和站拌制混凝土，混凝土罐车运到洞内，喷射混凝土先供风后供料，待混凝土从喷嘴喷出后，再供给速凝剂；喷射时喷嘴垂直于受喷岩面，保持 1m 左右距离，分片作螺旋往复运动，直到达到规定厚度。喷射首层混凝土，应当着重填平补齐，将小的凹坑喷圆顺，围岩表面有严重坑洼处采用锚杆吊模处理。对于渗漏水比较小的地方，喷射应从无水处向有水处进行；对于渗漏水较大的地方，应先采取引流措施后再喷射混凝土。有钢拱架处，钢拱架与壁面之间的间隙用混凝土充填密实，喷射混凝土由两侧拱脚对称向上喷射，并将钢拱架覆盖。

2.钢拱架施工

围岩软弱破碎且自稳能力较差时，要求初期支护有较大的刚度，以阻止围岩的过度变形、承受部分松弛荷载，钢拱架恰好具有这样良好的力学性能。因此，钢拱架要在开挖后及时施作，并根据围岩的破碎程度调整钢拱架的型号和间距。同时，钢拱架可以很好地与锚杆、钢筋网、喷射混凝土结合，构成联合支护，增强支护的效果，改善初期支护结构的受力条件。钢拱架施工工艺流程见图 4-130。

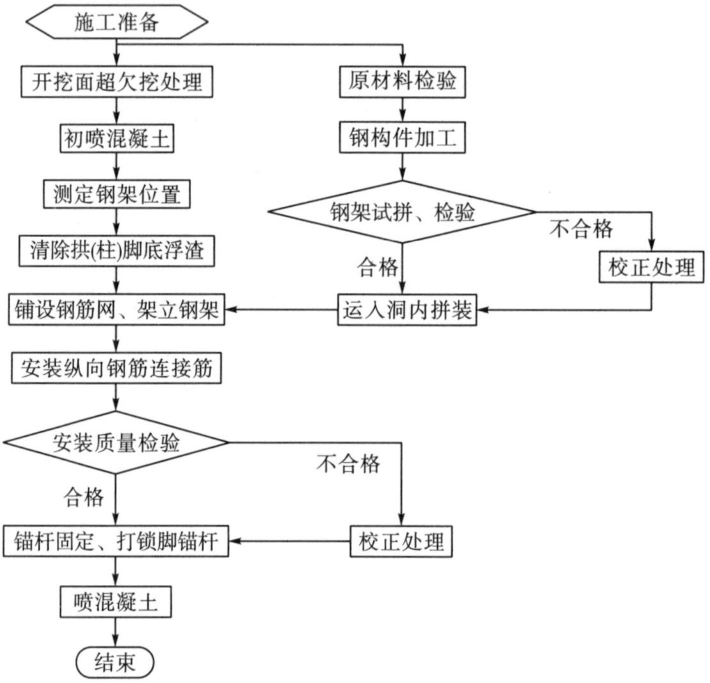

图 4-130　钢拱架施工工艺流程

炭质页岩的抗压、抗剪强度低，遇水易于软化，自稳能力较差甚至无自稳能力。隧道开挖后必然会出现大变形问题，变形在台阶拱脚处更大。当下部开挖后，已经连接钢拱架各部位的位移会不一致，导致钢拱架接长时连接板无法密贴安装，降低了接头的抗剪能力，钢拱架挤压外鼓，大大增加了施工风险。隧道钢拱架的纵向连接方式多采用钢筋连接，但在围岩差、变形严重的隧道中这种连接方式还无法保证钢拱架的整体稳定性，很容易发生安全事故，同样存在极大的安全隐患。为了解决这些问题，在施工过程中提出了钢拱架预变措施和钢拱架间增设“X”形纵梁的措施。

钢拱架预变措施即在加工钢拱架节段时，充分考虑隧道开挖后钢拱架施工的时间滞后性和围岩变形，按照变形后的空间位置加工钢拱架阶段，以利于钢拱架节段的连接，保证连接板的密贴。在台阶法开挖过程中，优化前的钢拱架分段方案见图 4-131，分为 A、B、C 和 D 单元。上台阶先行开挖后，及时安装上台阶 A 单元钢拱架。中台阶开挖始终滞后于上台阶，对于大变形隧道，其收敛量值大，会导致中台阶 B 单元安设时与 A 单元的连接不够密贴，连接处成为一个薄弱位置，进而引起连接板处的破裂和喷射混凝土的开裂。为了解决这个问题，对钢拱架分节段方案进行调整，分为 A、B、C、D、E 和 F 单元，见图 4-132。为了让 C 单元适应 B 单元变形后的连接端面，保证连接板的密贴效果，依照变形后的 A 单元和 B 单元相对位置来加工 C 单元，B 单元钢拱架包括弧形的钢拱架本体和钢拱架连接板，钢拱架本体的端部斜向切割有斜口，斜口的开口端开设于钢拱架本体的外侧，斜口的末端延伸至钢拱架本体的内侧，通过斜口的开设使钢拱架本体的该端部内外两侧具有 1.5～2.5cm 的长度差，钢拱架连接板与切割斜口后的钢拱架本体的端部焊接固定。本措施有效解决了上部钢拱架单元变形导致连接板斜度减缓，下部接长时，B、C 单元钢拱架对接不匹配的问题，有效确保连接板密贴，钢拱架组合后更圆顺，提升了钢拱架受力，减少了变形，降低了安全风险，对于隧道施工具有极为重要的现实意义。

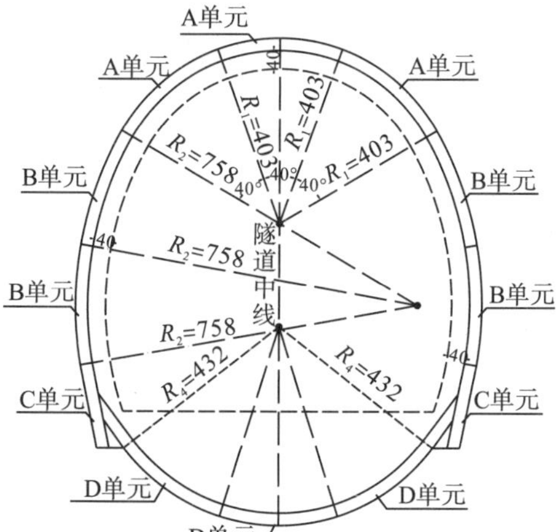

图 4-131　优化前钢拱架组合

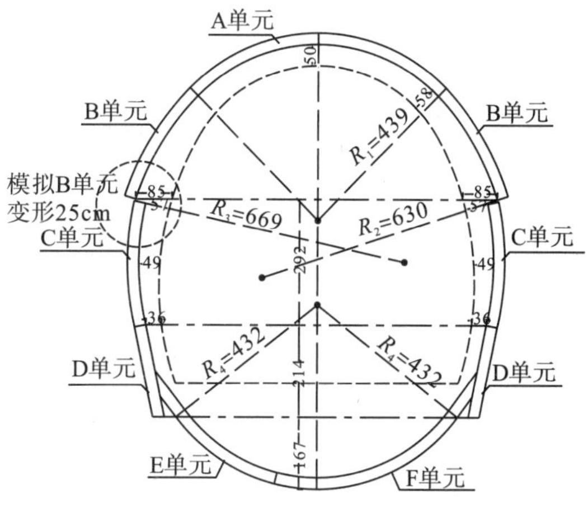

图 4-132　优化后钢拱架组合

钢拱架间增设“X”形纵梁措施，即为保证未成环段钢拱架相互整体受力，将钢拱架间原设计单根纵向工字钢梁，调整为“X”梁（图 4-133），使其钢拱架纵向形成整体，相互约束，提高整体受力能力，避免局部受力不均而变形加剧。隧道内钢拱架沿隧道的长度方向等间距分布设置，相邻两个钢拱架之间斜向设置有两段工字钢，工字钢的两端分别固定于相邻两钢拱架上，以相邻三个钢拱架为一组，三个钢拱架通过呈“X”形分布设置的四段工字钢固定连接。“X”形纵梁加固连接结构中，相邻两钢拱架之间的距离为50cm，工字钢为I18工字钢，长度均为71cm，工字钢的两端加工为相互平行的45°斜角，工字钢的两端贴合焊接于钢拱架的侧壁，且工字钢的下端与钢拱架拱脚间距离为50cm，安设效果见图4-134。本措施针对隧道钢拱架而设计，利用“X”形工字钢和连接钢筋进行钢拱架加固，使连接比普通纵向连接更加牢固，整体受力更强，支撑效果有极为明显的提升，复杂工况条件下安全系数更高，且施工简单方便，成本低廉，对于隧道施工具有极为重要的现实意义。

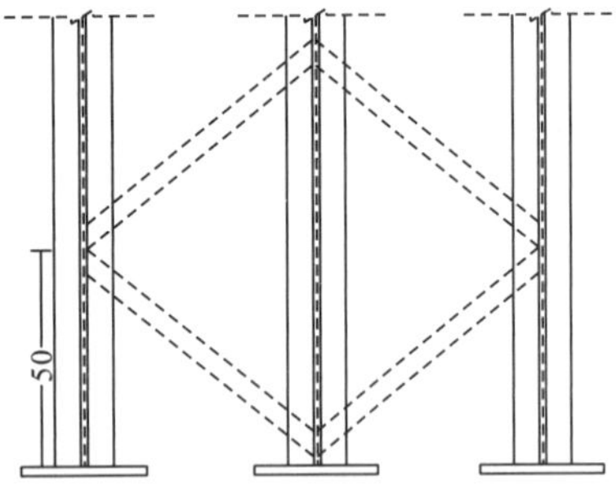

图4-133 “X”形纵梁示意图

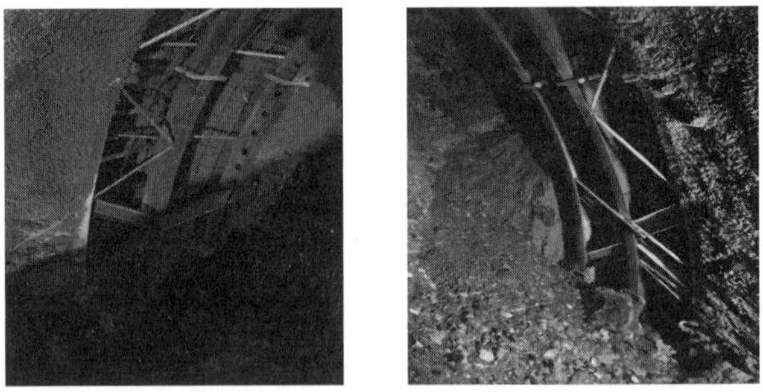

图4-134 钢拱架间“X”形纵梁连接效果

3.锁脚小导管施工

在炭质页岩地层修建隧道时基底弱化会导致上台阶的初期支护下沉，下部台阶开挖后初期支护的悬空同样会引起下沉。设置锁脚锚管是控制沉降的有效措施，尤其是在地层软弱、含水量较大、拱脚积水的条件下。锁脚锚管的作用原理是借助注浆泵的压力使浆液渗入、扩散到岩层孔隙或裂隙中，以改善岩体物理力学性能，另一方面，利用锚管自身的承载能力抑制隧道变形，外露端与钢拱架紧密相连后能有效地限制岩层及初期支护松弛变形。对于松散破碎围岩及具有一定孔隙或裂隙受扰动和爆破的围岩，选用渗入性注浆。在注浆压力作用下，浆液克服流动的各种阻力，渗入围岩的各种孔隙和裂隙中，达到岩层加固的目的。锁脚小导管施工的工艺流程见图4-135。

目前，隧道工程施工大多采用钢筋、钢管或钢板同时焊接支护钢拱架和锁脚锚杆的方式连接，这种方式施工工艺过于简单，洞内焊接工序过于烦琐，施工条件差，最终导致连接效果不佳，由此造成的工程事故时有发生。在地质条件较差地段进行时，通常需要采取长锚、锚筋桩等群锚控制。灌浆措施必不可少，它可以增强初期支护结构整体稳定性，防止围岩挤压变形。施工中多采用高压注浆机来压注浆液，其施工工艺过于复杂，调转设备困难，且不能同步作业，施工十分不便。因此，提出了一种锁脚小导管双层定位环措施并研发了一种新型灌浆设备。

锁脚小导管双层定位环措施见图4-136。这种锁脚小导管双层定位环，包括沿竖向设置的支护钢拱架，支护钢拱架内外两侧分别对应固定有长环，且内侧的长环所在位置高于外侧长环所在位置，长环沿横向固定于支护钢拱架上，长环的两端分别伸出至支护钢拱架的另外两侧，且所述伸出至支护钢拱架另外两侧的长环内分别穿设有锁脚锚管，且锁脚锚管依次穿过支护钢拱架内外两侧的长环内。每个支护钢拱架上固定有两组长环，每组有两个长环，且每组中的两个长环分别固定于支护钢拱架的内外两侧，每组中内外两侧长环的连线与水平面夹角为 20°；两组长环之间的高度差为 30cm，位于下方的一组长环中高位的长环距支护钢拱架底脚之间的距离为 40cm，最终安装效果见图 4-137。这种锁脚小导管双层定位环，制作简单方便，成本低廉；利用风压注浆，使用效果好；制浆、注浆等能够同步作业，缩短工作周期，且能明显减少投入作业的人力物力；具有较强的适应性，同步作业不受外界条件干扰；设备占用空间小，现有隧道内工作平台空间就可以满足锁脚双层定位环的工作空间，对于隧道施工具有极为重要的现实意义。

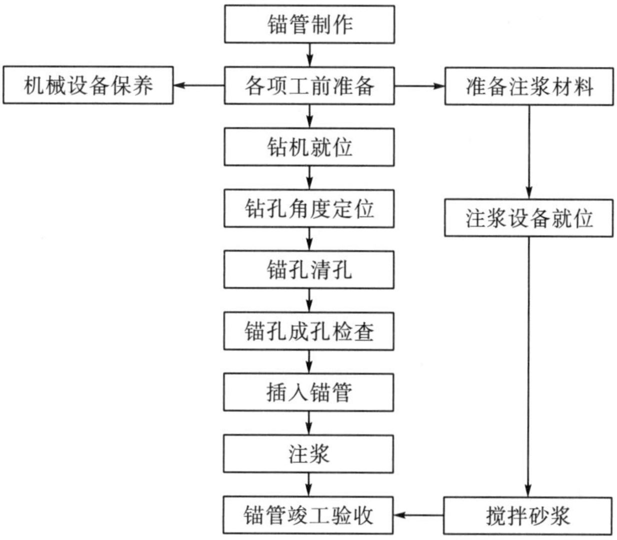

图 4-135　锁脚小导管施工工艺流程

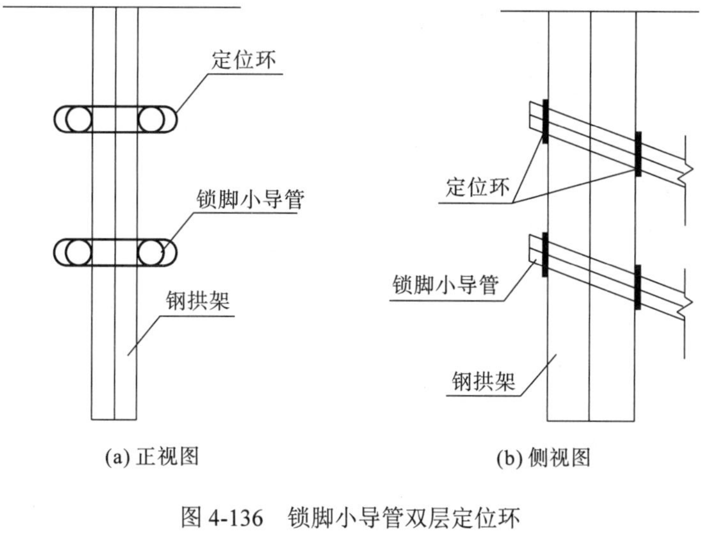

图 4-136　锁脚小导管双层定位环

图 4-137 锁脚小导管双层定位环安装效果

新型灌浆设备见图 4-138。这种新型灌浆设备包括储料罐，储料罐为封闭罐体，且储料罐的底部为锥形结构，储料罐的下端连通有出料管，出料管上设置有阀门，出料管的另一端连接有灌浆管，所述出料管的顶部分别连通有进料管和进风管，进料管沿竖向设置，且进料管上设置有球阀，进料管的上端固定有漏斗式进料槽，进风管的另一端连接供风装置。图 4-139 为灌浆设备的示意图。这种注浆设备轻巧，便于移动，制作简单方便，成本低廉；利用风压注浆，使用效果好；制浆、注浆等能够同步作业，缩短工作周期，且能明显减少投入作业的人力物力；具有较强的适应性，同步作业不受外界条件干扰；设备占用空间小，现有隧道内工作平台空间就可以满足灌浆设备的工作空间。

图 4-138 新型灌浆设备

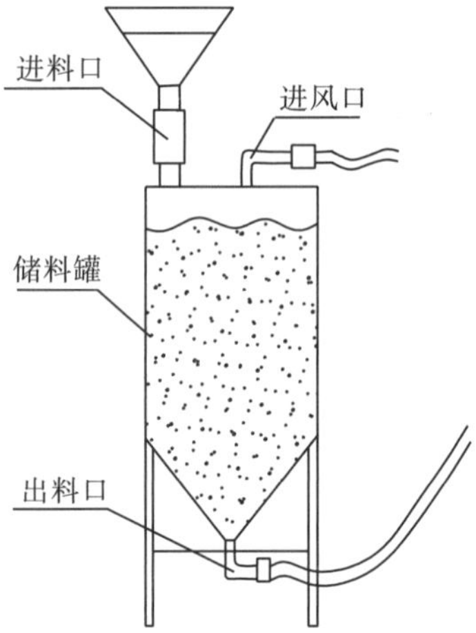

图 4-139 灌浆设备示意图

4.长锚杆施工

针对炭质页岩大变形隧道特性，于上、中台阶连接板变形集中部位设置长锚杆，形成群锚效果，控制其变形，减小变形速率，使其后续下台阶及仰拱初期支护成环期间累计变形值降低，确保衬砌净空尺寸，杜绝初期支护侵限拆换，保证施工进度及安全。长锚杆施工工艺流程见图 4-140。

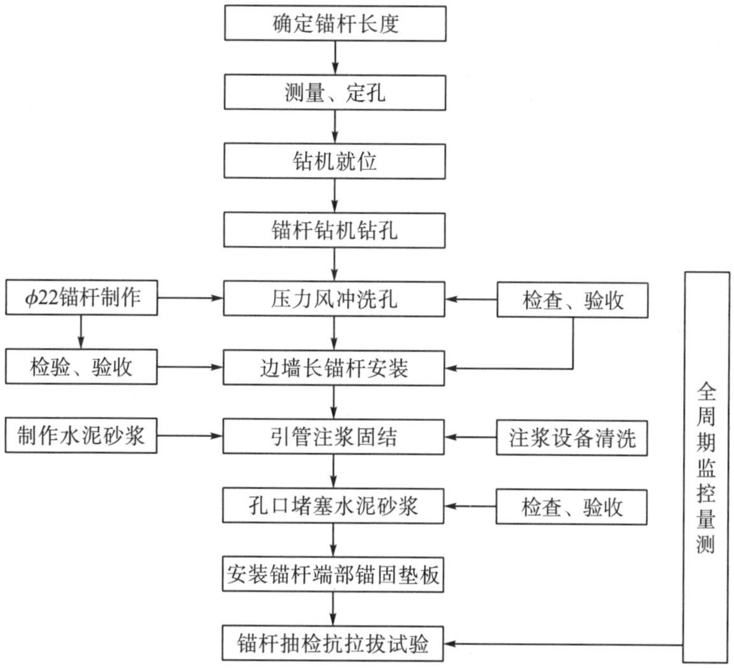

图 4-140　长锚杆主动约束施工工艺流程

首先，需要测定松动圈的厚度来确定锚杆的长度。隧道开挖后，围岩由三向应力状态转变成为两向应力状态，并在压力差作用下发生破坏卸荷，产生一定范围的破裂区，这个破裂区被称为松动圈。松动圈的形成过程是围岩在重分布集中应力作用下结构及强度逐渐劣化的过程，同时也是最大主应力逐步向围岩深部迁移的过程，稳定后的松动圈厚度是围岩强度与地应力相互作用综合结果的客观体现，它的大小与支护难度直接相关。假如锚杆锚固段位于松动圈内，则其锚固效果难以保证。一般来说，需要将锚杆锚固在稳定的围岩体内一定长度。因此，可以通过测定松动圈的厚度来确定锚杆长度。在隧道 DK126+777 断面布置 4 个测试孔，左右边墙各 2 个孔，利用围岩松动圈声波测试仪测定松动圈的厚度，测试结果见图 4-141。

1#测孔在 1.9～2m 以浅波速均低于 2150m/s，最小值为 1991m/s，测试值方差较大。隧道开挖后，浅部围岩在重分布集中应力作用下深部优先发生变形破裂，产生了裂隙分布密集的破裂区。2～3m 范围内波速随深度增加略有增加，但整体仍然较低(小于 2250m/s)，围岩完整性相对于浅部有一定提高。3～5m 范围内围岩波速持续降低，反映该范围内裂隙的数量和开度均比较大。超过 5.2m 后，围岩波速有了明显增加，达到 2600m/s 以上，且该值随着深度的增加逐渐趋于稳定，围岩受到扰动影响减弱直至原岩状态。2#测孔揭示的围岩破裂程度整体高于左帮，5.0m 以浅围岩波速均低于 2000m/s，0.7m 和 4m 位置最低，分别为 1793m/s 和 1823m/s。施工过程中在 4.9m 深位置发生了卡钻现象。另外，右帮 2#测孔在钻进超过 4.9m 位置时与之相邻 1.5m 的右帮 4#测孔喷出气体和水，说明 5.1～4.9m

以浅范围内围岩存在导通性裂隙和离层。由于左右帮的岩性差异，松动圈测试钻孔隧道岩层倾向 5.0m 以深围岩波速范围为 2900m/s 附近，与左帮原岩波速存在差别。左帮 3#测孔 5.4m 以浅围岩波速在 2000m/s 上下，5.4m 位置波速发生较大变化，5.5m 以深位置波速虽有跳跃，但整体与左帮 1#测孔结果相近，原岩区平均波速 2718m/s。右帮 4#测孔围岩 5.7m 以浅的平均波速为 1940m/s，5.7m 以深波速发生突变，而后基本稳定在 2860m/s。随着孔深的增加，4 个测点的波速均表现出较为一致的规律：在孔深较小时，波速在 2000m/s 的水平上下浮动，当孔深在 5～6m 附近出现了转折点，孔深继续增大时，测点的波速在 3000m/s 的水平上下浮动。综上所述，该测试断面围岩松动圈厚度值为 5.0～5.7m。为了保证锚固效果，假如保证锚固段深入稳定围岩 1m 以上，则锚杆长度需要在 6.0～6.7m 以上。因此，综合判断锚杆长度至少为 6.5m。

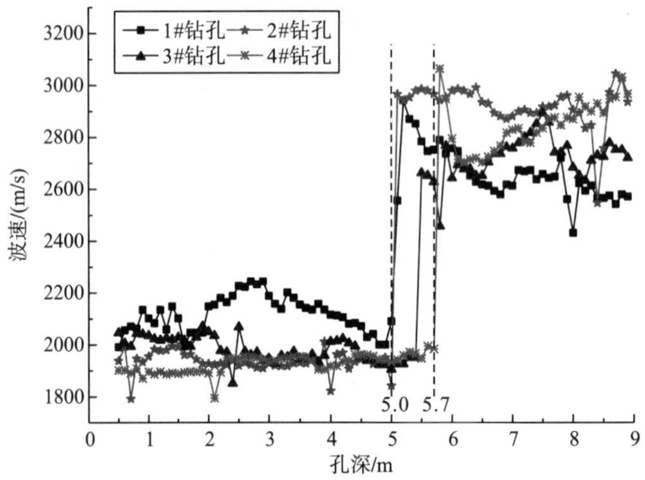

图 4-141 波速与孔深的关系

然后，测量并定孔。施工前应仔细复核设计图纸，并按设计孔位要求进行测量放样，并作好孔位标识。施工现场根据钻孔高度、位置要求，利用台阶洞渣修筑钻机作业平台，确保钻机左、右侧顺利施钻，避免二次修筑。锚杆钻机就位后(图 4-142)，连接好高压风、水管路，并保证工作面充分的照明。

钻孔采用 H4A 型自带消尘装置锚杆钻机施钻(图 4-143)，利用中台阶修筑作业平台进行施钻，按照设计预留锚杆定位点进行钻孔，锚杆施作角度应尽量垂直于初期支护喷射混凝土面，为使灌浆液不倒流，按向下 5° 方式打设。根据围岩收缩变形情况以及便于锚杆杆体安装，钻头采用 φ90mm 钻头。钻孔过程中及时观察钻杆方向及外插角度，因围岩岩性特性，遇水软化，钻孔采用干钻，以防坍孔。钻孔推进过程利用高压风及时排出孔内岩渣，出现卡钻时应及时退钻，待处理后再继续正常钻进至设计孔深。钻孔时严格控制钻孔深度及孔向，钻孔角度向下不大于 5°（延米下 5cm），钻孔深度只能超、不能欠，锚杆钻孔深度应大于锚杆设计长度 10cm，锚杆孔深允许偏差为±5cm。

图 4-142　钻机就位

清孔质量直接影响着锚杆的锚固力，是决定锚杆锚固质量的重要环节，必须严格控制。锚杆钻机施钻钻孔结束退出钻杆后，采用高压风进行清孔(图 4-144)，将孔内残渣、泥屑、积水清理干净。钻孔成孔后，利用钻机钻臂作为操作平台及时安装锚杆(图 4-145)，并进行注浆(图 4-146)，注浆采用自制简易储浆罐储浆，并将引浆管插至锚杆眼底，在高压风的推动下，将浆液不断压入眼底，引浆管缓缓退出眼孔，并始终保持引浆管埋在浆液内，以免浆中出现空洞，孔口采取人工封堵，并与初期支护喷射混凝土面齐平，注浆结束后，及时清理注浆设备。锚杆孔必须注满浆液，注浆过程中，注浆管不准对人放置，以防止高压喷出物射击伤人。

锚杆孔内浆液达到设计强度 80%以上时，安装垫板，垫板与锚杆轴线垂直，各种不正确的安装方法都会对锚杆的锚固性能产生不利影响。当锚杆孔的轴线与孔口平面不垂直时，为保证垫板能均匀地压紧岩面，采用两种方法进行调整，一是在螺帽下安装楔形垫块，二是在垫板后用砂浆填平。锚杆垫板安设形成群锚的效果见图 4-147。锚杆设计抗拉拔值为 180kN，现场分时间段进行抗拉拔试验(图 4-148)，分 12h、24h、48h。锚杆抗拉拔采用 ML-200B 型中空千斤顶进行拉拔，安装拉拔设备时，应使千斤顶与锚杆同心，避免偏心受拉，加载应均速，一般以每分钟 10kN 的速率增加。

图 4-143　锚杆钻机钻孔

图 4-144　高压风清洗钻孔

图 4-145　长锚杆安装

图 4-146　长锚杆注浆

图 4-147　锚固垫板安设效果

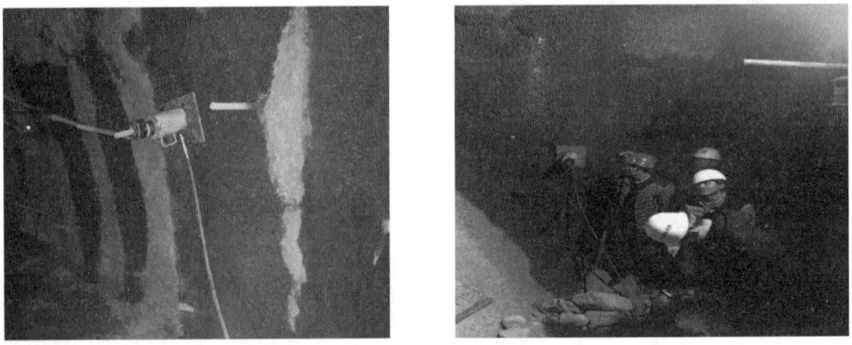

图 4-148　锚杆拉拔试验

隧道施工空间狭小，钻机作业时不能产生大量粉尘。围岩条件适宜时可采用水钻降低粉尘，但在特殊围岩隧道施工时(如围岩遇水软化或膨胀)就只能采取干钻。干钻会产生大量粉尘，必须在潜孔钻机上安装除尘装置，但现有除尘器的捕尘罩不适用于有倾斜角度的接触面，一旦接触面与捕尘罩不垂直将有大量的粉尘扩散到空气中形成严重的粉尘污染。因此，现场施工过程中提出了一种锚杆钻机除尘装置，图 4-149 为其示意图，用以解决隧道施工过程中现有的捕尘罩不适用于有倾斜角度的接触面。

该锚杆钻机除尘装置，包括伸缩式捕尘罩、导尘管、除尘筒、排气管和风机等。伸缩式捕尘罩套设于钻杆的钻头端，末端通过导尘管连通至除尘筒的侧面。除尘筒的底部为开口式结构，上端连通有排气管，除尘筒内设置有除尘网筒，除尘网筒的底部及侧壁均为多层滤尘网，除尘网筒的上端开口，且与除尘筒内壁的顶部密封，除尘筒上与排气管相连通的连通口设置于除尘网筒上端开口的内侧。风机设置于排气管上。实际效果见图 4-150。这种捕尘罩改进为伸缩式结构，能够根据接触面的角度进行倾斜和伸缩，极大地提高了贴合度，避免了使用过程中粉尘的泄漏，同时将过滤后的粉尘直接排出到施工地面，无需粉尘存储装置，使用更为轻便灵活，并且对导尘管与伸缩式捕尘罩末端的连接结构进行圆弧改装，使其不易堆积粉尘，成本低廉。

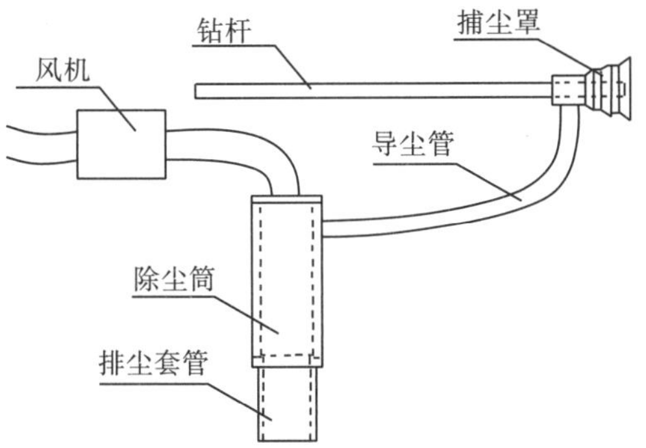

图 4-149　锚杆钻机除尘装置示意图

图 4-150　带捕尘装置的锚杆钻机

5.三台阶临时仰拱工艺

隧道采用的三台阶临时仰拱工法的工艺流程见图 4-151。

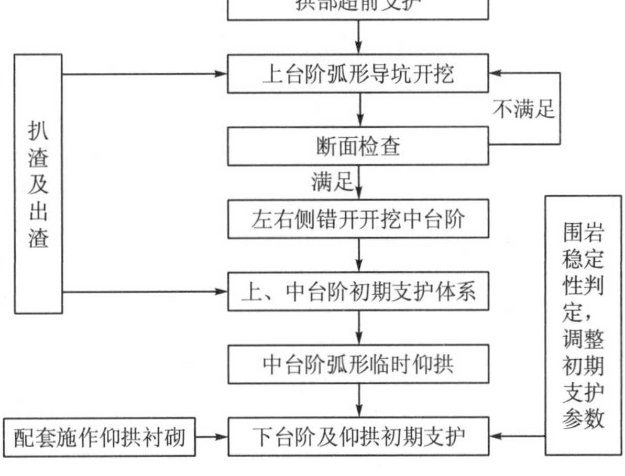

图 4-151　三台阶临时仰拱工法的工艺流程

首先施工超前小导管，超前支护采用 φ42mm 超前注浆导管，单根长 3.5m，环向间距 0.4m，每环 25 根，纵向间距 1.5m/环。上台阶采用环向预留核心土法施工，人工配合机械进行开挖，循环开挖进尺为 1 榀钢拱架间距，在开挖轮廓线内形成一道环形高 1.5m 左右的空腔，在掌子面前方预留核心土，核心土高度为 2m 左右，利用核心土作为工作平台，进行初期支护施工，见图 4-152。

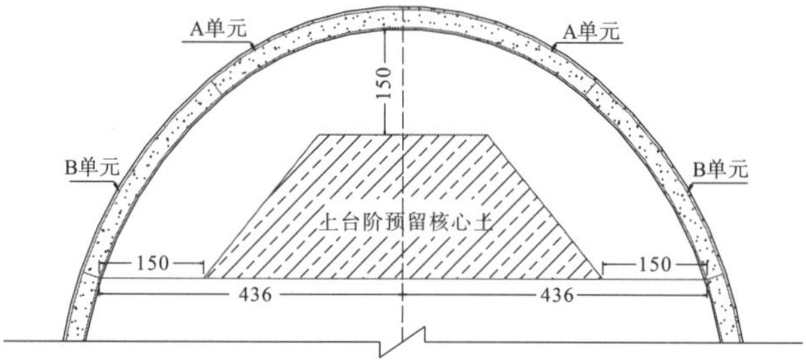

图 4-152　上台阶环向开挖

挖机将上台阶产生的洞渣翻至中台阶后，进行中台阶，并左、右侧错开施工，完成一侧开挖再进行另一侧开挖，循环开挖进尺为 2 榀钢拱架间距。出渣结束后，首先对各台阶岩面进行初喷，初喷厚度 3～5cm，然后施作初期支护体系：初期支护由钢筋网、连接筋、喷射混凝土、拱部中空组合锚杆、边墙砂浆锚杆、锁脚锚(杆)管组成。为确保洞内收敛挤压变形，于中台阶拱脚处设置临时弧形横撑，横撑采用 I18 工字钢，两端采用“U”形槽口与钢拱架焊接牢固，见图 4-153。对于临时仰拱的拆除，应先保证仰拱下部台阶开挖完成且仰拱成环后，再分段拆除临时仰拱。待上、中台阶施工长度达 6m 时，调整工序，上、中台阶暂停施工，转至施工下台阶及仰拱初期支护封闭成环，下台阶循环开挖进尺为 2 榀钢拱架间距，仰拱初期支护循环开挖进尺 3m。

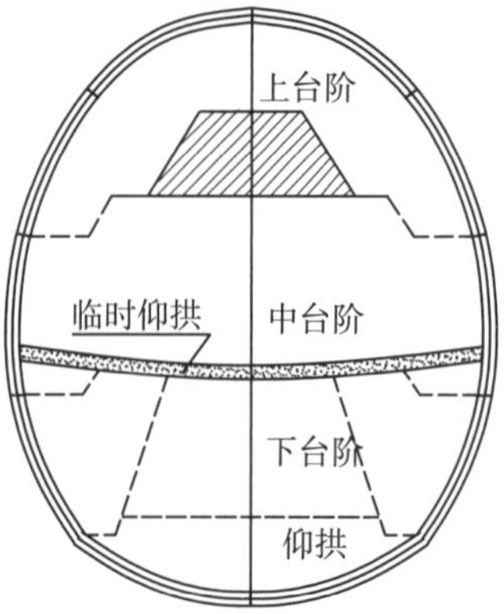

图 4-153　临时仰拱支护效果

6.三台阶长锚杆工艺

隧道采用的三台阶长锚杆工法的工艺流程，见图 4-154。

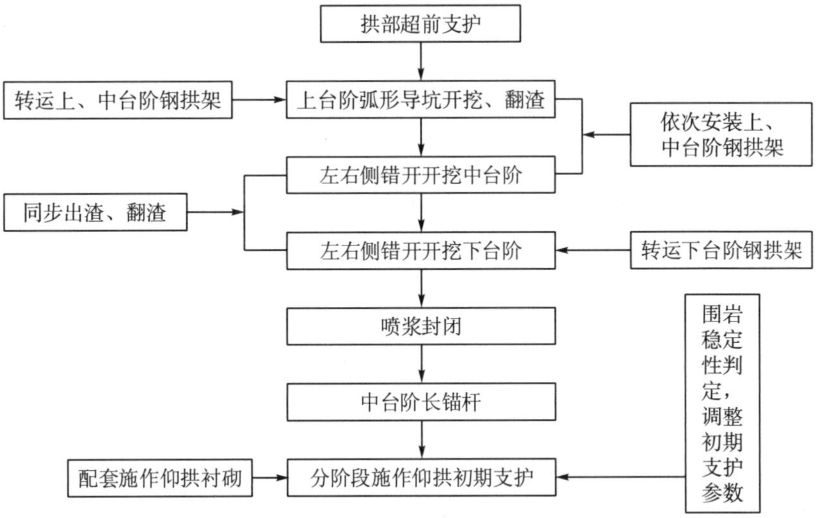

图 4-154　三台阶长锚杆工法的工艺流程

首先根据上台阶开挖轮廓线用挖机开挖上台阶，并将渣体翻至中台阶，同时修筑好施工坡道，挖机退至下台阶单侧，装载机将上、中台阶所需钢拱架转运至指定地点，开始上台阶钢拱架安装，同时进行上台阶翻渣和中台阶开挖，见图 4-155。待装载机退出后，上台阶钢拱架安装期间，挖机开挖中台阶左、右侧并同步进行出渣作业，达到开挖、出渣、上台阶钢拱架安装同步平行作业，见图 4-156。待下台阶左、右侧开挖并出渣结束后，挖机退至掉头道，同步装载机将下台阶钢拱架、循环所需超前、锁脚等材料转运进洞，依次安装中、下台阶钢拱架，见图 4-157。

待超前、锁脚施作一半时，焊接班进洞依次焊接各台阶锁脚锚管，并同步灌(注)浆。下台阶锁脚锚管结束后，喷浆班进洞做好风、水管及喷浆车就位准备工作，喷浆料同步进洞，见图 4-158。喷浆作业依次由上至下进行封闭。

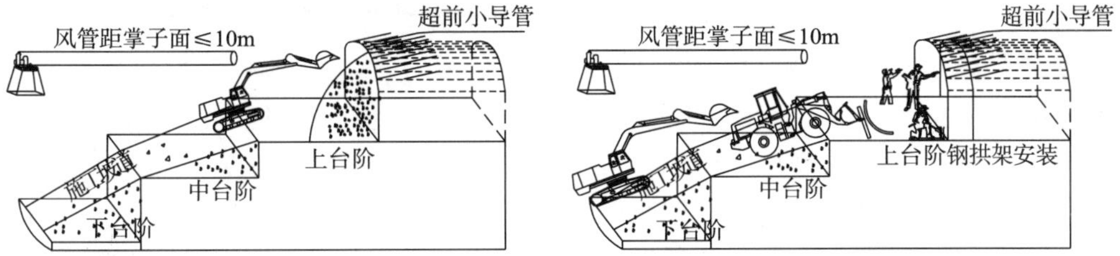

图 4-155　上台阶开挖

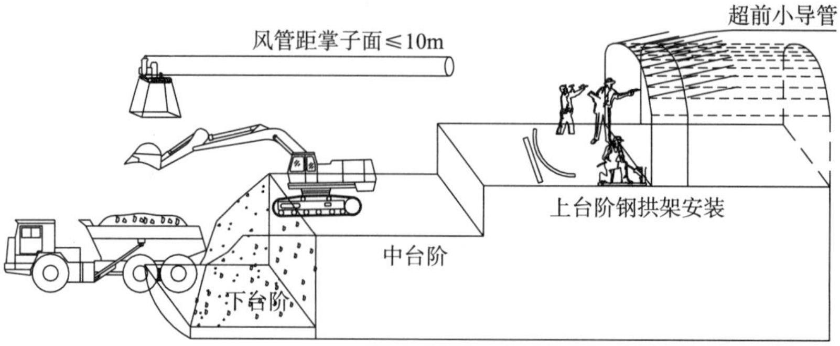

图 4-156 中台阶开挖

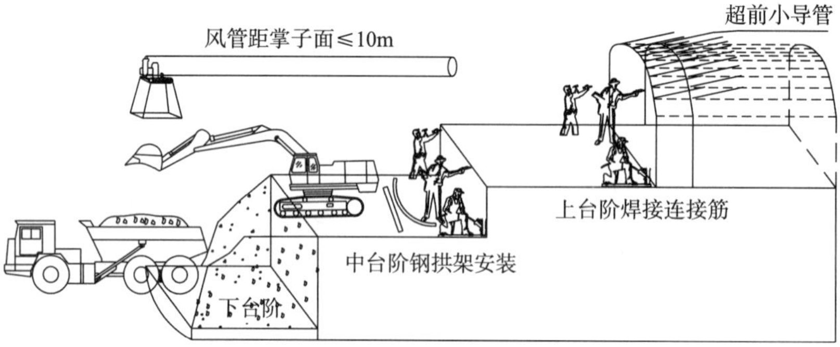

图 4-157 下台阶开挖

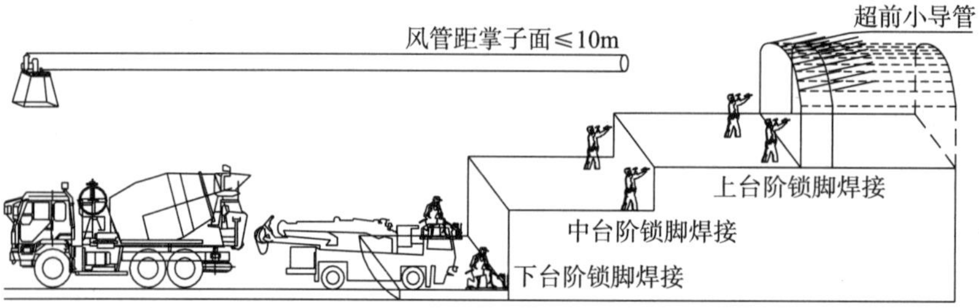

图 4-158 喷浆封闭

结合大变形隧道特性，于上、中台阶连接板变形集中部位设置L=8m长锚杆(图4-159)，单榀设置 3 根，推进 3 个循环施作一次长锚杆，第一根设置于连接板上 30cm，第二根设置于连接板下 30cm，第三根设置于连接板下 110cm，使其对变形集中部位形成群锚约束效果，控制其变形，降低变形速率，使其后续下台阶落底接长时，不受上部钢拱架变形导致连接不密贴及仰拱初期支护成环期间累计变形值得到控制，确保衬砌净空尺寸，杜绝初期支护侵限拆换，保证施工进度及安全。最后，再分段施作仰拱初期支护，仰拱初期支护距下台阶滞后侧 2m，台阶循环进尺达 3m 时，施作一组仰拱初期支护封闭成环。

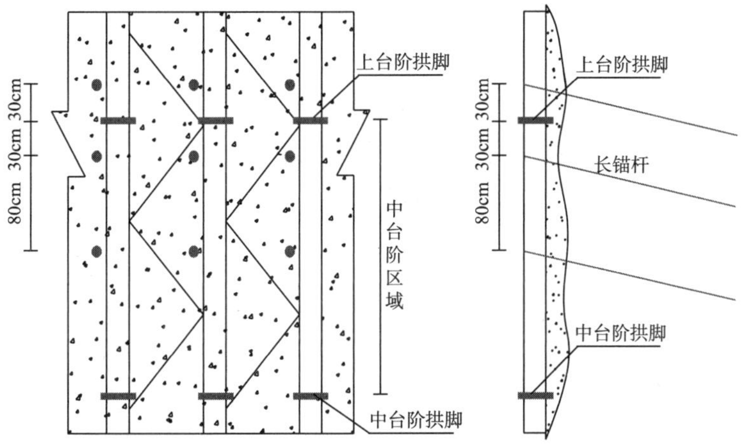

图 4-159　长锚杆施工

7.三台阶快速成环工艺

隧道采用的三台阶快速成环工法的工艺流程见图 4-160。

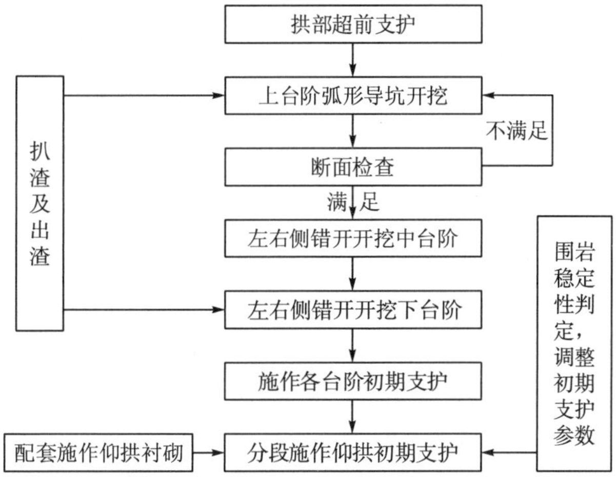

图 4-160　三台阶快速成环工法工艺流程

首先施工超前小导管，超前支护采用 φ42mm 超前注浆导管支护，单根长 3.5m，环向间距 0.4m，每环 25 根，纵向间距 1.5m/环。其次，进行上台阶环向开挖，上台阶采用环向预留核心土法施工，人工配合机械进行开挖，循环开挖进尺为 1 榀钢拱架间距，在开挖轮廓线内形成一道环形高 1.5m 左右的空腔，在掌子面前方预留核心土，核心土高度为 2m 左右，利用核心土作为工作平台，进行初期支护施工。接着，在中台阶左右侧错开开挖、翻渣作业，挖机将上台阶产生的洞渣翻至中台阶后，进行中台阶，并左、右侧错开施工，完成一侧开挖再进行另一侧开挖，循环开挖进尺为 2 榀钢拱架间距。然后，在下台阶左右侧错开开挖、出渣，挖机将上、中台阶产生的洞渣翻至下台阶后，进行出渣作业，同时开挖下台阶左、右侧，循环开挖进尺为 2 榀钢拱架间距。出渣结束后，首先对各台阶岩面进行初喷，初喷厚度 3～5cm，然后施作初期支护体系：初期支护由钢筋网、连接筋、喷射混凝土、拱部中空组合锚杆、边墙砂浆锚杆、锁脚锚(杆)管组成。最后分段施作仰拱初期支护(图 4-161)，仰拱初期支护距下台阶滞后侧 2m，台阶循环进尺达 3cm 时，施作一组仰拱初期支护封闭成环。以上步骤循环进行，形成三台阶快速成环工法(图 4-162)。

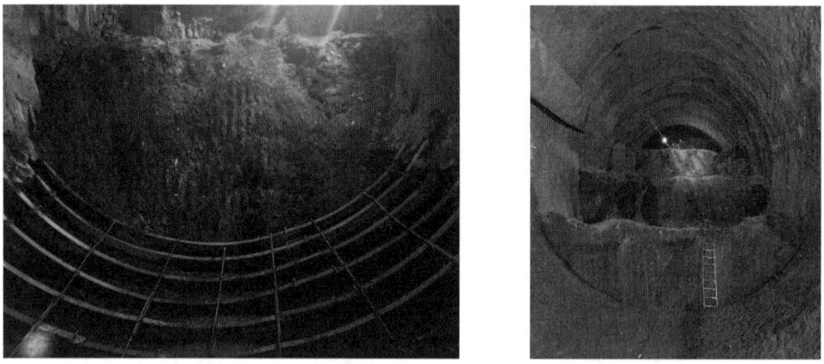

图 4-161 施作仰拱初期支护

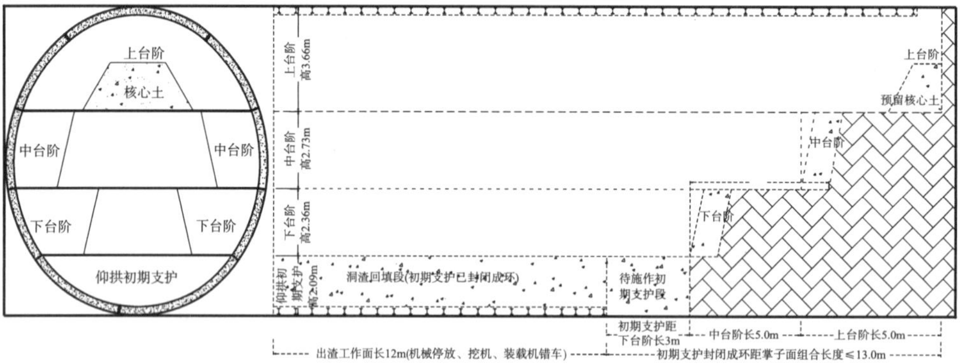

图 4-162 三台阶快速成环工法

4.5.2 现场试验

为了控制隧道严重的大变形问题，开展了一系列的现场试验，主要包括隧道断面的调整、喷射混凝土厚度的增加、钢拱架的加强、锚杆长度增长、预留变形量的调整和施工工法的调整。先后按照Ⅴ级加强型、大变形Ⅱ型及大变形Ⅱa 型调整断面，钢拱架从 I18 型工字钢逐步调整为 I25b 型工字钢，同时调整钢拱架间距，加长锚杆，先后试验了三台阶临时仰拱工法、三台阶长锚杆工法和三台阶快速成环工法。

1.Ⅴ级加强型断面-三台阶法

针对隧道遇到严重且持续的大变形问题，同时在隧道进口和出口进行变形控制现场试验，将原来采用的Ⅴ级 D 型衬砌调整为Ⅴ级加强型衬砌(图 4-163)，其支护参数见表 4-5，仰拱初期支护作业见图4-164。主要优化调整参数有：I18 型工字钢钢拱架间距调整为0.5m；预留变形量调整为 20cm；锚杆长度加强为拱部 4.5m(墙身 3m)；衬砌厚度拱顶为 45cm，边墙为 48cm。其中，进口试验段采用三台阶法(图 4-165)，出口段采用三台阶预留核心土法(图 4-166)。

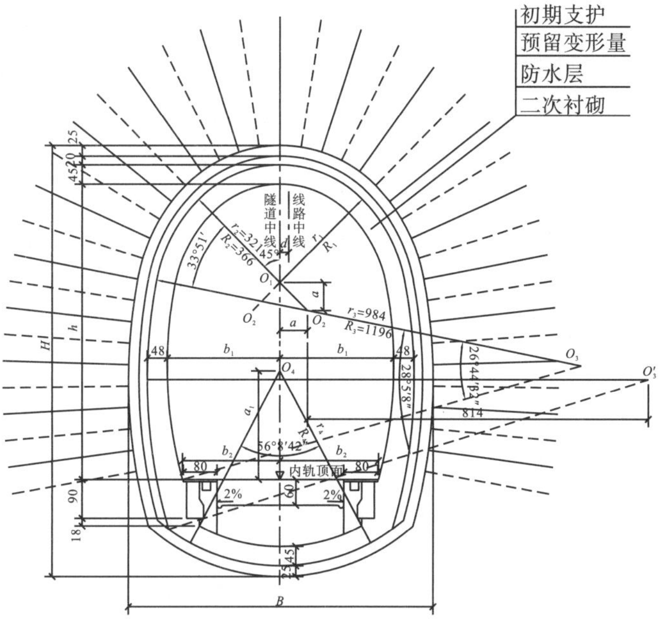

图 4-163　Ⅴ级加强型衬砌

表 4-5　Ⅴ级加强型衬砌支护参数

C25 喷射混凝土		锚杆			I18 型工字钢钢拱架		预留变形量/cm	二次衬砌	
设置部位	厚度/cm	设置部位	长度/m	间距/m	设置部位	间距/m		拱(墙)/cm	仰拱/cm
拱墙	25	拱墙	4.5	1.0×1.0(环×纵)	全环	0.5	20	45(48)	45
仰拱	25								

图 4-164　Ⅴ级加强型仰拱初期支护作业

图 4-165　三台阶法

图 4-166　三台阶预留核心土工法

在隧道进口段和出口段试验效果见表 4-6。进口段试验长度 63.0m，变形超限长度 52.0m，占比 82.5%；出口段试验长度 60.0m，变形超限长度 37.7m，占比 62.8%；平均占比为 72.9%。图 4-167 为Ⅴ级加强型断面的沉降收敛曲线，可以看出拱顶沉降达到 530mm，上台阶收敛位移达到 739mm。试验段隧道累计变形仍然较大，但累计变形值有减小趋势，累计收敛变形数值与仰拱封闭成环时间呈正比关系，仰拱封闭成环时间越长，累计变形数值越大。隧道收敛速率发生突变时均发生在台阶落底施工阶段，该阶段变形速率明显加快，常出现不同程度的红、黄色预警现象。隧道上中台阶连接处初期支护表面前期无明显开裂现象，后期仍有开裂现象并不断发展，型钢拱架不再发生扭曲变形，初期支护后期上中台阶连接处内凸依然存在并不断发展导致侵限，在水平方向增加了临时横撑措施(图 4-168)以减小收敛变形量。因此，Ⅴ级加强型支护参数较原设计Ⅴ级 D 型参数对控制变形有更好的效果，三台阶预留核心土法比三台阶法能更好地控制初期支护变形，但不能对变形起到根本性控制作用。

表 4-6　Ⅴ级加强型断面-三台阶法试验效果

试验部位	开始里程	结束里程	施工工法	试验段长/m	变形超限长度/m	变形比例/%	
进口段	DK124+882	DK124+945	三台阶	63.0	52.0	82.5	72.9
出口段	DK126+924	DK126+864	三台阶预留核心土	60.0	37.7	62.8	

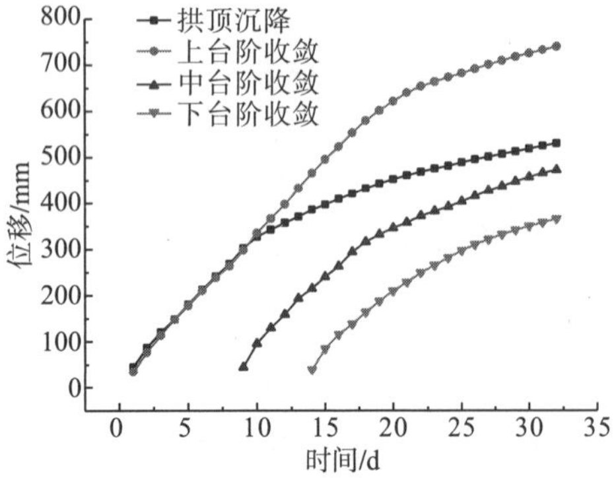

图 4-167　Ⅴ级加强型断面沉降收敛曲线

图 4-168　Ⅴ级加强型初期支护变形后增加临时横撑

2.大变形Ⅱ型断面-三台阶临时仰拱法

采用三台阶法施工的Ⅴ级加强型衬砌试验段的变形量大，又以水平变形为主，特别是台阶连接处的变形量最大，未有效解决大变形初期支护侵限问题，施工中继续调整支护参数和措施，增大边墙曲率，调整断面形状，采用大变形Ⅱ型衬砌(图 4-169)继续进行试验，支护参数见表 4-7，其仰拱见图 4-170。优化调整参数主要包括：I18 型工字钢钢拱架调整为 I20b 型，间距 0.5m；预留变形量调整为 40cm；锚杆长度加强为拱部 4.5m(墙身 4.0m)；衬砌厚度拱顶为 50cm，边墙为 80cm。同时，隧道进口和出口都采用三台阶临时仰拱工法(图 4-171)，在中台阶设置仰拱，使中台阶以上部分及时封闭成环，形成环向受力，有效地发挥初期支护的整体受力效果，阻止支护结构变形。

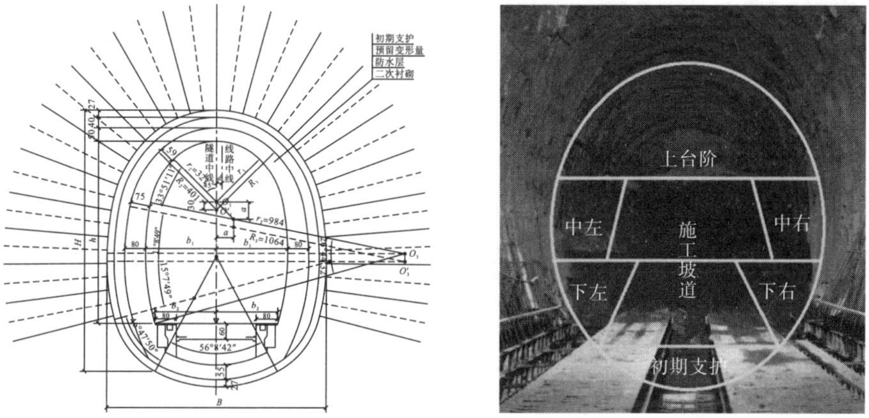

图 4-169　大变形Ⅱ型衬砌

表 4-7　大变形Ⅱ型衬砌支护参数

C25 喷射混凝土		锚杆			I20b 型工字钢钢拱架		预留变形量/cm	二次衬砌	
设置部位	厚度/cm	设置部位	长度/m	间距/m	设置部位	间距/m		拱(墙)/cm	仰拱/cm
拱墙	27	拱墙	4	1.0×1.0(环×纵)	全环	0.5	40	50(80)	55
仰拱	27								

图 4-170　大变形Ⅱ型初期支护仰拱

图 4-171　三台阶临时仰拱工法

在大变形Ⅱ断面采用临时仰拱法后，试验效果见表 4-8。进口段试验长度 85.0m，变形超限长度 18.0m，占比 21.2%；出口段试验长度 110.0m，变形超限长度 6.0m，占比 5.5%；平均占比为 12.3%，变形段比例显著下降。图 4-172(彩图见附录)为采用临时仰拱法的大变形Ⅱ型断面的沉降收敛曲线，可以看出拱顶沉降和上台阶收敛位移仍旧较大，并且在仰拱拆除时位移迅速增加。由于临时仰拱施作方便快速(滞后开挖可控 2 天)，在成环支护体系的作用下，收敛和沉降速率大大降低并逐渐趋于稳定。在临时仰拱成环施工至一定距离(不大于 7m)，在临时仰拱约束前提下，短进尺一次开挖下台阶和仰拱，及时施作初期支护成环，施工中待初期支护成环后拆临时仰拱，大大降低了下台阶和仰拱开挖时引起的收敛和沉降速率突变现象。

表 4-8　大变形Ⅱ型断面-三台阶临时仰拱法试验效果

试验部位	开始里程	结束里程	施工工法	试验段长/m	变形超限长度/m	变形比例/%	
进口段	DK124+995	DK125+080	三台阶临时仰拱	85.0	18.0	21.2	12.3
出口段	DK126+860	DK126+750	三台阶临时仰拱	110.0	6.0	5.5	

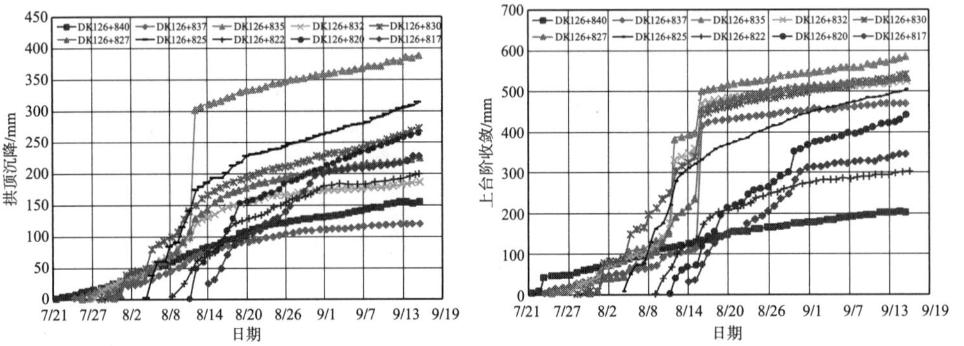

图 4-172　大变形Ⅱ型断面沉降曲线

大变形Ⅱ型断面-三台阶临时仰拱法能有效地减小初期支护变形，施工过程中未出现侵限换拱现象，但不能完全控制变形，个别段落出现累计变形量大于 2/3 的情况，通过增打锚杆等措施，未进一步发展。通过锚杆抗拉拔试验，抗拔力在 90～140kN 之间锚杆失效，无法继续加载(设计要求为 180kN)；在二次衬砌施作时，初期支护仍有 1～5mm/d 的变形速率，在变形未稳定前依靠二次衬砌混凝土来抵制变形，存在二次衬砌开裂的风险，还需要进一步调整支护参数。

3.大变形Ⅱ型断面-三台阶长锚杆法

三台阶临时仰拱法较好控制了极度破碎段围岩变形，降低了变形段的比例，但是施工工序复杂，容易相互干扰，影响施工进度。因此，根据现场大变形特点，在大变形Ⅱ型断面的试验段又提出了三台阶长锚杆工法。该工法首先在施工现场测得隧道的松动圈厚度为 5.0～5.7m，为了保证锚杆深入稳固的围岩并确保落台阶时在台阶连接处不发生较大的位移突变，逐步将上、中台阶连接板变形集中部位的三排锚杆长度增加到 8m。现场优化调整参数有：进一步调整了边墙曲率；拱腰中部位置预留变形量调整为 60cm；其余部位预留变形量仍采用 40cm，锚杆长度 8m。

在大变形Ⅱ型断面采用长锚杆法后，试验效果见表 4-9。进口段试验长度 36.0m，变形超限长度 4.0m，占比 11.1%；出口段试验长度 59.0m，变形超限长度 13.5m，占比 22.9%；平均占比为 18.4%。变形段比例较Ⅴ级加强型断面-三台阶法有明显下降，但高于大变形Ⅱ型断面-三台阶临时仰拱法。通过对多个断面的长锚杆进行拉拔试验，结果显示其抗拔力多在 180kN 以上，因此能与二次衬砌共同受力，减小二次衬砌变形开裂的风险。

表 4-9　大变形Ⅱ型断面-三台阶长锚杆法试验效果

试验部位	开始里程	结束里程	施工工法	试验段长/m	变形超限长度/m	变形比例/%	
进口段	DK125+080	DK125+110	三台阶长锚杆	36.0	4.0	11.1	18.4
出口段	DK126+690	DK126+631	三台阶长锚杆	59.0	13.5	22.9	

大变形Ⅱ型断面-三台阶长锚杆法在未出现特殊地质（渗水、突泥）的情况下能有效地减小初期支护变形，较临时仰拱法有条件加快施工进度，能够较好地控制水平位移，使炭质页岩隧道的大变形控制效果得到提升，但是还需进一步调整支护参数。

4.大变形Ⅱa 型断面-三台阶快速成环法

为了更好地控制隧道开挖后的沉降收敛位移，继续调整断面形状，增大边墙曲率，形成大变形Ⅱa 型衬砌（图 4-173），其支护参数见表 4-10，初期支护仰拱作业见图 4-174。优化调整的参数包括：进一步调整边墙曲率，优化断面形状；喷射混凝土厚度增加到 32cm；钢拱架采用 I25b 型工字钢；锚杆长度变为 4.0m；预留变形量调整为 40cm。随着隧道向前掘进，围岩条件逐步变好，又提出了三台阶快速成环工法，即加快各个工序的搭接，缩短初期支护封闭成环的时间。

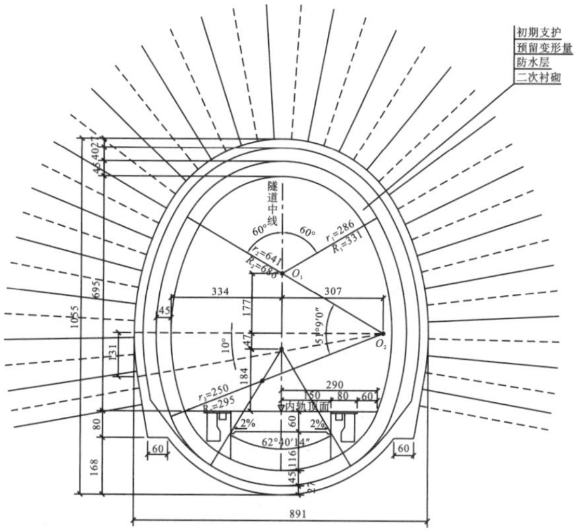

图 4-173　大变形Ⅱa 型衬砌

表 4-10 大变形Ⅱa 型衬砌支护参数

C25 喷射混凝土		锚杆			I25b 型工字钢钢拱架		预留变形量/cm	二次衬砌	
设置部位	厚度/cm	设置部位	长度/m	间距/m	设置部位	间距/m		拱(墙)/cm	仰拱/cm
拱墙	32	拱墙	4	1.0×1.0(环×纵)	全环	0.5～0.6	40	45(45)	45
仰拱	32								

图 4-174 大变形Ⅱa 型初期支护仰拱

在大变形Ⅱa 型断面采用快速成环法后，试验效果见表 4-11。进口段试验长度 90.0m，变形超限长度 1.0m，占比 1.1%；出口段试验长度 100.0m，变形超限长度 0.5m，占比 0.5%；平均占比为 0.8%，变形段比例较三台阶临时仰拱法和三台阶长锚杆法都显著下降，试验段结束后由于工序的优化最终降至 0。在施工现场，平均每 2 天可以完成 3 个工作循环，即每个工作循环需要 0.67 天；每循环开挖两榀钢拱架，钢拱架间距为 0.6m，即每循环可以开挖 1.2m。初期支护成环封闭时间示意见图 4-175。从图中可以看出，采用三台阶临时仰拱法和三台阶长锚杆法施工时，上台阶长度为 4.8m，开挖需要 4 个循环，中台阶长度为 6.0m，开挖需要 5 个循环，下台阶长度为 18.0m，开挖需要 15 个循环，从开挖到完成初期支护的封闭共需要 24 个循环，初期支护成环封闭时间为 24 个循环×0.67 天/循环=16 天。采用三台阶快速成环法后，下台阶长度缩短至 6.0m，开挖只需要 5 个循环，从开挖到完成初期支护的封闭只需要 14 个循环，初期支护成环封闭时间为 14 个循环×0.67 天/循环=9.3 天。初期支护成环时间由研究前的 16 天变为 9.3 天，有效缩短了初期支护处于不利受力状态的时间，改善了衬砌结构的支护效果。在隧道施工初期，平均月进度指标为 12.4m。在形成三台阶快速成环法后，初期支护仰拱的成环速度为 0.5 个循环/天，每个循环 3.6m，月进度指标为 30 天×0.5 个循环/天×3.6m/循环=54m，实际月平均指标为 52.4m。进口工区和出口工区的实际进度见图 4-176，图中显示进口工区的施工进度快于出口工区，平均月进度指标提高到原来的 4.23 倍，采用三台阶快速成环法后的进度指标显著提高。因此，在大变形Ⅱa 型断面采用三台阶快速成环法能将大变形控制在合理的范围内，同时降低了工程成本，加快了施工速度。

表 4-11　大变形Ⅱa 型断面-三台阶快速成环法试验效果

试验部位	开始里程	结束里程	施工工法	试验段长/m	变形超限长度/m	变形比例/%	
进口段	DK125+190	DK125+280	三台阶快速成环	90.0	1.0	1.1	0.8
出口段	DK126+600	DK126+500	三台阶快速成环	100.0	0.5	0.5	

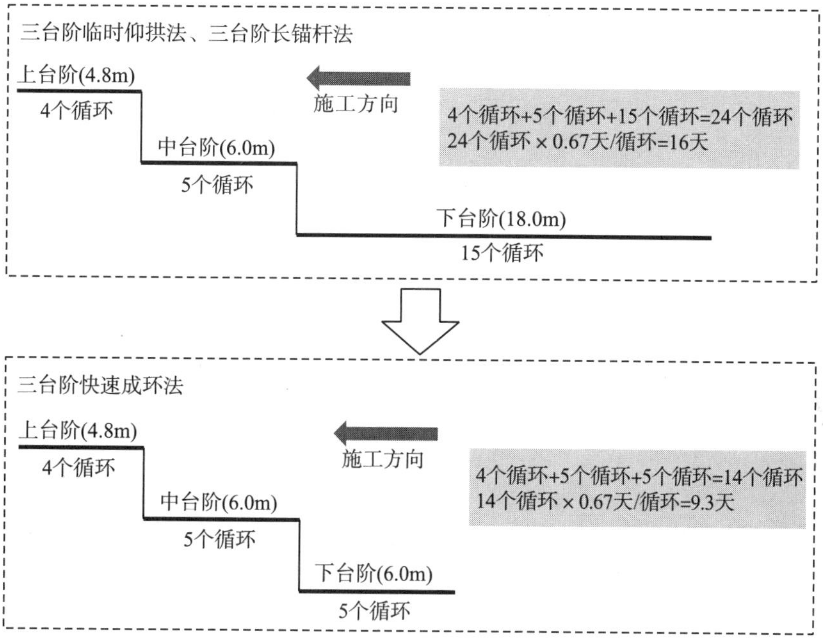

图 4-175　初期支护封闭成环时间

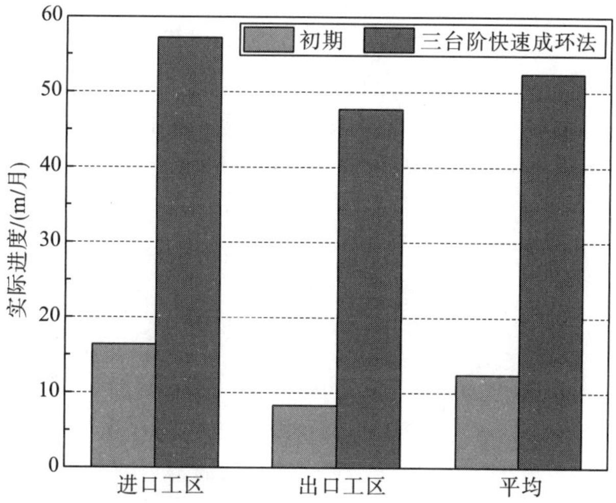

图 4-176　实际进度对比

通过炭质页岩隧道大变形的现场控制试验可看出：Ⅴ级加强型断面的控制围岩变形效果最差，其次为大变形Ⅱ型断面，控制效果最好为大变形Ⅱa型断面，调整隧道边墙曲率改善断面形状是控制大变形的重要途径之一；在此基础上，增加喷射混凝土厚度、加大钢拱架型号、缩小钢拱架间距能增强支护结构的刚度，对控制大变形也有很好的作用；在断面形状和支护参数固定的情况下，选择合适的施工工法也非常重要，三台阶临时仰拱工法和三台阶长锚杆工法适用于围岩条件非常差的情况，临时仰拱法的施工组织难度大于长锚杆工法，围岩条件较好的状况适于采用三台阶快速成环工法。

4.6　本 章 小 结

本章通过数值模拟及现场试验等手段对炭质页岩大变形单线铁路隧道的支护体系和开挖方法进行了深入研究，获得了如下认识：

(1) 随着边墙曲率的增加，拱顶沉降位移逐渐增加，上台阶水平位移和中台阶水平位移逐渐减小。由于水平方向是隧道变形的优势方向，应当以控制水平方向变形为主，大变形Ⅱa型衬砌优于大变形Ⅱ型衬砌。施工中应优先采用大变形Ⅱa型衬砌，其次为大变形Ⅱ型衬砌，避免采用Ⅴ级加强型衬砌。

(2) 随着隧道喷射混凝土厚度的增加，拱顶沉降位移、上台阶水平位移和中台阶水平位移逐渐降低，其中拱顶沉降位移降低值较小，上台阶水平位移和中台阶水平位移的降低值较大，即喷射混凝土厚度对隧道变形量影响较大。喷射混凝土厚度的增加会导致支护刚度的增大，能增大支护抗力，减小隧道收敛变形量，但同时会引起过大的形变压力，承受更大的弯矩，导致喷射混凝土开裂破坏，从经济上看也会增加混凝土的消耗量。在保证隧道支护结构稳定的情况下，应优先保证喷射混凝土厚度，优先采用32cm厚的喷混。

(3) 随着钢拱架刚度的增加，拱顶沉降位移、上台阶水平位移和中台阶水平位移逐渐降低，但是位移降低值很小。随着钢拱架间距的增加，拱顶沉降位移、上台阶水平位移和中台阶水平位移逐渐增大，但是增幅较小。钢拱架的主要作用是喷射混凝土发挥作用前支撑围岩，阻止围岩松动，同时能提高初期支护的刚度。因此，大变形隧道应尽量采用刚度大的钢拱架，在条件允许情况下，采用I25b及其以上型号工字钢；同时应尽量减小钢拱架间距，推荐钢拱架间距为0.6m，还可根据开挖揭示地质岩性进行动态调整，保证喷射混凝土施作前围岩不发生大的变形甚至坍塌。

(4) 随着锚杆长度的增加，拱顶沉降位移、上台阶水平位移和中台阶水平位移逐渐降低，其中拱顶沉降位移降低值较小，上台阶水平位移和中台阶水平位移的降低值较大；与锚杆长度为8m工况比较，当锚杆长度为8m仅布设在边墙时的拱顶沉降、上台阶水平位移和中台阶水平位移变化不大，说明锚杆仅布设在边墙位置也能取得较好的支护效果。基于连续介质力学与现场实测松动圈厚度，隧道拱部锚杆处于受压状态，不能发挥其作用，锚杆长度的增加可以减小隧道收敛变形量。锚杆支护作为一种主动支护方式，其支护效果比数值计算结果更好。因此，可取消隧道拱部的锚杆，仅在隧道边墙布置8m长锚杆。

(5) 超前加固长度的增加，对控制拱顶沉降位移和上台阶水平位移作用较好，对中台阶水平位移几乎不起作用，超前加固 6m 与超前加固 3m 的支护效果几乎一致。因此，施工中推荐采用 3m 的超前加固距离。

(6)“三台阶+临时仰拱被动约束技术”抑制围岩变形最优，但增加了临时仰拱的安装与拆除工序，不利于施工组织。“三台阶+长锚杆主动约束技术”抑制围岩变形弱于“三台阶+临时仰拱被动约束技术”，但随着锚杆杆体长度增加，施工难度随之增大，遇水地段锚杆作用会失效，但施工组织优于“三台阶+临时仰拱被动约束技术”。“三台阶快速成环开挖控制技术”有效抑制了软弱围岩变形控制，该技术避免了“三台阶+临时仰拱被动约束技术”与“三台阶+长锚杆主动约束技术”施工的不利因素，同时利于施工组织。施工中应根据现场实际情况选择适宜的工法。

(7)台阶长度的增加会造成隧道收敛变形量的显著增加，为了减小隧道变形量，降低支护难度，在保证现场作业空间足够且工序搭接合理的情况下，应尽量缩短台阶长度，推荐条件合适的情况下台阶长度取为 5m，施工过程中应及时封闭成环。

(8)随着开挖进尺的增加，隧道的拱顶沉降位移和水平收敛位移近似呈线性增长。施工中要根据围岩状况选择合适的开挖循环进尺：在围岩自稳能力差时，应控制在 1.2m；围岩相对自稳时，应控制在 1.8m；围岩自稳时，应控制在 2.4m。

第 5 章　炭质页岩隧道大变形现场监测

现场监测是现代隧道施工中监控围岩变形动态、判定围岩稳定、指导施工的重要手段。在现场施工过程中开展监控量测工作，还可为隧道大变形的支护作业及大变形分级提供依据，从而将隧道收敛变形量控制在合理范围。本章针对特定的典型大变形单线铁路隧道开展现场监测，通过分析监测结果揭示该隧道的大变形特征。

5.1　监 测 方 案

5.1.1　监测目的

针对炭质页岩隧道施工中容易发生大变形的问题，通过监控量测掌握围岩动态，准确判断围岩变形量和支护结构受力状态，为在合适时机施作二次衬砌提供数据依据。现场监测的主要目的如下：

(1) 保证隧道结构的稳定和施工安全；

(2) 使工程技术人员实时掌握已开挖地段围岩的变形趋势及隧道支护的稳定性，实施动态施工；

(3) 对监控量测结果进行数据反馈，实施动态设计，使设计更切合实际；

(4) 提供判断围岩和支护系统基本稳定的依据，确定二次衬砌施作时间。

5.1.2　监测内容

根据单线铁路隧道台阶法施工的实际情况，开展拱顶下沉、净空变化、围岩压力、钢拱架内力、锚杆轴力等项目的现场监测。

1.拱顶下沉

拱顶下沉测点埋设：一般在隧道拱顶轴线处设 1 个带钩的测桩(为了保证量测精度，常常在左右各增加一个测点，即埋设三个测点)，吊挂钢卷尺，用精密水准仪量测隧道拱顶绝对下沉量。或者在测桩上布置反射棱镜，采用全站仪进行测量。测点的大小要适中，过小，测量时不易找到；过大，爆破易被损坏。支护结构施工时要注意保护测点，一旦发现测点被埋掉，要尽快重新设置，以保证数据不中断。

2.净空变化

隧道净空变化是指隧道周边相对方向两个固定点连线上的相对位移值，是隧道施工监控量测的重要项目，是隧道开挖所引起围岩变形最直观的表现，采用收敛计进行量测。隧道开挖爆破后应尽早在隧道两侧边墙、拱腰水平方向埋设测杆或球头测桩，埋设深度 20～30mm，钻孔直径 40～50mm，用快硬水泥固定，测桩球头必须设保护罩。监测断面必须尽量靠近开挖工作面，但太近会造成开挖爆破下的碎石砸坏测桩，太远又会漏掉该量测断面开挖后的收敛值。测点应设在距开挖面 1m 范围之内，并应在工作面开挖以后 12h 内和下一次开挖之前测取初读数。

净空变化可为判断隧道稳定性提供可靠的信息，并根据收敛速度判断隧道围岩的稳定程度，为仰拱的灌注时间及二次衬砌的支护时机提供依据。拱顶下沉测点和净空变化测点的布设见图 5-1。

图 5-1 测点布置

3.围岩压力

通过量测围岩压力，可以了解隧道开挖围岩压力沿隧道周边分布规律，围岩应力重分布的时间效应与空间效应，判断围岩的稳定性，以及围岩压力与支护之间的相互作用关系。具体做法是将压力盒置于围岩与初期支护的钢拱架之间。为保证量测结果的准确性，压力盒与围岩及支护结构均需接触密实。测点布置于拱顶、左右拱腰、左右边墙及仰拱两侧和仰拱中心，共 8 个点，见图 5-2。

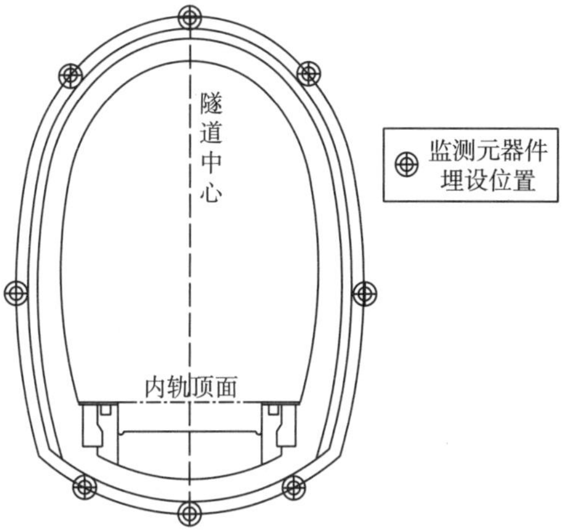

图 5-2 监测点位置

利用频率读数仪测量各传感器的频率，然后利用各传感器的率定曲线计算其

受力。计算公式为

$$P = K\left(f_i^2 - f_0^2\right)$$

其中，P 为围岩压力值；K 为元器件标定系数；f_i 为监测时采集元器件频率；f_0 为元器件初始频率。

4.钢拱架内力

量测钢拱架内力是为了掌握钢拱架在围岩荷载作用下的应力大小及分布规律，跟踪其随施工过程的变化规律，为优化初期支护提供依据。具体做法是在型钢内外翼缘焊接钢表面应变计对型钢应变进行测试。表面应变计被粘接在钢拱架内外侧上，测点布置于拱顶、左右拱腰、左右边墙、仰拱两侧及仰拱中心钢拱架内外，共 16 个点。

用频率读数仪测得各点的应变，然后根据虎克定律转化为钢拱架的内力。支撑各点的应变值计算方法同围岩压力。

5.锚杆轴力

通过锚杆轴力测量掌握锚杆的受力状态、变化过程与趋势，确认锚固效果。对锚杆轴力采用锚杆应力(应变)计进行监测。测点布置于拱顶、左右拱脚、两侧边墙脚，共 5 个点。布置测试轴向力锚杆，每根锚杆串接 4 个钢筋计。

6.松动圈

隧道开挖后，围岩由三向应力状态转变成为两向应力状态，并发生破坏卸荷，产生一定范围的破裂区，这个破裂区被称为松动圈。松动圈的形成过程是围岩在重分布应力作用下结构及强度逐渐劣化的过程，同时也是最大主应力逐步向围岩深部迁移的过程。稳定后的松动圈厚度是围岩强度与地应力相互作用的客观体现，它的大小与支护难度直接相关。松动圈一般采用超声波测试仪测量。

超声波测试仪主要由电源、发射、接收、测时和显示等部分组成。由发射换能器(探头)向岩体内发射声波(＜20kHz)或超声波(＞20kHz)，经岩体传播的声波由接收换能器(探头)接收，测时装置测定传播时间，由显示装置显示出时间数值(0.1～5000μs)，测试距离除以声波传播时间，即得声速值。松动圈界面传导波速会发生突变，以此来确定松动圈的范围。

5.1.3 监测频率

对拱顶下沉、净空变化、围岩压力、钢拱架内力、锚杆轴力等项目的监测频率见表 5-1。

表 5-1　隧道监测项目及其监测频率

序号	监测项目	监测仪器	布置原则	量测间隔时间			
				1～15 天	16 天～1 月	1～3 月	>3 月
1	拱顶下沉	水平仪、水准尺、钢尺或测杆	每 2～3m 设置一处监测断面	1～2 次/天	1 次/2 天	1～2 次/周	1～3 次/月
2	净空变化	各种类型收敛计	每 2～3m 设置一处监测断面，每断面设置 2～3 对测点	1～2 次/天	1 次/2 天	1～2 次/周	1～3 次/月
3	围岩压力	压力盒频率读数仪	每 10～20m 设置一处监测断面，每断面 8 点位	1～2 次/天	1 次/2 天	1～2 次/周	1～3 次/月
4	钢拱架内力	表面应变计频率读数仪	每 10～20m 设置一处监测断面，每断面 16 点位	1～2 次/天	1 次/2 天	1～2 次/周	1～3 次/月
5	锚杆轴力	钢筋计频率读数仪	每 10～20m 设置一处监测断面，每断面 5 组测点，每组测点 4 个监测点位	1～2 次/天	1 次/2 天	1～2 次/周	1～3 次/月

5.1.4　监测元件

应力监测时，围岩压力、初期支护与二次衬砌间接触压力采用振弦式土压力计测试，钢拱架应力采用振弦式表面应变计监测，锚杆轴力、二次衬砌钢筋应力采用振弦式钢筋测力计监测，埋设数量见表 5-2。

表 5-2　隧道应力监测元器件数量一览表

项目	元器件名称	埋设数量/个
围岩压力	振弦式土压力计	64.0
钢拱架应力	振弦式表面应变计	124.0
锚杆轴力	振弦式钢筋测力计	160.0
接触压力	振弦式土压力计	40.0
二次衬砌钢筋应力	振弦式钢筋测力计	80.0

5.2　监 测 结 果

5.2.1　洞周变形

在施工过程中同时对前述特定隧道工程进口段和出口段进行变形监测，见图 5-3。

图 5-3 洞周变形现场测量

1.隧道进口段

隧道进口段隧道变形监测结果见表 5-3。在 DK125+093～DK125+110 这个里程区间内，隧道围岩等级为Ⅴ级强风化，隧道埋深约为 65m。最大拱顶沉降为 737.3mm，拱顶沉降平均值为 552.5mm；上台阶最大收敛位移为 819.0mm，上台阶收敛位移平均值为 666.1mm；中台阶最大收敛位移为 520.7mm，中台阶收敛位移平均值为 357.8mm。从监测数据来看，上台阶收敛位移始终大于拱顶沉降位移，即水平方向是变形的优势方向。

在 DK125+167～DK125+185 这个里程区间内，隧道围岩等级为Ⅴ级弱风化，隧道平均埋深约为 68m。最大拱顶沉降为 262.0mm，拱顶沉降平均值为 195.9mm；上台阶最大收敛位移为 354.1mm，上台阶收敛位移平均值为 262.3mm；中台阶最大收敛位移为 278.4mm，中台阶收敛位移平均值为 211.9mm。从监测数据来看，上台阶收敛位移始终大于拱顶沉降位移。

通过对比隧道进口段Ⅴ级强风化围岩和Ⅴ级弱风化围岩段隧道变形情况可知，在隧道埋深差别不大的情况下，围岩等级对隧道变形影响非常大。相同监测点位的沉降值或收敛值，Ⅴ级强风化围岩段都比Ⅴ级弱风化围岩大。

表 5-3 隧道进口段拱顶沉降及水平收敛值

监测点编号	里程	拱顶沉降/mm	上台阶收敛/mm	中台阶收敛/mm	埋深/m	围岩等级
1	DK125+093	737.3	819.0	495.7	65.5	Ⅴ级强风化
2	DK125+095	507.3	646.2	328.2	65.9	Ⅴ级强风化
3	DK125+097	516.4	616.4	269.8	65.0	Ⅴ级强风化
4	DK125+100	538.8	662.9	322.1	65.0	Ⅴ级强风化

续表

监测点编号	里程	拱顶沉降/mm	上台阶收敛/mm	中台阶收敛/mm	埋深/m	围岩等级
5	DK125+103	536.8	642.3	306.7	65.0	V 级强风化
6	DK125+105	660.9	747.6	520.7	65.0	V 级强风化
7	DK125+107	541.0	666.4	370.9	64.0	V 级强风化
8	DK125+110	581.4	706.5	438.7	64.0	V 级强风化
9	DK125+167	205.1	263.4	183.2	65.5	V 级弱风化
10	DK125+170	213.2	269.0	234.2	66.2	V 级弱风化
11	DK125+173	139.9	184.4	125.7	66.9	V 级弱风化
12	DK125+175	199.7	248.8	264.4	67.6	V 级弱风化
13	DK125+177	124.0	177.6	153.9	68.3	V 级弱风化
14	DK125+180	236.7	333.4	278.4	69.0	V 级弱风化
15	DK125+183	186.4	267.4	195.0	69.7	V 级弱风化
16	DK125+185	262.0	354.1	260.9	70.4	V 级弱风化

2.隧道出口段

隧道出口段隧道变形监测结果见表 5-4。在 DK126+640～DK126+657 里程区间内，隧道围岩等级为V级强风化，隧道埋深约为 68m。最大拱顶沉降为 610.9mm，拱顶沉降平均值为 476.2mm；上台阶最大收敛位移为 804.0mm，上台阶收敛位移平均值为 600.2mm；中台阶最大收敛位移为 538.1mm，中台阶收敛位移平均值为 394.7mm。从监测数据来看，上台阶收敛位移始终大于拱顶沉降位移。

在 DK126+542～DK126+562 里程区间内，隧道围岩等级为V级弱风化，隧道平均埋深约为 102m。最大拱顶沉降为 178.4mm，拱顶沉降平均值为 126.4mm；上台阶最大收敛位移为 217.4mm，上台阶收敛位移平均值为 176.5mm；中台阶最大收敛位移为 164.3mm，中台阶收敛位移平均值为 121.7mm。从监测数据来看，上台阶收敛位移始终大于拱顶沉降位移。

通过对比隧道出口段V级强风化围岩和V级弱风化围岩段隧道变形情况可知，相同监测点位的沉降值或收敛值，V级强风化围岩段都比V级弱风化围岩大。与隧道进口段相比，出口段的埋深更大，而隧道变形更小，反映出围岩级别对隧道洞周变形量的影响大于埋深对隧道洞周变形量的影响，即隧道大变形主要受岩性影响。

表 5-4 隧道出口段拱顶沉降及水平收敛值

监测点编号	里程	拱顶沉降/mm	上台阶收敛/mm	中台阶收敛/mm	埋深/m	围岩等级
1	DK126+657	444.8	572.4	344.1	65.9	V 级强风化
2	DK126+655	412.8	525.6	371.7	65.9	V 级强风化
3	DK126+652	381.0	491.5	292.4	65.9	V 级强风化
4	DK126+650	430.7	501.3	337.4	65.9	V 级强风化
5	DK126+647	479.7	599.5	392.4	66.9	V 级强风化

续表

监测点编号	里程	拱顶沉降/mm	上台阶收敛/mm	中台阶收敛/mm	埋深/m	围岩等级
6	DK126+645	528.3	662.1	493.8	67.9	V级强风化
7	DK126+642	521.7	645.0	387.6	68.9	V级强风化
8	DK126+640	610.9	804.0	538.1	69.9	V级强风化
9	DK126+562	100.2	140.3	104.8	105.8	V级弱风化
10	DK126+560	178.4	217.4	164.3	105.2	V级弱风化
11	DK126+557	118.4	188.6	117.0	104.6	V级弱风化
12	DK126+552	156.9	192.7	135.7	104.0	V级弱风化
13	DK126+550	83.9	153.2	97.6	103.4	V级弱风化
14	DK126+547	129.7	198.4	119.52	102.8	V级弱风化
15	DK126+545	112.9	154.1	90.3	102.2	V级弱风化
16	DK126+542	130.8	167.1	144.6	101.6	V级弱风化

3.典型断面变形规律

断面DK125+093的收敛变形速率见图5-4，收敛变形曲线见图5-5。从图中可以看出，上台阶开挖后一天内，隧道的拱顶沉降和上台阶水平收敛量约为200mm，支护后变形速率迅速降低到原来的十分之一左右，逐渐趋向于收敛；中台阶开挖后一天内，隧道的拱顶沉降、上台阶水平收敛和中台阶水平收敛量发生突变，迅速增大，支护完成后再次迅速降低，位移逐渐趋向于收敛；下台阶开挖后，隧道的拱顶沉降、上台阶水平收敛、中台阶水平收敛和下台阶水平收敛量再次突变，支护完成后再次迅速降低，位移逐渐趋向于收敛。相应地，隧道的洞周变形曲线在上台阶、中台阶和下台阶开挖后迅速增加，支护完成后变形趋向于收敛。

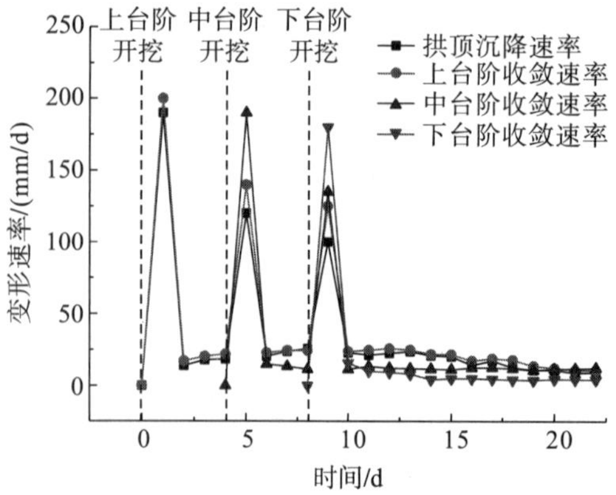

图5-4 DK125+093断面变形速率

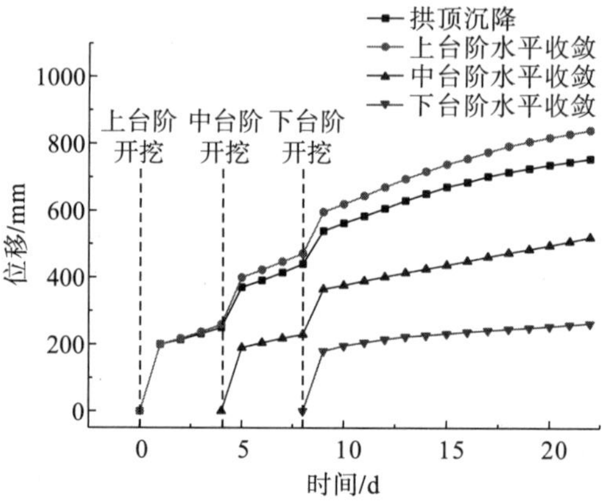

图5-5 DK125+093断面累计变形量

因此，不论是拱顶沉降速率，还是上台阶水平收敛速率、中台阶水平收敛速率和下台阶水平收敛速率，其变化趋势都一致，受开挖影响作用大，开挖后速率都迅速升高，支护施作后迅速降低。

综上所述，隧道的收敛变形受隧道埋深影响相对较小，而受围岩级别(岩性)影响较大；隧道的洞周变形速率在台阶开挖后发生突变，甚至达到 200mm/d，支护完成后迅速降低并逐渐趋向于收敛。

5.2.2　围岩压力

通过在不同断面埋设振弦式土压力盒来监测围岩压力，压力盒埋设见图 5-6。根据监测方案实时采集数据(图 5-7)，获得不同断面的围岩压力。

图 5-6　压力盒埋设

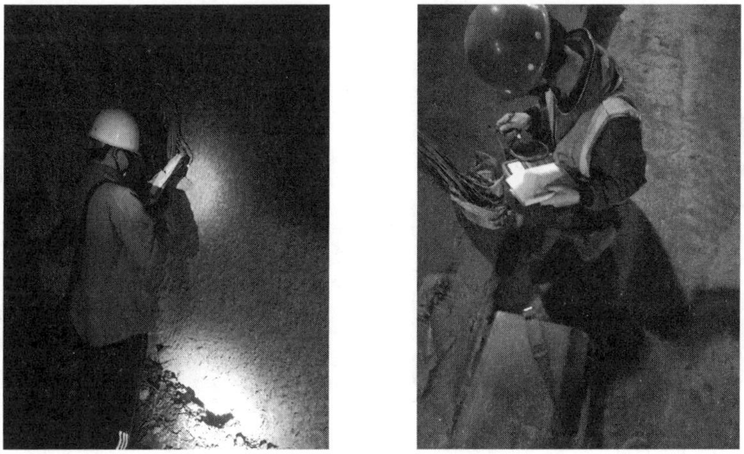

图 5-7　现场数据采集

DK126+827 断面、DK126+850 断面、DK126+957 断面的围岩压力分布见图 5-8。DK126+827 断面拱顶处围岩压力较大，达到 0.762MPa，其余位置都较小，为 0.018～0.075MPa。DK126+850 断面在拱顶承受较大的围岩压力，最大为 0.633MPa，同样在隧道右侧的仰拱与边墙交界处受到较大的围岩压力，最大为 0.456MPa，在中台阶右侧出现拉应力，最大为 0.193MPa。DK126+957 断面在拱顶、中台阶右侧、下台阶左下侧出现 3 个高围岩压力区域，最大值为 0.365MPa。围岩压力测试结果表明：各个断面的围岩压力呈不对称分布。随开挖断面的推进，各位置围岩压力受施工扰动明显，围岩压力的变化具有明显的时空效应。

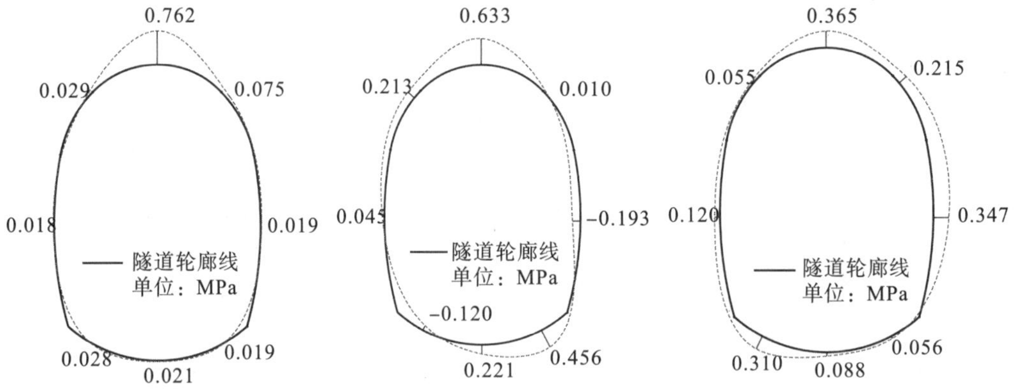

(a) DK126+827断面　　(b) DK126+850断面　　(c) DK126+957断面

图 5-8　围岩压力分布

5.2.3　钢拱架内力

在不同断面埋设振弦式表面应变计，其埋设情况见图 5-9。

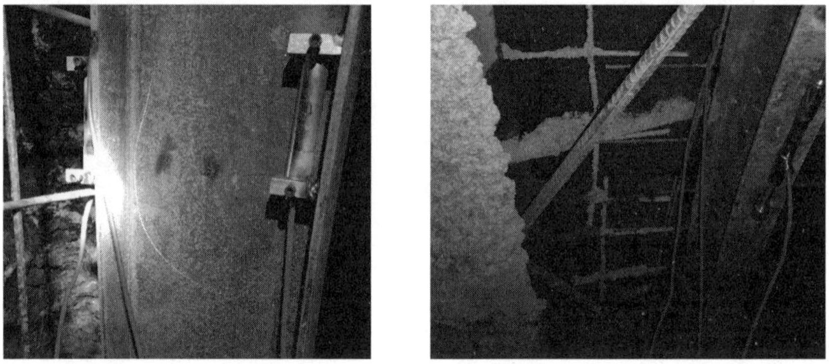

图 5-9　振弦式表面应变计埋设

DK126+827 断面、DK126+840 断面、DK126+850 断面、DK126+957 断面的钢拱架内力分布见图 5-10。DK126+827 断面，对于围岩侧钢拱架应力，除左边墙位置以外，都处于受压状态；对于隧道侧钢拱架应力，拱顶、右拱腰、仰拱右侧和仰拱中心处处于受压状态，其余部位处于受拉状态；在左边墙位置处，围岩侧钢拱架应力和隧道侧钢拱架应力都为拉力，表明此处钢拱架变形较大，初期支护处于不利的受力状态，有开裂破损的趋势。DK126+840 断面，对于围岩侧钢拱架应力，除左边墙位置以外，都处于受压状态，拱顶位置压应力达到最大值 166.3MPa；对于隧道侧钢拱架应力，右拱腰、左边墙、仰拱左侧、仰拱右侧和仰拱中心都处于受压状态，压应力最大值为 92.6MPa，其余位置处于受拉状态。DK126+850 断面，对于围岩侧钢拱架应力，都处于受压状态，在左拱腰处达到最大值 181.7MPa；对于隧道侧钢拱架应力，除左边墙位置以外都处于受压状态，表明此断面初期支护受力状况较好，初期支护变形破坏的可能性较小。DK126+957 断面，对于围岩侧钢拱架应力，除右拱腰、右边墙和左仰拱位置以外，都处于受压状态，在拱顶应力达到最大值 151.9MPa；对于隧道侧钢拱架应力，拱部处于受压状态，其余部位应力较小，大部分区域小于 10MPa。从钢拱架的应力分布可以看出，初期支护的受力受开挖断面的推进影响显著，具有明显的时空效应，分布不对称，顶拱部位始终承受较大的内力。

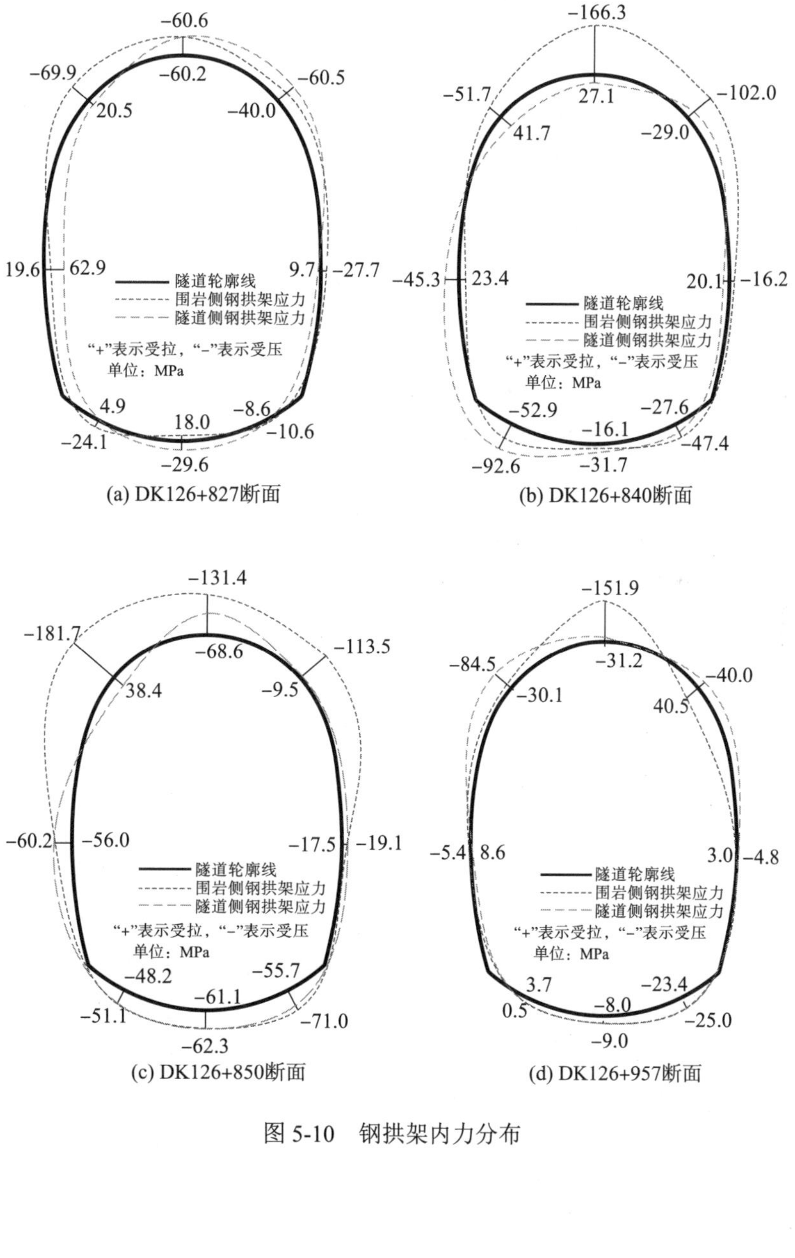

图 5-10　钢拱架内力分布

5.2.4　锚杆轴力

为了测试锚杆轴力，在每根锚杆上串接 4 个钢筋计，钢筋计 ZJ1 朝向围岩里，ZJ4 靠近隧道表面，锚杆与钢拱架测力计连接示意及效果见图 5-11。

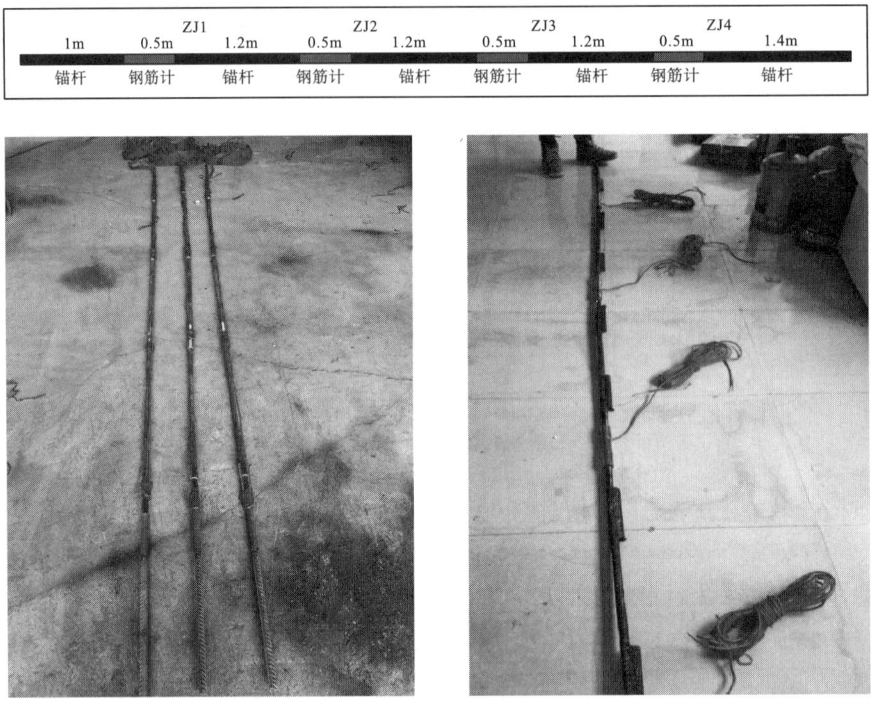

图 5-11　锚杆与钢筋计焊接示意图

断面 DK125+093 锚杆轴力时程曲线见图 5-12。由锚杆轴力曲线图可知：断面 DK125+093 锚杆轴力的变化速率较大，数值起伏不稳定，但之后随着开挖的远去和隧道的封闭成环，锚杆轴力值变化很小，且逐渐趋于稳定；锚杆受力分布图显示，锚杆在 3.6～5.3m 处受拉力作用较强，锚杆整体在增强岩体整体性，减少围岩作用在初期支护结构上的荷载有一定的作用，但锚杆并未发挥其最大作用，应采取有效措施进一步加强锚杆锚固力。

断面 DK126+662 锚杆轴力时程曲线见图 5-13。断面 DK126+662 锚杆轴力的变化速率较大，其轴力值不断增加；但随着开挖的远去、初期支护逐渐发挥作用以及隧道的封闭成环，锚杆轴力值逐渐趋于稳定；由锚杆受力分布图可得：锚杆在 1.9m 处和 5.3m 处所受拉力很强，分别达到 190.86kN 和 275.99kN，说明锚杆整体在增强岩体整体性和锚杆的承载力以及减少围岩作用在初期支护结构上的荷载等方面有非常强的作用。

断面 DK126+664 锚杆轴力时程曲线见图 5-14。由曲线可知，锚杆 1.9m 处所受压力随时间推移在缓慢增大，测值已达 15.72kN；测点 1、测点 2、测点 3 变化值逐渐趋于稳定，无异常情况出现。由锚杆受力分布图可知，锚杆受力强点发生在 1.9m 处和 3.6m 处，即在锚杆长约 3.6m 的范围内，锚杆在增强岩体整体性和锚杆承载力方面有一定作用，但未能充分发挥其最大作用，需采取相应措施加强锚杆锚固力。

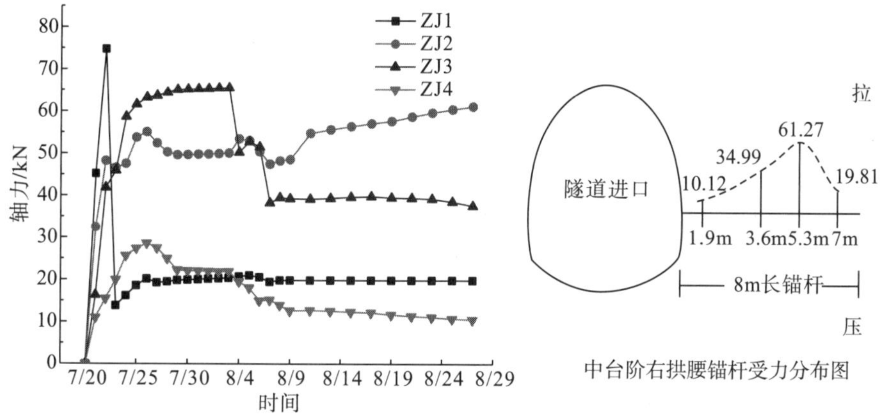

图 5-12　DK125+093 右拱腰锚杆轴力时程曲线及其分布

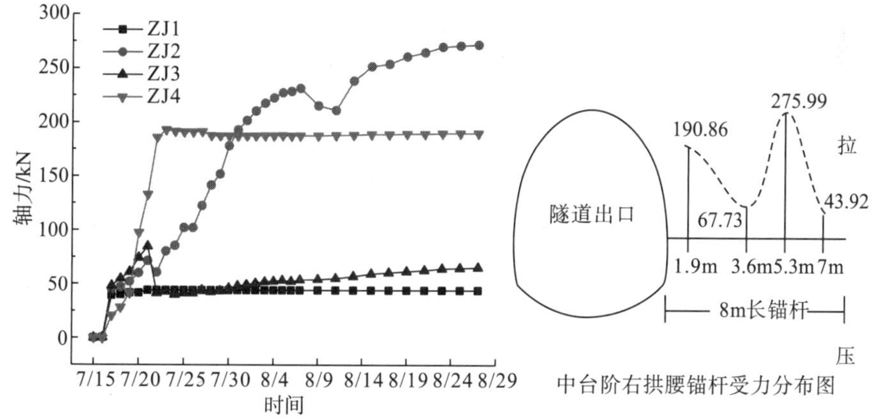

图 5-13　DK126+662 右拱腰锚杆轴力时程曲线及其分布

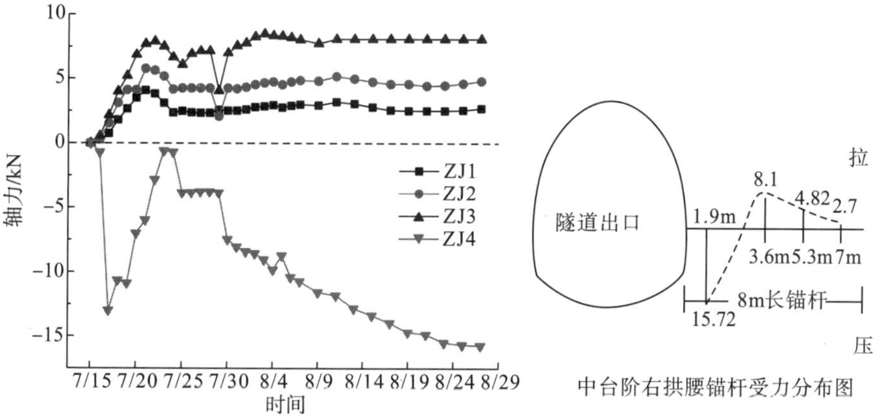

图 5-14　DK126+664 右拱腰锚杆轴力时程曲线及其分布

断面 DK126+652.7 锚杆轴力时程曲线见图 5-15。由变化曲线图可知，测点 1～4 所受拉力随时间推移在缓慢增大；测点 1 于 8/8 日出现较大的变化，由 55kN 减小到 20kN，即受压力达 30kN，分析原因可能是测点被严重撞击，导致测值反常。由锚杆受力分布图可知，锚杆受拉力较强点在 5.3m 处，测值达 87.9kN，其余 3 测点数值相近，故整根锚杆在增强围岩整体性和减小围岩作用在初期支护结构上的荷载等方面有局部作用，锚杆并未发挥其最大作用，可采取相应措施进一步加强锚杆锚固力。

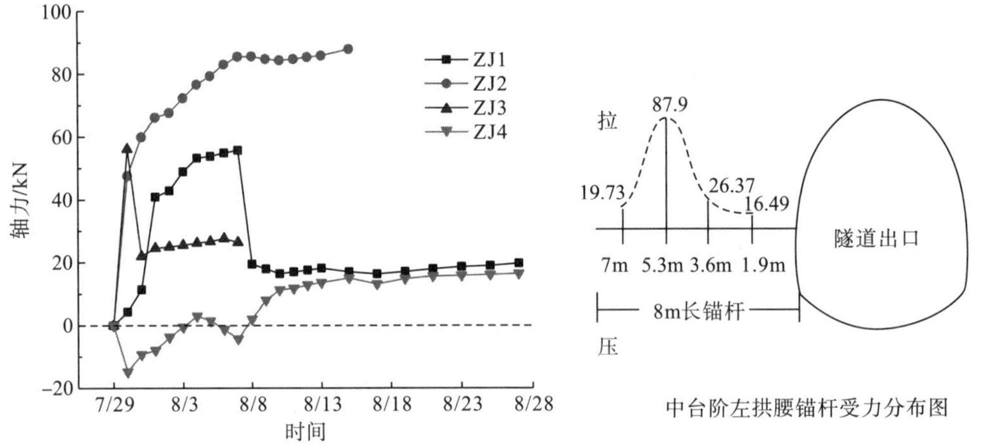

图 5-15　DK126+652.7 左拱腰锚杆轴力时程曲线及其分布

断面 DK125+087.5 锚杆轴力时程曲线见图 5-16。由锚杆轴力时程曲线可知，测点 1 在 7/17 日发生较大变化，由 74kN 变成 33kN，靠近隧道边墙的测点 4 由初期的受拉逐步变为后期的受压状态。由锚杆受力分布图可知，锚杆受拉力较强点在 3.6m 处，测值达 56.84kN，其余 3 测点数值较小，故整根锚杆并未发挥其最大作用，可采取相应措施进一步加强锚杆锚固力。

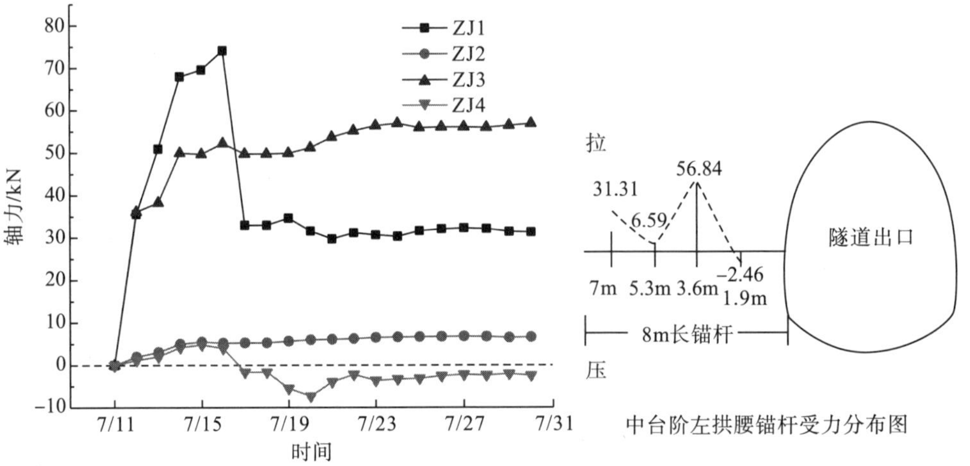

图 5-16　DK125+087.5 左拱腰锚杆轴力时程曲线及其分布

断面 DK125+112 锚杆轴力时程曲线见图 5-17。由变化曲线图可直观看出 8/8～8/18，测点 1～4 所受拉力随时间推移数值不断增大，最大达(测点 2) 35.44kN；而 8/19～8/27，随时间推移数值在不断变小，其中测点 3 也即锚杆 3.6m 处所受力由原来的受拉力转变为受压力，已达-16.44kN。由锚杆受力分布图可知：锚杆整体受力较小，未能充分发挥其作用，建议采取有效措施加强锚杆锚固力，提高效果。

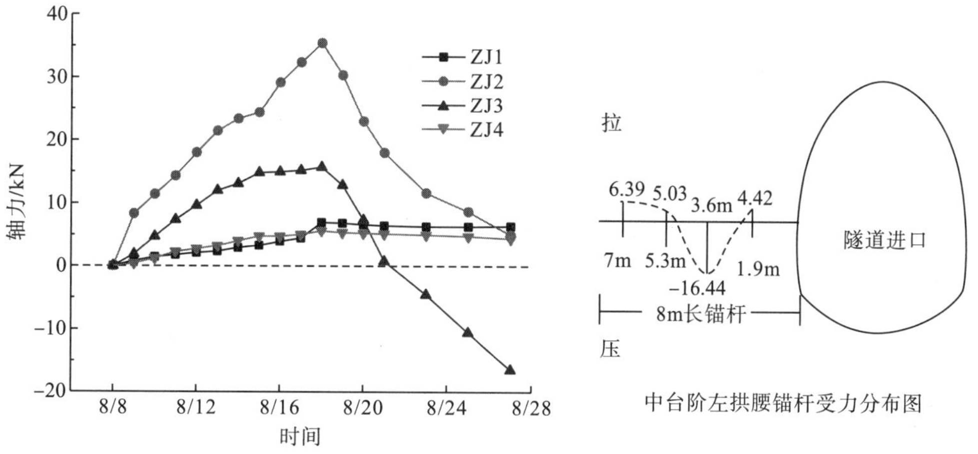

图 5-17　DK125+112 左拱腰锚杆轴力时程曲线及其分布

综上所述，锚杆在安设 3～5 天内轴力增长较快，过后才开始发挥锚杆的作用；在隧道中台阶边墙布设的 8m 长锚杆，除 DK126+662 断面受力较大，其余测试断面的锚杆受力较小，没有充分发挥锚杆的作用，应当加强锚固效果。

5.2.5　接触压力

在DK125+458断面和DK126+265断面的初期支护与二次衬砌之间埋设压力盒(图5-18)。

DK125+458 断面和 DK126+265 断面的初期支护与二次衬砌接触压力分布见图 5-19，接触压力的变化曲线见图 5-20。DK125+458 断面初期支护与二次衬砌接触压力最大发生在拱顶处，约 63.11kPa，左右受力近似对称分布，接触压力相对较小，从变化曲线可知，拱顶接触压力在埋设后呈现先增大后减小、然后缓慢增大并逐渐趋于稳定的变化趋势。DK126+265 断面初期支护与二次衬砌接触压力最大发生在右拱脚处，达到 173.29kPa，右侧接触压力大于左侧，从变化曲线可知，接触压力呈现先增大后减小的变化趋势。在二次衬砌混凝土浇筑完成后，随着混凝土强度和刚度的迅速增加，初期支护与二次衬砌接触压力不断增大，由于模板台车提供了一定的“支反力”，二次衬砌拆模时，初期支护与二次衬砌间的接触压力达到最大值，二次衬砌拆模后，原来的三向受力状态转化为两向受力状态，围岩、支护间应力状态不断调整，初期支护与二次衬砌间的接触压力逐渐减小。

图 5-18 初期支护与二次衬砌之间埋设的接触压力盒

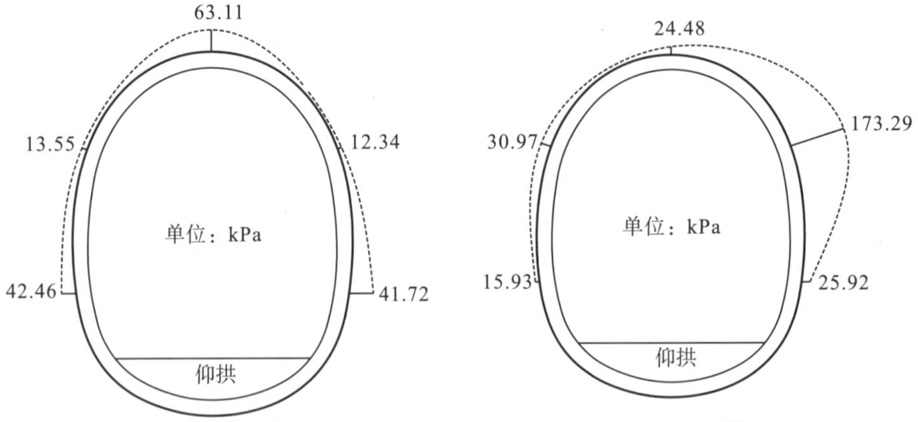

(a) DK125+458断面 (b) DK126+265断面

图 5-19 初期支护与二次衬砌接触压力分布

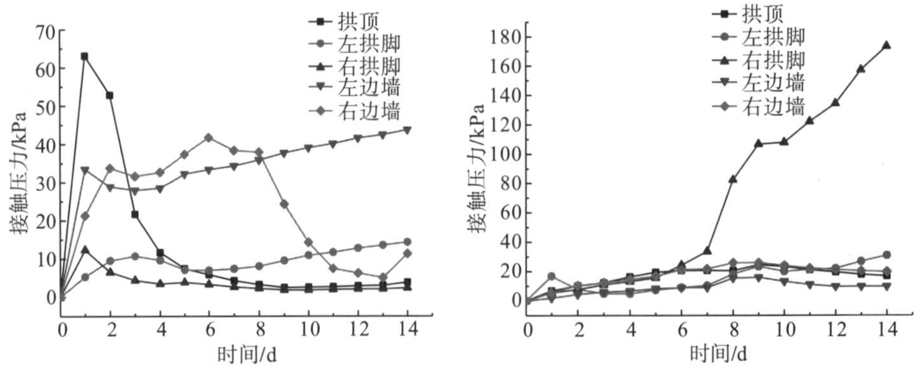

(a) DK125+458断面 (b) DK126+265断面

图 5-20 初期支护与二次衬砌接触压力变化曲线

5.2.6　二次衬砌内力

为了监测二次衬砌内力，分别在二次衬砌内侧和外侧的主钢筋上埋设振弦式钢筋测力计，假定钢筋与混凝土处于弹性阶段且未发生滑移，则可通过监测钢筋应力变化获得二次衬砌内力，见图 5-21。

图 5-21　二次衬砌混凝土应力计埋设

DK125+458 断面和 DK126+265 断面的二次衬砌内力分布见图 5-22，二次衬砌内力的变化曲线见图 5-23。DK125+458 断面的二次衬砌混凝土应力最大出现在左拱脚内侧，达到 3.27MPa，约占 C35 混凝土抗压强度的 9.3%，混凝土左右两侧受力较均匀，结构中的应力随时间的增长而逐渐趋于稳定，并且收敛值远小于混凝土的极限承载能力，可以确保处于良好的服役状态。DK126+265 断面的二次衬砌混凝土应力最大出现在左边墙外侧，达到 2.90MPa，约占 C35 混凝土抗压强度的 8.3%，混凝土左右两侧受力较均匀，且受力值远小于结构受力安全阈值，二次衬砌内力随时间的增加而逐渐增长最终趋于稳定。

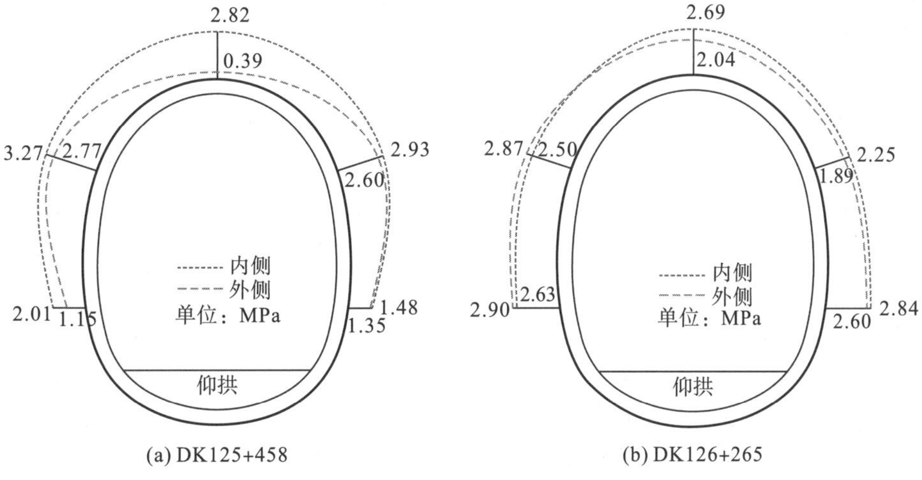

图 5-22　二次衬砌内力分布

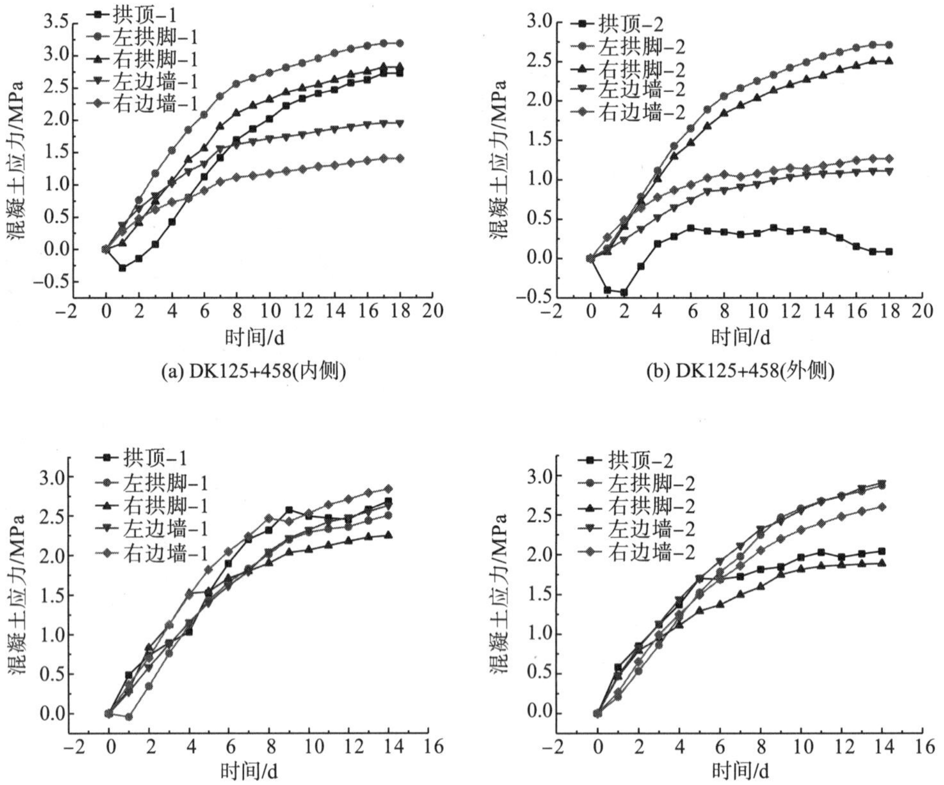

(a) DK125+458(内侧) (b) DK125+458(外侧)

(c) DK126+265(内侧) (d) DK126+265(外侧)

图 5-23 二次衬砌内力变化曲线

5.2.7 围岩松动圈

松动圈测试断面选择在隧道出口 DK126+777，共布置 4 个测试孔，隧道两侧各布置 2 个孔，孔深均为 10m，松动圈测试准备工作见图 5-24。松动圈测试结果见图 5-25。

1#测孔在 1.9～2m 以浅波速均低于 2150m/s，最小值为 1991m/s，测试值方差较大。隧道开挖后，浅部围岩在重分布集中应力作用下深部优先发生变形破裂，产生了裂隙分布密集的破裂区。2～3m 范围内波速随深度增加略有增加，但整体仍然较低(小于 2250m/s)，围岩完整性相对于浅部有一定提高。3～5m 范围内围岩波速持续降低，反映该范围内裂隙的数量和开度均比较大。超过 5.2m 后，围岩波速有了明显增加，达到 2600m/s 以上，且该值随着深度的增加逐渐趋于稳定，围岩受到扰动影响减弱直至原岩状态。2#测孔揭示的围岩破裂程度整体高于左帮，5.0m 以浅围岩波速均低于 2000m/s，0.7m 和 4m 位置最低，分别为 1793m/s 和 1823m/s。施工过程中在 4.9m 深位置发生了卡钻现象。3#测孔 5.4m 以浅围岩波速在 2000m/s 上下，5.4m 位置波速发生较大变化，5.5m 以深位置波速虽有跳跃，但整体与左帮 1#测孔结果相近，原岩区平均波速 2718m/s。4#测孔围岩 5.7m 以浅的平均波速为 1940m/s，5.7m 以深波速发生突变，而后基本稳定在 2860m/s。

因此，该测试断面围岩松动圈厚度值为 5.0～5.7m。

图 5-24　松动圈测试准备工作

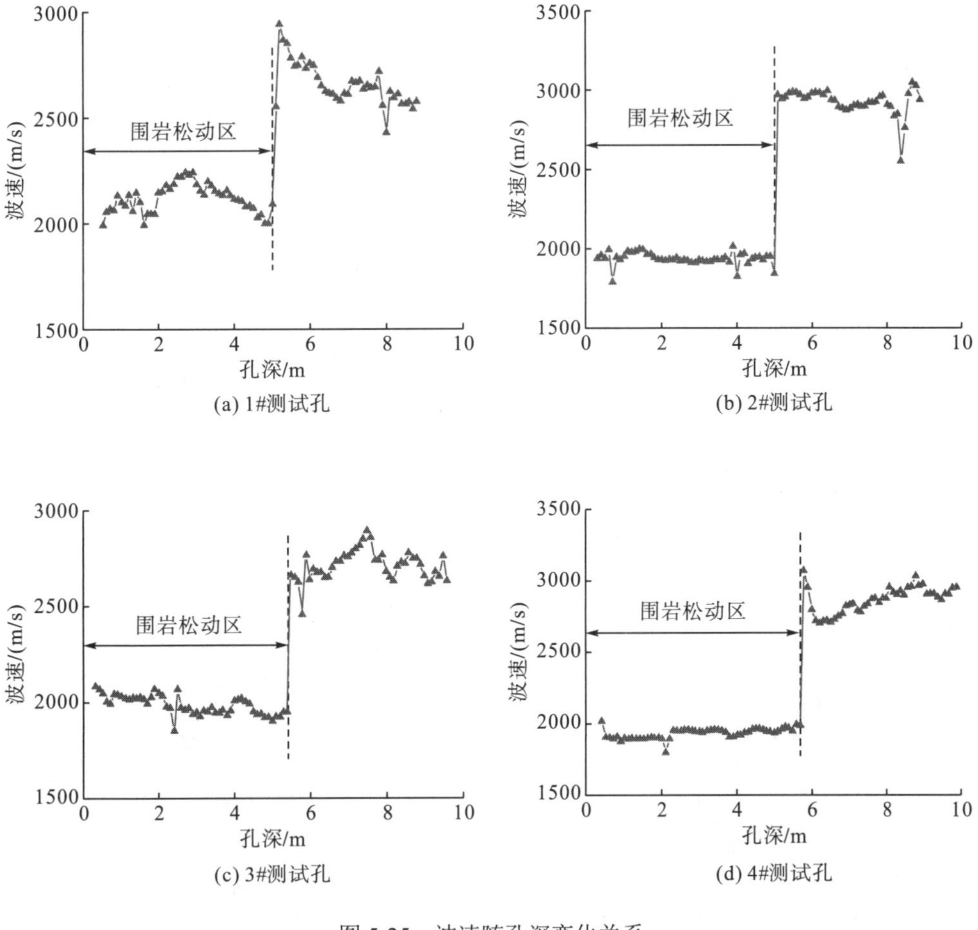

(a) 1#测试孔　(b) 2#测试孔

(c) 3#测试孔　(d) 4#测试孔

图 5-25　波速随孔深变化关系

5.3 大变形特征

炭质页岩隧道开挖施工过程中，发生了如下一些大变形现象：由于围岩软弱破碎，掌子面岩体在初期支护后发生溜坍(图 5-26)，边墙岩体在立完钢拱架还未喷浆时发生溜坍(图 5-27)，换拱时打开 0.5m 宽、2m 高的孔洞后土体自然溜坍(图 5-28)。同样的，隧道支护难度大，初期支护开裂(图 5-29)、侵限(图 5-30)情况严重，横撑工字钢发生弯曲变形(图 5-31)。开挖支护后围岩变形量依然很大。

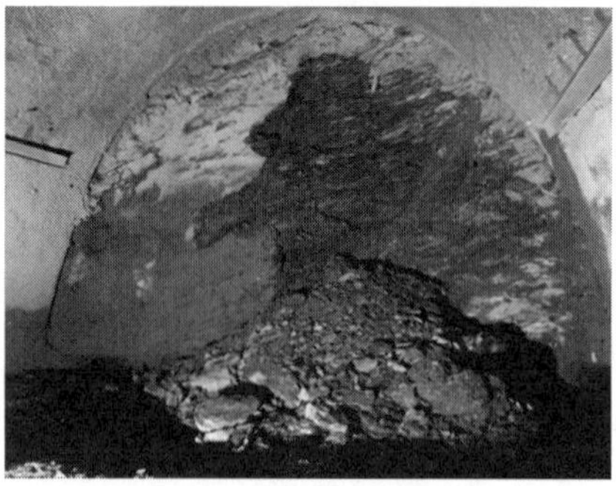

图 5-26 掌子面溜坍

图 5-27 边墙溜坍

图 5-28 打开孔洞时溜坍

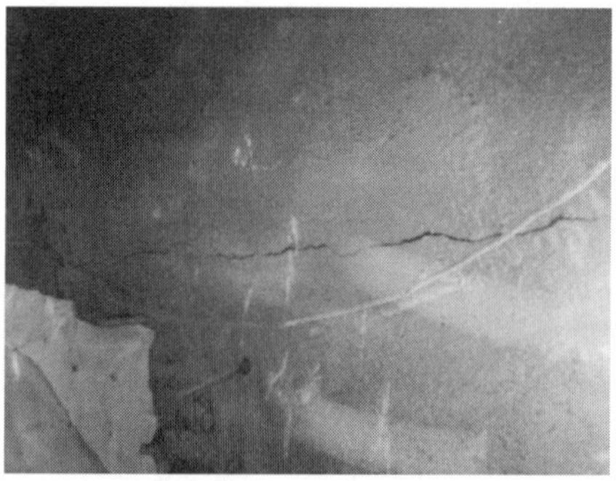

图 5-29 初期支护开裂

图 5-30 初期支护侵限

图 5-31 横撑变形

根据隧道现场施工监测的结果，得到围岩变形的监测数据和关键点位移时程曲线，同时结合现场对初期支护结构发生变形破坏特征的观察分析，可以得到依托隧道工程炭质页岩段大变形的如下特征：

(1) 岩体抗压强度低。根据隧道开挖揭示围岩级别为Ⅴ级，导致炭质页岩自稳能力弱，隧道开挖后应及时进行初期支护，否则掌子面围岩将发生挤出性坍塌。

(2) 变形速度快。隧道开挖支护后，变形速度很快，单日沉降量达到 250mm，单日水平收敛量达到 200mm。

(3) 变形量大。隧道累计沉降变形量一般达到 600～700mm，最大监测值超过 1000mm；累计收敛值(单侧)一般达到 700～800mm，最大监测值超过 1100mm。过大的变形对初期支护和二次衬砌造成了严重的负担，导致钢拱架变形严重，换拱频繁。

(4) 变形时间长，具有明显的时间效应。随着施工阶段的进行，变形发展迅速，在初期支护施作完成甚至钢拱架也封闭成环状结构后，变形仍未稳定依旧在持续，没有明显的收敛特征。围岩的自稳能力差，蠕变效应明显，易受施工扰动。根据监控量测数据，收敛时间为 30 天左右，超过这个累计变形量炭质页岩就会因蠕变性很难再收敛。

(5) 变形量值受围岩级别影响大，埋深对其影响较小，具有明显的空间效应。在隧道进口段，DK125+093～DK125+110 这个里程区间内，隧道围岩等级为Ⅴ级强风化，隧道埋深约为 65m；DK125+167～DK125+185 这个里程区间内，隧道围岩等级为Ⅴ级弱风化，隧道平均埋深约为 68m。在这两个区段，隧道埋深几乎相等，但是Ⅴ级强风化围岩段的变形量大约是Ⅴ级弱风化围岩段的 2 倍左右。在隧道出口段，DK126+640～DK126+657 这个里程区间内，隧道围岩等级为Ⅴ级强风化，隧道埋深约为 68m；DK126+542～DK126+562 这个里程区间内，隧道围岩等级为Ⅴ级弱风化，隧道平均埋深约为 102m。Ⅴ级弱风化围岩段隧道的埋深较Ⅴ级强风化围岩段大很多，隧道开挖区域的应力更大，其收敛变形量反而更小。

(6) 水平方向为收敛变形主方向。从前面隧道进口段和出口段隧道拱顶沉降和水平收敛监测结果可以看出，水平方向的收敛位移始终大于竖直方向的位移量。

(7) 围岩松动圈范围大。隧道开挖后围岩应力重分布，形成距离临空面不同范围的应力区域，其中临近隧道临空面的松动圈是着重支护的对象。通过超声波法对隧道松动圈进行测定，测量结果显示松动圈的厚度值为 5.0～5.7m。

(8) 围岩压力大。钢拱架在架立的初期，应力迅速增长。根据埋设压力盒监测数据，隧道进口上台阶围岩压力集中于拱顶，最大值达 0.6MPa；隧道出口上台阶围岩压力集中于拱腰，最大值达 0.827MPa。

5.4　本章小结

针对特定炭质页岩隧道，在施工现场对隧道大变形进行了监控量测，分析了监控量测数据，总结了其大变形特征。主要认识如下：

(1) 隧道的洞周变形受隧道埋深影响相对较小，而受围岩级别影响较大；围岩压力分布不对称且变化明显；钢拱架应力分布不对称，顶拱部位始终承受较大的内力；锚杆在安设 3～5 天内轴力增长较快，锚杆发挥作用较迟，整体上看锚杆受力较小，没有充分发挥锚杆的作用；初期支护与二次衬砌的接触压力较小；二次衬砌受力较均匀，且受力值远小于结构受力安全阈值。

⑵隧道炭质页岩抗压强度低，自稳能力弱，隧道开挖后应及时进行初期支护，否则掌子面围岩将发生挤出性坍塌。

⑶隧道开挖后，变形速度很快，变形量大，水平方向为收敛变形主方向；变形时间长，表现出明显的时间效应；变形量值受围岩级别影响大，埋深对其影响较小，表现出明显的空间效应；围岩松动圈范围大，通过超声波法对隧道松动圈进行测定，测量结果显示松动圈的厚度值为 5.0～5.7m。

第 6 章　炭质页岩大变形隧道施工安全控制标准

本章对前述炭质页岩隧道的大量监测数据进行归纳总结，在参考隧道设计规范中位移控制基准的基础上，对隧道的位移控制指标进行确定，建立了隧道进口工区、出口工区Ⅴ级弱风化段以及Ⅴ级强风化段的位移控制基准。其次，分析隧道不同断面变形速率与收敛变形之间的关系，提出了相应的变形速率控制基准，最终确定隧道的合理预留变形量。最后，对隧道进口工区、出口工区的Ⅴ级弱风化段以及Ⅴ级强风化段的蠕变参数进行识别，提出了不同区段二次衬砌的合理施工时机。

6.1　现 有 标 准

6.1.1　国外标准

法国根据在中等断面(50～100m^2)隧道施工中总结的经验提出的隧道拱顶下沉评价标准列于表 6-1，如果按相对收敛值(U_a/a，U_a 为洞壁位移，a 为隧道当量半径)来表示，则如表 6-2 所示[77]。

表 6-1　法国隧道拱顶下沉评价标准(绝对位移)

埋深/m	拱顶下沉值/mm	
	硬岩	软岩
10～50	1～2	2～5
50～500	2～6	10～20
＞500	6～12	20～40

表 6-2　法国隧道拱顶下沉评价标准(相对位移)

埋深/m	相对收敛值 U_a/a	
	硬岩/%	软岩/%
10～50	0.2～0.4	0.4～1.0
50～500	0.4～1.2	2.0～4.0
＞500	1.2～2.4	4.0～8.0

苏联根据顿巴斯矿山的现场监控量测的统计资料，对于在埋深为400～1000m的隧道施工提出表6-3的量测管理基准，用以判断隧道的安全稳定性及支护措施的合理性。

表6-3 顿巴斯矿山的量测管理基准

埋深/m	$\gamma H / \sigma_c$	U_a/cm	(U_a/a)/%
＜400	＜0.25	5.0～8.0	1.0～1.6
400～750	0.25～0.5	15～20	3.0～4.0
＞750	＞0.45	30～35	5.0～7.0

注：γ 为岩石容重，H 为隧道埋深，σ_c 为岩石的单轴抗压强度。

日本在1983年制定的《新奥法设计施工细则草案》中规定允许净空收敛值如表6-4所示，从表中可以看出允许收敛随断面增加和围岩变软而增加，而未考虑埋深影响。

表6-4 日本隧道允许净空收敛值

围岩类别	单线隧道/cm	双线隧道/cm
Ⅲ～Ⅴ类	＜2.5	＜5.0
Ⅱ类	2.5～7.5	5.0～15.0
Ⅰ类、特类	＞7.5	＞15

6.1.2 国内标准

我国《公路隧道设计规范》[78]规定，在按照承载能力设计时，复合式衬砌初期支护的允许洞周相对收敛值应根据围岩地质条件分析确定，缺乏资料时可按照表6-5选用，同时也给出了预留变形量的建议值，见表6-6。

表6-5 公路隧道允许洞周水平相对位移值(%)

围岩级别	埋深/m		
	＜50	50～300	＞300
Ⅲ	0.10～0.30	0.20～0.50	0.40～1.20
Ⅳ	0.15～0.50	0.40～1.20	0.80～2.00
Ⅴ	0.20～0.80	0.60～1.60	1.00～3.00

注：①相对收敛值是指收敛位移累计值与两测点之间距离之比；②硬质围岩隧道取表中较小值，软质围岩隧道取表中较大值；③拱顶下沉允许值一般可按本表值的0.5～1.0倍采用；④本表所列值在施工过程中可通过实测和资料累计值作适当修正。

表6-6 公路隧道预留变形量(mm)

围岩级别	两车道隧道	三车道隧道	围岩级别	两车道隧道	三车道隧道
Ⅰ	—	—	Ⅳ	50～80	80～120
Ⅱ	—	10～50	Ⅴ	80～120	100～150
Ⅲ	20～50	50～80	Ⅵ	现场量测确定	

我国铁路隧道参考国外隧道的位移控制基准提出了初期支护允许位移控制值。《铁路隧道设计规范》[79]中对单(双)线铁路隧道初期支护极限位移的控制值也做出了规定，见表 6-7。

表 6-7　(a)单线铁路隧道初期支护极限位移值(%)

围岩级别	埋深/m					
	≤50	50～300	300～500	≤50	50～300	300～500
	拱脚水平相对收敛			拱顶相对下沉		
Ⅴ	0.3～1.0	0.8～3.5	3.0～5.0	0.06～0.12	0.10～0.60	0.50～1.20
Ⅳ	0.2～0.7	0.5～2.6	2.4～3.5	0.03～0.07	0.06～0.15	0.10～0.60
Ⅲ	0.1～0.5	0.4～0.7	0.6～1.5	0.01～0.04	0.03～0.11	0.10～0.25
Ⅱ			0.2～0.6		0.01～0.05	0.04～0.08

表 6-7　(b)双线铁路隧道初期支护极限位移值(%)

围岩级别	埋深/m					
	≤50	50～300	300～500	≤50	50～300	300～500
	拱脚水平相对收敛			拱顶相对下沉		
Ⅴ	0.2～0.5	0.4～2.0	1.8～3.0	0.08～0.16	0.14～1.1	0.8～1.4
Ⅳ	0.1～0.3	0.2～0.8	0.7～1.2	0.06～0.1	0.08～0.4	0.3～0.8
Ⅲ	0.3～0.1	0.08～0.4	0.3～0.6	0.03～0.06	0.04～0.15	0.12～0.3
Ⅱ		0.01～0.03	0.01～0.08		0.03～0.06	0.05～0.12

我国的《岩土锚杆与喷射混凝土支护工程技术规范》(GB 50086—2015)[80]所规定的位移基准与表 6-5 相同。

综上所述，影响隧道位移控制基准的关键性因素有：围岩特性、隧道埋深、断面尺寸、开挖方法。同一座隧道竣工后的净空断面尺寸都是一样的，因此，位移控制基准暂可不考虑断面尺寸的影响。

6.2　极限位移与位移速率控制标准

目前通过监控量测反馈值对隧道稳定性制定的控制基准主要有允许极限位移、位移速率、位移加速度和变形速率比值等。

6.2.1　允许极限位移基准

允许位移量是指保证隧道不产生有害松动和保证地表不产生有害下沉的前提下，自隧道开挖起到变形稳定止，在起拱线位置的隧道壁面间水平位移总量的最大允许值，或拱顶的最大允许下沉值。隧道施工过程当中，如果监控量测得到的变形总量超过允许值，或者根据所监测数据预测的最终变形量将超过允许值，就表示围岩仍未稳定，需要加强支护措施。而以围岩变形量判定隧道围岩是否趋于稳定的关键在于如何确定围岩允许位移量。目前，国内外对于允许变形量的确定仍无统一的标准。奥地利的阿尔贝格隧道，净空变化的允许值确定为隧道半径的10%或锚杆长度的10%，并最好控制在30mm以内。苏联学者通过对大量观测数据的整理，得出了用于计算洞室周边允许最大变形值的近似公式[81]：

拱顶：

$$\delta_1 = 12 \times \frac{b_0}{f^{1.5}} \tag{6-1}$$

边墙：

$$\delta_2 = 4.5 \times \frac{H^{1.5}}{f^2} \tag{6-2}$$

式中，f为普氏系数；b_0为洞室跨度；H为边墙自拱脚至底板的高度，m。

利用允许极限位移来判别隧道的稳定性，通常是指在施工量测的过程中发现隧道位移已经超过某一极限值或预计其最终位移将超过预定的极限值，则认为隧道的围岩-支护系统处于不稳定状态，需要加强支护或采取其他有效措施。在隧道的开挖过程中，不仅要判识量测位移总量是否超过允许极限值，还要根据已测位移来预测围岩最终位移是否会超过极限值。因此对允许极限位移控制基准的制定有两个需要解决的问题，即允许极限位移值的确定和对隧道围岩变形最终值的预测。

隧道变形的极限位移是隧道施工安全控制标准制定的基础。从数值分析的角度来看，隧道埋深、围岩级别和开挖方法对隧道施工安全控制标准的影响比较大。隧道埋深和围岩级别是客观存在的条件，而开挖方法是人们可以主观选择的。从现场的监控量测数据来看，围岩级别对隧道变形影响非常大，埋深的影响相对较小，甚至在埋深较大断面，其变形量远小于埋深较小断面，隧道进口段和出口段的变形量差异很大。为了分析隧道变形规律，分别对前述隧道进口段和出口段的Ⅴ级弱风化围岩段变形和Ⅴ级强风化围岩段变形，通过回归分析得到其极限位移，以制定隧道施工安全控制的位移基准。隧道变形的监控量测数据可以通过如下公式进行回归分析[82]：

$$u = A(1 - \mathrm{e}^{-Bt}) \tag{6-3}$$

$$u = A\left[1 - \left(1 + Bt\right)^{-2}\right] \tag{6-4}$$

以上两个公式中，u为位移量，t为对应的时间，A和B为拟合得到的系数。在应用过程中，可以根据拟合效果来选择以上两个公式。根据以上公式的拟合结果，可推断得到隧道的最大位移为A，即隧道的极限位移为A。

1.隧道进口工区Ⅴ级弱风化围岩段位移分析

选取隧道进口工区Ⅴ级弱风化围岩段5个典型的稳定断面进行数据分析，分别对拱顶沉降、水平收敛位移进行包络回归分析。图6-1(彩图见附录)为拱顶沉降位移的包络线回归分析，图中包含两条包络线，外包络线为监控量测的拱顶沉降位移的最大值，内包络线为监控量测的拱顶沉降位移的最小值。对外包络线拟合得到拱顶沉降位移的上限，对内包络线拟合得到拱顶沉降位移的下限。由图可知，拟合上限的曲线为 $u=218.5689\times(1-e^{-0.0597t})$，拟合下限的曲线为 $u=122.3654\times(1-e^{-0.0581t})$。因此，回归分析得到隧道进口工区Ⅴ级弱风化围岩段拱顶沉降位移为 122～219mm。

图 6-2（彩图见附录）为水平收敛位移的包络线回归分析，图中包含两条包络线，外包络线为监控量测的水平收敛位移的最大值，内包络线为监控量测的水平收敛位移的最小值。对外包络线拟合得到水平收敛位移的上限，对内包络线拟合得到水平收敛位移的下限。由图可知，拟合上限的曲线为 $u=283.1095\times(1-e^{-0.0517t})$，拟合下限的曲线为 $u=185.6143\times(1-e^{-0.0479t})$。因此，回归分析得到隧道进口工区Ⅴ级弱风化围岩段水平收敛位移为 186～283mm。

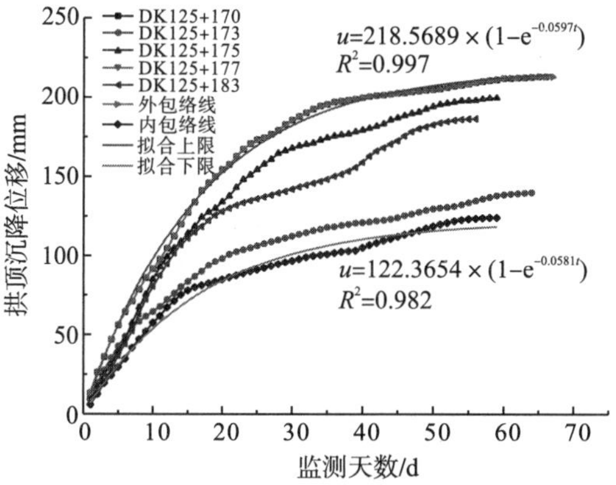

图 6-1　隧道进口工区Ⅴ级弱风化围岩段拱顶沉降位移

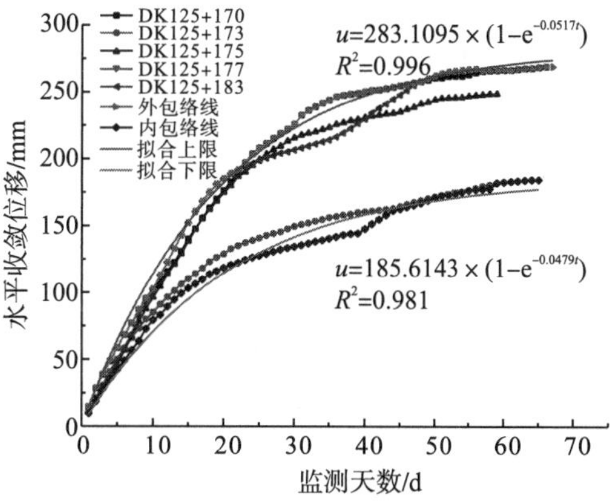

图 6-2　隧道进口工区Ⅴ级弱风化围岩段水平收敛位移

2.隧道进口工区Ⅴ级强风化围岩段位移分析

选取隧道进口工区Ⅴ级强风化围岩段 5 个典型的稳定断面进行数据分析，分别对拱顶沉降、水平收敛位移进行包络回归分析。图 6-3（彩图见附录）为拱顶沉降位移的包络线回归分析，拟合得到的上限曲线为 $u=653.0739\times(1-e^{-0.0441t})$，拟合得到的下限曲线为 $u=561.1992\times(1-e^{-0.0479t})$。因此，回归分析得到隧道进口工区Ⅴ级强风化围岩段拱顶沉降位移为 561～653mm。

图 6-4（彩图见附录）为水平收敛位移的包络线回归分析，拟合得到的上限曲线为 $u=761.0461\times(1-e^{-0.0455t})$，拟合得到的下限曲线为 $u=725.5231\times(1-e^{-0.0405t})$。因此，回归分析得到隧道进口工区Ⅴ级强风化围岩段水平收敛位移为 726～761mm。

3.隧道出口工区Ⅴ级弱风化围岩段位移分析

选取隧道出口工区Ⅴ级弱风化围岩段 6 个典型的稳定断面进行数据分析，分别对拱顶沉降、水平收敛位移进行包络回归分析。图 6-5（彩图见附录）为拱顶沉降位移的包络线回归分析，拟合得到的上限曲线为 $u=192.8222\times[1-(1+0.0400t)^{-2}]$，拟合得到的下限曲线为 $u=92.7746\times[1-(1+0.0289t)^{-2}]$。因此，回归分析得到隧道出口工区Ⅴ级弱风化围岩段拱顶沉降位移为 93～193mm。

图 6-6（彩图见附录）为水平收敛位移的包络线回归分析，拟合得到的上限曲线为 $u=236.5271\times[1-(1+0.0412t)^{-2}]$，拟合得到的下限曲线为 $u=150.4790\times[1-(1+0.0338t)^{-2}]$。因此，回归分析得到隧道出口工区Ⅴ级弱风化围岩段拱顶沉降位移为 150～237mm。

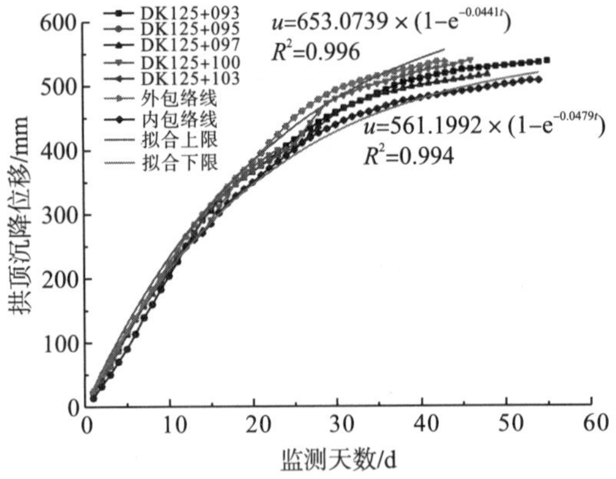

图 6-3 隧道进口工区Ⅴ级强风化围岩段拱顶沉降位移

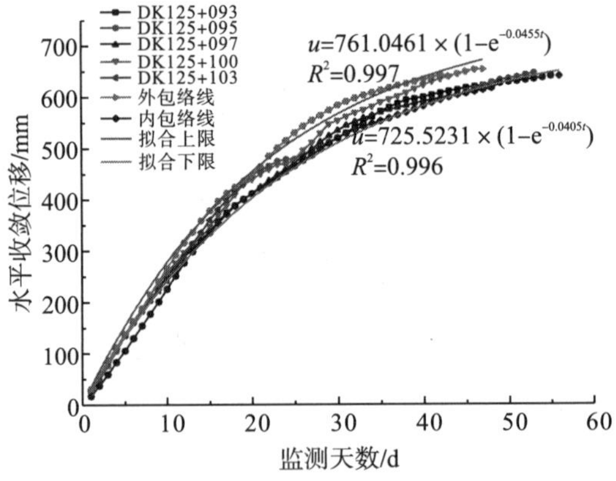

图 6-4 隧道进口工区Ⅴ级强风化围岩段水平收敛位移

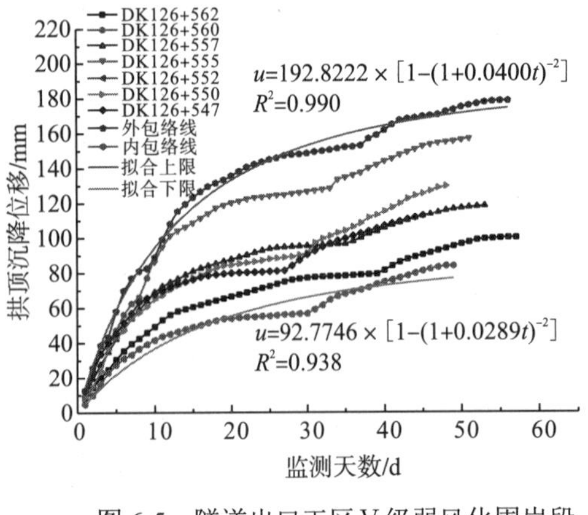

图 6-5 隧道出口工区Ⅴ级弱风化围岩段拱顶沉降位移

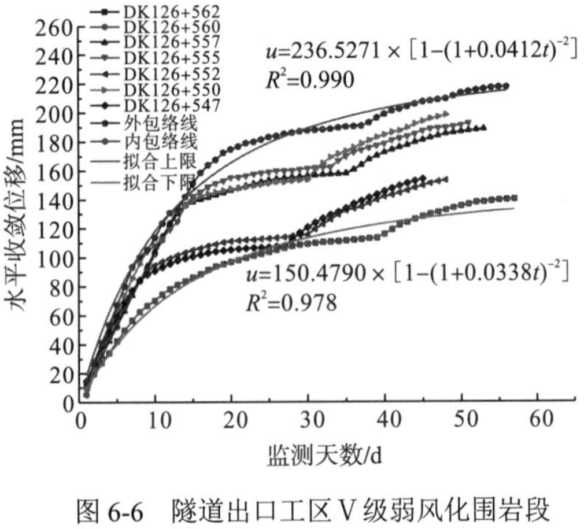

图 6-6 隧道出口工区Ⅴ级弱风化围岩段水平收敛位移

4.隧道出口工区Ⅴ级强风化围岩段位移分析

选取隧道出口工区Ⅴ级强风化围岩段 7 个典型的稳定断面进行数据分析，分别对拱顶沉降、水平收敛位移进行包络回归分析。图 6-7（彩图见附录）为拱顶沉降位移的包络线回归分析，拟合得到的上限曲线为 $u=727.9889\times(1-e^{-0.0379t})$，拟合得到的下限曲线为 $u=449.1578\times(1-e^{-0.0459t})$。因此，回归分析得到隧道出口工区Ⅴ级强风化围岩段拱顶沉降位移为 449～728mm。

图 6-8（彩图见附录）为水平收敛位移的包络线回归分析，拟合得到的上限曲线为

$u=966.1445\times(1-e^{-0.0335t})$，拟合得到的下限曲线为 $u=606.4001\times(1-e^{-0.0393t})$。因此，回归分析得到隧道出口工区Ⅴ级强风化围岩段水平收敛位移为 606～966mm。

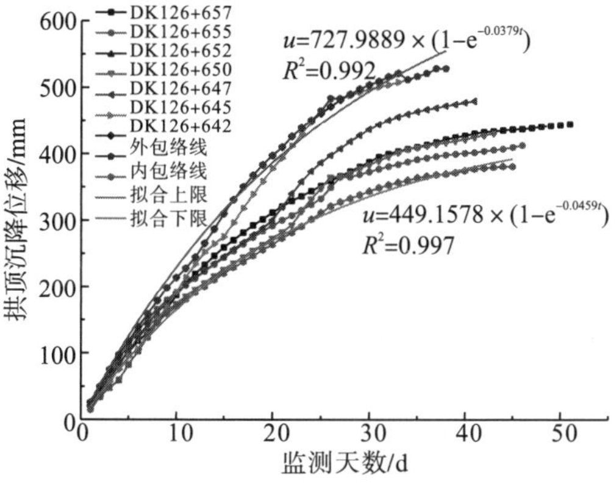

图 6-7 隧道出口工区Ⅴ级强风化围岩段拱顶沉降位移

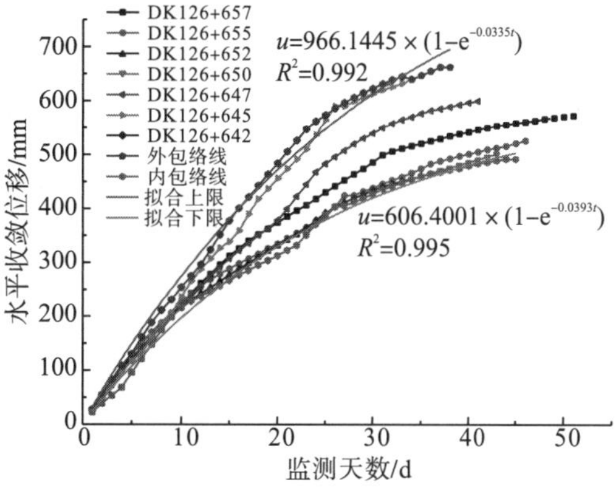

图 6-8 隧道出口工区Ⅴ级强风化围岩段水平收敛位移

通过对隧道进口工区和出口工区的Ⅴ级弱风化围岩段和Ⅴ级强风化围岩段的监控量测数据进行回归分析，得到不同区段和不同围岩级别的回归分析位移，见表 6-8。

表 6-8 监控量测数据回归分析位移

工区	围岩级别	拱顶沉降位移/mm	水平收敛位移/mm
进口工区	Ⅴ级弱风化	122～219	186～283
	Ⅴ级强风化	561～653	726～761
出口工区	Ⅴ级弱风化	93～193	150～237
	Ⅴ级强风化	449～728	606～966

借鉴《公路隧道施工技术细则》[83]中规定的位移管理等级(表 6-9)，结合表 6-8 可以求得各管理等级下的隧道允许洞周变形值，表 6-10 为各管理等级下的隧道进口工区允许洞周变形值，表 6-11 为各管理等级下的隧道出口工区允许洞周变形值。

表 6-9 位移管理等级

管理等级	管理位移	施工状态
Ⅰ	$U_0<U_n/3$	正常施工
Ⅱ	$U_n/3\leqslant U_0\leqslant 2U_n/3$	加强支护
Ⅲ	$U_0>2U_n/3$	采取特殊措施

注：U_0为实测变形值，U_n允许变形值。U_n的确定应考虑围岩类别、隧道埋置深度等因素并结合现场条件选择。

表 6-10 各管理等级下的隧道进口工区允许洞周变形值(mm)

围岩级别	管理等级	拱顶沉降	水平收敛
V级弱风化	I	U_0<40～73	U_0<62～94
	II	40～73<U_0<81～146	62～94<U_0<124～187
	III	U_0>81～146	U_0>124～187
V级强风化	I	U_0<187～217	U_0<242～253
	II	187～217<U_0<374～435	242～253<U_0<484～507
	III	U_0>374～435	U_0>484～507

表 6-11 各管理等级下的隧道出口工区允许洞周变形值(mm)

围岩级别	管理等级	拱顶沉降	水平收敛
V级弱风化	I	U_0<31～64	U_0<50～79
	II	31～64<U_0<62～129	50～79<U_0<100～158
	III	U_0>62～129	U_0>100～158
V级强风化	I	U_0<149～243	U_0<202～322
	II	149～243<U_0<299～486	202～322<U_0<404～644
	III	U_0>299～486	U_0>404～644

6.2.2 允许位移速率基准

位移变形速率同样是隧道稳定性判别准则中的关键数据，是指隧道开挖后各监测点的日变形量。隧道开挖后的变形速率整体趋势为：隧道开挖初期围岩应力突然释放导致初期隧道变形速率较大，随着时间的推移，围岩应力逐步释放并重新分布以致变形速率逐渐减小，最终趋于零，此时隧道达到稳定平衡状态。隧道发生险情或者出现事故之前，变形速率会突然增大，若不及时发现并加强支护就有可能导致初期支护开裂、围岩发生大变形导致初期支护完全失效，严重者导致隧道坍塌。

因此，利用允许位移速率对围岩稳定性进行判断的目的是要在保证隧道不产生影响正常使用的裂缝和影响承载能力破损的前提下，洞周水平位移速度的最大允许值。其同样与隧道围岩、隧道埋深及断面尺寸和施工方法等因素有关，允许位移速率无统一的标准，一般都根据经验和工程类比进行选定。例如美国某些工程对允许速率的规定是第一天的位移量不能超过允许位移量的 1/5～1/4，第一周内平均每天的位移量应小于允许位移量的1/2(约 0.63mm)。此外，一般还规定，在开挖面通过测试断面前后的一两天内允许出现位移加速，其他时间都应减速。

日本隧道规范强调隧道开挖初期通过围岩变形量测来判断围岩稳定性的必要性，并规定在采用短台阶时，不论单线还是复线隧道，当最大位移速率大于 20mm/d 时，则认为围岩处于失稳状态，必须加强支护。已有的隧道洞内坍方监控数据表明，位移速率大于10mm/d 时，往往出现喷射混凝土开裂剥落，有时裂缝宽度达 1～2.5mm。因此位移速率10mm/d 可作为失稳的初步预报值。

现场量测证明，岩体处于失稳状态时，其加速度为正，因此可用加速度的正负号区分稳定与失稳状态。在围岩变形的全过程中，在开挖初期极短时间内围岩变形是加速的；另外在已开挖地段，量测断面附近再次受到施工扰动时，也会出现短时间的变形加速，但只要扰动停止，变形就会减速。以上两种情况下的加速属于正常加速，其他情况属于异常加速。异常加速是围岩失稳的征兆，如果异常加速持续发展，表明围岩与支护体系处于失稳的征兆已经明显，这时需采用紧急处理措施。

隧道的监测结果也充分证明了这一点，在隧道开挖短期内变形速率远大于 10mm/d，甚至出现短期内变形加速度增加的情况，但其变形加速度均在一定的范围内，随后变形速率又急剧下降，并趋于稳定。而异常加速则往往导致隧道支护的开裂与喷射混凝土的剥落，部分未及时采取有效措施的区段，则发生坍方。

对于隧道监控量测数据的时态曲线分析需要采集大量的原始数据，且要结合施工实际选择适合的回归分析曲线，这种分析的数据处理相对复杂，且不直观，在实际施工中应用不便。为了便于监测数据的实际运用，可以对量测数据进行形象化判释，即对于连续性介质，通过对时态曲线的拐点判别，反映变形的发展过程，进而判别围岩稳定性，见图 6-9。从图中可以看出，在变形阶段Ⅰ，曲线呈下弯状，位移加速度小于 0，围岩发生松弛，但仍然处于连续介质状态，隧道变形量趋向于收敛；在变形阶段Ⅱ，曲线近似呈直线状，位移加速度等于 0，围岩处于临界状态，围岩处于连续介质和离散介质之间的过渡状态，隧道变形量稳定增加，难以收敛；在变形阶段Ⅲ，曲线呈上扬状，位移加速度大于 0，围岩处于离散状态，隧道变形量迅速增加，支护结构发生破坏。对隧道变形阶段及其特征的总结见表 6-12。

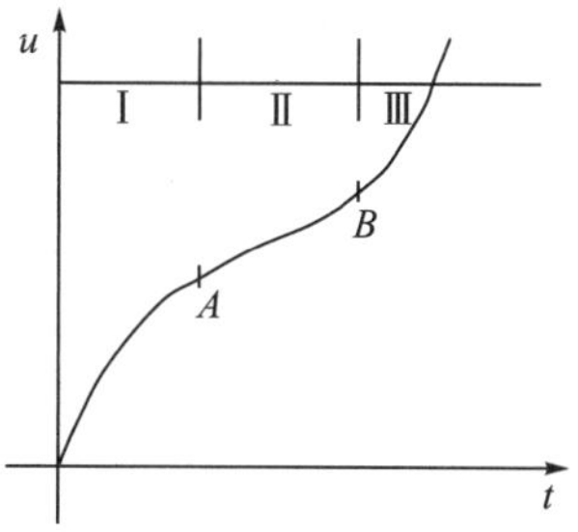

图 6-9　监控量测数据的形象化判释

表 6-12　隧道变形阶段及其特征

变形阶段	Ⅰ松弛	Ⅱ临界	Ⅲ松散
围岩特性	连续介质	过渡	离散
曲线形态	下弯	直线	上扬
位移加速度	$\frac{d^2u}{dt^2}<0$	$\frac{d^2u}{dt^2}=0$	$\frac{d^2u}{dt^2}>0$
施工措施	正常	警戒	加固

图 6-10 为 DK125+035 断面的累计位移及变形速率曲线。从累计位移曲线可以看出，监测得到的前 40 天曲线呈下弯状，位移变形速率显著降低。监测 40 天以后位移曲线近似呈直线上升，达到隧道变形的临界状态，位移速率主要分布于 4.0～8.0mm/d。

图 6-11 为 DK125+050 断面的累计位移及变形速率曲线。从累计位移曲线可以看出，监测 35 天以后位移曲线近似呈直线上升，隧道变形处于临界状态。对应地，位移速率逐渐下降，逐渐接近 4.0～8.0mm/d。

图 6-12 为 DK125+110 断面的累计位移及变形速率曲线。累计位移曲线呈下弯状，隧道变形处于松弛阶段且最终趋于稳定。位移速率近似呈直线下降，40 天后都降低到 4.0mm/d 以下。

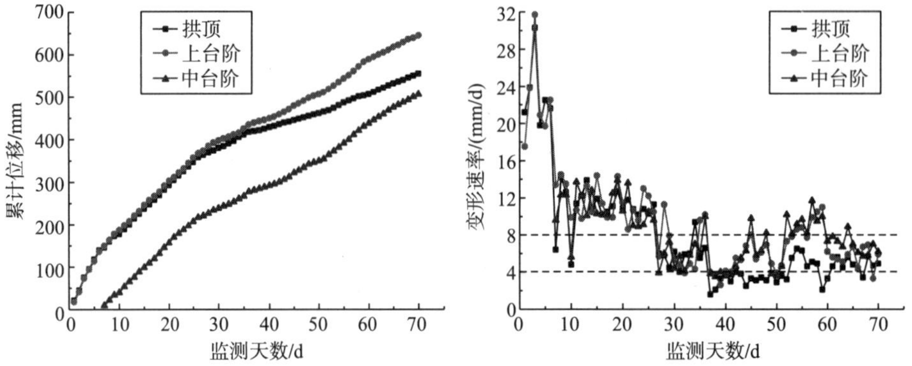

图 6-10 DK125+035 断面的累计位移及变形速率

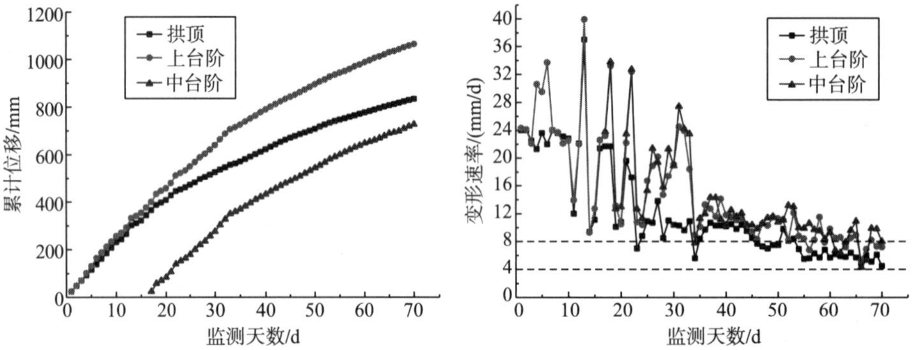

图 6-11 DK125+050 断面的累计位移及变形速率

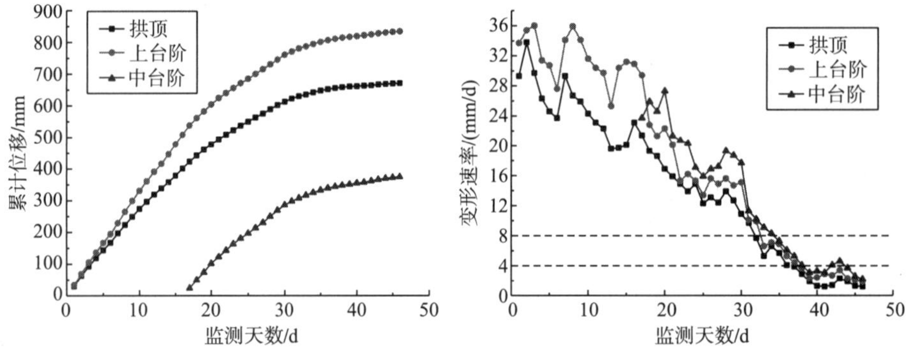

图 6-12 DK125+110 断面的累计位移及变形速率

图 6-13 为 DK125+130 断面的累计位移及变形速率曲线。拱顶及上台阶的累计位移曲线呈下弯状，收敛变形最终趋于稳定，位移速率近似呈直线下降，35 天后都降低到 4.0mm/d 以下。中台阶的累计位移曲线在 30 天后近似呈直线，处于临界状态，位移速率分布在 4.0～8.0mm/d 之间。

图 6-14 为 DK125+190 断面的累计位移及变形速率曲线。拱顶、上台阶及中台阶的累计位移曲线均近似呈直线状，变形难以收敛，对应的位移速率几乎都大于 8.0mm/d，需要

采取措施才能保证变形收敛。

图 6-15 为 DK125+370 断面的累计位移及变形速率曲线。拱顶、上台阶及中台阶的累计位移曲线均呈下弯状，收敛变形最终都趋于稳定，其位移速率在 20 天后都降低到 4.0mm/d 以下并趋于零。DK125+450 断面(图 6-16)、DK126+300 断面(图 6-17)、DK126+350 断面(图 6-18)、DK126+600 断面(图 6-19)及 DK126+650 断面(图 6-20)都表现出类似的规律。

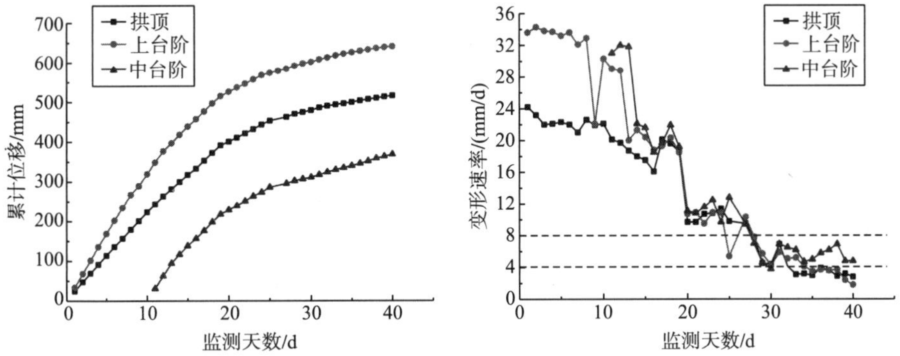

图 6-13　DK125+130 断面的累计位移及变形速率

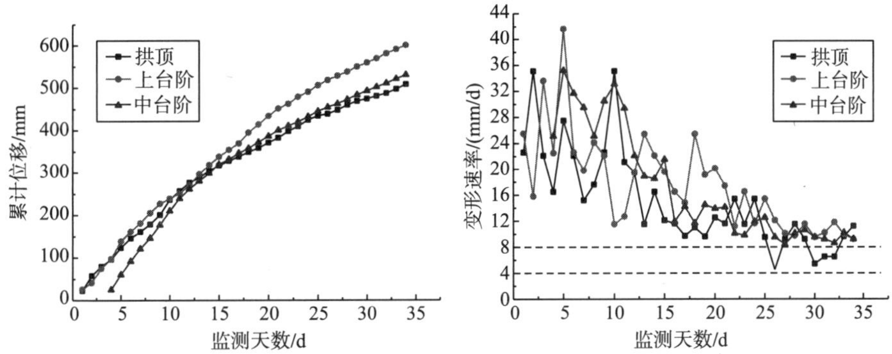

图 6-14　DK125+190 断面的累计位移及变形速率

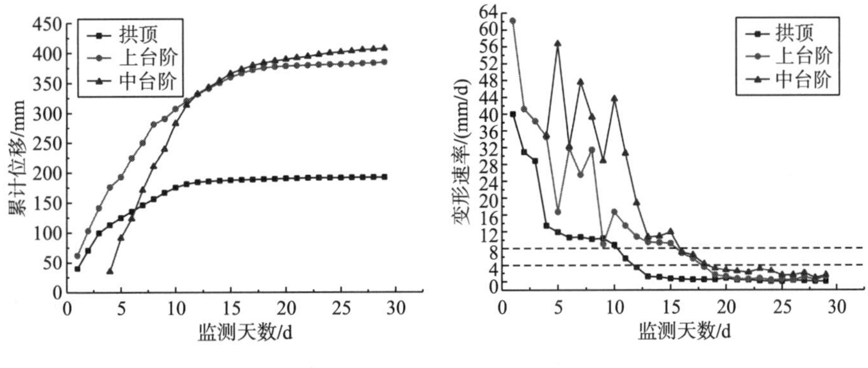

图 6-15　DK125+370 断面的累计位移及变形速率

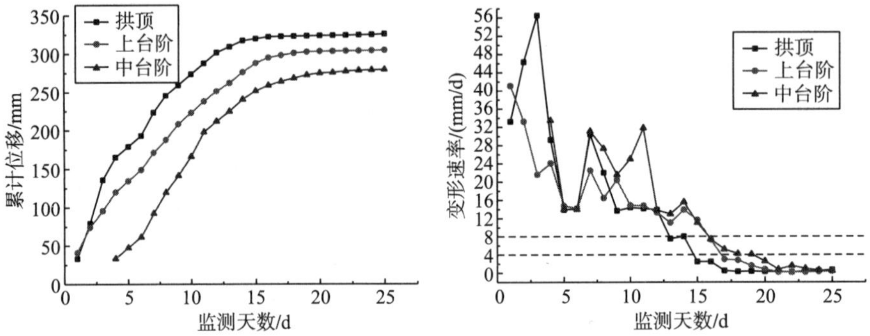

图 6-16 DK125+450 断面的累计位移及变形速率

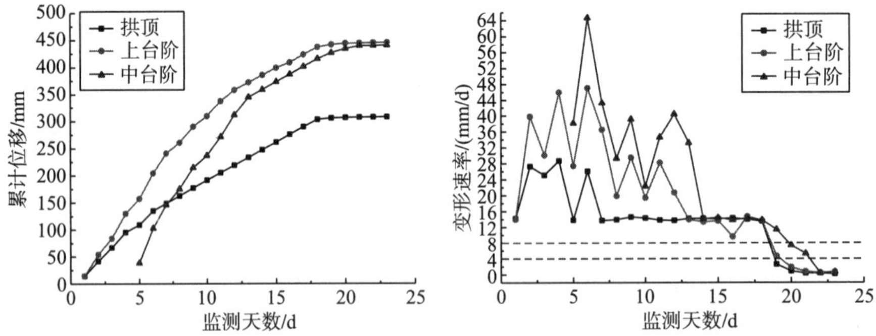

图 6-17 DK126+300 断面的累计位移及变形速率

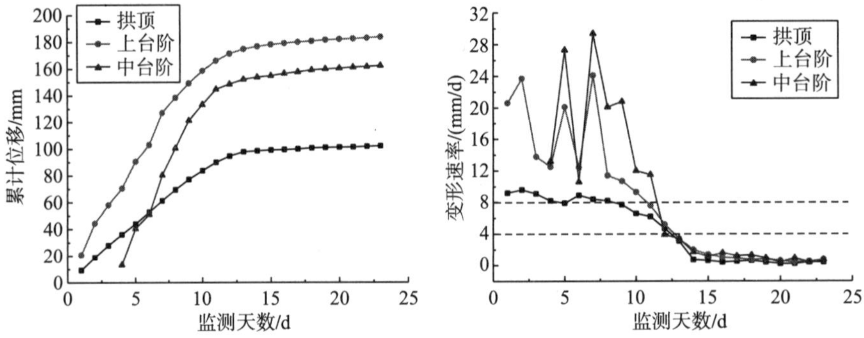

图 6-18 DK126+350 断面的累计位移及变形速率

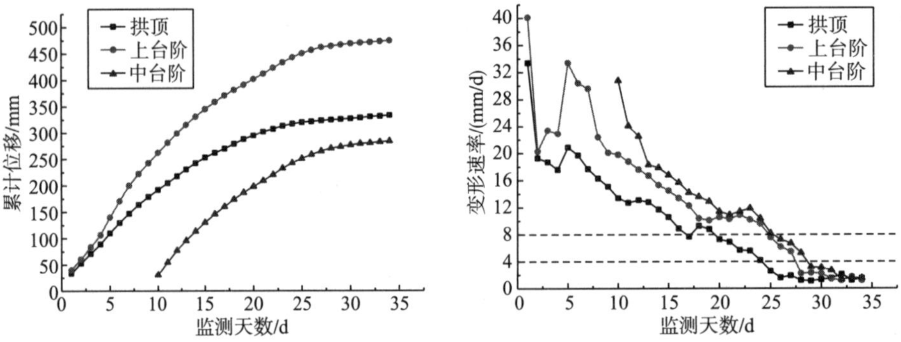

图 6-19 DK126+600 断面的累计位移及变形速率

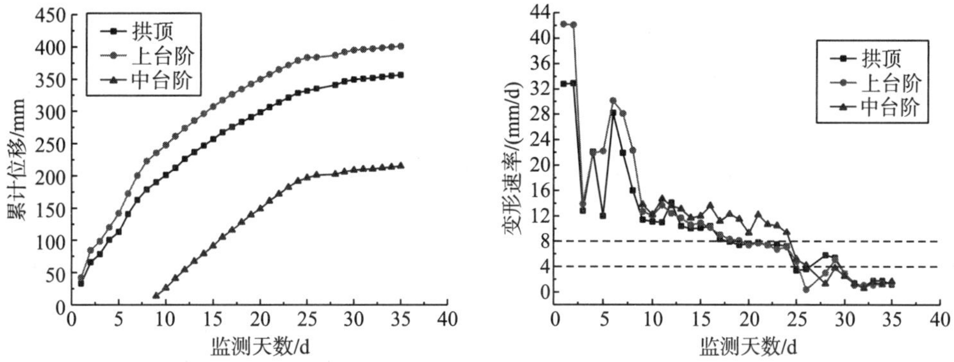

图 6-20　DK126+650 断面的累计位移及变形速率

图 6-21 为 DK126+715 断面的累计位移及变形速率曲线，图 6-22 为 DK126+790 断面的累计位移及变形速率曲线。从累计位移曲线上看，监测 40 天后近似呈直线，其位移速率均分布在 4.0mm/d 左右，隧道变形难以收敛。

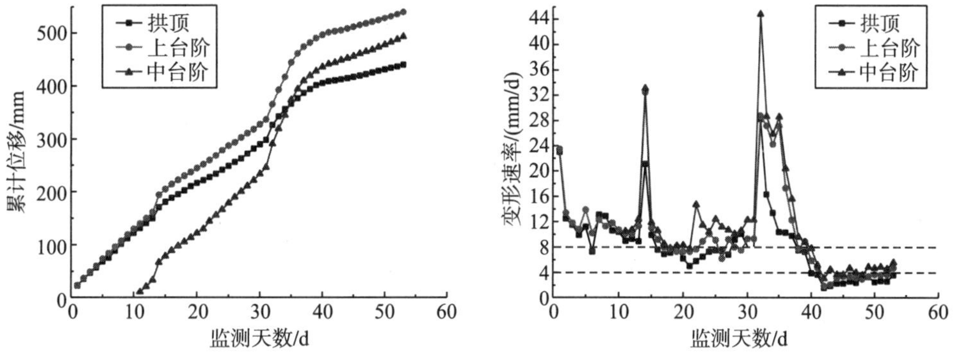

图 6-21　DK126+715 断面的累计位移及变形速率

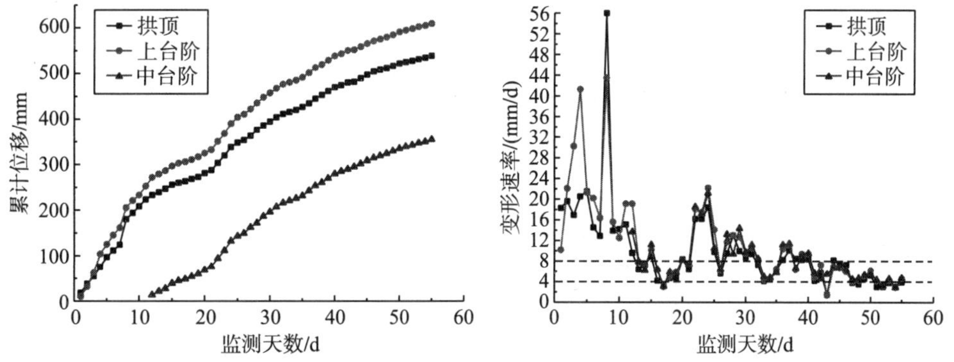

图 6-22　DK126+790 断面的累计位移及变形速率

通过上面的分析，针对炭质页岩隧道提出变形速率控制基准，如表 6-13 所示。考虑到软岩开挖初期变形速率很大，甚至超过 60mm/d，但随后急剧下降，最终趋于稳定，并没有发生任何事故，且大变形隧道的变形时间很长，因此，表 6-13 特指隧道开挖一段时间之后变形速率控制基准。

表 6-13　变形速率控制基准

管理等级	变形速率/(mm/d)	施工状态
I	$V_0<4$	围岩达到基本稳定
II	$4\leq V_0\leq 8$	加强观测，做好加固的准备
III	$V_0>8$	加强初期支护

6.3　预留变形量控制标准

隧道预留变形量是指存在于二次衬砌与初期支护之间的空间，该空间是预留给由围岩和初期支护组成的支护体系共同变形的。设置预留变形量的主要作用是：在隧道开挖过程中，允许围岩有一定量的变形来进一步释放围岩应力，从而减少初期支护和围岩组成的支护体系所承受的变形压力。确定合理的预留变形量能避免隧道超挖或侵限，避免不必要的浪费或损失，从而减少实际工程的造价。预留变形量的大小可根据围岩级别、断面大小、埋置深度、施工方法和支护情况等采用工程类比预测，当无预测值时可参照《铁路隧道设计规范》(TB 10003—2016)中推荐的预留变形量选用，如表 6-14 所示，并应根据现场监控量测结果进行调整。

表 6-14　《铁路隧道设计规范》推荐的预留变形值(mm)

围岩级别	小跨	中跨	大跨
II	—	0～30	30～50
III	10～30	30～50	50～80
IV	30～50	50～80	80～120
V	50～80	80～120	120～170

注：①浅埋、软岩、跨度较大隧道取大值；深埋、硬岩、跨度较小隧道取小值；②有明显流变、原岩应力较大和膨胀岩(土)，应根据量测数据反馈分析确定预留变形量；③特大跨度隧道，应根据量测数据反馈分析确定预留变形量。

根据隧道自身的特点，考虑隧道位移监测前的逸失位移，结合前述分析结果以及上述所得的各种条件下的允许位移控制基准，提出相应的合理预留变形量，如表 6-15 所示。

表 6-15　隧道预留变形量

围岩级别	预留变形量/mm		
	拱部	腰部(单侧)	边墙(单侧)
V级弱风化	450	550	400
V级强风化	650	850	500

6.4　支护时机选择

6.4.1　围岩蠕变与支护时机

在一定地应力作用下，洞室开挖后周围会出现塑性区。在均质黏弹塑性介质围岩中，此塑性区是以 R_0 为半径的圆形区域。在塑性区以外是黏弹性区。对于弹塑性围岩，地应力大小是塑性区形成和发展的主要原因。地应力大，围岩内的塑性区就大。塑性区形成后，为了保持塑性区内围岩平衡，需要提供一定的支护反力 p_0。若 p_0 较小，塑性区就会发展，直到实际的支护反力达到 p_0 为止。对于黏弹塑性围岩，除了地应力因素外，塑性区大小还与黏弹性区围岩材料的蠕变性有关，其理论分析简图如图 6-23 所示。分析时做如下假定：在开挖衬砌设置完成的瞬时（t=0），因恒定地应力 P 的作用，围岩内出现了半径为 R_0 的塑性区；弹性衬砌提供的反力 p_0 能使塑性区达到平衡。开挖后（t>0），塑性区的变化主要与黏弹性区围岩材料的蠕变性有关，应进行黏弹塑性分析[84]。

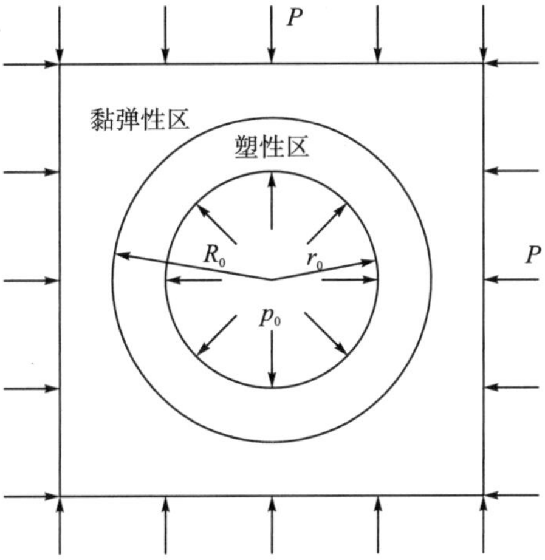

图 6-23　理论分析模型

1.塑性区内的应力

在均匀地应力 P 的作用下，塑性区内仅有径向应力和切向应力，用 σ_r^p 和 σ_θ^p 表示。采用莫尔-库仑屈服准则，假设围岩材料仅发生畸变，体积变形为零，因而泊松比为 0.5。图 6-24 是从图 6-23 中抽取出的塑性区分离体图，图中 R_0 是塑性区半径，与时间有关；$\sigma_{R_0}^p$ 是塑性区和黏弹性区交界面上作用在塑性区上的压力；p_0 是衬砌提供的支护反力。塑性区内静力平衡方程为

$$\frac{d\sigma_r^p}{dr}+\frac{\sigma_r^p-\sigma_\theta^p}{r}=0 \tag{6-5}$$

以极坐标表示的莫尔-库仑屈服准则为

$$\frac{\sigma_\theta^p-\sigma_r^p}{2}=\left(\sigma_r^p+c\cot\varphi\right)\frac{\sin\varphi}{1-\sin\varphi} \tag{6-6}$$

由式(6-5)和式(6-6)可得

$$\frac{\mathrm{d}\sigma_r^p}{c\cot\varphi+\sigma_r^p}=\frac{2\sin\varphi}{1-\sin\varphi}\frac{\mathrm{d}r}{r} \tag{6-7}$$

积分上式则有

$$\sigma_r^p=Ar^{\frac{2\sin\varphi}{1-\sin\varphi}}-c\cot\varphi \tag{6-8}$$

当 $r=r_0$ 时，$\sigma_r^p=p_0$，因而

$$A=\left(p_0+c\cot\varphi\right)r_0^{\frac{-2\sin\varphi}{1-\sin\varphi}} \tag{6-9}$$

将式(6-9)代入式(6-8)则得到 σ_r^p，再由式(6-6)可得出 σ_θ^p，因而塑性区的应力为

$$\begin{cases}\sigma_r^p=c\cot\varphi\left[\left(\dfrac{r}{r_0}\right)^{\frac{2\sin\varphi}{1-\sin\varphi}}-1\right]-p_0\left(\dfrac{r}{r_0}\right)^{\frac{2\sin\varphi}{1-\sin\varphi}}\\ \sigma_\theta^p=c\cot\varphi\left[\dfrac{1+\sin\varphi}{1-\sin\varphi}\left(\dfrac{r}{r_0}\right)^{\frac{2\sin\varphi}{1-\sin\varphi}}-1\right]-p_0\dfrac{1+\sin\varphi}{1-\sin\varphi}\left(\dfrac{r}{r_0}\right)^{\frac{2\sin\varphi}{1-\sin\varphi}}\end{cases} \tag{6-10}$$

由式(6-10)可知塑性区的应力仅与围岩强度参数 c、φ 及支护反力有关，而与地应力 P 无关。

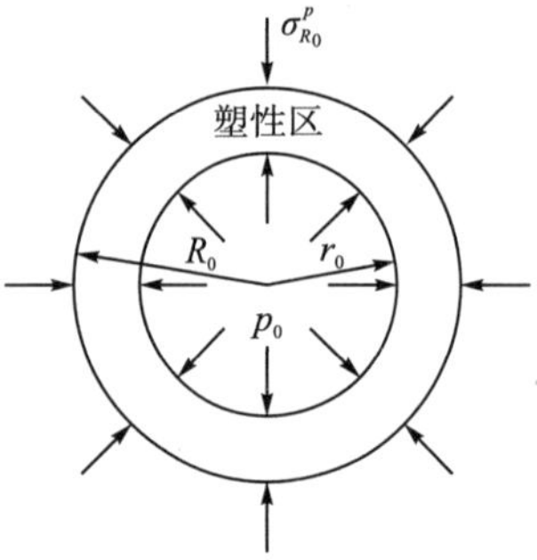

图 6-24 塑性区分离体

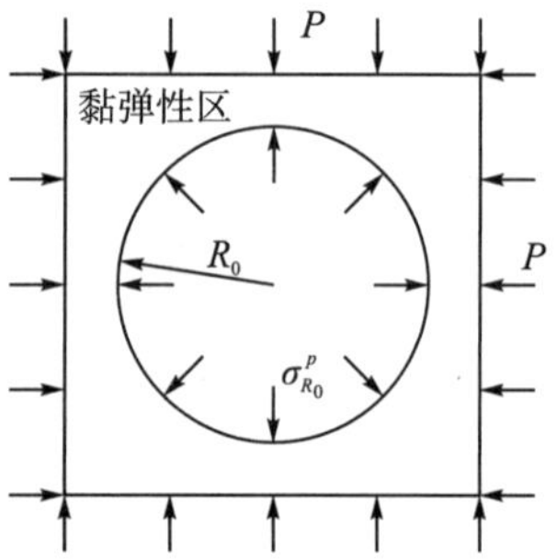

图 6-25 黏弹性区分离体

2.黏弹性区的应力

图 6-25 是黏弹性区分离体。设黏弹性区内的应力为 σ_r 和 σ_θ。由于图 6-25 的受力结构满足米切尔条件，故黏弹性体的应力与相应弹性体相同，可按弹性理论求其应力。按弹性理论得

$$\begin{cases}\sigma_r=A+\dfrac{B}{r^2}\\ \sigma_\theta=A-\dfrac{B}{r^2}\end{cases} \tag{6-11}$$

当 $r\to\infty$时，$\sigma_r=P$，所以 $A=P$；当 $r=R_0$时，$\sigma_r=\sigma_{R_0}^p$，所以，$B=(\sigma_{R_0}^p-P)R_0^2$，令式(6-10)中的 $r=R_0$，则得

$$\sigma_{R_0}^p=c\cot\varphi\left[\left(\frac{R_0}{r_0}\right)^{\frac{2\sin\varphi}{1-\sin\varphi}}-1\right]-p_0\left(\frac{R_0}{r_0}\right)^{\frac{2\sin\varphi}{1-\sin\varphi}} \tag{6-12}$$

由此得出黏弹性区的应力为

$$\begin{cases}\sigma_r=c\cot\varphi\left[\left(\dfrac{R_0}{r_0}\right)^{\frac{2\sin\varphi}{1-\sin\varphi}}-1\right]\left(\dfrac{R_0}{r}\right)^2-p_0\left(\dfrac{R_0}{r_0}\right)^{\frac{2\sin\varphi}{1-\sin\varphi}}\left(\dfrac{R_0}{r}\right)^2+P\left(1-\dfrac{R_0^2}{r^2}\right)\\ \sigma_\theta=-c\cot\varphi\left[\left(\dfrac{R_0}{r_0}\right)^{\frac{2\sin\varphi}{1-\sin\varphi}}-1\right]\left(\dfrac{R_0}{r}\right)^2-p_0\left(\dfrac{R_0}{r_0}\right)^{\frac{2\sin\varphi}{1-\sin\varphi}}\left(\dfrac{R_0}{r}\right)^2+P\left(1+\dfrac{R_0^2}{r^2}\right)\end{cases} \tag{6-13}$$

3.塑性区半径 R_0

当 $r=R_0$时，$\sigma_\theta^p=\sigma_r^p$，因此可求出 R_0。由式(6-12)和式(6-13)可得

$$\begin{aligned}&-c\cot\varphi\left[\left(\frac{R_0}{r_0}\right)^{\frac{2\sin\varphi}{1-\sin\varphi}}-1\right]-p_0\left(\frac{R_0}{r_0}\right)^{\frac{2\sin\varphi}{1-\sin\varphi}}+2P\\&=c\cot\varphi\left[\frac{1+\sin\varphi}{1-\sin\varphi}\left(\frac{R_0}{r_0}\right)^{\frac{2\sin\varphi}{1-\sin\varphi}}-1\right]-p_0\frac{1+\sin\varphi}{1-\sin\varphi}\left(\frac{R_0}{r_0}\right)^{\frac{2\sin\varphi}{1-\sin\varphi}}\end{aligned} \tag{6-14}$$

整理式(6-14)可得 R_0 有如下表达式

$$R_0=r_0\left[\frac{(P+c\cot\varphi)(1-\sin\varphi)}{p_0+c\cot\varphi}\right]^{\frac{1-\sin\varphi}{2\sin\varphi}} \tag{6-15}$$

式(6-15)也就是 R_0 与支护反力 p_0 的关系。将式(6-15)代入式(6-12)，则得黏弹性区与塑性区交界面上的径向应力 $\sigma_{R_0}^p$的另一种表达式，即

$$\sigma_{R_0}^p=P-(P\sin\varphi+c\cot\varphi) \tag{6-16}$$

因而黏弹性区的应力即式(6-13)可改写为下式：

$$\begin{cases}\sigma_r=P-(P\sin\varphi+c\cos\varphi)\dfrac{R_0^2}{r^2}\\ \sigma_\theta=P+(P\sin\varphi+c\cos\varphi)\dfrac{R_0^2}{r^2}\end{cases} \tag{6-17}$$

由此可看出黏弹性区和塑性区交界面上的应力在 P、c 和 φ 恒定时，与时间无关。

4.黏弹性区的位移

由图 6-24 可知，在地应力 P 和 $\sigma_{R_0}^p$作用下，围岩中的附加应力场为

$$\begin{cases} \sigma_r' = -\left(P - \sigma_{R_0}^p\right)\dfrac{R_0^2}{r^2} \\ \sigma_\theta' = \left(P - \sigma_{R_0}^p\right)\dfrac{R_0^2}{r^2} \end{cases} \tag{6-18}$$

隧道移开挖后，黏弹性区围岩在附加应力场作用下产生位移，此位移还与黏弹性区围岩材料的蠕变特性有关。在均匀应力场中，围岩材料的体积变形为零，泊松比为 0.5。假设围岩材料的畸变特性具有标准线性固体的性质，其本构方程为

$$S_{ij} + t_r\dot{S}_{ij} = 2G_\infty e_{ij} + 2G_0 t_r \dot{e}_{ij} \tag{6-19}$$

这里 $S_{ij}=\sigma_{ij}-\sigma_m\delta_{ij}$，$e_{ij}=\varepsilon_{ij}-\varepsilon_m\delta_{ij}$。此处平均应力 σ_m 和平均应变 ε_m 均为零。因而式(6-19)写成分列式则为

$$\begin{cases} \sigma_r + t_r\dot{\sigma}_r = 2G_\infty\varepsilon_r + 2G_0 t_r\dot{\varepsilon}_r \\ \sigma_\theta + t_r\dot{\sigma}_\theta = 2G_\infty\varepsilon_\theta + 2G_0 t_r\dot{\varepsilon}_\theta \end{cases} \tag{6-20}$$

由于体积变形为零，故有

$$\varepsilon_r + \varepsilon_\theta = \frac{\partial u}{\partial r} + \frac{u}{r} = 0 \tag{6-21}$$

解上式可得

$$u = \frac{A(t)}{r} \tag{6-22}$$

在 $r=R_0$ 的交界面上的应力与应变也应满足本构方程(6-20)，将式(6-16)的 $\sigma_{R_0}^p$ 代入式(6-18)可得 $r=R_0$ 界面上的附加径向应力：

$$\sigma_{rR_0}' = -\left(P\sin\varphi + c\cos\varphi\right) \tag{6-23}$$

由式(6-22)得 $r=R_0$ 界面上的位移 $u_{R_0} = \dfrac{A(t)}{R_0}$，因而

$$\begin{cases} \varepsilon_r = \dfrac{\partial u_{R_0}}{\partial R_0} = \dfrac{\partial}{\partial R_0}\left(\dfrac{A(t)}{R_0}\right) = -\dfrac{A(t)}{R_0^2} \\ \dot{\varepsilon}_r = \dfrac{\partial}{\partial t}\left(-\dfrac{A(t)}{R_0^2}\right) = -\dfrac{\dot{A}(t)}{R_0^2} + \dfrac{2\dot{R}_0}{R_0^3}A(t) \end{cases} \tag{6-24}$$

令 $N = 2(P\sin\varphi + c\cos\varphi)$，考虑式(6-20)的第一式，此时 $\sigma_r = \sigma_{rR_0}'$，$\dot{\sigma}_r = 0$，所以式(6-20)变为

$$-\frac{N}{2} = 2G_\infty\left[-\frac{A(t)}{R_0^2}\right] + 2G_0 t_r\left[-\frac{\dot{A}(t)}{R_0^2} + \frac{2\dot{R}_0}{R_0^3}A(t)\right] \tag{6-25}$$

整理式(6-25)可得

$$\dot{A}(t) + \left(\frac{G_\infty}{G_0 t_r} - \frac{2\dot{R}_0}{R}\right)A(t) = \frac{NR_0^2}{4G_0 t_r} \tag{6-26}$$

当 $t=0$ 时，u_{R_0} 为弹性解 $u_{R_0}^e$，$u_{R_0}^e = \dfrac{NR_0(0)}{4G_0}$，所以 $A(0) = u_{R_0}^e R_0(0) = \dfrac{NR_0^2(0)}{4G_0}$，$R_0(0)$ 为弹塑性情况下的塑性区半径。因此，解式(6-26)则得

$$A(t)=\frac{NR_0^2}{4}\left[\frac{1}{G_\infty}-\left(\frac{1}{G_\infty}-\frac{1}{G_0}\right)\mathrm{e}^{-\alpha t}\right] \tag{6-27}$$

式中，G_∞ 为围岩最终剪切模量；G_0 为围岩初始剪切模量；t 为时间；α 为蠕变参数且 $\alpha=\dfrac{G_\infty}{G_0 t_r}$。黏弹性区的位移为

$$u=\frac{NR_0^2}{4r}\left[\frac{1}{G_\infty}-\left(\frac{1}{G_\infty}-\frac{1}{G_0}\right)\mathrm{e}^{-\alpha t}\right] \tag{6-28}$$

式中，$r \geqslant R_0$。

5.塑性区和衬砌位移及 p_0

图 6-26 是衬砌分离体示意图。因假设塑性区的体积变形为零，所以

$$\varepsilon_r^p+\varepsilon_\theta^p=\frac{\partial u^p}{\partial r}+\frac{u^p}{r}=0 \tag{6-29}$$

解上式得

$$u^p=\frac{A'(t)}{r} \tag{6-30}$$

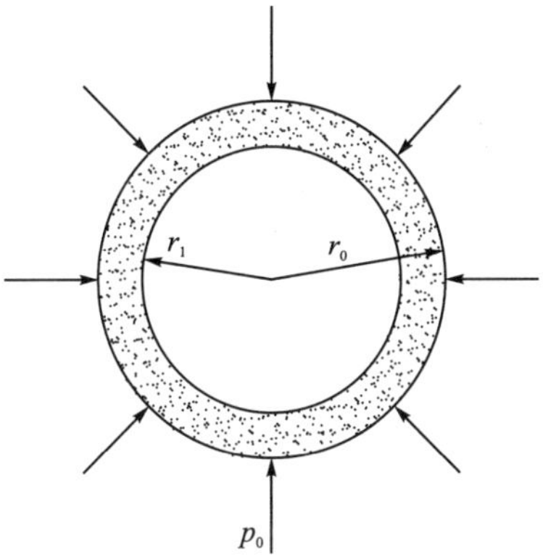

图 6-26　衬砌结构分离体

当 $r=R_0$ 时，$u_{R_0}^p=u_{R_0}$，由式(6-28)则得

$$u_{R_0}^p=\frac{A'(t)}{R_0}=\frac{NR_0^2}{4R_0}\left[\frac{1}{G_\infty}-\left(\frac{1}{G_\infty}-\frac{1}{G_0}\right)\mathrm{e}^{-\alpha t}\right] \tag{6-31}$$

所以

$$A'(t)=\frac{NR_0^2}{4}\left[\frac{1}{G_\infty}-\left(\frac{1}{G_\infty}-\frac{1}{G_0}\right)\mathrm{e}^{-\alpha t}\right] \tag{6-32}$$

因而塑性区位移为

$$u^{p}=\frac{NR_{0}^{2}}{4r}\left[\frac{1}{G_{\infty}}-\left(\frac{1}{G_{\infty}}-\frac{1}{G_{0}}\right)\mathrm{e}^{-\alpha t}\right] \tag{6-33}$$

虽然式(6-33)与式(6-28)相同，但r的取值范围不同。式(6-33)中，$r_0 \leqslant r \leqslant R_0$。在塑性区与衬砌的交界面处，$r=r_0$，围岩位移为

$$u_{r_0}^{p}=\frac{NR_{0}^{2}}{4r_0}\left[\frac{1}{G_{\infty}}-\left(\frac{1}{G_{\infty}}-\frac{1}{G_{0}}\right)\mathrm{e}^{-\alpha t}\right] \tag{6-34}$$

根据弹塑性理论，可以得出衬砌的位移为

$$u_c=\frac{p_0 r_0^2 r}{2G_c}\frac{1-2v_c+\dfrac{r_1^2}{r^2}}{r_0^2-r_1^2} \tag{6-35}$$

式中，G_c为衬砌的剪切模量；v_c为衬砌的泊松比。

当$r=r_0$时，衬砌外缘的位移为

$$u_{cr_0}=\frac{p_0 r_0 f_{c0}}{2G_c} \tag{6-36}$$

式中，$f_{c0}=\dfrac{(1-2v_c)r_0^2+r_1^2}{r_0^2-r_1^2}$。

在塑性区与衬砌交界面上变形协调条件为$u_{r_0}^{p}=u_{cr_0}$，代入式(6-34)和式(6-36)后，经整理则得出支护反力p_0随时间变化的关系为

$$p_0=\frac{NR_0^2 G_c}{4r_0^2 f_{c0}}\left[\frac{1}{G_{\infty}}-\left(\frac{1}{G_{\infty}}-\frac{1}{G_{0}}\right)\mathrm{e}^{-\alpha t}\right] \tag{6-37}$$

由此看出，支护反力p_0受黏弹性区域围岩材料蠕变性的影响，也随时间逐渐增大。如果衬砌在此时能够提供足够的支护反力，则根据式(6-15)，可抑制塑性区半径R_0的增大，有利用围岩稳定。另一方面若控制了R_0的发展，由式(6-17)可知，黏弹性区的应力也被控制，有利于围岩材料的蠕变过程趋向于稳定状态。由式(6-37)可知，p_0将趋向于一个最终值$p_0(\infty)$：

$$p_0(\infty)=\frac{NR_0^2 G_c}{4r_0^2 f_{c0}} \tag{6-38}$$

将式(6-37)代入式(6-35)，得到衬砌位移与围岩蠕变参数之间的关系：

$$\begin{aligned}u_c&=\frac{r_0^2 r}{2G_c}\frac{1-2v_c+\dfrac{r_1^2}{r^2}}{r_0^2-r_1^2}\frac{NR_0^2 G_c}{4r_0^2 f_{c0}}\left[\frac{1}{G_{\infty}}-\left(\frac{1}{G_{\infty}}-\frac{1}{G_{0}}\right)\mathrm{e}^{-\alpha t}\right]\\&=\frac{NR_0^2\left[(1-2v_c)r^2+r_1^2\right]}{8rf_{c0}\left(r_0^2-r_1^2\right)}\left[\frac{1}{G_{\infty}}-\left(\frac{1}{G_{\infty}}-\frac{1}{G_{0}}\right)\mathrm{e}^{-\alpha t}\right]\end{aligned} \tag{6-39}$$

当$r=r_1$时，式(6-35)表示初期支护表面的位移：

$$u_{cr_1}=\frac{NR_0^2 r_1(1-v_c)}{4f_{c0}\left(r_0^2-r_1^2\right)}\left[\frac{1}{G_{\infty}}-\left(\frac{1}{G_{\infty}}-\frac{1}{G_{0}}\right)\mathrm{e}^{-\alpha t}\right] \tag{6-40}$$

在式(6-34)及式(6-40)中，N可以根据围岩的内摩擦角φ、内聚力c和地应力P计算；

v_c 根据喷射混凝土的标号确定；r_0、r_1、f_{c0} 可根据设计参数确定；G_0 可以根据勘察资料确定的围岩级别来确定；待定参数有围岩最终剪切模量 G_∞、蠕变参数 α 和塑性区半径 R_0。

式(6-40)只适用于圆形隧道，而一般实际工程中隧道断面形式多为三心圆、城门洞型等，可以通过隧道断面等效替代方法(等代圆法)来确定。常用的等代圆法如下。

取断面外接圆半径(图 6-27)时，等代圆的半径 R：

$$R=\frac{\sqrt{4h^2+b^2}}{4\cos\left(\arctan\dfrac{b}{2h}\right)} \tag{6-41}$$

取圆拱半径(图 6-28)时，等代圆的半径 R：

$$R=\frac{b}{2\sin(\alpha/2)} \tag{6-42}$$

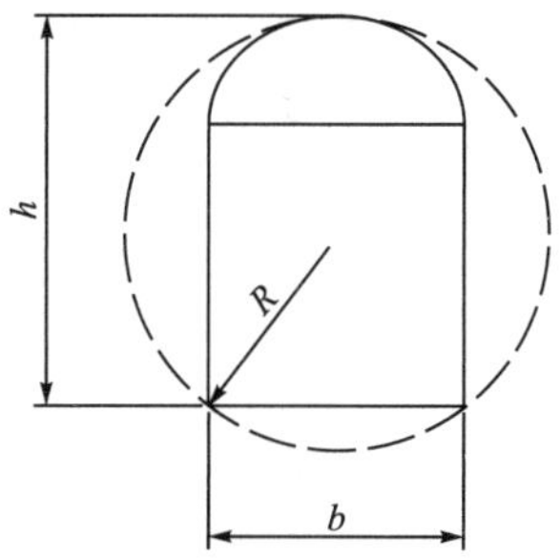

图 6-27　取断面外接圆半径

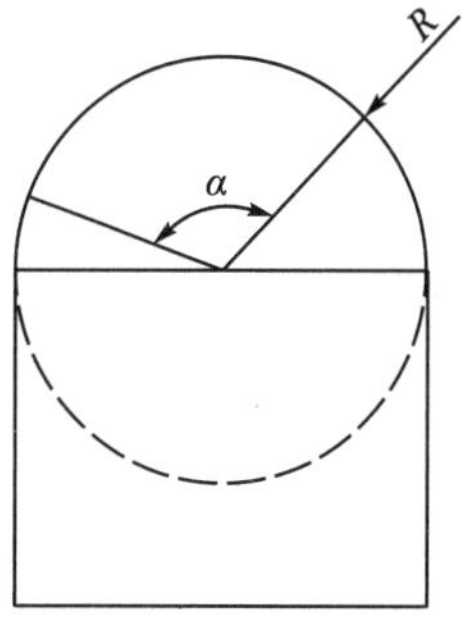

图 6-28　取圆拱半径

取大小半径和的 1/2(图 6-29)时，等代圆的半径 R：

$$R=\frac{a_1+a_2}{2} \tag{6-43}$$

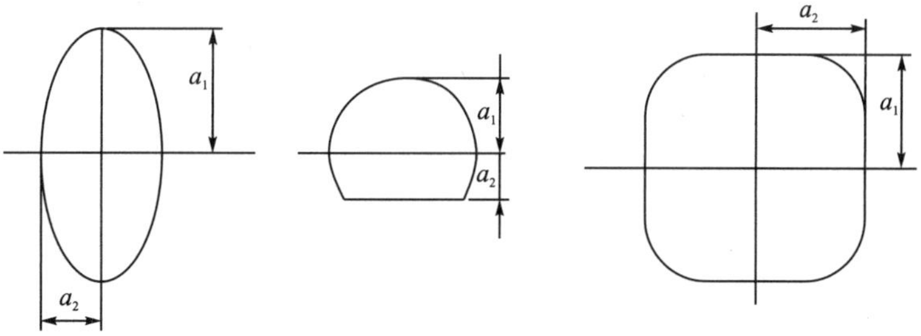

图 6-29　取大小半径和的 1/2

取洞室高度与跨度的 1/4(图 6-30)时，等代圆的半径 R：

$$R=\frac{h+b}{4} \tag{6-44}$$

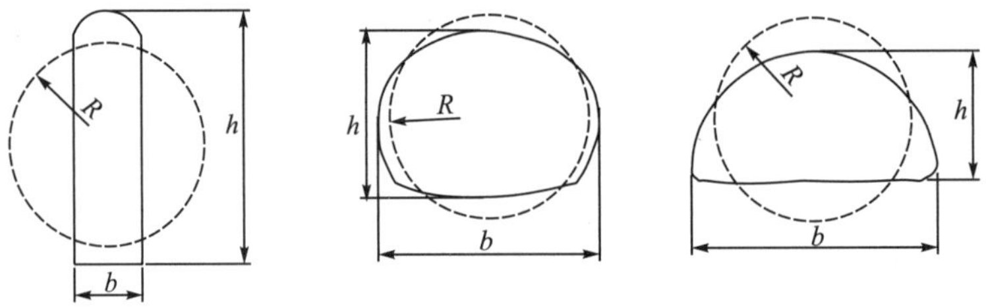

图 6-30 取洞室高度与跨度的 1/4

这些方法对于高跨比(h/b)在 0.8～1.25 范围内的洞室大体是适用的；对于一些大跨度、高边墙的洞室，则以洞室高度与跨度的 1/4 来计算。由于依托隧道为椭圆形断面，可以根据隧道设计断面来计算等代圆的半径，计算出隧道等代圆参数为 $r_0 = 4.69$ m，$r_1 = 4.44$ m。

现场监测的隧道拱顶沉降、净空收敛与时间的回归关系可以有多种表达式，其中，回归表达式 $u = A - Be^{-\alpha t}$ 与蠕变情况下隧道衬砌的位移表达式(6-40)有相似的形式。对比这两个关系式，可以得到围岩蠕变参数 G_∞、R_0 及 α 的表达式[85]：

$$R_0 = \sqrt{\frac{2G_0 f_{c0}(A-B)(r_0^2 - r_1^2)}{r_1 N(1-\nu_c)}} \tag{6-45}$$

$$G_\infty = \frac{r_1 N R_0^2 (1-\nu_c)}{2Af_{c0}(r_0^2 - r_1^2)} \tag{6-46}$$

6.4.2 支护时机

为了确定围岩蠕变参数 G_∞、R_0 及 α，首先要对监控量测数据用 $u = A - Be^{-\alpha t}$ 公式进行拟合；其次，用式(6-45)和式(6-46)计算出围岩蠕变参数 G_∞ 和 R_0，其中蠕变参数 α 与拟合参数 α 相等。

1.进口工区Ⅴ级弱风化围岩段

选取隧道进口工区Ⅴ级弱风化围岩段 5 个典型的稳定断面进行数据分析，分别对拱顶沉降、水平收敛位移进行包络回归分析。图 6-31(彩图见附录)为拱顶沉降位移的包络线回归分析，图中包含两条包络线，外包络线为监控量测的拱顶沉降位移的最大值，内包络线为监控量测的拱顶沉降位移的最小值。对外包络线拟合得到拱顶沉降位移的上限，对内包络线拟合得到拱顶沉降位移的下限。由图可知，拟合上限的曲线为 $u = 219.617 - 215.311 \times e^{-0.0578t}$，拟合下限的曲线为 $u = 122.772 - 120.365 \times e^{-0.0564t}$。图 6-32(彩图见附录)为水平收敛位移的包络线回归分析，图中包含两条包络线，外包络线为监控量测的水平收敛位移的最大值，内包络线为监控量测的水平收敛位移的最小值。对外包络线拟合得到水平收敛位移的上限，对内包络线拟合得到水平收敛位移的下限。由图可知，拟合上限的曲线为 $u = 288.253 - 282.601 \times e^{-0.0470t}$，拟合下限的曲线为 $u = 181.036 - 177.486 \times e^{-0.0494t}$。

通过上面 4 个拟合结果，将围岩和初期支护的基本力学性质参数及开挖轮廓和初衬内轮廓等几何参数代入式(6-45)和式(6-46)，即可计算得出围岩蠕变参数 G_∞、R_0 及 α，结果见表 6-16。计算围岩蠕变参数 G_∞、R_0 及 α 的均值，得到进口工区Ⅴ级弱风化围岩段的蠕变参数分别为：R_0=8.5m，G_∞=0.2974MPa，α=0.0527d^{-1}。代入式(6-40)得到隧道初期支护表面的位移 $u=142.354-139.525\times e^{-0.0668t}$。为了分担围岩压力并控制隧道变形，软岩隧道应该及时构筑二次衬砌。根据相关规范，二次衬砌的合理支护时机取为隧道的变形值达到 80%(Ⅴ级围岩)最终变形量时所对应的时间。通过计算，得到隧道进口工区Ⅴ级弱风化围岩段二次衬砌的合理支护时机为 31d。

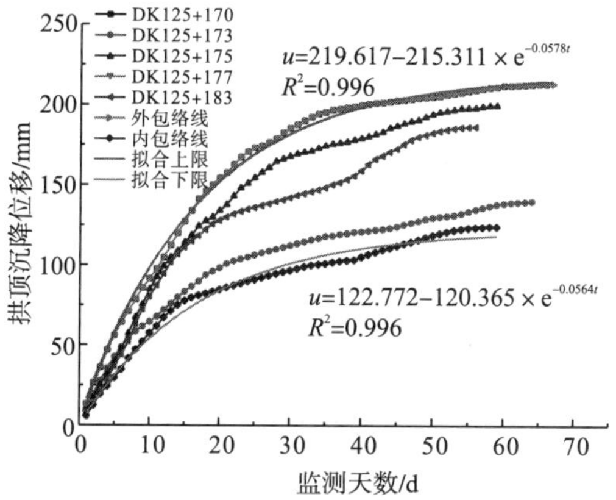

图 6-31　隧道进口工区Ⅴ级弱风化围岩段拱顶沉降位移

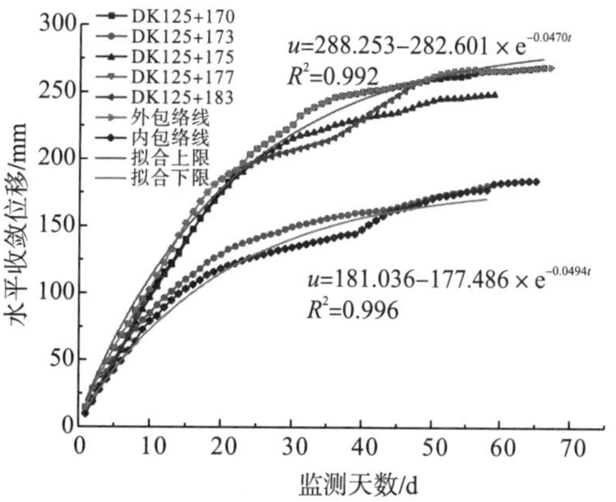

图 6-32　隧道进口工区Ⅴ级弱风化围岩段水平位移

表 6-16　隧道进口工区Ⅴ级弱风化围岩段蠕变参数及二次衬砌合理支护时机

围岩级别	拟合位置	拟合水平	R_0/m 计算值	R_0/m 均值	G_∞/MPa 计算值	G_∞/MPa 均值	α/d^{-1} 计算值	α/d^{-1} 均值	二次衬砌合理支护时机/d
Ⅴ级弱风化	拱顶沉降	上限	8.7	8.5	0.2962	0.2947	0.0578	0.0527	31
		下限	7.6		0.2900		0.0564		
	水平收敛	上限	9.3		0.2963		0.0470		
		下限	8.3		0.2962		0.0494		

2.进口工区Ⅴ级强风化围岩段

选取隧道进口工区Ⅴ级强风化围岩段 5 个典型的稳定断面进行数据分析，分别对拱顶沉降、水平收敛位移进行包络回归分析。图 6-33(彩图见附录)为拱顶沉降位移的包络线回归分析，图中包含两条包络线，外包络线为监控量测的拱顶沉降位移的最大值，内包络线为监控量测的拱顶沉降位移的最小值。对外包络线拟合得到拱顶沉降位移的上限，对内包络线拟合得到拱顶沉降位移的下限。由图可知，拟合上限的曲线为 $u=694.613-680.993\times e^{-0.0381t}$，拟合下限的曲线为 $u=542.622-531.982\times e^{-0.0535t}$。图 6-34(彩图见附录)为水平收敛位移的包络线回归分析，图中包含两条包络线，外包络线为监控量测的水平收敛位移的最大值，内包络线为监控量测的水平收敛位移的最小值。对外包络线拟合得到水平收敛位移的上限，对内包络线拟合得到水平收敛位移的下限。由图可知，拟合上限的曲线为 $u = 776.302 - 761.088 \times e^{-0.0428t}$，拟合下限的曲线为 $u = 736.167 - 721.732 \times e^{-0.0385t}$。

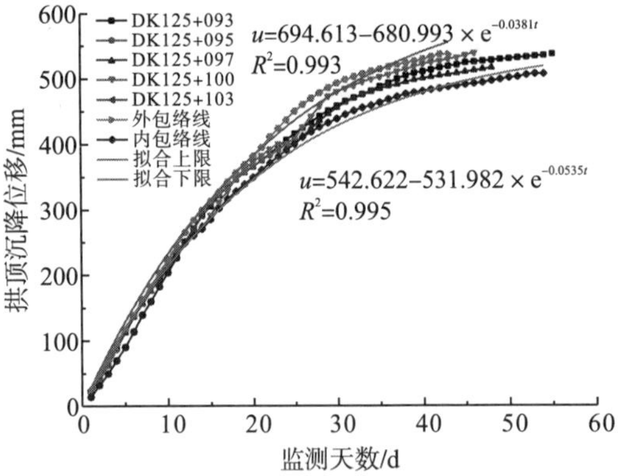

图 6-33 隧道进口工区Ⅴ级强风化围岩段拱顶沉降位移

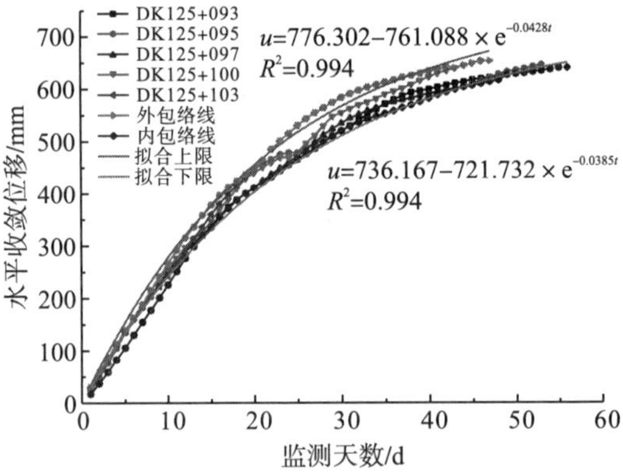

图 6-34 隧道进口工区Ⅴ级强风化围岩段水平收敛位移

通过上面 4 个拟合结果，将围岩和初期支护的基本力学性质参数及开挖轮廓和初衬内轮廓等几何参数代入式(6-45)和式(6-46)，即可计算得出围岩蠕变参数 G_∞、R_0 及 α，结果见表 6-17。计算围岩蠕变参数 G_∞、R_0 及 α 的均值，得到进口工区Ⅴ级强风化围岩段的蠕变参数分别为：R_0=10.7m，G_∞=0.1455MPa，α=0.0432d^{-1}。代入式(6-40)得到隧道初期支护表面的位移 $u = 689.517 - 675.723 \times e^{-0.0527t}$。通过计算，得到隧道进口工区Ⅴ级强风化围岩段二次衬砌的合理支护时机为 37d。

表 6-17 隧道进口工区Ⅴ级强风化围岩段蠕变参数及二次衬砌合理支护时机

围岩级别	拟合位置	拟合水平	R_0/m		G_∞/MPa		α/d^{-1}		二次衬砌合理支护时机/d
			计算值	均值	计算值	均值	计算值	均值	
Ⅴ级强风化	拱顶沉降	上限	10.8	10.7	0.1455	0.1455	0.0381	0.0432	37
		下限	10.0		0.1455		0.0535		
	水平收敛	上限	11.1		0.1454		0.0428		
		下限	10.9		0.1455		0.0385		

3.出口工区Ⅴ级弱风化围岩段

选取隧道出口工区Ⅴ级弱风化围岩段 7 个典型的稳定断面进行数据分析，分别对拱顶沉降、水平收敛位移进行包络回归分析。图 6-35(彩图见附录)为拱顶沉降位移的包络线回归分析，图中包含两条包络线，外包络线为监控量测的拱顶沉降位移的最大值，内包络线为监控量测的拱顶沉降位移的最小值。对外包络线拟合得到拱顶沉降位移的上限，对内包络线拟合得到拱顶沉降位移的下限。由图可知，拟合上限的曲线为$u=173.785-170.377\times e^{-0.0738t}$，拟合下限的曲线为$u=82.472-80.855\times e^{-0.0542t}$。图 6-36(彩图见附录)为水平收敛位移的包络线回归分析，图中包含两条包络线，外包络线为监控量测的水平收敛位移的最大值，内包络线为监控量测的水平收敛位移的最小值。对外包络线拟合得到水平收敛位移的上限，对内包络线拟合得到水平收敛位移的下限。由图可知，拟合上限的曲线为$u=213.159-208.980\times e^{-0.0764t}$，拟合下限的曲线为$u=134.827-132.183\times e^{-0.0628t}$。

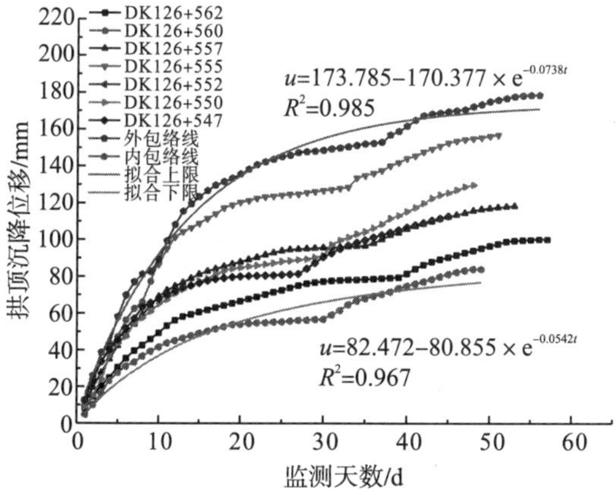

图 6-35　隧道出口工区Ⅴ级弱风化围岩段拱顶沉降位移

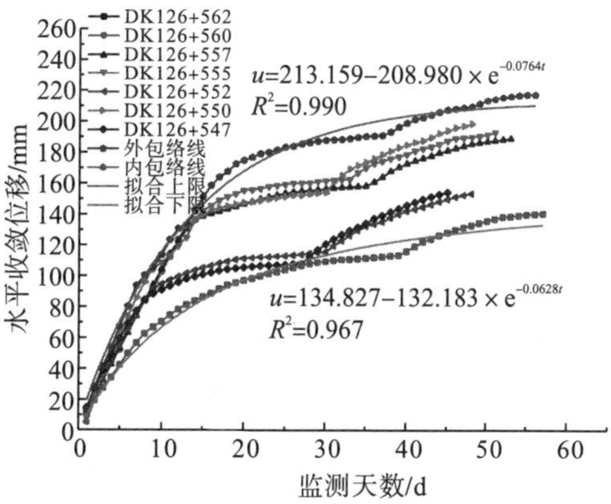

图 6-36　隧道出口工区Ⅴ级弱风化围岩段水平收敛位移

通过上面 4 个拟合结果，将围岩和初期支护的基本力学性质参数及开挖轮廓和初衬内轮廓等几何参数代入式(6-45)和式(6-46)，即可计算得出围岩蠕变参数G_∞、R_0及α，结果见表 6-18。计算围岩蠕变参数G_∞、R_0及α的均值，得到出口工区Ⅴ级弱风化围岩段的蠕变参数分别为：R_0=7.9m，G_∞=0.2943MPa，α=0.0668d^{-1}。代入式(6-40)得到隧道初期支护表面的位移$u=196.762-192.847\times e^{-0.0527t}$。通过计算，得到隧道出口工区Ⅴ级弱风化围岩段二次衬砌的合理支护时机为 29d。

表 6-18　隧道出口工区Ⅴ级弱风化围岩段蠕变参数及二次衬砌合理支护时机

围岩级别	拟合位置	拟合水平	R_0 /m 计算值	R_0 /m 均值	G_∞ /MPa 计算值	G_∞ /MPa 均值	α /d^{-1} 计算值	α /d^{-1} 均值	二次衬砌合理支护时机/d
Ⅴ级弱风化	拱顶沉降	上限	8.2	7.9	0.2955	0.2943	0.0738	0.0668	29
		下限	7.1		0.2929		0.0542		
	水平收敛	上限	8.6		0.2976		0.0764		
		下限	7.8		0.2913		0.0628		

4.出口工区Ⅴ级强风化围岩段

选取隧道出口工区Ⅴ级强风化围岩段 7 个典型的稳定断面进行数据分析，分别对拱顶沉降、水平收敛位移进行包络回归分析。图 6-37(彩图见附录)为拱顶沉降位移的包络线回归分析，图中包含两条包络线，外包络线为监控量测的拱顶沉降位移的最大值，内包络线为监控量测的拱顶沉降位移的最小值。对外包络线拟合得到拱顶沉降位移的上限，对内包络线拟合得到拱顶沉降位移的下限。由图可知，拟合上限的曲线为$u=756.569-741.734\times e^{-0.0345t}$，拟合下限的曲线为$u=457.862-448.884\times e^{-0.0432t}$。图 6-38(彩图见附录)为水平收敛位移的包络线回归分析，图中包含两条包络线，外包络线为监控量测的水平收敛位移的最大值，内包络线为监控量测的水平收敛位移的最小值。对外包络线拟合得到水平收敛位移的上限，对内包络线拟合得到水平收敛位移的下限。由图可知，拟合上限的曲线为$u=1012.119-992.274\times e^{-0.0302t}$，拟合下限的曲线为$u=624.272-612.031\times e^{-0.0363t}$。

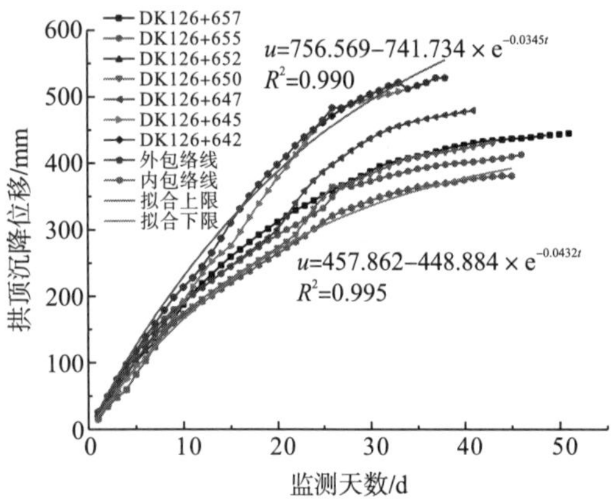

图 6-37 隧道出口工区Ⅴ级强风化围岩段拱顶沉降位移

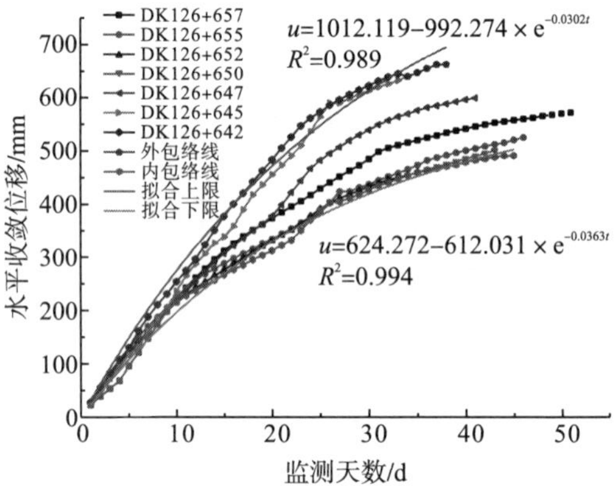

图 6-38 隧道出口工区Ⅴ级强风化围岩段水平收敛位移

通过上面 4 个拟合结果，将围岩和初期支护的基本力学性质参数及开挖轮廓和初衬内轮廓等几何参数代入式(6-45)和式(6-46)，即可计算得出围岩蠕变参数G_∞、R_0及α，结果见表 6-19。计算围岩蠕变参数G_∞、R_0及α的均值，得到出口工区Ⅴ级强风化围岩段的蠕变参数分别为：R_0=10.8m，G_∞=0.1455MPa，α=0.0361d^{-1}。代入式(6-40)得到隧道初期支护表面的位移$u=668.261-654.901\times e^{-0.0361t}$。通过计算，得到隧道出口工区Ⅴ级强风化围岩段二次衬砌的合理支护时机为 44d。

表 6-19 隧道出口工区Ⅴ级强风化围岩段蠕变参数及二次衬砌合理支护时机

围岩级别	拟合位置	拟合水平	R_0 /m 计算值	R_0 /m 均值	G_∞ /MPa 计算值	G_∞ /MPa 均值	α /d^{-1} 计算值	α /d^{-1} 均值	二次衬砌合理支护时机/d
Ⅴ级强风化	拱顶沉降	上限	11.0	10.8	0.1455	0.1455	0.0345	0.0361	44
		下限	9.6		0.1455		0.0432		
	水平收敛	上限	12.1		0.1455		0.0302		
		下限	10.4		0.1455		0.0363		

6.5 本章小结

本章首先对国内外隧道施工安全控制标准进行了调研，对其影响因素进行了分析，确定了隧道施工安全控制标准及合理的预留变形量。其次，利用监控量测数据对围岩蠕变参数进行了识别，并确定了合理的二次衬砌支护时机。获得了如下认识：

(1) 影响隧道位移控制基准的关键性因素有：围岩特性、隧道埋深、断面尺寸、开挖方法。隧道的位移控制基准暂不考虑断面尺寸的影响。

(2) 分别建立了进口工区和出口工区Ⅴ级弱风化围岩和Ⅴ级强风化围岩的位移控制基准(表 6-10 及表 6-11)，以及位移速率控制基准(表 6-13)，在此基础上提出Ⅴ级弱风化围岩和Ⅴ级强风化围岩的合理预留变形量(表 6-15)。

(3) 通过监控量测数据，提出进口工区Ⅴ级弱风化围岩段二次衬砌合理支护时机为 31d；进口工区Ⅴ级强风化围岩段二次衬砌合理支护时机为 37d；出口工区Ⅴ级弱风化围岩段二次衬砌合理支护时机为 29d；出口工区Ⅴ级强风化围岩段二次衬砌合理支护时机为 44d。

第 7 章　炭质页岩非线性黏弹塑性蠕变模型

炭质页岩节理裂隙发育、完整性差，遇水软化。隧道在炭质页岩地层中开挖后，大多数围岩呈现出显著的蠕变特征，在施工过程中面临着围岩大变形灾害的威胁，给隧道施工及结构的长期稳定与安全带来了巨大的挑战。根据隧道施工过程中围岩的变形特性，本章研究炭质页岩的蠕变机制，构建适用于炭质页岩的蠕变本构模型，基于室内岩样的分级加卸载蠕变数据，对提出的蠕变本构模型进行参数辨识与验证。相关工作可为后续围岩的长期稳定性和隧道结构的安全分析提供依据。

7.1　岩石流变与蠕变

在经典弹塑性力学理论中，岩石的外力作用方式、外力大小及岩石本身的物理力学特性决定了岩石的应力-应变状态。这种理论忽略了时间效应，即在任何时刻，上述变量保持不变时，岩石的应力-应变状态也保持不变。但在工程实践中，对岩石研究将不仅局限于应力-应变状态，而是应力-应变-时间之间的函数关系。岩石的变形不仅取决于加载时刻的外力和外力大小，而且还与加载以前的历史有关[86-89]。岩石流变学研究的内容主要包含以下几个方面：

蠕变：在恒定荷载作用下，岩石变形随时间而发展。

应力松弛：在保持应变水平不变时，岩石应力随时间而衰减。

流动：岩石的应变速率随应力的增加而发展。

弹性后效和滞后效应：岩石加载并产生瞬时变形后，仍旧有部分可恢复弹性变形随加载时间增长而产生，这部分弹性变形在卸载时仍需要时间恢复。对于这一现象，其加载过程被称为滞后效应，卸载过程被称为弹性后效。

长期强度：岩石强度随时间而衰减。

在这五个岩石流变学研究范围中，蠕变与隧道工程设计施工的关系最为密切，相关研究工作也最具重要性和工程价值。因此本章以泥岩和砂岩的蠕变特性为主要研究对象。

在岩土工程当中，岩石蠕变现象时常出现，尤其在隧道软弱围岩中，岩石在施工初期即有较大蠕变变形，甚至可能出现大变形等灾害。即使在硬岩地层中，当隧道工程遇到大埋深、高地应力情况时，隧道施作完成后运营期内，持续的蠕变变形仍可对支护结构产生较为严重的破坏。

岩石蠕变应力随时间的变化曲线主要有两种形式：稳定蠕变和不稳定蠕变状态，如图 7-1 所示。稳定蠕变的岩石在初期产生瞬时变形后，开始以较大速率产生蠕变变形，蠕变速率迅速衰减，岩石形变最终收敛为定值；不稳定蠕变的岩石与稳态蠕变岩石的不同之处在于，不稳定蠕变岩石的蠕变速率先衰减后增大，岩石的变形趋向于无穷大而最终导致破坏。当岩石所受到应力水平低于岩石长期强度时，岩石产生稳定蠕变；当岩石所受到应力水平高于岩石长期强度时，岩石将产生不稳定蠕变。

对于岩石的不稳定蠕变，可将其蠕变曲线划分为以下四个阶段(图 7-2)：

瞬时变形阶段(*OA* 段)：岩石弹性变形阶段，产生瞬时弹性形变；

衰减蠕变阶段(*AB* 段)：岩石产生较大蠕变变形，蠕变速率逐渐衰减；

等速蠕变阶段(*BC* 段)：岩石产生少量蠕变变形，蠕变速率恒定或收敛为零；

加速蠕变阶段(*CD* 段)：岩石产生大量蠕变变形，蠕变速率无限增大，最终达到破坏。

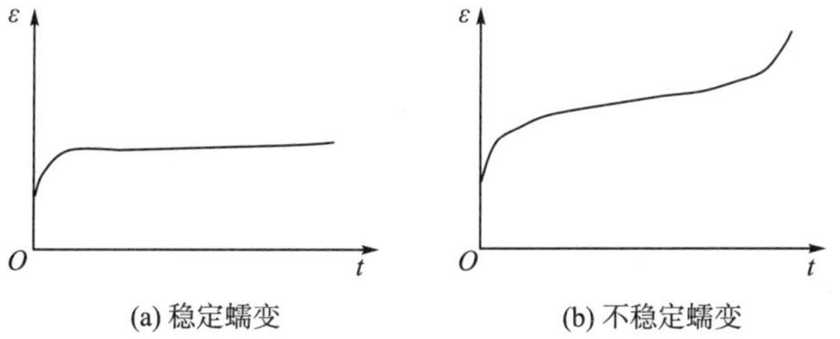

图 7-1　岩石蠕变曲线类型

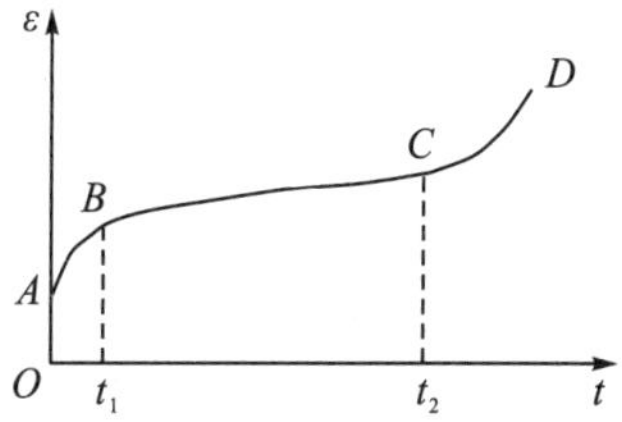

图 7-2　岩石蠕变曲线类型

在实际工程岩体中，岩体的蠕变会受到节理裂隙、温度、湿度、地应力场等多因素影响。对于地处高地应力、节理发育的软弱围岩来说，其往往会产生不稳定蠕变而导致大面积变形破坏；而对于地应力较低、节理不发育的硬质围岩来说，其往往产生稳定蠕变，隧道结构处于较安全状态。随着围岩温度、湿度的提升，围岩的蠕变速率也将增大。

7.2　岩石蠕变模型

岩石在蠕变试验中表现出的蠕变力学特性，一般可用三种方式建立模型对其进行描述：①经验公式法，即在大量岩石试验数据的基础上，建立经验蠕变公式；②积分法，根据 Boltzmann 叠加原理建立蠕变本构模型的积分形式；③组合模型法，将具有基本物理功能的元件(例如弹性、塑性、黏性单元)进行组合，共同表达岩石蠕变变形特性[90-92]。这三种方法中，经验公式法和组合模型法使用较为广泛，下面对这两种方法进行详细介绍。

7.2.1 经验蠕变模型

岩石的经验蠕变模型通常用数学函数对岩石蠕变数据进行拟合，一般为幂、指数、对数等数学函数相互组合而成。典型的经验蠕变本构模型如表 7-1 所示。

表 7-1 典型的经验蠕变本构模型

类型	本构模型	作者
幂函数	$\varepsilon(t)=a+bt^n$	Swfit
对数函数	$\varepsilon(t)=a+b\lg t$	Phillips
	$\varepsilon(t)=a+b\ln t$	Robertson
	$\varepsilon(t)=a\left[\lg(1+bt)\right]^{2/3}$	Mott，Nabarro
指数函数	$\varepsilon(t)=a\left(2-e^{1-ct^n}\right)$	Evans
	$\varepsilon(t)=b\left(1-e^{1-ct}\right)$	Hardy
	$\varepsilon(t)=a\left(1-e^{1-bt}\right)+c\left(1-e^{1-dt}\right)$	McHenry
双曲线函数	$\varepsilon(t)=\dfrac{at}{1+bt}$	Freudenthal
混合函数	$\varepsilon(t)=a\lg t+bt^n+c$	Wyatt
	$\varepsilon(t)=a\left(1+bt^{1/3}\right)e^{kt}$	Andrade
	$\varepsilon(t)=\dfrac{\sigma}{E_c}+g\sigma^f t+k\sigma\lg(t+1)$	Hobbs

经验蠕变模型对岩石蠕变数据的拟合度能够达到较高的水平，简单而又直观，且能够拟合多种岩石蠕变特征，但这种方法缺乏物理理论依据，很难从原理上解释岩石蠕变特性，而且每个模型的适用范围较小，区域性限制较大，故较少应用于工程实践。

7.2.2 组合蠕变模型

1.线性元件

岩石的线性流变元件有三种，分别为弹性元件、塑性元件和黏性元件。通过将这三种基本元件进行串联或并联可以组成多种组合模型，从而对岩石的流变力学特性进行准确的描述。

弹性元件为仅符合胡克定律的理想元件，其应变与应力呈线性正比关系。弹性元件的力学特性不具备时间效应，即只能产生瞬时变形，所以弹性元件没有流变变形特性。弹性元件力学模型如图 7-3(a)所示，应力-应变曲线如图 7-3(b)所示。

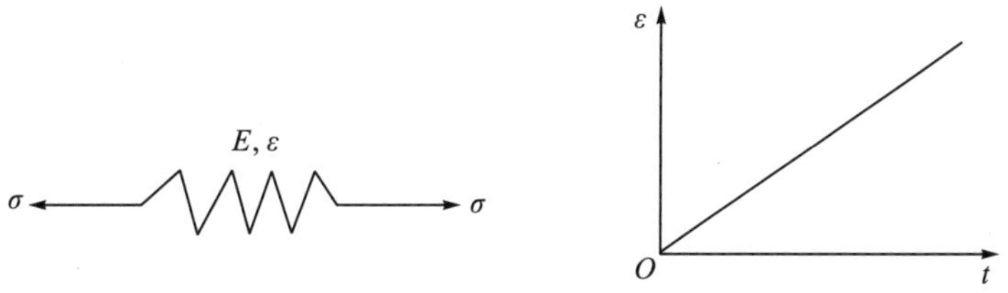

(a) 力学模型　(b) 应变-时间曲线

图 7-3　弹性元件模型示意图及应力-应变曲线

弹性元件的普通本构方程为

$$\sigma = E\varepsilon \tag{7-1}$$

式中，σ 为应力；E 为弹性模量；ε 为应变。

剪切作用下弹性元件的本构方程为

$$\tau=G\gamma \tag{7-2}$$

式中，τ 为剪切应力；G 为剪切模量；γ 为剪切应变。

塑性元件又被称为圣维南(St.Venant)体，当塑性元件受力小于屈服极限时不产生形变，而超过屈服应力时产生塑性形变，但元件应力保持不变。塑性元件的力学模型和应力-应变曲线如图 7-4 所示。

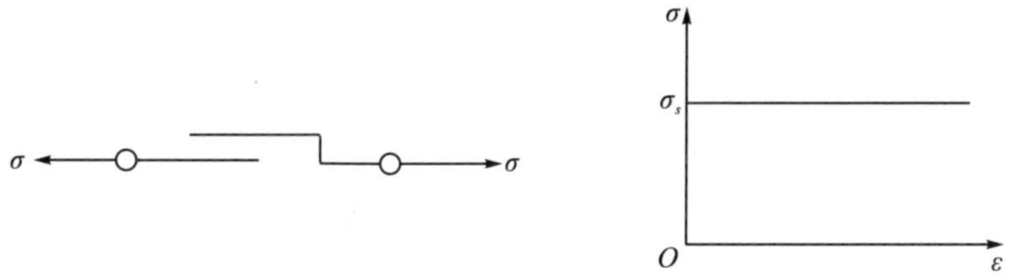

(a) 力学模型　(b) 应力-应变曲线

图 7-4　塑性元件力学模型及其本构关系

塑性元件的普通本构方程为

$$\begin{cases} \varepsilon=0, & \sigma<\sigma_s \\ \varepsilon\to\infty, & \sigma\geqslant\sigma_s \end{cases} \tag{7-3}$$

剪应力作用下塑性元件本构方程为

$$\begin{cases} \gamma=0, & \tau<\tau_s \\ \gamma\to\infty, & \tau\geqslant\tau_s \end{cases} \tag{7-4}$$

黏性元件又称为牛顿(Newton)体，黏性元件符合牛顿黏滞定律，在一定荷载作用下，其变形随着时间推移而逐渐产生变化。黏性元件的力学模型和应力-应变曲线如图 7-5 所示。

黏性元件的普通本构方程为

$$\sigma=\eta\dot{\varepsilon} \tag{7-5}$$

式中，η 为黏性系数。

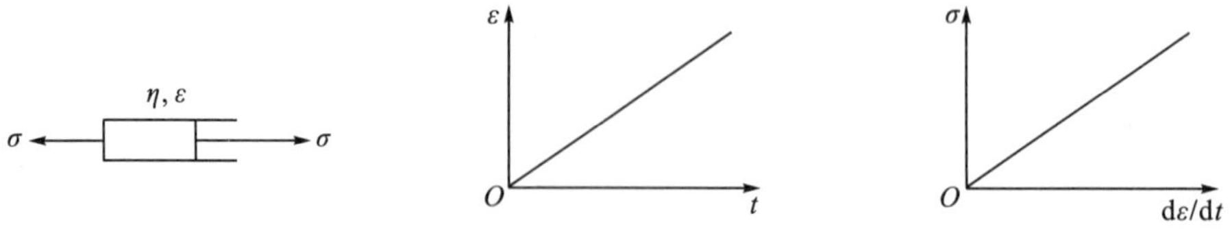

(a) 力学模型　(b) 应变-时间曲线　(c) 应力-应变速率曲线

图 7-5　黏性元件力学模型及其本构关系

剪应力作用下黏性元件的本构方程为

$$\tau=\eta_1\dot{\gamma} \tag{7-6}$$

式中，η_1 为剪切黏性系数。

将式(7-5)、式(7-6)通过积分变形可以得到：

$$\varepsilon=\frac{\sigma}{\eta}t+\varepsilon_0 \tag{7-7}$$

$$\gamma=\frac{\tau}{\eta_1}t+\gamma_0 \tag{7-8}$$

2.组合模型

通过弹性、塑性和黏性元件之间串联或者并联的组合方式，可以组合成各种模型用来描述岩石的蠕变行为。目前提出并得到认可的组合模型多达几十种。下面对经典的蠕变本构模型进行详细的讨论。

(1) Maxwell 模型。Maxwell 模型为一个弹性元件和一个黏性元件通过串联方式组成，可描述材料的弹性与黏滞性，其组成示意如图 7-6 所示。该模型的蠕变曲线初始产生瞬时弹性形变，随后随着时间的推移，蠕变变形也随之增长，蠕变速率保持不变，只能模拟材料的等速蠕变状态。

Maxwell 模型的本构方程：

$$\sigma+\frac{\eta}{E}\dot{\sigma}=\eta\dot{\varepsilon} \tag{7-9}$$

Maxwell 模型的蠕变柔量：

$$J(t)=\frac{1}{E}+\frac{t}{\eta} \tag{7-10}$$

Maxwell 模型的蠕变曲线见图 7-7。

图 7-6　Maxwell 模型示意图

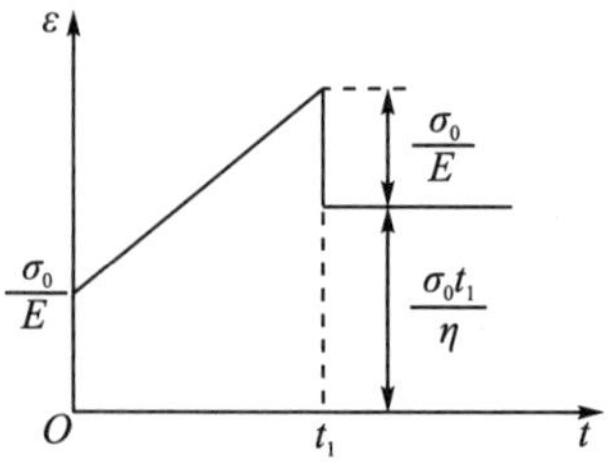

图 7-7　Maxwell 模型蠕变曲线

(2) Kelvin 模型。Kelvin 模型为一个弹性元件和一个黏性元件通过并联方式组成，可描述固体材料的弹性与黏滞性。其组成示意如图 7-8 所示。Kelvin 模型的蠕变曲线可描述材料蠕变速率逐渐衰减的情况。

Kelvin 模型的本构方程：

$$\sigma = E\varepsilon + \eta\dot{\varepsilon} \tag{7-11}$$

Kelvin 模型的蠕变柔量：

$$J(t) = \frac{1}{E}\left(1 - e^{-Et/\eta}\right) \tag{7-12}$$

Kelvin 模型的蠕变曲线见图 7-9。

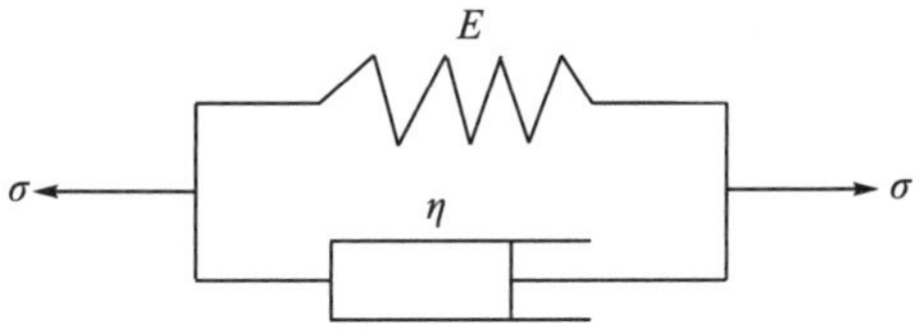

图 7-8　Kelvin 模型示意图

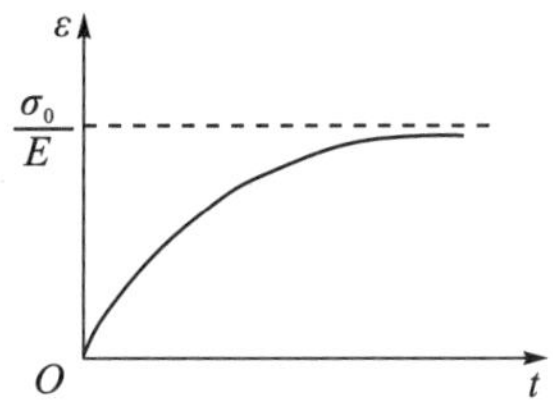

图 7-9　Kelvin 体蠕变曲线

(3) 广义 Kelvin (H-K) 模型。广义 Kelvin (H-K) 模型由一个 Kelvin 体和一个弹性元件通过串联方式组成，描述材料的弹性和黏弹性性质，其组成示意如图 7-10 所示。

广义 Kelvin 模型的本构方程：

$$\sigma + \frac{\eta}{E_1 + E_2}\dot{\sigma} = \frac{E_1E_2}{E_1 + E_2}\varepsilon + \frac{\eta E_1}{E_1 + E_2}\dot{\varepsilon} \tag{7-13}$$

广义 Kelvin 模型的蠕变柔量：

$$J(t) = \frac{1}{E_1} + \frac{1}{E_2}\left(1 - e^{-E_2 t/\eta}\right) \tag{7-14}$$

广义 Kelvin (H-K) 模型的蠕变曲线见图 7-11。

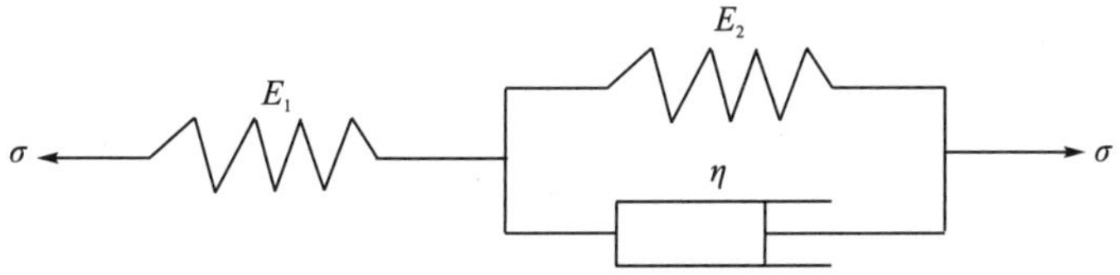

图 7-10　H-K 模型示意图

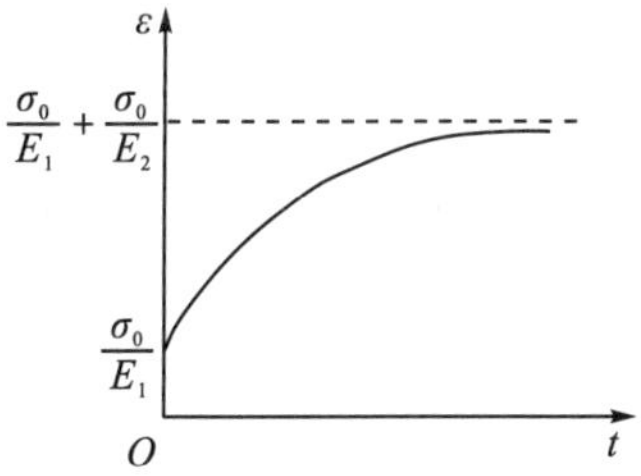

图 7-11　H-K 模型蠕变曲线

(4) Bingham 模型。Bingham 模型首先将一个黏性元件和一个塑性元件并联，随后再串联一个弹性单元组成，可描述材料的黏弹塑性，其组成示意如图 7-12 所示。

假设 $\sigma(t)$ 已知，$\varepsilon(t)$ 可表达为

$$\varepsilon(t) = J(t)\sigma(t) \tag{7-15}$$

Bingham 模型的本构方程：

$$\begin{cases}\sigma = E\varepsilon, & \sigma < \sigma_s \\ \sigma - \sigma_s + \left(\dfrac{\eta}{E}\right)\sigma = \eta\varepsilon, & \sigma \geqslant \sigma_s\end{cases} \tag{7-16}$$

Bingham 模型的蠕变曲线见图 7-13。

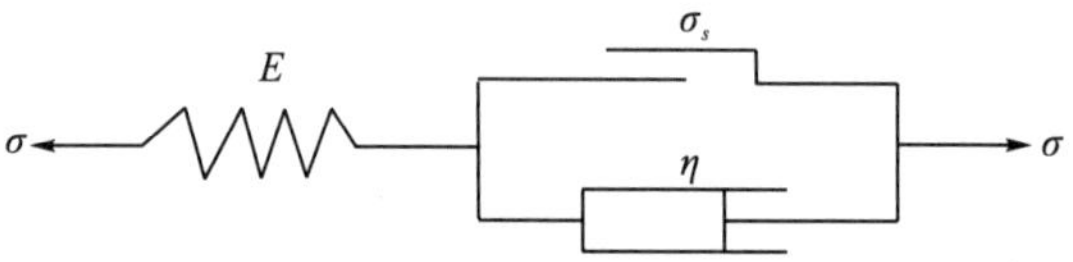

图 7-12 Bingham 模型示意图

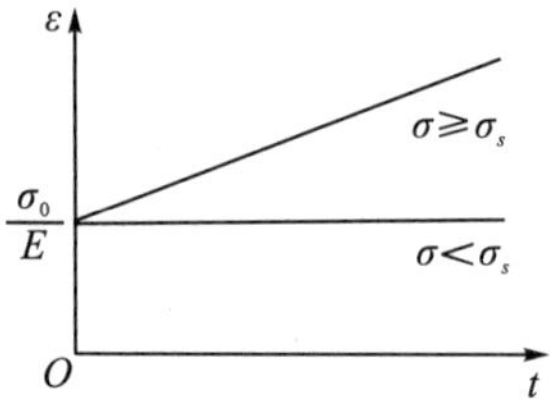

图 7-13 Bingham 模型的蠕变曲线

在恒定荷载作用下，当 Bingham 模型应力小于 σ_s 时，Bingham 模型没有黏塑性，只有弹性变形，而当应力大于 σ_s 时，Bingham 模型同时产生蠕变变形和弹性变形。

(5) 西原模型。西原模型通过将一个 Bingham 体和一个 Kelvin 体以串联形式组成，可描述模型的黏弹塑性。其组成示意如图 7-14 所示。西原模型可同时模拟材料的瞬时弹性变形和蠕变衰减阶段，同时也可将蠕变衰减阶段替换为等速蠕变阶段。

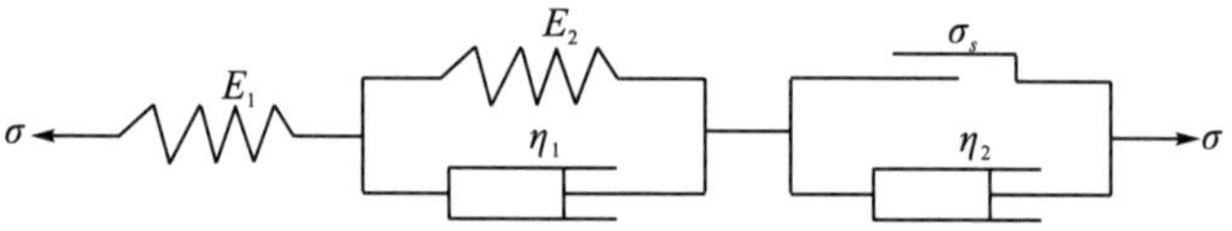

图 7-14 西原模型组成图

西原模型的本构方程：

$$\begin{cases}\dfrac{\eta_1}{E_1}\dot{\sigma} + \left(1 + \dfrac{E_2}{E_1}\right)\sigma = \eta_1\dot{\varepsilon} + E_1\varepsilon, & \sigma < \sigma_s \\ \ddot{\sigma} + \left(\dfrac{E_2}{\eta_1} + \dfrac{E_2}{\eta_2} + \dfrac{E_1}{\eta_1}\right)\dot{\sigma} + \dfrac{E_1E_2}{\eta_1\eta_2}(\sigma - \sigma_s) = E_2\ddot{\varepsilon} + \dfrac{E_1E_2}{\eta_1}\dot{\varepsilon}, & \sigma \geqslant \sigma_s\end{cases} \tag{7-17}$$

图 7-15 为西原模型的蠕变曲线。

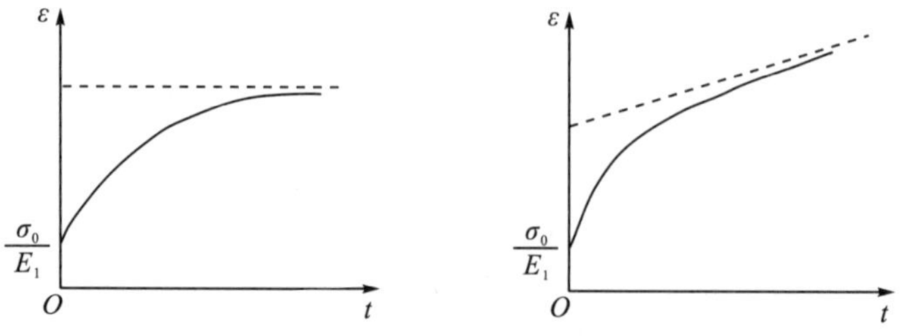

(a) $\sigma < \sigma_s$　　(b) $\sigma \geqslant \sigma_s$

图 7-15 西原模型蠕变曲线

(6) Burgers 模型。Burgers 模型由一个 Maxwell 模型和一个 Kelvin 模型串联组成，可描述材料的黏弹性，其组成示意如图 7-16 所示。Burgers 模型的适用范围较广，能较好地模拟材料的初始弹性变形、蠕变衰减和等速蠕变阶段，尤其适用于各类软岩。

Burgers 模型的本构方程为

$$\sigma+\left(\frac{\eta_1}{E_2}+\frac{\eta_1+\eta_2}{E_2}\right)\dot{\sigma}+\frac{\eta_1\eta_2}{E_1E_2}\ddot{\sigma}=\eta_1\dot{\varepsilon}+\frac{\eta_1\eta_2}{E_2}\ddot{\sigma} \tag{7-18}$$

图 7-17 为 Burgers 模型的蠕变曲线。

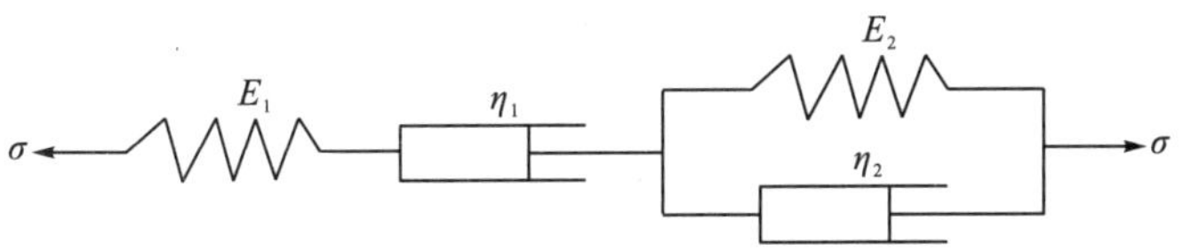

图 7-16　Burgers 模型示意图

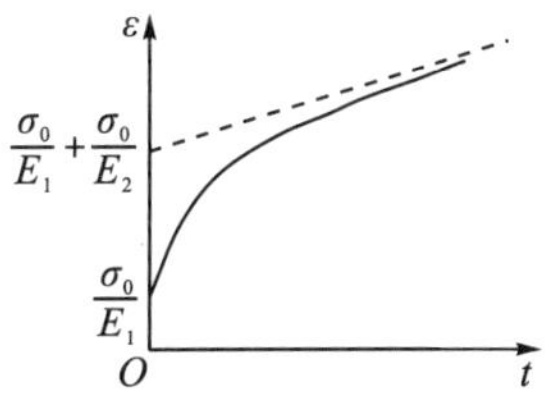

图 7-17　Burgers 模型蠕变曲线

(7) 鲍埃丁模型。鲍埃丁模型由一个 Maxwell 模型和一个弹性元件并联组成，可描述材料的黏弹性，其组成示意如图 7-18 所示。鲍埃丁模型可模拟各类石灰岩、页岩等岩石。

鲍埃丁模型的本构方程：

$$\dot{\sigma}+\frac{E_2}{\eta}\sigma=\left(E_1+E_2\right)\dot{\varepsilon}+\frac{E_1E_2}{\eta}\varepsilon \tag{7-19}$$

图 7-19 为鲍埃丁模型的蠕变曲线。

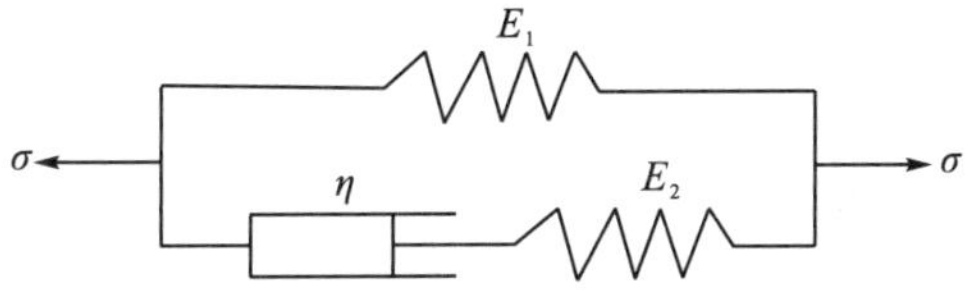

图 7-18　鲍埃丁组合模型示意图

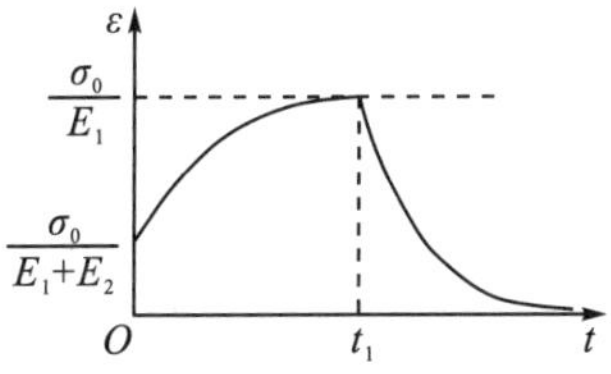

图 7-19　鲍埃丁组合模型蠕变曲线

3.各模型的适用范围

对于经典的组合蠕变模型，每个模型都具有不同的蠕变曲线，也呈现出不同的蠕变规律，对材料性质的描述和适用范围也有所不同。根据相关研究成果，经典蠕变模型的适用范围和性质描述[93-96]归纳于表 7-2。

相应岩石蠕变模型的一维本构方程和蠕变方程总结于表 7-3。

表 7-2　岩石典型蠕变模型及其适用范围

蠕变模型	模型示意	蠕变曲线	适用岩体
Maxwell 模型	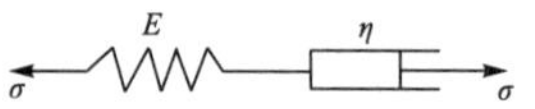	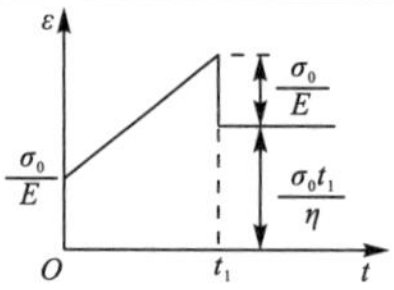	深部岩体
Kelvin 模型	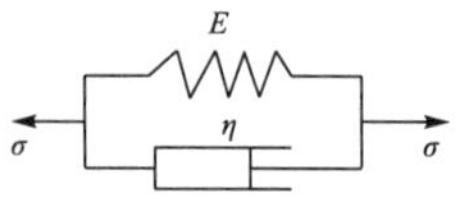	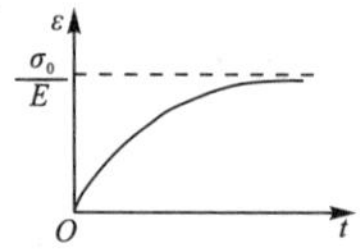	荷载较小的岩体
H-K 模型	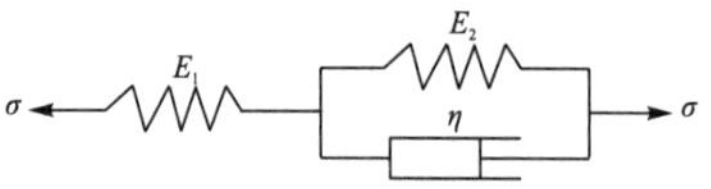	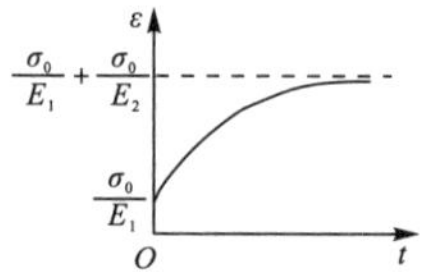	短期受载的岩体
Bingham 模型	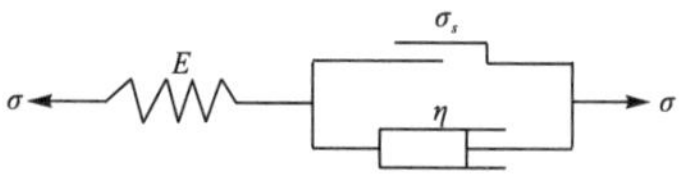	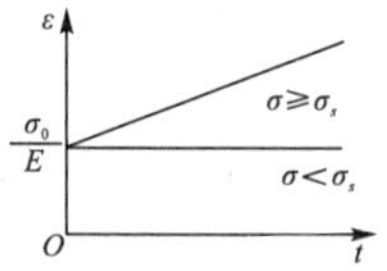	黏土、半坚硬岩石
西原模型	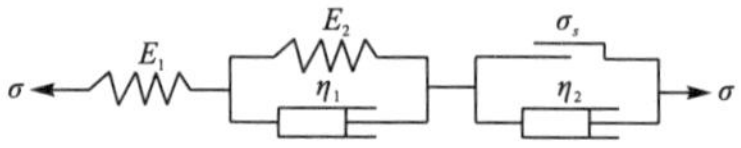	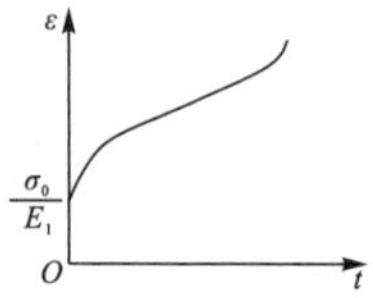	各类软岩
Burgers 模型	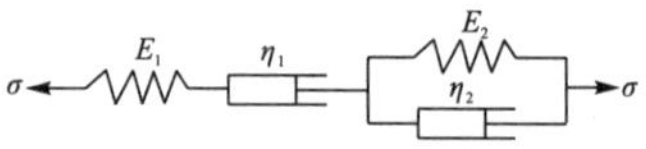	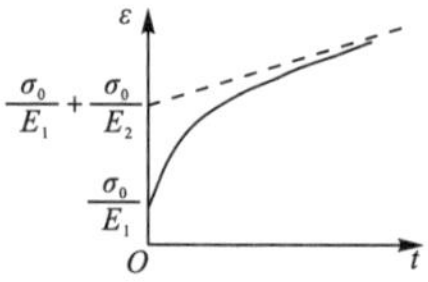	砂岩、石灰岩、软黏土板岩、页岩、黏土岩、煤系岩石等
鲍埃丁模型	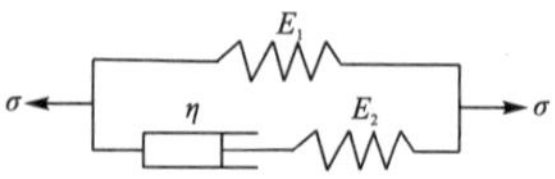	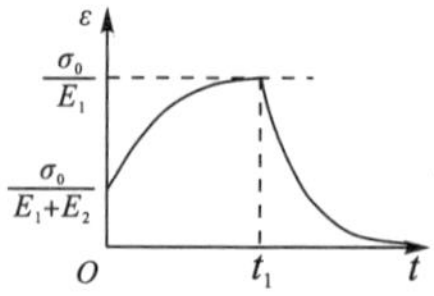	砂岩、页岩、喷出岩、石灰岩、黏土质板岩、砂质页岩等

表 7-3　岩石典型蠕变模型本构方程和蠕变方程

蠕变模型	一维本构方程	蠕变方程
Maxwell 模型	$\sigma+\frac{\eta}{E}\dot{\sigma}=\eta\dot{\varepsilon}$	$\varepsilon=\left(\frac{t}{\eta}+\frac{1}{E}\right)\cdot\sigma_0$
Kelvin 模型	$\sigma=E\varepsilon+\eta\dot{\varepsilon}$	$\varepsilon=\frac{\sigma_0}{E}\left(1-e^{-Et/\eta}\right)$
H-K 模型	$\sigma+\frac{\eta}{E_1+E_2}\dot{\sigma}=\frac{E_1E_2}{E_1+E_2}\varepsilon+\frac{\eta E_1}{E_1+E_2}\dot{\varepsilon}$	$\varepsilon=\frac{\sigma_0}{E_1}+\frac{\sigma_0}{E_2}\left(1-e^{-E_2t/\eta}\right)$
Bingham 模型	$\begin{cases}\sigma=E\varepsilon，\ \sigma<\sigma_s\\ \sigma-\sigma_s+\left(\frac{\eta}{E}\right)\sigma=\eta\varepsilon，\ \sigma\geqslant\sigma_s\end{cases}$	$\sigma_0\geqslant\sigma_s，\ \varepsilon=\frac{\sigma_0-\sigma_s}{\eta}t+\frac{\sigma_0}{E}$

续表

蠕变模型	一维本构方程	蠕变方程
西原模型	$\begin{cases}\dfrac{\eta_1}{E_1}\dot{\sigma}+\left(1+\dfrac{E_2}{E_1}\right)\sigma=\eta_1\dot{\varepsilon}+E_1\varepsilon,\ \sigma<\sigma_s\\ \ddot{\sigma}+\left(\dfrac{E_2}{\eta_1}+\dfrac{E_2}{\eta_2}+\dfrac{E_1}{\eta_1}\right)\dot{\sigma}+\dfrac{E_1E_2}{\eta_1\eta_2}(\sigma-\sigma_s)=\\ E_2\ddot{\varepsilon}+\dfrac{E_1E_2}{\eta_1}\dot{\varepsilon},\ \sigma\geqslant\sigma_s\end{cases}$	$\varepsilon=\begin{cases}\dfrac{\sigma}{E_1}+\dfrac{\sigma}{E_2}\left(1-e^{-E_2t/\eta_1}\right),\ \sigma<\sigma_s\\ \dfrac{\sigma}{E_1}+\dfrac{\sigma}{E_2}\left(1-e^{-E_2t/\eta_1}\right)+\dfrac{\sigma-\sigma_s}{\eta_2}t,\ \sigma\geqslant\sigma_s\end{cases}$
Burgers 模型	$\sigma+\left(\dfrac{\eta_1}{E_2}+\dfrac{\eta_1+\eta_2}{E_2}\right)\dot{\sigma}+\dfrac{\eta_1\eta_2}{E_1E_2}\ddot{\sigma}=\eta_1\dot{\varepsilon}+\dfrac{\eta_1\eta_2}{E_2}\ddot{\sigma}$	$\varepsilon=\dfrac{\sigma_0}{E_1}+\dfrac{\sigma_0}{\eta_1}t+\dfrac{\sigma_0}{E_2}\left(1-e^{-E_2t/\eta_2}\right)$
鲍埃丁模型	$\dot{\sigma}+\dfrac{E_2}{\eta}\sigma=(E_1+E_2)\dot{\varepsilon}+\dfrac{E_1E_2}{\eta}\varepsilon$	$\varepsilon=\dfrac{\sigma_0}{E_1}\left(1-\dfrac{E_2}{E_1+E_2}e^{\frac{E_1E_2}{(E_1+E_2)\eta}t}\right)$

7.3　非线性黏弹塑性蠕变模型

7.3.1　非线性黏弹塑性蠕变本构

1.模型本构方程

岩石的蠕变特性曲线具有如下特征：每一级荷载加载的瞬时，试样都会产生瞬时弹性变形，表明蠕变模型中应该含有单独的弹性体；保持偏应力量值不变，岩石的轴向应变随着加载时间的增加而增大，说明蠕变模型中应该含有黏性体；当加载级别超过岩石的长期强度时，岩石发生加速蠕变。

基于上述分析，采用蠕变理论中元件组合的方式来构建能描述岩石全过程蠕变曲线特征的本构模型。该本构模型由 Maxwell 体、Kelvin 体、非线性黏塑性体及能描述岩石瞬时塑性特征的莫尔库仑体组成。其中：

Maxwell 体的蠕变特性曲线如图 7-7 所示，可见 Maxwell 体可以表征岩石的瞬时弹性变形及常速蠕变。

Kelvin 体的蠕变特性曲线如图 7-9 所示，可见 Kelvin 体可以表征岩石的衰减蠕变阶段及稳态蠕变阶段。

根据元件组合理论可知，当描述岩石蠕变特性的元件均为线性元件时，其只能反映岩石蠕变的线性规律而不能描述岩石蠕变的加速阶段。因此，通过在模型中引入一个新的非线性黏弹塑性体来表征岩石的加速蠕变特征，其蠕变方程为

$$\varepsilon_3=\frac{H(\sigma_3-\sigma_s)}{\eta_3}\frac{a\left(\dfrac{t}{t_0}\right)^n+b}{\dfrac{t}{t_0}}=\frac{H(\sigma_3-\sigma_s)}{\eta_3}\frac{at^n+b}{t} \tag{7-20}$$

式中，n 为蠕变指数，反映加速蠕变阶段蠕变速度的快慢；t_0 为参考时间，用来保持等式

两边量纲一致，取 $t_0=1$；a、b 为与材料相关的参数。

对其求导，可得到：

$$\dot{\varepsilon}_3=\frac{H(\sigma_3-\sigma_s)}{\eta_3}\left[(n-1)at^{n-2}-\frac{b}{t^2}\right] \tag{7-21}$$

$H(\sigma_3-\sigma_s)$ 为开关函数，其表达式为

$$H(\sigma_3-\sigma_s)=\begin{cases}0, & \sigma_3<\sigma_s\\ 1, & \sigma_3\geqslant\sigma_s\end{cases} \tag{7-22}$$

同时，为了表征岩石强度的瞬时塑性特征，引入莫尔库仑模型。最终得到的蠕变元件组合模型如图 7-20 所示。

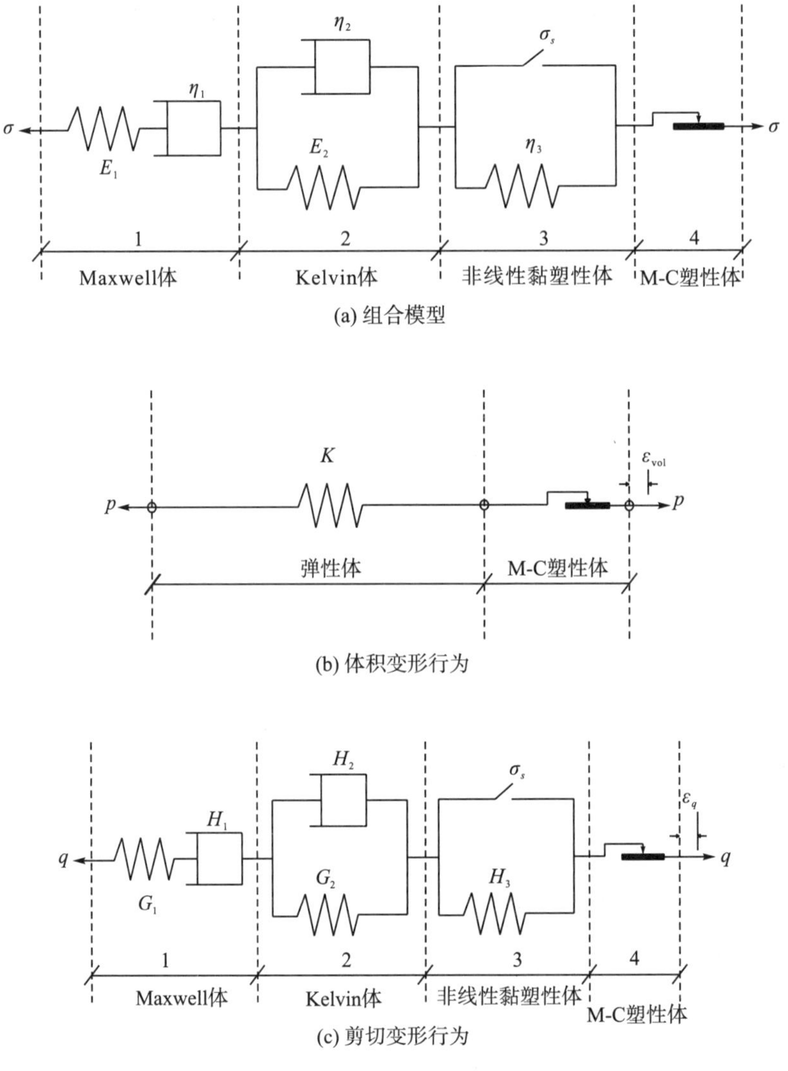

图 7-20　元件模型

蠕变组合模型中各元件满足如下关系：

$$\begin{cases}\sigma=\sigma_1=\sigma_2=\sigma_3=\sigma_4\\ \varepsilon=\varepsilon_1+\varepsilon_2+\varepsilon_3+\varepsilon_4\\ \dot{\varepsilon}_1=\dfrac{\dot{\sigma}_1}{E_1}+\dfrac{\sigma_1}{\eta_1}\\ \sigma_2=E_2\varepsilon_2+\eta_2\dot{\varepsilon}_2\\ \dot{\varepsilon}_3=\dfrac{\sigma_3-\sigma_s}{\eta_3}\left[(n-1)at^{n-2}-\dfrac{b}{t^2}\right]\end{cases} \tag{7-23}$$

式中，σ 与 ε 分别代表模型的总应力与总应变，σ_i、ε_i（i=1,2,3,4）分别为模型第 i 部分的应力与应变；E_1、E_2、η_1、η_2、η_3 分别为模型相应部分的弹性与黏性参数。需要说明的是，σ_4、ε_4 为模型第四部分的应力与应变，模型第四部分采用的是莫尔库仑模型，其描述的是岩石瞬时的塑性力学特征，只有当岩石处于塑性状态时，其才会对模型总体力学特性产生影响。因此，在蠕变方程中先不做介绍，后文的模型二次开发中会详细推导其差分格式。

根据式(7-23)，可得模型的蠕变方程为：

(1) 当 $\sigma<\sigma_s$ 时，模型退化成 Burgers 模型：

$$\ddot{\sigma}+\left(\frac{E_1}{\eta_1}+\frac{E_1}{\eta_2}+\frac{E_2}{\eta_2}\right)\dot{\sigma}+\frac{E_1E_2}{\eta_1\eta_2}\sigma=E_1\ddot{\varepsilon}+\frac{E_1E_2}{\eta_2}\dot{\varepsilon} \tag{7-24}$$

(2) 当 $\sigma\geqslant\sigma_s$ 时：

$$\dot{\sigma}=E_2(\dot{\varepsilon}-\dot{\varepsilon}_1-\dot{\varepsilon}_3)+\eta_2(\ddot{\varepsilon}-\ddot{\varepsilon}_1-\ddot{\varepsilon}_3) \tag{7-25}$$

$$\begin{aligned}&\frac{\eta_2}{E_1}\ddot{\sigma}+\left\{1+\frac{E_2}{E_1}+\frac{\eta_2}{\eta_1}+\frac{\eta_2}{\eta_3}\left[(n-1)at^{n-2}-\frac{b}{t^2}\right]\right\}\dot{\sigma}\\&+\frac{\sigma-\sigma_s}{\eta_3}\left\{E_2\left[(n-1)at^{n-2}-\frac{b}{t^2}\right]+\eta_2\left[(n-1)(n-2)at^{n-3}+\frac{2b}{t^3}\right]\right\}=E_2\dot{\varepsilon}+\eta_2\ddot{\varepsilon}\end{aligned} \tag{7-26}$$

模型的一维蠕变方程为

$$\varepsilon=\frac{\sigma_0}{E_1}+\frac{\sigma_0}{\eta_1}t+\frac{\sigma_0}{E_2}(1-\mathrm{e}^{-\frac{E_2}{\eta_2}t}),\quad \sigma<\sigma_s \tag{7-27}$$

$$\varepsilon=\frac{\sigma_0}{E_1}+\frac{\sigma_0}{\eta_1}t+\frac{\sigma_0}{E_2}(1-\mathrm{e}^{-\frac{E_2}{\eta_2}t})+\frac{\sigma_0-\sigma_s}{\eta_3}\frac{at^n+b}{t},\quad \sigma\geqslant\sigma_s \tag{7-28}$$

对 $\sigma\geqslant\sigma_s$ 时的蠕变方程求导可得

$$\dot{\varepsilon}=\frac{\sigma_0}{\eta_1}+\frac{\sigma_0}{\eta_2}\mathrm{e}^{-\frac{E_2}{\eta_2}t}+\frac{\sigma_0-\sigma_s}{\eta_3}\left[(n-1)at^{n-2}-\frac{b}{t^2}\right] \tag{7-29}$$

$$\ddot{\varepsilon}=\frac{-E_2\sigma_0}{\eta_2^2}\mathrm{e}^{-\frac{E_2}{\eta_2}t}+\frac{\sigma_0-\sigma_s}{\eta_3}\left[(n-1)(n-2)at^{n-3}+\frac{2b}{t^3}\right] \tag{7-30}$$

可以发现，式中的 $\dot{\varepsilon}$ 并不恒大于 0，而对于蠕变的三个阶段而言，$\dot{\varepsilon}>0$。因此，反演得出的参数应满足 $\dot{\varepsilon}>0$ 的要求；同时，应变的二阶导数 $\ddot{\varepsilon}$ 可以小于 0、等于 0 以及大于 0，恰好对应蠕变三阶段中的衰减蠕变、稳态蠕变以及加速蠕变阶段。

2.蠕变模型的三维形式

三维条件下，应力张量可分解为应力球张量与应力偏张量；同理，应变张量可分为应变球张量与应变偏张量。

$$\begin{cases}\sigma_m = \dfrac{1}{3}(\sigma_1 + \sigma_2 + \sigma_3) \\ S_{ij} = \sigma_{ij} - \delta_{ij}\sigma_m\end{cases} \tag{7-31}$$

$$\begin{cases}\varepsilon_m = \dfrac{1}{3}(\varepsilon_1 + \varepsilon_2 + \varepsilon_3) \\ e_{ij} = \varepsilon_{ij} - \delta_{ij}\varepsilon_m\end{cases} \tag{7-32}$$

式中，σ_{ij}、σ_m、S_{ij} 分别为应力张量、应力球张量和应力偏张量；ε_{ij}、ε_m、e_{ij} 分别为应变张量、应变球张量和应变偏张量。传统塑性理论认为，应力球张量只改变物体的体积，不会使物体产生剪切变形而改变其形状；应力偏张量只引起物体形状改变而不改变其大小，即两者之间是解耦关系。本书也采用这一假定。

根据广义 Hooke 定律，弹性体的应变与应力的关系表示为

$$\sigma_m = 3K\varepsilon_m\,,\quad S_{ij} = 2Ge_{ij} \tag{7-33}$$

式中，G, K 分别为剪切模量与体积模量，$G = \dfrac{E}{2(1+v)}, K = \dfrac{E}{3(1-2v)}$。

在推导过程中，采用如下假定：①岩石为理想弹塑性体，在应力球张量作用下，岩石的变形瞬间完成，在后期蠕变过程中，应力球张量不产生蠕变变形；②岩石拉伸应力状态下的蠕变变形与压缩状态下的蠕变变形具有相似性，可以用同一模型来描述；③岩石的泊松比在蠕变过程中保持恒定。

弹性体的三维本构方程为

$$\varepsilon_{ij}^{e} = \frac{1}{2G_1}S_{ij} + \frac{1}{3K}\sigma_m\delta_{ij} \tag{7-34}$$

黏性体的三维本构方程为

$$\varepsilon_{ij}^{v} = \frac{t}{2H_1}S_{ij} \tag{7-35}$$

黏弹性体的三维本构方程为

$$\varepsilon_{ij}^{ve} = \frac{1}{2G_2}\left[1 - \exp\left(\frac{G_2}{H_2}t\right)\right]S_{ij} \tag{7-36}$$

塑性体的三维本构方程为

$$\varepsilon_{ij}^{p} = \frac{1}{2H_3}\left\langle \phi\left(\frac{f}{f_0}\right)\right\rangle \frac{\partial g}{\partial \sigma_{ij}}t \tag{7-37}$$

其中，

$$\left\langle \phi\left(\frac{f}{f_0}\right)\right\rangle = \begin{cases} 0, & f<0 \\ \phi\left(\frac{f}{f_0}\right), & f \geqslant 0 \end{cases} \tag{7-38}$$

式中，f 为岩石的屈服函数；f_0 为岩石屈服函数的初始参考值，取 $f_0=1$；ϕ 通常取为幂函数，指数为 1。

$$\varepsilon_{ij}^{p} = \frac{f}{2H_3}\frac{\partial g}{\partial \sigma_{ij}}t \tag{7-39}$$

得到常规三轴试验条件下改进西原模型的轴向蠕变方程为

$$\varepsilon_{11}(t) = \begin{cases} \frac{(S_{ij})_0}{2G_1} + \frac{\sigma_m \delta_{ij}}{3K} + \frac{(S_{ij})_0}{H_1}t + \frac{(S_{ij})_0}{2G_2}(1-\mathrm{e}^{-\frac{G_2}{H_2}t}), & f<0 \\ \frac{(S_{ij})_0}{2G_1} + \frac{\sigma_m \delta_{ij}}{3K} + \frac{(S_{ij})_0}{H_1}t + \frac{(S_{ij})_0}{2G_2}(1-\mathrm{e}^{-\frac{G_2}{H_2}t}) + \frac{H(f)}{2H_3}\frac{\partial g}{\partial \sigma_{ij}}(at^n+b), & f \geqslant 0 \end{cases} \tag{7-40}$$

其中，第三部分的塑性应变率为

$$\dot{\varepsilon}_{ij}^{3} = \frac{H(f)}{2H_3}\frac{\partial g}{\partial \sigma_{ij}}\left(\frac{at^n+b}{t}\right) \tag{7-41}$$

式中，$H(f)$ 为一开关函数，即：$H(f)=\begin{cases} 0, & f \leqslant 0 \\ f, & f>0 \end{cases}$，则黏塑性应变偏量为

$$\dot{e}_{ij}^{3} = \frac{H(f)}{2H_3}\frac{\partial g}{\partial \sigma_{ij}}\left(\frac{at^n+b}{t}\right) - \frac{1}{3}\dot{\varepsilon}_{\mathrm{vol}}^{3}\delta_{ij} \tag{7-42}$$

式中，$\dot{\varepsilon}_{\mathrm{vol}}^{3}$ 为体积应变率，即

$$\dot{\varepsilon}_{\mathrm{vol}}^{3} = \frac{H(f)}{2H_3}\left(\frac{at^n+b}{t}\right)\left(\frac{\partial g}{\partial \sigma_{11}} + \frac{\partial g}{\partial \sigma_{22}} + \frac{\partial g}{\partial \sigma_{33}}\right) \tag{7-43}$$

f 满足拉伸截断的莫尔库仑准则，其表达式为

$$f^{s} = \sigma_1 - \sigma_3 N_{\varphi} + 2c\sqrt{N_{\varphi}} \tag{7-44}$$

$$f^{t} = \sigma^{t} - \sigma_3 \tag{7-45}$$

式中，f^s 代表剪切屈服准则；f^t 代表拉伸屈服准则；$N_{\varphi}=(1+\sin\varphi)/(1-\sin\varphi)$；$c$、$\varphi$ 分别为岩石的黏聚力与内摩擦角；σ^t 为岩石的抗拉强度。

其相应的势函数为

$$g^{s} = \sigma_1 - \sigma_3 N_{\psi} \tag{7-46}$$

$$g^{t} = -\sigma_3 \tag{7-47}$$

式中，g^s 代表剪切势函数；g^t 代表拉伸势函数；$N_{\psi}=(1+\sin\psi)/(1-\sin\psi)$；$\psi$ 为岩石的剪胀角。

7.3.2 本构模型的二次开发程序

1.有限差分格式推导

FLAC3D 中数值模型的计算采用显式差分算法。因此，为了便于本构模型的二次开发，下面推导该本构模型的差分格式。

模型的应变由四部分组成[97-99]：

$$\varepsilon=\varepsilon_1+\varepsilon_2+\varepsilon_3+\varepsilon_4 \tag{7-48}$$

式中，ε_1 为 Maxwell 体的应变；ε_2 为 Kelvin 体的应变；ε_3 为非线性黏塑性体的应变；ε_4 为各向异性塑性体的应变。

上式对应的各部分偏应变速率为

$$\dot{e}_{ij}=\dot{e}_1+\dot{e}_2+\dot{e}_3+\dot{e}_4 \tag{7-49}$$

式中，$\dot{e}_{ij}$ 为总的偏应变速率；$\dot{e}_i$ (i=1,2,3,4) 分别为 Maxwell 体、Kelvin 体、非线性黏塑性体以及各向异性塑性体的偏应变速率。

对于 Maxwell 体，其偏应变速率为

$$\dot{e}_{ij}^1=\frac{\dot{S}_{ij}}{2G_1}+\frac{S_{ij}}{2H_1} \tag{7-50}$$

对于 Kelvin 体，有

$$S_{ij}=2H_2\dot{e}_{ij}^2+2G_2e_{ij}^2 \tag{7-51}$$

对于非线性黏塑性体，有

$$\dot{e}_{ij}^3=\lambda^*\frac{\partial g}{\partial\sigma_{ij}}-\frac{1}{3}\dot{\varepsilon}_{\text{vol}}^3\delta_{ij} \tag{7-52}$$

将式写成增量形式有

$$\Delta e_{ij}=\Delta e_{ij}^1+\Delta e_{ij}^2+\Delta e_{ij}^3+\Delta e_{ij}^4 \tag{7-53}$$

$$\Delta e_{ij}^1=\frac{\Delta S_{ij}}{2G_1}+\frac{\overline{S}_{ij}}{2H_1}\Delta t \tag{7-54}$$

$$\overline{S}_{ij}=2H_2\Delta e_{ij}^2+2G_2\overline{e}_{ij}^2\Delta t \tag{7-55}$$

$$\dot{\varepsilon}_{ij}^3=\frac{H(f)}{2H_3(t)}\frac{\partial g}{\partial\sigma_{ij}}\Delta t \tag{7-56}$$

式中，$\overline{S}_{ij}=\dfrac{\overline{S}_{ij}^N+\overline{S}_{ij}^O}{2}$，$\overline{e}_{ij}^2=\dfrac{e_{ij}^{2,N}+e_{ij}^{2,O}}{2}$，其中，上标 N、O 分别代表一个时间步内的初始值与终值，即 $\overline{S}_{ij}^N$、$\overline{S}_{ij}^O$ 分别为偏应力张量的初始值与终值，$e_{ij}^{2,N}$、$e_{ij}^{2,O}$ 分别为 Kelvin 体应变的初始值与终值；Δt 为时间步。

可得到：

$$e_{ij}^{2,N}=\frac{1}{A}\left[Be_{ij}^{2,O}+\frac{\Delta t}{4H_2}(S_{ij}^N+S_{ij}^O)\right] \tag{7-57}$$

$$A = 1 + \frac{G_2 \Delta t}{2H_2}, \quad B = 1 - \frac{G_2 \Delta t}{2H_2} \tag{7-58}$$

$$S_{ij}^N = \frac{1}{a}\left[\Delta e_{ij} - \Delta e_{ij}^3 - \Delta e_{ij}^4 + bS_{ij}^O - \left(\frac{B}{A} - 1\right)e_{ij}^{2,O}\right] \tag{7-59}$$

$$a = \frac{1}{2G_1} + \frac{\Delta t}{4}\left(\frac{1}{H_1} + \frac{1}{AH_2}\right), \quad b = \frac{1}{2G_1} - \frac{\Delta t}{4}\left(\frac{1}{H_1} + \frac{1}{AH_2}\right) \tag{7-60}$$

体积应变为

$$\sigma_0^N = \sigma_0^O + K(\Delta e_{\text{vol}} - \Delta e_{\text{vol}}^3 - \Delta e_{\text{vol}}^4) \tag{7-61}$$

非线性黏塑性体中采用具有拉伸截断的莫尔库仑准则，求解塑性增量时，先要判断单元体的屈服类型，屈服类型的判断可以根据主应力空间中的函数 h=0 来判断，该函数为 f^s=0 与 f^t=0 的角平分线，其表达式为

$$h = \sigma_3 - \sigma_t + \alpha^p(\sigma_1 - \sigma^p) \tag{7-62}$$

式中，

$$\alpha^p = \sqrt{1 + N_\varphi^2} + N_\varphi, \quad \sigma^p = \sigma^t N_\varphi - 2c\sqrt{N_\varphi} \tag{7-63}$$

当 f^s＜0，h＜0 时，单元体发生剪切破坏，求解黏塑性体应变增量及 M-C 塑性体应变增量时采用势函数 g^s。当 f^t＜0，h≥0 时，单元体发生拉伸破坏，求解黏塑性体应变增量及 M-C 塑性体应变增量时采用势函数 g^t。

黏塑性体应变增量的求解过程如下，当物体发生塑性变形时，需要对其应力进行塑性修正，在主应力空间的表达式如下：

$$S_i^N = \hat{S}_i^N - \frac{1}{a}\Delta e_i^3 \tag{7-64}$$

$$\sigma_0^N = \hat{\sigma}_0^N - K\Delta\varepsilon_{\text{vol}}^3 \tag{7-65}$$

将两式相加并分解成主应力表达式为

$$\begin{cases} \sigma_1^N = \hat{\sigma}_1^N - [\alpha_1 \Delta\varepsilon_1^3 + \alpha_2(\Delta\varepsilon_2^3 + \Delta\varepsilon_2^3)] \\ \sigma_2^N = \hat{\sigma}_2^N - [\alpha_1 \Delta\varepsilon_2^3 + \alpha_2(\Delta\varepsilon_1^3 + \Delta\varepsilon_3^3)] \\ \sigma_3^N = \hat{\sigma}_3^N - [\alpha_1 \Delta\varepsilon_3^3 + \alpha_2(\Delta\varepsilon_1^3 + \Delta\varepsilon_2^3)] \end{cases} \tag{7-66}$$

其中，

$$\alpha_1 = K + \frac{2}{3a} \tag{7-67}$$

$$\alpha_2 = K - \frac{1}{3a} \tag{7-68}$$

当单元体发生剪切破坏时，由势函数 g^s 可知：

$$\frac{\partial g^s}{\partial \sigma_1} = 1, \quad \frac{\partial g^s}{\partial \sigma_2} = 0, \quad \frac{\partial g^s}{\partial \sigma_3} = -N_\psi \tag{7-69}$$

可得主应力修正公式为

$$\begin{cases} \sigma_1^N = \hat{\sigma}_1^N - \lambda^*(\alpha_1 - \alpha_2 N_\psi) \\ \sigma_2^N = \hat{\sigma}_2^N - \lambda^* \alpha_2 (1 - N_\psi) \\ \sigma_3^N = \hat{\sigma}_3^N - \lambda^*(\alpha_2 - \alpha_1 N_\psi) \end{cases} \tag{7-70}$$

$$\lambda^* = \frac{f^s}{2H_3}\left[(n-1)at^{n-2} - \frac{b}{t^2}\right]\Delta t \tag{7-71}$$

当单元体发生拉伸破坏时，由势函数 g^t 可知：

$$\frac{\partial g^t}{\partial \sigma_1} = 0, \quad \frac{\partial g^t}{\partial \sigma_2} = 0, \quad \frac{\partial g^t}{\partial \sigma_3} = -1 \tag{7-72}$$

可得主应力修正公式为

$$\begin{cases} \sigma_1^N = \hat{\sigma}_1^N - \lambda^* \alpha_2 \\ \sigma_2^N = \hat{\sigma}_2^N - \lambda^* \alpha_2 \\ \sigma_3^N = \hat{\sigma}_3^N - \lambda^* \alpha_1 \end{cases} \tag{7-73}$$

$$\lambda^* = \frac{f^t}{2H_3}\left[(n-1)at^{n-2} - \frac{b}{t^2}\right]\Delta t \tag{7-74}$$

岩石采用M-C准则，其增量 Δe_{ij}^4 的求解过程与黏塑性体应变增量 Δe_{ij}^3 的求解过程相同，不同的是主应力修正公式中的塑性修正指数有区别。

当基质体发生剪切破坏时：

$$\lambda^* = \frac{f^s}{(\alpha_1 - \alpha_2 N_\psi) - (-\alpha_1 N_\psi + \alpha_2) N_\varphi} \tag{7-75}$$

当基质体发生拉伸破坏时：

$$\lambda^* = \frac{f^t}{\sigma_1} \tag{7-76}$$

2.程序开发流程

本构模型采用C++语言编写，并编译成 dll 动态链接库来实现。模型开发的主要工作如下：

1) 本构模型基类

基类为实际模型类型提供了模型架构，基类本身是抽象类，其成员函数为一系列定义本构模型时所需要的虚函数。这意味着虚类不能定义对象，因此在本构模型定义时需要将虚类进行实例化。

2) 成员函数

将虚类进行实例化时，需要定义的主要成员函数如下：

const char *Keyword()：返回字符数组(包括自定义模型的名称)的指针，以便在进行数值计算时采用 model 命令流对模型进行调用；

const char *Name()：输出时返回模型名称的字符数组指针；

const char **Properties()：返回字符数组，数组中包括模型材料所有力学参数的名称；

const char *States()：返回字符数组，数组中包括模型单元的状态名称；

SetProperty(unsigned n，const double &dVal)：定义材料参数；

const char *Run(unsigned uDim，State *ps)：实现本构模型算法的主要函数，在该函数中，在每一个时间步内，根据应变增量对应力张量进行更新。

3)模型的注册

FLAC3D 的每一个自定义模型均有自己的名称、参数类型以及模型状态指示器。在 FLAC3D 中，自定义模型只需要进行一次静态注册，后续过程中，当其编译形成的 dll 文件被调用时，模型自动完成在数值模型中的注册使用。

4)自定义本构模型与数值模型之间数据的传递

成员函数中，const char *Run(unsigned uDim，State *ps)函数中的结构体 State 被用来进行两者之间数据的传递。

5)状态指示器

FLAC3D 的每个单元由若干个四面体单元组成，每个四面体单元都有一个变量对其当前状态进行储存，最多可以存储 15 种状态类型。

6)头文件与源文件

二次开发中遇到的 C++文件类型有头文件(文件后缀名为.h)以及源文件(文件后缀名为.cpp)，其中，头文件主要定义了数据接口、基类函数，而源文件则是模型算法具体实现的代码。编译过程中主要遇到的头文件如表 7-4 所示。

表 7-4　常用头文件

文件名称	作用
Axes.h	声明一个与坐标系定义相关的类，可定义局部坐标系
Conmodel.h	定义与模型进行数据交换的结构体 Struct；定义模型储存结构体 Model Save Object 以及定义模型基类 Constitutive Model
Contable.h	声明 ConTableList 基类，用于存储单元及节点 ID 号
Stensor.h	声明一个结构体 Stensor，用于对计算过程中张量的存储，如应力张量、应变张量

模型二次开发流程如图 7-21 所示。

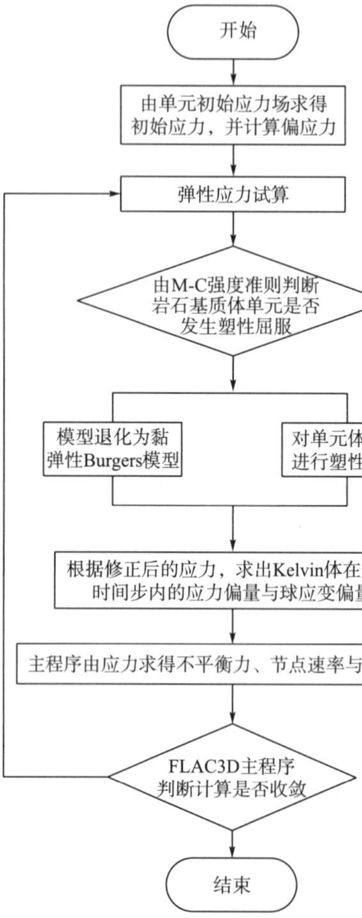

图 7-21　模型开发流程图

7.3.3　模型验证

1.算例验证

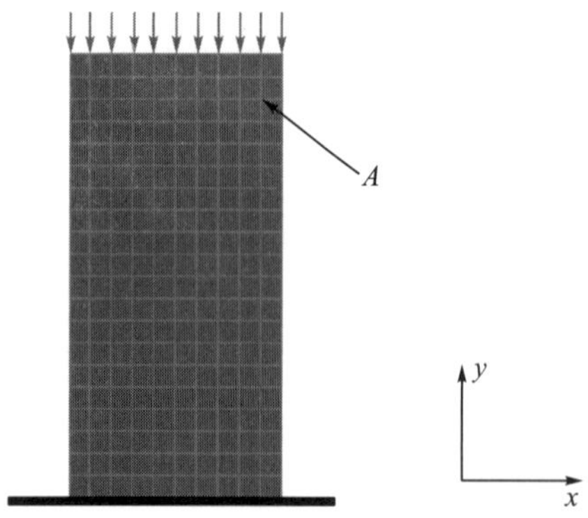

图 7-22　数值模型(单位：cm)

基于单轴数值压缩试验,对本章提出的岩石非线性蠕变本构模型进行验证。数值模型如图 7-22 所示，该模型的尺寸为 5cm(x 方向)×10cm(y 方向)，模型纵向为 1cm，共划分为 200 个单元。模型在底部固定竖直方向位移，顶部施加均匀分布压力，记录 A 点的竖向位移。

将模型的塑性参数取为大值，保证在蠕变加载过程中岩石不产生塑性变形，则模型就退化为 Burgers 模型(图 7-23)。数值模型采用的计算参数如下：K_1=10GPa，G_1=40GPa，G_2=50GPa，η_1=0，η_2=100GPa·d。由计算结果(表 7-5)可以发现，两者的蠕变曲线完全重合(图 7-24)，验证了本章自定义模型黏弹性部分的正确性。

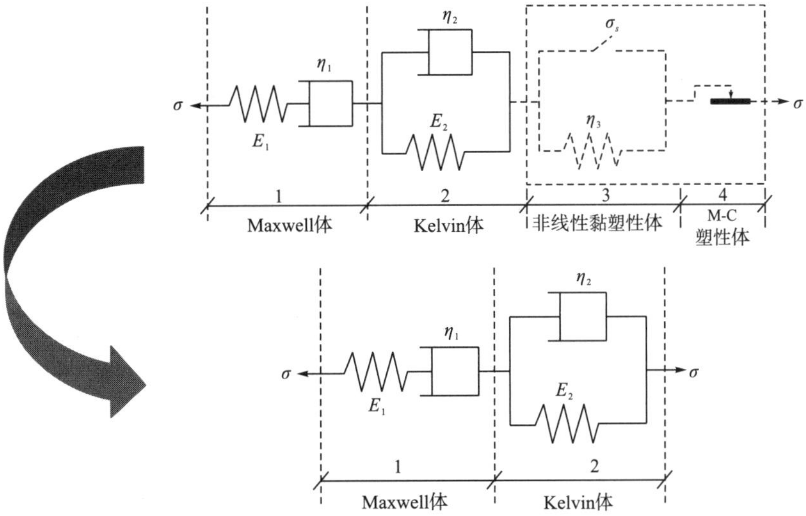

图 7-23　黏弹性特性验证

表 7-5　自定义模型与 FLAC3D 自带模型计算结果比较

时间/d	A 点竖向位移/m		时间/d	A 点竖向位移/m	
	自定义模型	FLAC3D		自定义模型	FLAC3D
0	4.58E-06	4.58E-06	15	1.044E-4	1.044E-4
1	8.71E-05	8.71E-05	20	1.044E-4	1.044E-4
2	9.38E-05	9.38E-05	25	1.045E-4	1.045E-4
3	9.84E-05	9.84E-05	30	1.304E-4	1.304E-4
4	1E-4	1E-4	35	1.307E-4	1.307E-4
5	1.02E-4	1.02E-4	45	1.307E-4	1.307E-4
10	1.04E-4	1.04E-4	50	1.307E-4	1.307E-4

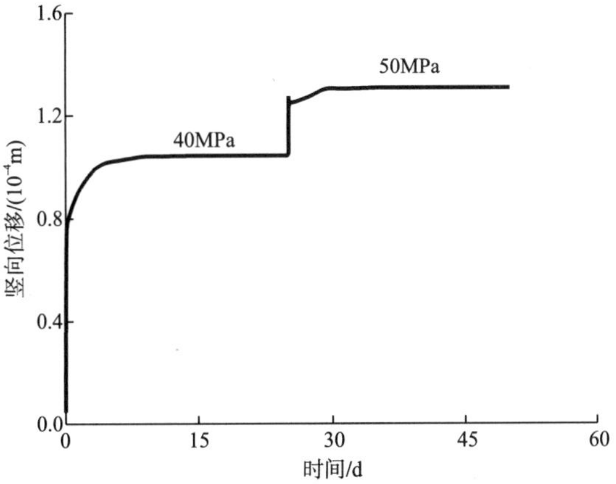

图 7-24　黏弹性蠕变曲线

保持黏弹性参数与上面相似，塑性参数为黏聚力 c=15MPa，内摩擦角 φ=30°，抗拉强度 σ_t=1MPa，非线性体黏滞系数 η_3=10GPa·d，a=5，n=3，b=0，待验证模型见图 7-25。可以看出，当加载量值为 40MPa、50MPa 时，开发模型与 FLAC3D 自带的 cvisc 模型计算结果相差不大；当荷载级别增加到 60MPa 时，cvisc 模型进入塑性屈服阶段，变形值迅速增加。而对于开发模型，60MPa 时蠕变曲线如图 7-26 所示，可以看出，蠕变曲线表现出明显的三阶段特征，即 OA 为减速蠕变阶段，AB 为常速蠕变阶段，BC 为加速蠕变阶段。

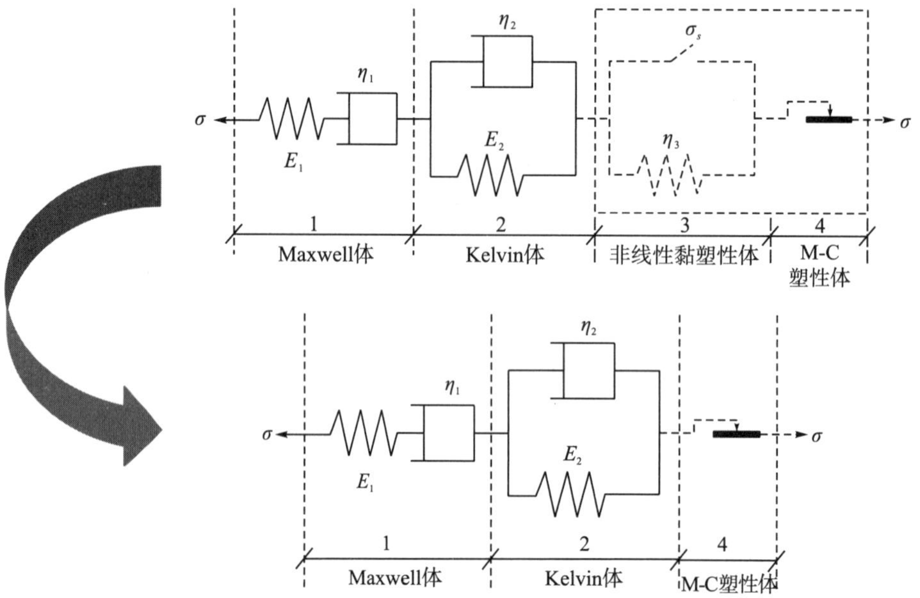

图 7-25 黏弹塑性特征验证模型

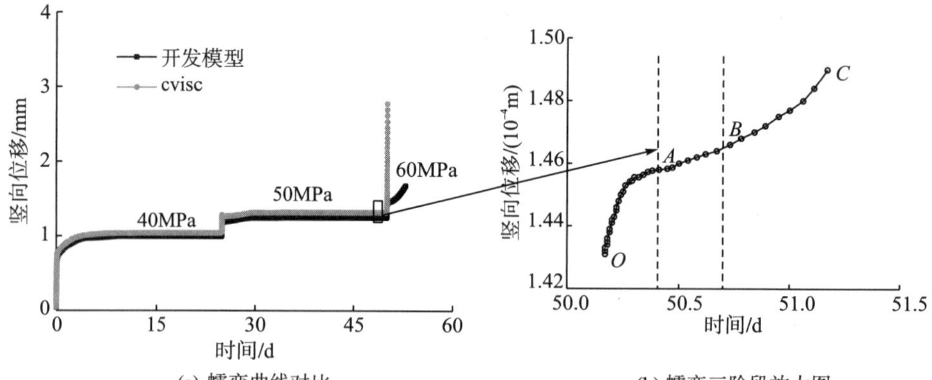

图 7-26 黏弹塑性蠕变曲线对比

2.试验验证

以文献中页岩的单轴压缩蠕变数据为基础对模型的有效性进行验证。采用最小二乘法优化算法 Levenberg-Marquardt 方法对目标参数进行最优化求解。求解得到页岩的蠕变参数如表 7-6 所示。图 7-27 为数值模拟与室内试验结果对比，可以看出，两者在应变量值与曲线形状上均吻合较好。

表 7-6　蠕变参数标定结果

K/GPa	G_1/GPa	η_1/(GPa·d)	G_2/GPa	η_2/(GPa·d)	η_3/(GPa·d)
20	23	300	23	250	120
c/MPa	φ/(°)	σ_t/MPa	a	n	b
25	30	2	3	2	1

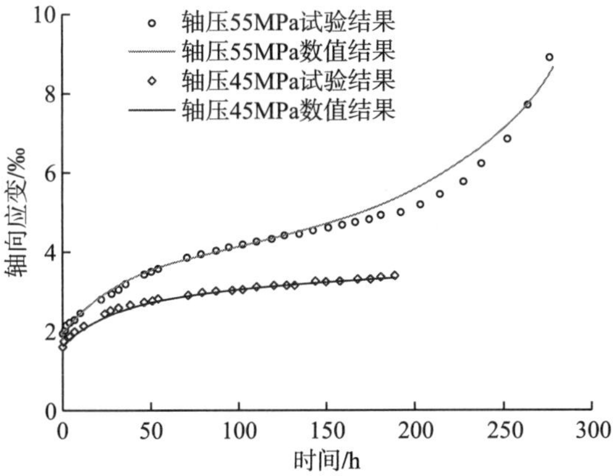

图 7-27　数值模拟与试验结果对比

7.4　本 章 小 结

基于有限差分理论，将非线性元件引入元件组合模型，提出一个能描述炭质页岩蠕变全过程的非线性黏弹塑性蠕变本构模型。通过数值算例，对模型的黏弹性、黏弹塑性特征进行了验证。同时，以页岩的蠕变试验结果为依据，对自定义本构模型的参数进行了标定，发现试验值与数值计算结果吻合较好，验证了蠕变模型的有效性。

第 8 章　支护结构劣化损伤与围岩蠕变下的隧道安全

山岭隧道支护结构多采用复合式衬砌，即由喷射混凝土、系统锚杆及钢拱架组成初期支护，当初期支护(简称初支)稳定后，再施作模筑混凝土(二次衬砌，简称二衬)。《公路隧道设计规范》《铁路隧道设计规范》等对复合式衬砌中各部分结构荷载分摊比例有明确规定。其中，初期支护在正常情况下的承载比需达到围岩荷载的 50%以上。可见，初期支护作为隧道永久支护体系的组成部分，不仅对保证施工期围岩的稳定性有重要作用，对隧道运营期的安全性能也有重要影响。隧道的设计服役年限一般长达几十年甚至上百年，对于软弱围岩隧道而言，由于岩体中存在大量的由节理、裂隙组成的渗水通道，初期支护在其服役期内常年处于较为恶劣的腐蚀环境(主要侵蚀因子为软水或 Cl^{-1}、SO_4^{2-} 等离子)，容易产生锚杆锈断、钢拱架锈蚀、混凝土腐蚀等病害，导致其承担的围岩荷载向二次衬砌转移。同时，软弱围岩由于岩石特征矿物、构造特点等的特殊性，使得岩体在处于较低的应力强度比时也会产生显著的蠕变效应，且蠕变效应的时效性贯穿隧道的整个服役过程，导致二次衬砌承担的形变压力随着结构服役年限的增长而不断增加。因此，隧道支护结构(初支和二衬)的锈蚀或损伤劣化的时间效应与围岩形变压力的蠕变效应相叠加，导致混凝土开裂成为目前二次衬砌最为常见的病害，见图 8-1。

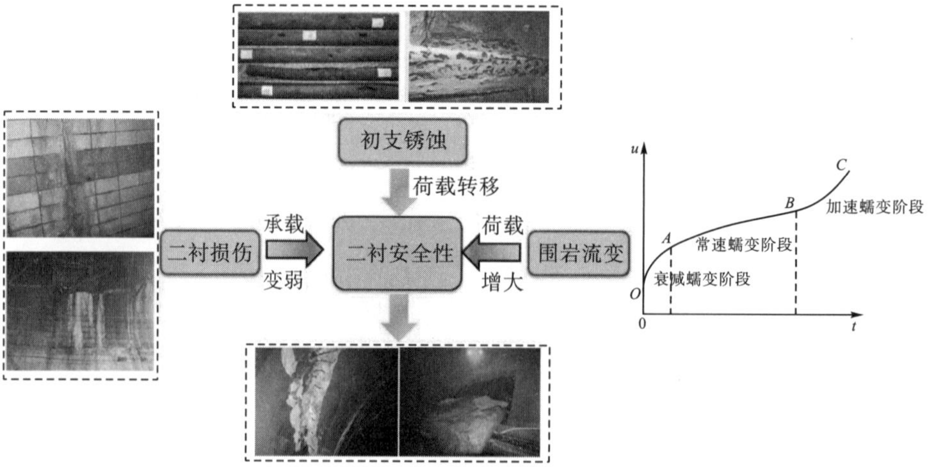

图 8-1　初期支护锈蚀劣化与岩体蠕变对二次衬砌结构安全性的影响

据统计，我国的隧道目前约有 20%～30%处于病害发育的亚健康状态；Inokuma 等[100]对日本公路隧道病害进行统计分析发现，公路隧道的各种病害中，衬砌开裂最多，其次是错台、施工缝张开、剥落等。运营时间达到 30 年的公路隧道中仅有 10%不存在病害。Sandrone 等[101]对瑞士全国交通隧道病害调研发现，随着隧道埋深与运营年限的增加，二次衬砌裂纹的数量及裂损程度也显著增加。在欧美其他国家，由于隧道的服役年限一般较长，二次衬砌的裂损现象也较为普遍。

二次衬砌开裂会导致结构的承载能力降低，若对病害处理不及时，裂损二次衬砌在初期支护锈蚀劣化和岩体蠕变效应共同作用下会产生累积损伤，严重情况下甚至会产生失稳破坏，造成危及行车安全的重大问题(图 8-2)。如国道 317 线的薛城隧道，隧道运营数年

(a) 衬砌裂损

(b) 衬砌水害

(c) 衬砌腐蚀　　(d) 路基破坏

图 8-2　二次衬砌开裂的危害

后二次衬砌产生了严重的开裂，不得不封闭隧道施工达 1 年半之久；日本福冈县隧道衬砌掉块导致运营列车产生破损；日本山梨县国道的笹子隧道运营期间，数十块拱顶混凝土掉落导致数人死亡。同时，二次衬砌开裂还容易引发隧道渗漏水病害，不仅影响车辆行驶安全，还会影响隧道附属设施(如通风、照明系统)的正常运营，引起运营设备的锈蚀，影响主体结构的耐久性。如京广线南岭隧道，局部地段的二次衬砌在运营近 10 年后发生射水，使得行车中断与限速慢行 3 次及多次断轨，严重影响京广大动脉的畅通；重庆地区多座运营达数十年的隧道，二次衬砌开裂形成渗水通道，隧道在强降雨时发生严重的渗漏水灾害，导致隧道多次封闭施工。

锚杆的劣化表现为钢筋的锈蚀。肖玲等[102]对河南焦作某煤矿地下巷道服役满 10 年的锚杆进行了现场调研，发现锚杆锈蚀时，外侧为坑蚀，内侧为均匀锈蚀[图 8-3(a)]。赵健等[103]曾对多座煤矿巷道中服役年限为 3～28 年的不同龄期锚杆，进行了腐蚀程度的取样研究，结果表明：锚杆的使用环境控制着其锈蚀程度。干湿交替条件下锚杆锈蚀程度最重，干燥条件下锚杆锈蚀程度最轻，砂浆层良好的锚杆在 8～12 年内无锈蚀。赵健等[104]采用现场试验的方法[图 8-3(b)]，对应力腐蚀条件下锚杆的锈蚀情况进行了研究，发现应力对砂浆握裹不密实处钢筋的锈蚀有加速作用，且坑蚀普遍存在。肖玲等[105]通过试验对比了承载与非承载锚杆的腐蚀力学性能，发现在潮湿空气中，腐蚀后两者之间的力学特性区别较小；而在 Na_2SO_4 溶液中，腐蚀后承载锚杆的力学特性恶化严重。丁万涛等[106]分析了不同锈蚀程度锚杆对围岩形变的约束作用，结果表明：加锚围岩区的位移与塑性区均随着锚杆锈蚀程度的增加而增大。

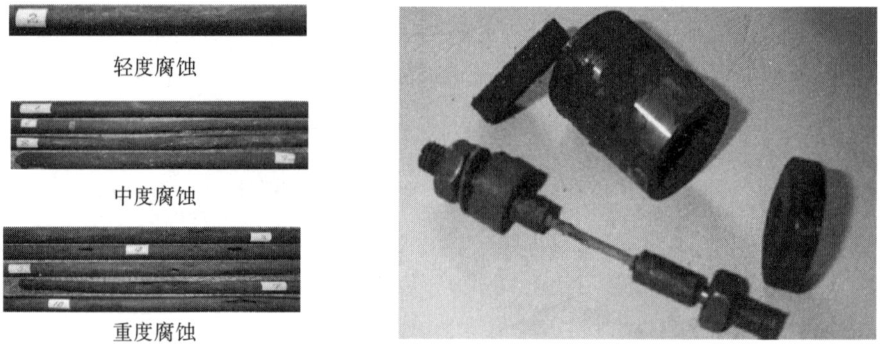

(a) 锚杆锈蚀[102]　　(b) 锈蚀现场试验[104]

图 8-3　锚杆锈蚀图

钢拱架的劣化主要体现在钢材的锈蚀上。对厦门翔安海底隧道的调研发现[107]，由于地质条件的差异，不同隧道里程区段内，钢拱架的锈蚀程度与表面形态均存在差异(图 8-4)。娄西慧[108]、李海军[109]等通过研究发现，钢拱架的锈蚀会导致钢拱架的承载能力降低，外力由钢拱架向二次衬砌转移，导致二次衬砌安全性能降低。

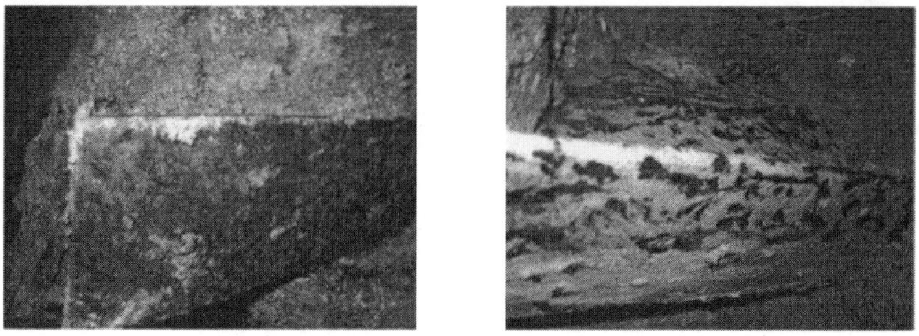

图 8-4　钢拱架锈蚀[107]

8.1　锚杆锈断模拟

8.1.1　锚杆模型

FLAC3D 中，锚杆由一系列的 cablesel 单元组成。cablesel 单元为具有均一断面与力学特性的直线段(图 8-5)。

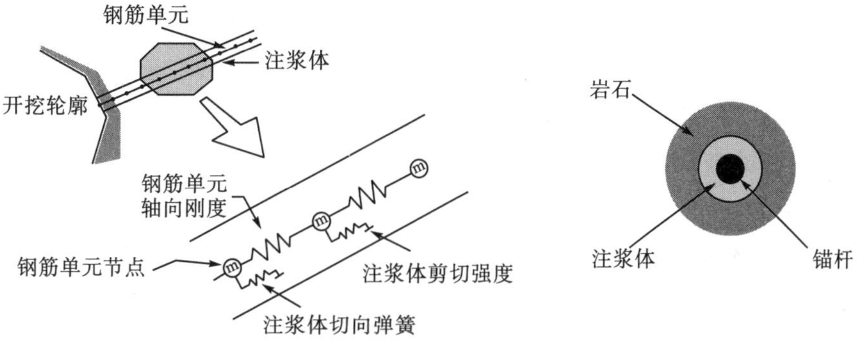

图 8-5　锚杆单元力学模型

1.锚杆的轴向力学特性

锚杆为细长构件，不考虑其在结构平面外的力学特性，即假定锚杆是不能抵抗弯矩，只能承受轴向拉压荷载的一维结构单元。

锚杆单元为理想弹塑性单元，其本构模型[110]如图 8-6 所示，表达式如下：

$$F=\begin{cases} ku, & F_c<F<F_t \\ F_c, & F\leqslant F_c \\ F_t, & F\geqslant F_t \end{cases} \tag{8-1}$$

式中，u 为锚杆的拉伸或者压缩长度；F_t 为锚杆抗拉强度极限值；F_c 为锚杆抗压强度极限值；k 为锚杆的轴向变形刚度值。

理想弹塑性力学模型可分为两个阶段。

在弹性段内，轴力与变形呈现出线性关系，因此曲线的斜率即为锚杆的轴向变形刚度值。

$$k = \frac{AE}{L} \tag{8-2}$$

式中， A 为锚杆横截面的面积；L 为锚杆的长度；E 为锚杆的弹性模量。

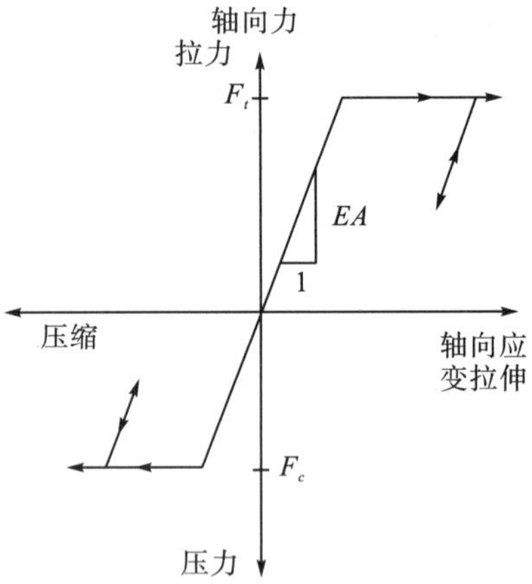

图 8-6　锚杆轴向力学特性

在塑性段内，当锚杆杆体承受的轴力大于其极限抗拉强度时，单元进入屈服状态。随着形变值的增大，杆体的内力不再变化，该阶段可认为锚杆的抗拉强度变为 0。同时，在屈服阶段对锚杆进行卸荷，其单元的轴力也会呈现出降低的趋势。

2.注浆体的切向力学特性

注浆体与锚杆或者围岩之间的接触面主要有黏结与抗滑移的作用，该作用是通过附加在单元节点上的“弹簧-滑块”系统而实现的。当锚杆与注浆体之间产生相对滑动时(图 8-7)，程序就通过“弹簧-滑块”系统对两者之间的力与位移进行计算。

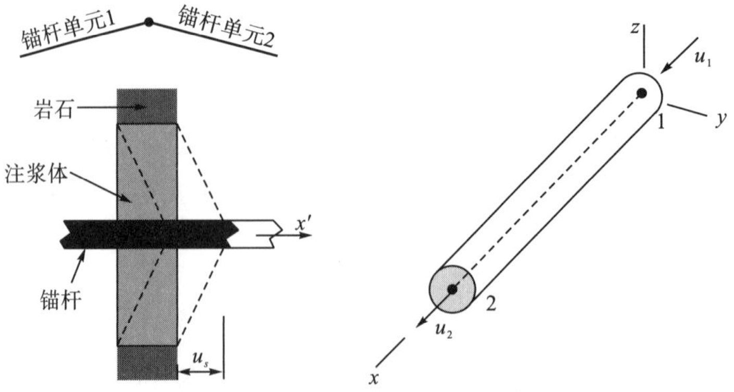

图 8-7　cable 单元的自身局部坐标系及锚杆与围岩间相对剪切位移

接触面单元的剪切与相对滑移关系如图 8-8 所示。可以发现，两者之间的关系也与理想弹塑性模型相似。

其表达式为

$$\Delta F_s=\begin{cases}k_g\Delta u_s, & F_s\leqslant F_{s\max}\\ 0, & F_s>F_{s\max}\end{cases} \tag{8-3}$$

或者为

$$F_s=\begin{cases}\dfrac{k_g u_s}{L}, & F_s\leqslant F_{s\max}\\ F_{s\max}, & F_s>F_{s\max}\end{cases} \tag{8-4}$$

式中，F_s、ΔF_s 分别为注浆体剪应力与剪应力增量；k_g 为注浆体剪切刚度；u_s 与 Δu_s 分别为相对剪切位移与剪切位移增量；L 为锚固段长度；$F_{s\max}$ 为注浆体极限抗剪力。

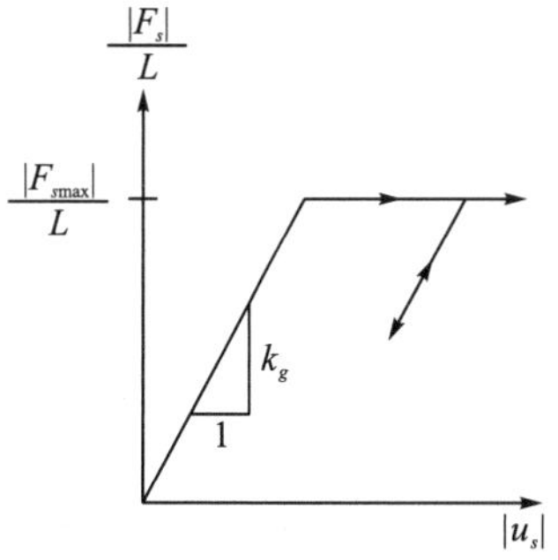

图 8-8　注浆体切向力学特性

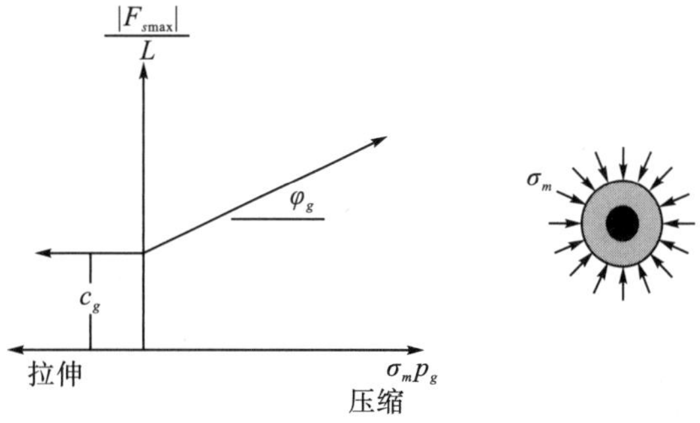

图 8-9　锚杆与注浆体接触界面剪切强度包络图

接触面的剪切强度包络线如图 8-9 所示，其满足莫尔-库仑屈服准则，即

$$\frac{F_{s\max}}{L}=\begin{cases}c_g+\sigma_m p_g\tan\varphi_g, & \sigma_m p_g\geqslant 0\\ c_g, & \sigma_m p_g<0\end{cases} \tag{8-5}$$

式中，c_g、φ_g 分别为接触面的黏聚力与内摩擦角；σ_m、p_g 分别为接触面的有效约束应力及该应力作用的截面周长。

有效约束应力 σ_m 作用方向垂直于锚杆横截面，其大小取决于锚杆节点所连接的实体单元的应力，计算公式为

$$\sigma_m=-\left(\frac{\sigma_1+\sigma_2}{2}+p\right) \tag{8-6}$$

式中，p 为静水压力。

8.1.2　锈蚀力学模型

1.锚杆锈蚀规律

目前，关于锚杆锈蚀的研究较少。对于公路隧道而言，锚杆的材质大多为钢筋，因此，参考国内外学者关于钢筋锈蚀的研究结果来表征锚杆的锈蚀规律。

Vu 等[111]提出了以下的钢筋锈蚀模型，即

$$i_{\mathrm{cor}}(t)=\frac{37.8\times10^{-3}(1-w/c)^{-1.64}}{d_b}0.85t^{-0.29}\times11.6\times10^{-6} \tag{8-7}$$

式中，$i_{\mathrm{cor}}(t)$为自锚杆锈蚀开始的第 t 年时锚杆的年锈蚀速率，单位为 m/a；d_b为锚杆直径；w/c 为握裹体的水灰比；t 为锈蚀时间。

李典庆等对该钢筋锈蚀模型的适用性进行了研究[112-115]，结果发现(图 8-10)该模型能较好地反映密闭潮湿与干湿交替环境下锚杆的锈蚀，而对永久浸泡环境下锚杆的锈蚀结果拟合较差。同时，该模型反映的是自由状态下锚杆的锈蚀规律，未考虑锚杆服役期间受力特性对锚杆锈蚀的影响。

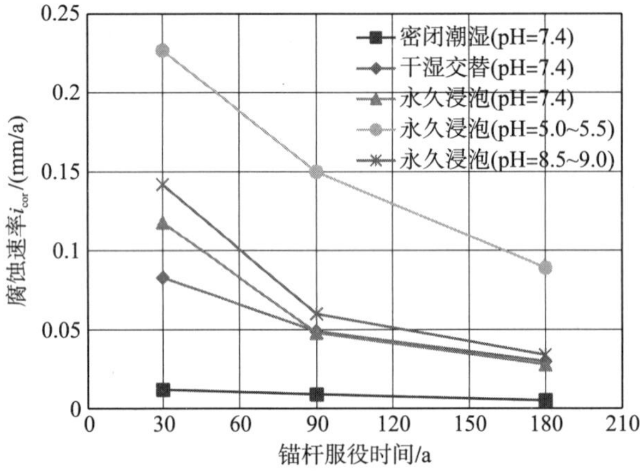

图 8-10 锚杆锈蚀规律

2.锈蚀对锚杆失效模式的影响

锚杆的锈蚀会导致锚杆截面面积的减小，从而影响锚杆的抗拉强度极限值；同时，由于锚杆的锈蚀，杆体与锚固剂截面会产生锈胀，导致两者之间的黏结性能发生劣化。

锚杆的锈蚀可分为局部锈蚀与均匀锈蚀，本章的推导过程中，假定锚杆的锈蚀为均匀锈蚀。参考已有的研究结果，锚杆的抗力时变函数为

$$f_{yt}=\frac{\pi}{4}d_b^2[1-\eta_s(t)]f_{y0}\alpha_s(t) \tag{8-8}$$

伸长率时变函数为

$$\delta_t=[0.85-\eta_s(t)]^2\delta_0 \tag{8-9}$$

式中，f_{y0}为锚杆抗力初始值；d_b为锚杆的直径；$\eta_s(t)$为 t 时锚杆截面的锈蚀率；$\alpha_s(t)$为锚杆抗力时变折减系数。

$$\eta_s(t)=\frac{d_b^2-[d_b-2\Delta d(t)]^2}{d_b^2} \tag{8-10}$$

$$\alpha_s(t)=\frac{0.985-1.028\eta_s(t)}{1-\eta_s(t)} \tag{8-11}$$

借助现有的钢筋混凝土的钢筋黏结滑移试验结果，锚杆锈蚀后锚杆与混凝土之间的黏结强度极限值与特征滑移量的计算公式如下：

$$\tau_u(t)=\left[1-\left(10.544-1.586\frac{c}{d_b}\right)\eta_s(t)\right]\tau_u=\zeta_1\tau_u \tag{8-12}$$

其中，τ_u 为无锈蚀锚杆黏结强度；$\tau_u(t)$ 为锈蚀度为 $\eta_s(t)$ 时的黏结强度；c 为保护层厚度(对于全长黏结式锚杆而言，c 等于锚固剂握裹层厚度)。

$$s_u(t)=[1-7.365\eta_s(t)]s_u=\zeta_2 s_u \tag{8-13}$$

式中，s_u 为无锈蚀锚杆的特征滑移量；$s_u(t)$ 为锈蚀度为 $\eta_s(t)$ 时锚杆的特征滑移量。

3.FLAC3D 中锚杆锈蚀的实现

FLAC3D 锚杆参数中，杆体自身的材料参数有截面面积 A、弹性模量 E 以及抗拉压强度，而杆体与锚固剂、锚固剂与岩石之间的力学参数主要有锚固剂的剪切刚度 k_g、黏聚力 c_g 与内摩擦角 φ_g。

杆体锈蚀主要导致锚杆截面面积的减小，在有限差分计算中，通过对杆体的弹性模量进行折减来反映锚杆截面面积减小的影响，即

$$E(t)=E_0[1-\eta_s(t)] \tag{8-14}$$

式中，$E(t)$ 为锈蚀度为 $\eta_s(t)$ 时锚杆的弹性模量；E_0 为锚杆初始弹性模量。

注浆体的剪切刚度一般采用拉拔试验得到，通过下列公式计算获得：

$$k_g=\frac{F_b}{u_b} \tag{8-15}$$

式中，F_b 为锚固体的极限拉拔力；u_b 为锚固体锚固端与自由端的相对剪切位移。

对不同锈蚀度情况下的锚杆进行拉拔试验，可以得到注浆体的不同抗剪刚度值，即

$$k_g(t)=\frac{\kappa}{\lambda}k_g \tag{8-16}$$

其中，$\kappa=\dfrac{F_b(t)}{F_b}$，$\lambda=\dfrac{u_b(t)}{u_b}$，$F_b(t)$、$u_b(t)$、$k_g(t)$ 分别表示锈蚀度为 $\eta_s(t)$ 时锚固体的极限拉拔力、锚固端与自由端的相对剪切位移以及注浆体的抗剪刚度，κ、λ 为试验常数。

不同锈蚀度时锚固体的极限抗拔剪应力可以通过室内试验获得，假定试验结果为

$$\tau_{\mathrm{peak}}(t)=\varsigma\tau_{\mathrm{peak}} \tag{8-17}$$

式中，$\tau_{\mathrm{peak}}(t)$、τ_{peak} 分别为锈蚀度为 $\eta_s(t)$ 与未锈蚀时锚杆的极限抗拔剪应力；ς 为试验常数。

假定锚固剂的抗剪强度与内摩擦角的劣化程度在不同锈蚀度时相同，则可得到劣化后的值为

$$c_g(t)=\varsigma c_g\,,\ \varphi_g(t)=\varsigma\varphi_g \tag{8-18}$$

研究结果表明：

$$\tau_{\mathrm{peak}}=\frac{G}{(D/2+\delta)}\frac{\Delta u}{\ln(1+2\delta/D)} \tag{8-19}$$

$$k_g=\frac{2\pi G}{\ln(1+2\delta/D)} \tag{8-20}$$

由此可得

$$\tau_{\text{peak}} = \frac{F_b}{2\pi(D/2+\delta)} \tag{8-21}$$

8.1.3 断裂力学模型

当锚杆杆体中承受的拉应力超过杆体的抗拉强度时，杆体会产生断裂，破裂位置处杆体的轴力变为0(图8-11)。对于交通隧道中普遍采用的全长黏结式锚杆而言，当锚杆杆体发生断裂时，断裂位置以外杆体轴力会变为零，断裂位置以内杆体出现卸荷回弹。此时锚杆对围岩形变的约束效应会大大减弱。由前述可知，FLAC3D中自带的锚杆模型并不能真实反映上述情况，因此，将锚杆的锈蚀特性与拉断准则引入FLAC3D自带的锚杆模型，来表征锚杆在锈蚀条件下的服役性能。其中，锚杆的拉断准则为

$$u_t(i) \geqslant u_{t,\max}(i) \tag{8-22}$$

式中，$u_t(i)$为不同时刻锚杆任一单元(cablesel)的长度；$u_{t,\max}(i)$为对应时刻的极限长度，$u_{t,\max}(i)=(1+\delta_t)u_0$，$u_0$为锚杆单元的初始长度，$\delta_t$的表达式如式(8-9)所示。

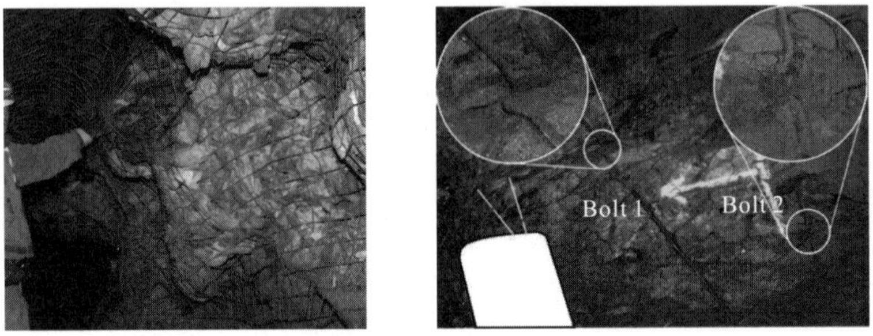

图8-11 大变形导致锚杆拉断

锚杆的轴向本构关系如图8-12所示，其表达式为

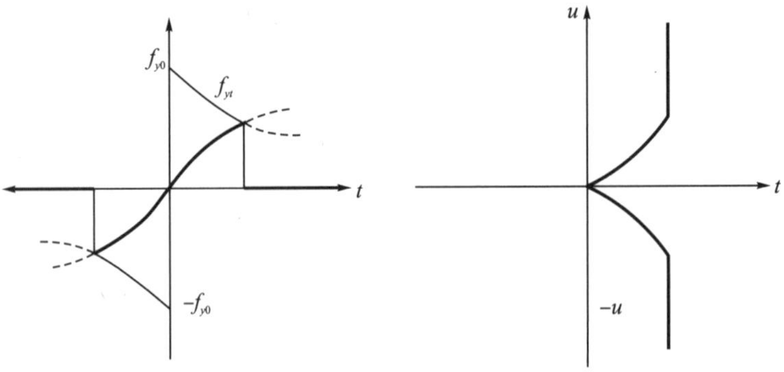

图8-12 考虑锚杆锈蚀与拉断特征的锚杆轴向力学特性

$$f_t = \begin{cases} k_t u & (f_t \leqslant f_{yt}, u_t < u_{t,\max}) \\ f_{yt} & (f_t > f_{yt}, u_t < u_{t,\max}) \\ 0 & (u_t \geqslant u_{t,\max}) \end{cases} \tag{8-23}$$

式中，f_{yt} 的表达式见式(8-8)；$k_t = \dfrac{E_t A}{L}$。

由表达式(8-23)可知，锚杆的本构分为三部分：当锚杆的轴力小于其极限承载力，且长度小于其极限长度时，锚杆的轴力随长度的增加而增加；当锚杆的轴力大于其极限承载力，但长度小于其极限长度时，锚杆的轴力等于其极限承载力；当锚杆的长度大于其极限长度时，锚杆失效，断裂处轴力为 0。

锚杆锈蚀拉断的实现流程如图 8-13 所示。

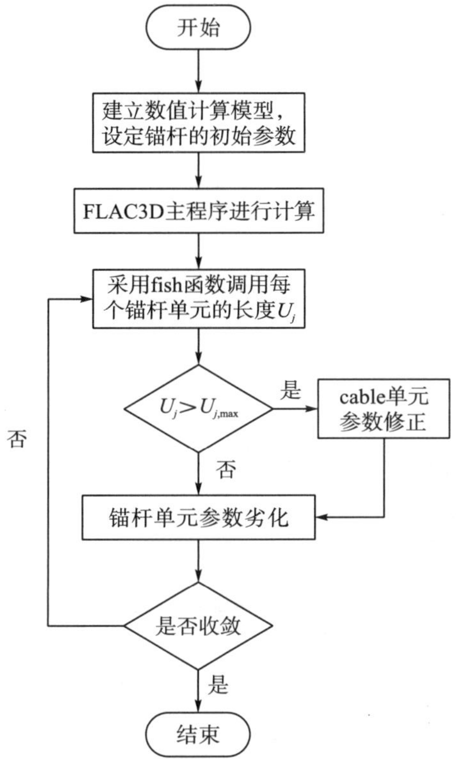

图 8-13　锚杆锈断特性的数值实现流程图

8.1.4　模型验证

1.锚杆拉断验证

算例选用隧道中常用的全长黏结式锚杆，锚杆杆体直径为 22mm，长度为 3m，杆体采用 HRB335 带肋钢筋，屈服强度为 335MPa，延伸率为 16%，弹性模量为 200GPa，可算出杆体破断时的形变值为 0.058m，理论破断荷载为 127.3kN。

建立的模型如图 8-14 所示。模型总长为 3m，每个 cablesel 的长度为 0.5m，单元从左往右编号依次为 1 到 60，计算过程中，在节点 1 处施加恒定的拉伸速度 1×10^{-5}m/s，在节点 2 处约束节点的各向自由度，计算总时间步选为 10 000 步。

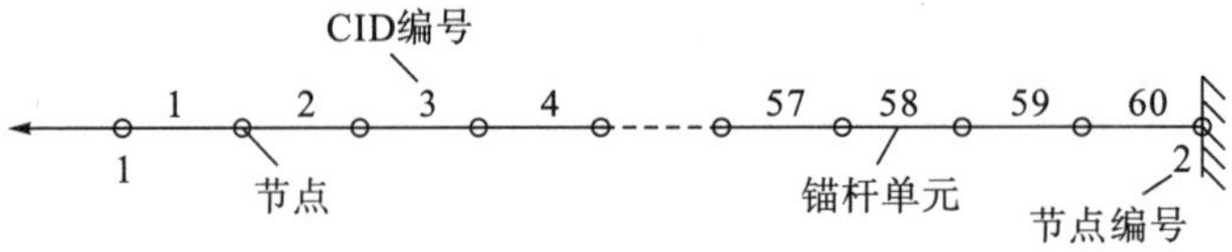

图 8-14 锚杆拉断计算模型示意图

图 8-15(a)为不同 CID 编号的杆体节段单元轴力随计算时步变化图，图 8-15(b)为计算结束时所有锚杆单元的长度与轴力值，图 8-15(c)为 CID 编号为 2 的锚杆节段单元轴力与长度关系曲线(彩图见附录)。图 8-15(a)表明，随着时间步的增加，杆体单元的轴力从左往右依次增加至最大值。当计算至第 820 步时，CID=1 处锚杆发生断裂，锚杆轴力瞬间降至为 0。随着锚杆的断裂，锚杆的轴力从左往右依次减小为 0kN。从图 8-15(b)可以看出，当采用 FLAC3D 自带锚杆模型时，CID=1 处锚杆的长度达到 147.96mm，伸长率达到了 195.92%，

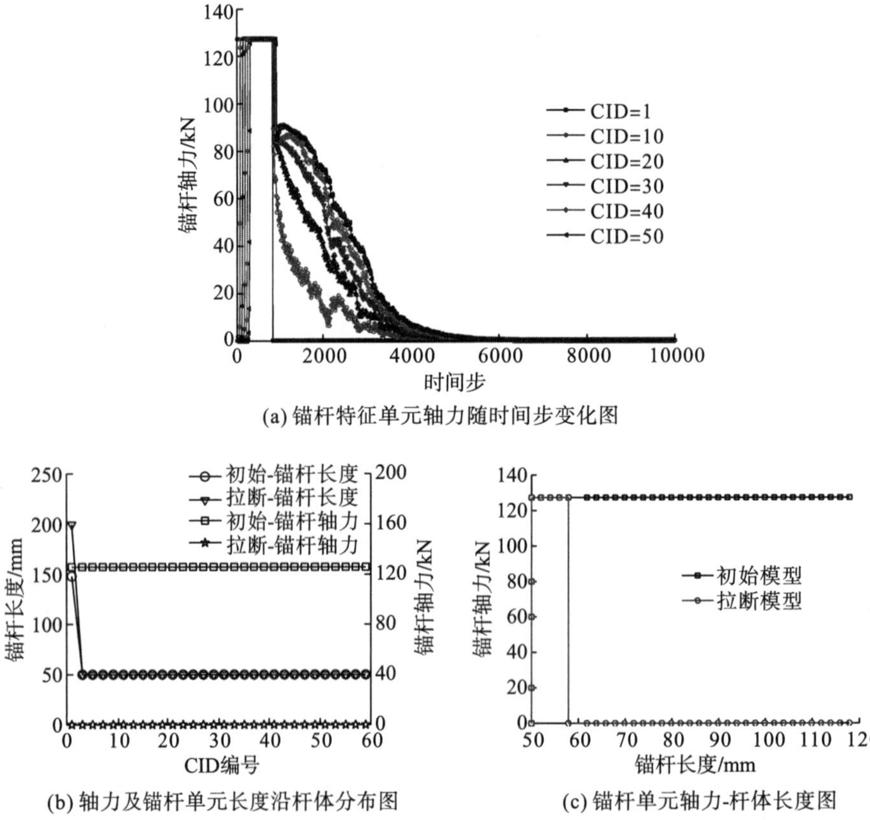

图 8-15 拉断计算结果

此时锚杆的轴力仍然为 127.3kN，而当采用拉断模型时，锚杆的最终长度达到了 199.77mm(当锚杆长度为 58mm 时，锚杆发生了断裂，轴力降为 0)。可见，拉断模型可以很好地反映杆体的实际力学作用机理。

2.锈断验证

以某典型隧道支护结构为例分析锈蚀断裂对锚杆支护效果的影响。隧道锚杆杆体长度为 3m，喷射混凝土厚度为 20cm，锚杆环向间隔 1m 布设，纵向间隔 1.2m 布设，锚杆沿开挖轮廓线的布置情况如图 8-16 所示，为了后文叙述方便，沿轮廓线从左往右依次对锚杆进行编号，即 C1,C2,…,C16 。

建立的数值模型如图 8-17 所示，模型的长宽分别为 50m、50m，厚度方向为 1m。模型表面为自由面，其余边界处分别约束边界的法向位移，假定模型处于均一应力场中，取 $\sigma_x=\sigma_y=\sigma_z$=8MPa。围岩及喷射混凝土的参数如表 8-1 所示。围岩采用应变软化模型，强度参数与塑性应变的关系如表 8-2 所示。

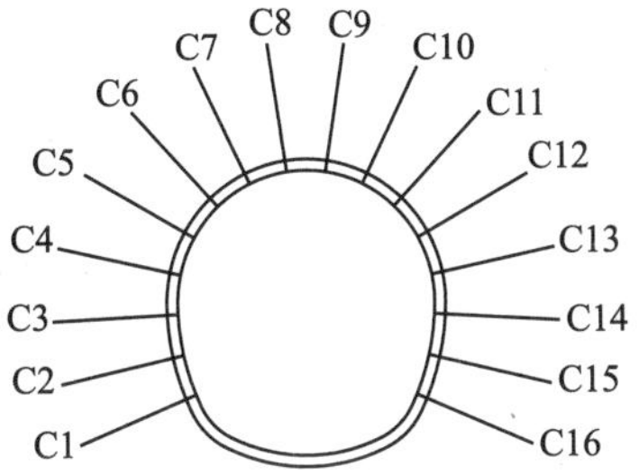

图 8-16　锚杆布置图

(a) 模型整体图　　(b) 锚杆与初期支护

图 8-17　数值模型图

表 8-1　围岩及喷射混凝土的参数

材料	弹性模量 E/MPa	泊松比 v	抗拉强度 σ_t/MPa	黏聚力 c/MPa	内摩擦角 φ/(°)
围岩	1700	0.3	1	1.5	25
喷射混凝土	25500	0.2	2	3	35

表 8-2　围岩参数应变软化表

塑性应变	黏聚力 c/MPa	内摩擦角 φ/(°)
0	1.5	25
1×10^{-4}	1.45	24.5
2×10^{-4}	1.4	24
3×10^{-4}	1.3	23
1	1.3	23

锚杆布设在数值模型的中间位置(厚度方向 0.5m 位置处)。考虑杆体的锈蚀，不同服役年限内杆体力学参数变化曲线如图 8-18 所示。选取锚杆开始施作、服役 5 年、15 年、

25 年为特征时间点，对不同年限下围岩的力学响应进行研究。特征时间点对应的杆体力学参数见表 8-3，锚固剂力学参数如表 8-4 所示。

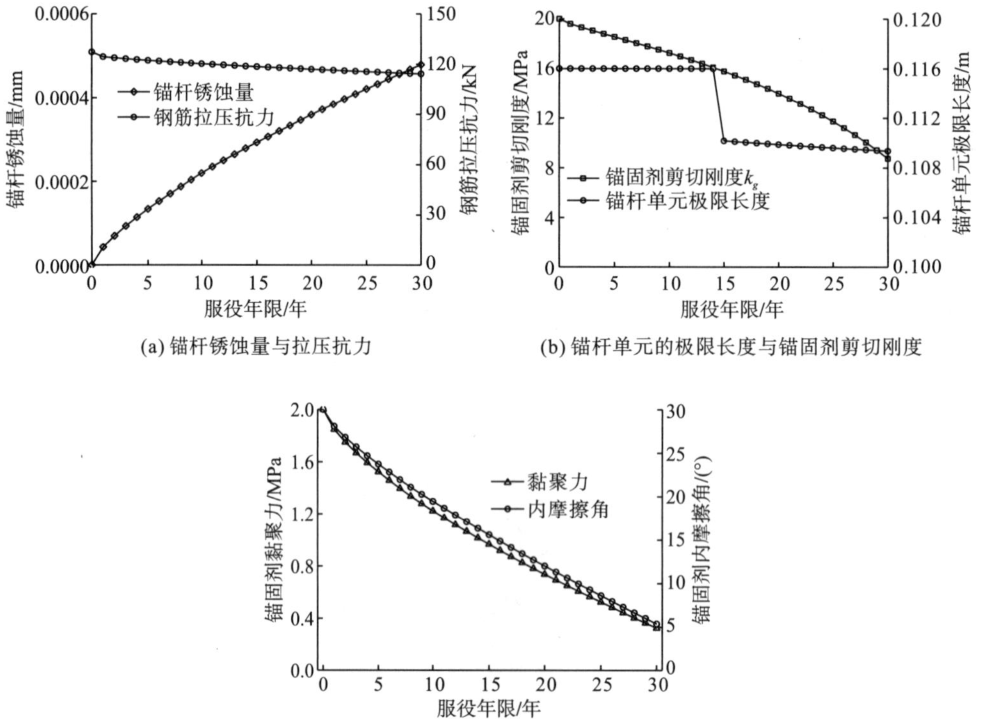

(a) 锚杆锈蚀量与拉压抗力

(b) 锚杆单元的极限长度与锚固剂剪切刚度

(c) 锚固剂黏聚力与内摩擦角

图 8-18 锚杆及锚固剂力学参数随时间变化曲线

表 8-3 特征时间点锚杆力学参数

服役年限	直径/cm	屈服轴力 F/kN	弹性模量 E/GPa	破断延伸率/%
施作时	22	127.3	200	16
5 年	22	122.3	195.14	16
15 年	22	118.6	189.49	10.17
25 年	22	115.6	184.98	9.6

表 8-4 特征时间点锚固剂力学参数

服役年限	剪切刚度 k_g/MPa	黏聚力 c/MPa	内摩擦角 φ/(°)
施作时	20	2	30
5 年	18.55	1.52	23.7
15 年	15.78	0.97	15.6
25 年	11.74	0.53	8.62

单根杆体沿结构轴线划分为 30 个 cablesel 单元，每个 cablesel 单元的长度为 0.1m。考虑锚杆在服役期间锚固剂性能的衰减，得到的锚固剂力学参数随时间变化的曲线如图 8-18 所示。

图 8-19(彩图见附录)为选取的特征时间点内，锚杆轴力与围岩竖向位移计算结果，可以看出，当 t=0 时，所有锚杆均参与工作，杆体所受的最大轴力为 118kN，未达到其极限轴力值，围岩的最大竖向形变值为 62.5mm。当 t=5 时，编号为 C2、C3、C14、C15 的锚杆发生了拉伸断裂，杆体的轴力最大值为 122kN，围岩的最大竖向位移为 66.3mm。可见，锚杆的断裂，使得剩余锚杆在围岩应力重分布后，承担了更多的荷载。当 t=15 时，编号为 C1～C3、C14～C16 的锚杆发生了拉伸断裂，此时围岩的最大竖向位移为 76.2mm。当 t=25 时，除编号为 C5、C7、C10、C12 的锚杆外，其余所有锚杆均发生断裂，锚杆的最大轴力为 118.2kN，围岩的竖向位移最大值为 80.1mm。可见，锚杆的锈蚀与断裂对围岩与支护结构间荷载的分配有较大影响。不考虑锚杆的拉断或者锈蚀特征，将会夸大锚杆的作用，使得结构设计偏于危险。

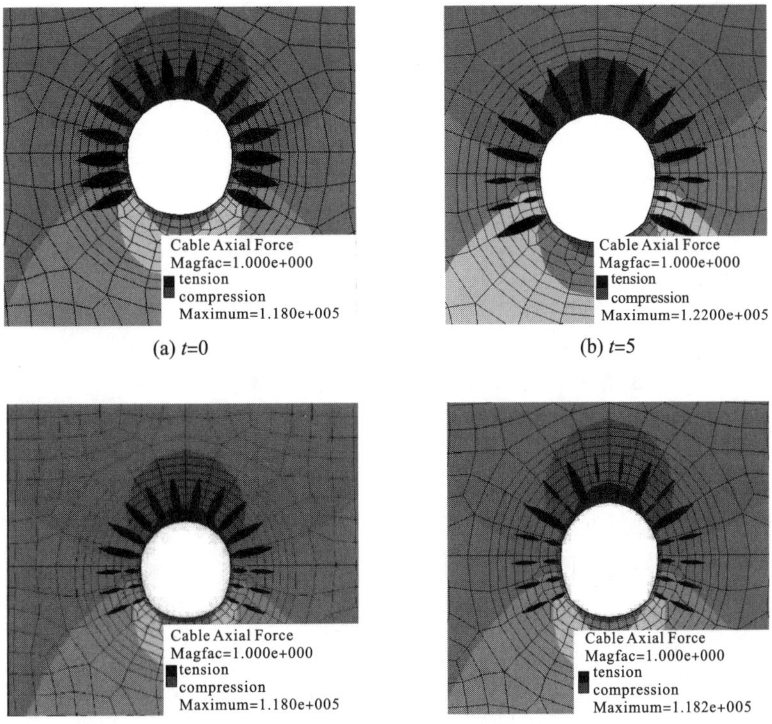

(a) t=0　(b) t=5　(c) t=15　(d) t=25

图 8-19　特征时间点对应的锚杆轴力与围岩竖向位移

8.2　钢拱架锈蚀模拟

8.2.1　锈蚀特征

钢拱架的锈蚀形式与锈蚀程度与喷射混凝土的开裂方式、地下水的赋存状况等有关。根据钢拱架(以工字钢为例)与地下水的可能接触形式，将钢拱架的锈蚀形态分为以下五种[116-118]，如图 8-20 所示。

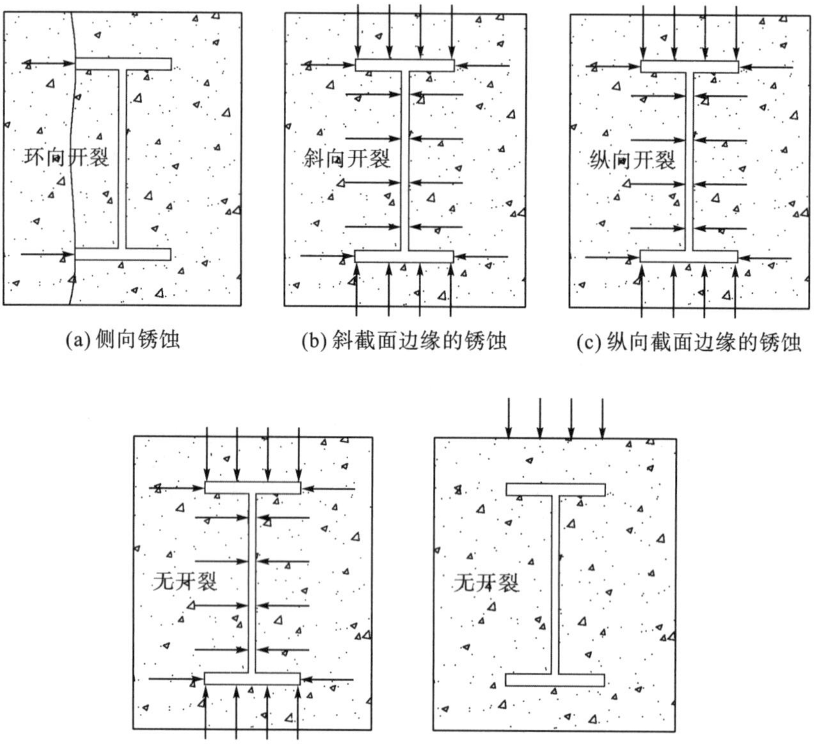

(a) 侧向锈蚀　(b) 斜截面边缘的锈蚀　(c) 纵向截面边缘的锈蚀

(d) 沿工字钢表面的锈蚀　(e) 有害离子渗透锈蚀

图 8-20　钢拱架锈蚀示意图

(1) 侧向锈蚀。即喷射混凝土在外部作用下产生环向裂纹，裂纹位于工字钢断面边缘，导致工字钢的翼缘部分与地下水直接接触而产生锈蚀。

(2) 斜截面边缘锈蚀。即喷射混凝土在外部荷载作用下产生斜向的裂纹，裂纹贯穿工字钢断面，使得工字钢斜截面与地下水直接接触而产生锈蚀。

(3) 纵向截面边缘锈蚀。即初期支护混凝土在外部作用下产生纵向裂纹，裂纹贯穿工字钢纵向断面，导致工字钢纵向断面内的翼缘与腹板均与地下水直接接触，从而发生截面全断面的锈蚀。

(4) 沿工字钢表面的锈蚀。当喷射混凝土发生严重渗漏水时，地下水持续通过混凝土渗漏到防水板内侧，此时位于渗漏通道上的工字钢与地下水完全接触，造成截面大面积的锈蚀。

(5) 有害离子渗透锈蚀。当初期支护未产生开裂时，初期支护起到保护层的作用，则此时工字钢不与地下水直接接触，有害离子渗透成为工字钢锈蚀的主要因素。

根据很多工程的现场测试结果，得到了钢拱架锈蚀电流密度 i 与锈蚀时间的拟合关系：

$$i = 20.04 \times 10^{-2} \times t^{-0.3756} \tag{8-24}$$

式中，i 的单位为 $\mu A / m^2$；t 的单位为 a。

同时，根据研究结果，当钢拱架与外界地下水未直接接触时，其锈蚀速度与锈蚀电流

密度的关系式为

$$\nu = 11.6 \times 10^{-4} \times i \tag{8-25}$$

式中，ν 的单位为 m/a。

结合式(8-24)、式(8-25)可得到钢拱架锈蚀速度与时间的关系式为

$$\nu = 2.32 \times 10^{-4} t^{-0.3756} \tag{8-26}$$

对式(8-26)进行积分，得到锈蚀量 $\Delta d(t)$ 与时间的关系为

$$\Delta d(t) = \int_0^t \nu \mathrm{d}t = 3.72 \times 10^{-4} \times t^{0.6244} \tag{8-27}$$

式(8-27)所得到的锈蚀量是基于海底隧道的腐蚀环境所推导出来的，一般认为，对于海底隧道结构而言，其服役环境较一般的山岭隧道恶劣，因此，本章通过将该锈蚀量乘以一个折减系数的方式来表征一般隧道钢拱架的劣化性能。钢拱架的几何形态如图 8-21 所示。

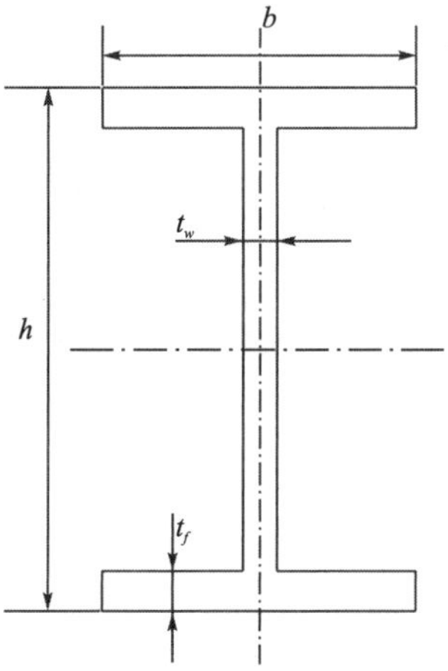

图 8-21　钢拱架几何形态

t 时刻锚杆的截面锈蚀率为

$$\eta_{st}(t) = \frac{A - A(t)}{A} \tag{8-28}$$

式中，

$$A = 2bt_f + (h - 2t_f)t_w \tag{8-29}$$

$$A(t) = 2[b - \Delta d(t)][t_f - \Delta d(t)] + [h - 2t_f + \Delta d(t)][t_w - \Delta d(t)] \tag{8-30}$$

其中，t_w 为腹板厚度；b 为截面宽度；t_f 为翼缘板厚度；h 为截面高度。

对 12 根不同锈蚀程度下的型钢进行了拉伸试验，得到了锈蚀型钢的荷载变形曲线，见图 8-22。可以看出，随着截面损失率的增加，荷载形变曲线未出现明显的屈服点，易发生脆性破坏。

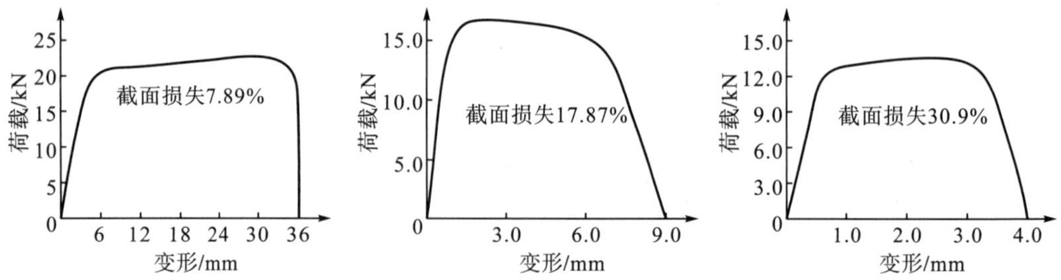

图 8-22 锈蚀型钢的荷载-变形曲线

通过制作钢材拉伸试件(图 8-23)，得到了钢材的名义屈服强度与锈蚀率的关系为

$$\sigma_s(t)=[0.9875-0.0194\eta_s(t)]\sigma_s \tag{8-31}$$

本研究中型钢抗拉强度的降低值即采用该试验结果。

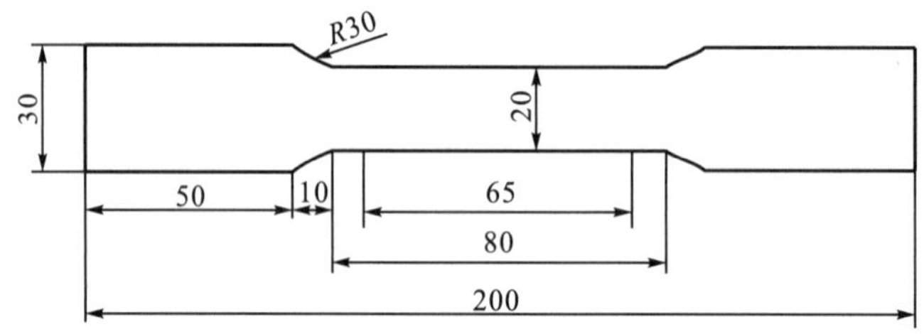

图 8-23 钢材拉伸试件示意图

8.2.2 锈蚀力学模型

工字钢未锈蚀时，其截面的广义屈服条件为：

当 $n\leqslant\dfrac{A_w}{A}$ (即中性轴位于腹板内)时：

$$m+n^2\left[\frac{1}{1-\left(\dfrac{A_f}{A}\right)^2\left(1-\dfrac{t_w}{b}\right)}\right]=1 \tag{8-32}$$

当 $n>\dfrac{A_w}{A}$ (即中性轴位于翼缘内)时：

$$m+\left[\frac{n^2-\left(1-\dfrac{t_w}{b}\right)\left(n-\dfrac{A_w}{A}\right)^2}{1-\left(\dfrac{A_f}{A}\right)^2\left(1-\dfrac{t_w}{b}\right)}\right]=1 \tag{8-33}$$

式中，A、A_f、A_w 分别为工字钢截面总面积、翼缘板面积与腹板面积；n、m 为构件内力的无量纲化系数：

$$n=\frac{N}{N_u} \tag{8-34}$$

$$m = \frac{M}{M_u} \tag{8-35}$$

其中，M、N 分别为截面受到的弯矩与轴力；M_u、N_u 分别为弯矩与轴力的极限值。

$$N_u = A\sigma_s \tag{8-36}$$

$$M_u = t_w(0.5h - t_f)^2\sigma_s + bt_f(h - t_f)\sigma_s \tag{8-37}$$

式中，σ_s 为钢材的极限屈服应力。

当工字钢锈蚀时，其截面的广义屈服条件为：

当 $n(t) \leqslant \dfrac{A_w(t)}{A(t)}$（即中性轴位于腹板内）时：

$$m(t) + n(t)^2\left\{\frac{1}{1-\left[\dfrac{A_f(t)}{A(t)}\right]^2\left[1-\dfrac{t_w(t)}{b(t)}\right]}\right\} = 1 \tag{8-38}$$

当 $n(t) > \dfrac{A_w(t)}{A(t)}$（即中性轴位于翼缘内）时：

$$m(t) + \left\{\frac{n(t)^2 - \left[1-\dfrac{t_w(t)}{b(t)}\right]\left[n(t)-\dfrac{A_w(t)}{A(t)}\right]^2}{1-\left[\dfrac{A_f(t)}{A(t)}\right]^2\left[1-\dfrac{t_w(t)}{b(t)}\right]}\right\} = 1 \tag{8-39}$$

式中，A、A_f、A_w 分别为工字钢截面总面积、翼缘板面积与腹板面积；n、m 为构件内力的无量纲化系数：

$$n(t) = \frac{N(t)}{N_u(t)} \tag{8-40}$$

$$m(t) = \frac{M(t)}{M_u(t)} \tag{8-41}$$

其中，$M(t)$、$N(t)$ 分别为截面受到的弯矩与轴力；$M_u(t)$、$N_u(t)$ 分别为弯矩与轴力的极限值：

$$N_u(t) = A\sigma_s(t) \tag{8-42}$$

$$M_u(t) = t_w(0.5h - t_f)^2\sigma_s(t) + b(t)t_f(h - t_f)\sigma_s(t) \tag{8-43}$$

式中，σ_s 为钢材的极限屈服应力。

以隧道工程中经常使用的工字钢 I20a 为例，其 h=200mm，b=100mm，t_w=7mm，t_f=11.4mm，工字钢服役初期、10 年、20 年、30 年时的广义屈服函数如表 8-5 所示。

表 8-5　不同时间对应的广义屈服函数

时间/年	广义屈服函数	N_u/kN	M_u/(kN·m)
t=0	$m+1.565n^2=1\ (n\leqslant 0.38)$ $m+0.109n^2+1.097n-0.207=1\ (n>0.38)$	849	70.97
t=10	$m+1.597n^2=1\ (n\leqslant 0.37)$ $m+0.099n^2+1.103n-0.203=1\ (n>0.37)$	773	58.48

续表

时间/年	广义屈服函数	N_u/kN	M_u/(kN·m)
t=20	$m+1.618n^2=1\ (n\leqslant 0.36)$ $m+0.093n^2+1.107n-0.2=1\ (n>0.36)$	732	51.73
t=30	$m+1.638n^2=1\ (n\leqslant 0.35)$ $m+0.089n^2+1.098n-0.195=1\ (n>0.35)$	698	46.02

不同锈蚀情况下广义屈服函数的形状如图 8-24 所示。其中，当钢拱架的内力位于屈服函数曲线与坐标轴围成的曲边三角形内时，结构处于弹性变形阶段；当内力位于屈服函数曲线上时，结构处于塑性状态。

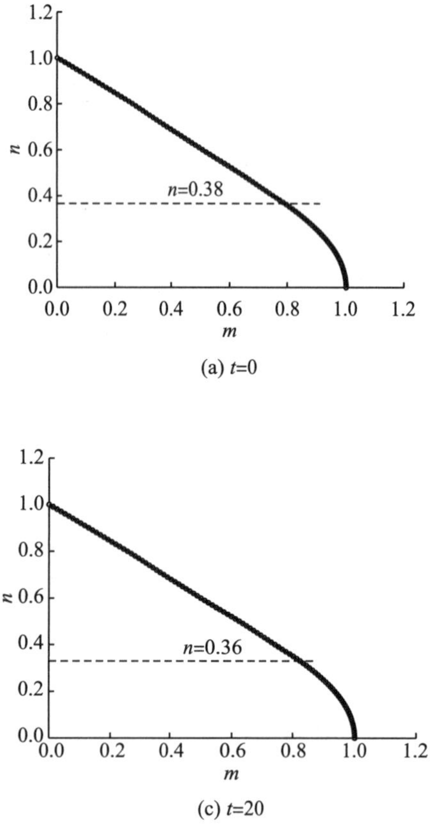

图 8-24 不同时间对应的屈服函数曲线

8.2.3 模型论证

FLAC3D 中，钢拱架的模拟可以通过将一系列 beamsel 单元连接而实现。每个 beamsel 单元都拥有自己的局部坐标系，如图 8-25 所示。

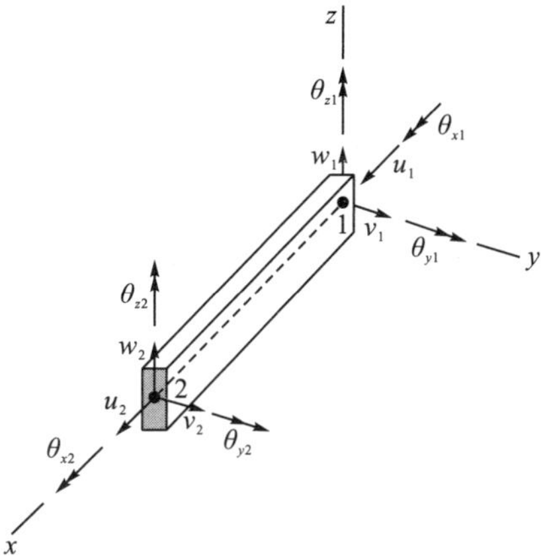

图 8-25　beamsel 单元局部坐标系示意图

两个节点 1, 2 间的 beamsel 单元为截面对称分布的直线单元，默认情况下，beamsel 单元是各向同性的线弹性单元。采用自带模型将会夸大钢拱架的支护效果，使结构设计偏于危险，因此需要对结构单元进行改进。

利用 fish 语言，根据钢拱架屈服准则，对 beamsel 单元力学模型进行修正，当 beamsel 单元内的内力(轴力 N 和弯矩 M)超过指定的屈服判据时，钢拱架屈服。下面采用算例对钢拱架改进模型的支护效果进行分析。

建立的模型如图 8-26 所示。其中，钢拱架的长度为 2m，由 10 个 beamsel 单元构成，每个 beamsel 单元的长度为 0.2m。节点 1 固定，节点 11 施加沿 x 轴负方向的速度荷载，大小为 5×10^{-6}m/步。每个实心节点处都由两个坐标相等的节点构成，以节点 3 为例，在该位置处，有属于单元 2 的节点 3′ 及属于单元 3 的节点 3″，两节点间的连接弹簧有 6 个自由度，平面内的自由度如图 8-27 所示。

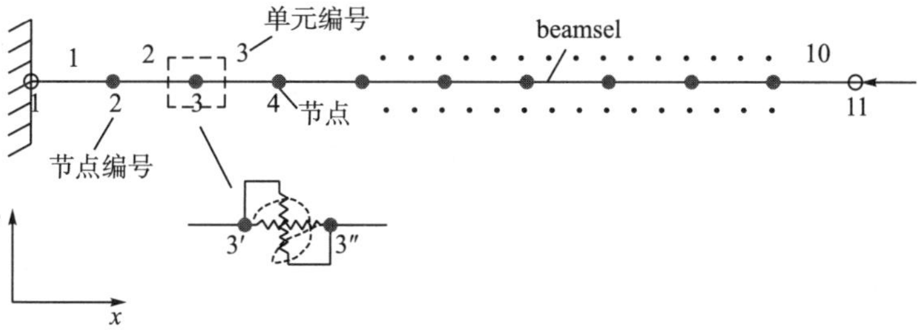

图 8-26　计算模型图

结构的弹性模量取为 200GPa，泊松比为 0.3，假定截面为长方形，截面面积为 6e−3m^2，I_x=I_y=200e−6m^4，截面的极限轴力为 849kN，弯矩为 70kN·m。

设定节点处弹簧沿 x 轴方向的刚度为 6.4×10^8Pa，其余五个方向设定为固接。弹簧拉压强度为 849kPa，作用面积取为 1m^2。计算中对编号为 6 的 beamsel 单元轴力进行监测。计算结果如图 8-27、图 8-28 所示。从图 8-27 可以看出，改进模型中，除了加载单元(CID

编号为10）以外，其余单元均达到且未超过极限轴力849kN。而对于原始模型，轴力均超过极限轴力，达到了150 100kN，夸大了结构的支护作用。从图8-28可以看出，对于改进模型，当时间步达到10 000步左右时，结构单元的轴力达到极限轴力，继续施加荷载，结构的轴力保持不变，而对于原始模型，结构单元的轴力随着外荷载的增大而不断加大。

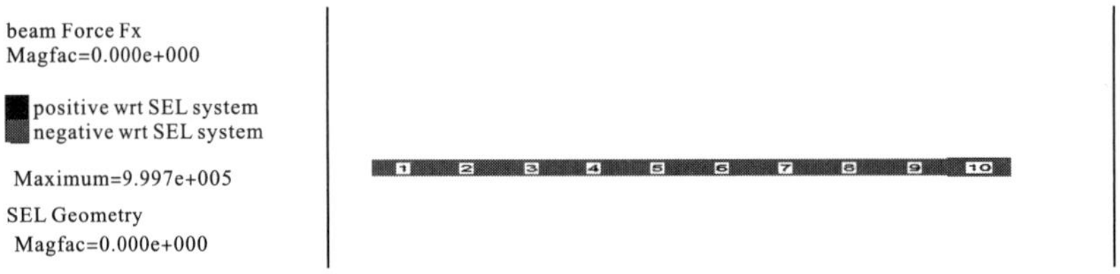

(a) 改进模型(显示加载单元，编号10)

(b) 改进模型(不显示加载单元)

(c) 原始模型

图8-27　轴力图

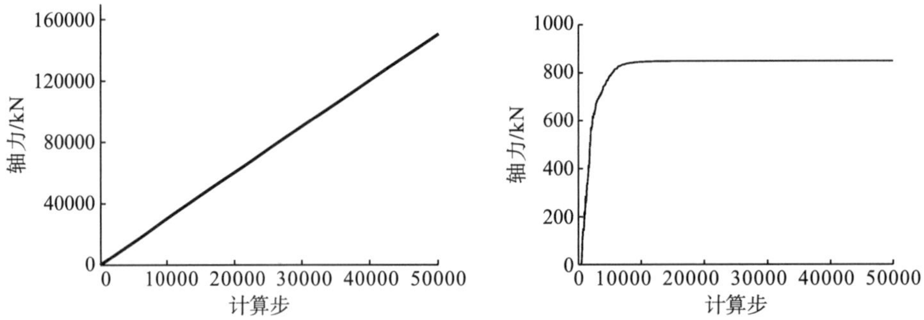

(a) 原始模型　　(b) 改进模型

图8-28　轴力随时间步变化曲线

弯矩特性计算中，建立的模型如图8-29所示。模型的几何参数及部分力学参数与图8-26一致，不同的是：设定节点处弹簧沿x轴方向的转动刚度为6.4×10^{8}Pa，其余五个方向设定为固接。弹簧拉压强度为 70kPa，作用面积取为 $1m^2$。节点 1 与 11 固定，节点 6 施加沿 y 轴负方向的速度荷载，大小为 5×10^{-6}m/步。计算中，对编号为 6 的 beamsel 单元弯矩进行监测。计算结果如图 8-30、图 8-31 所示。

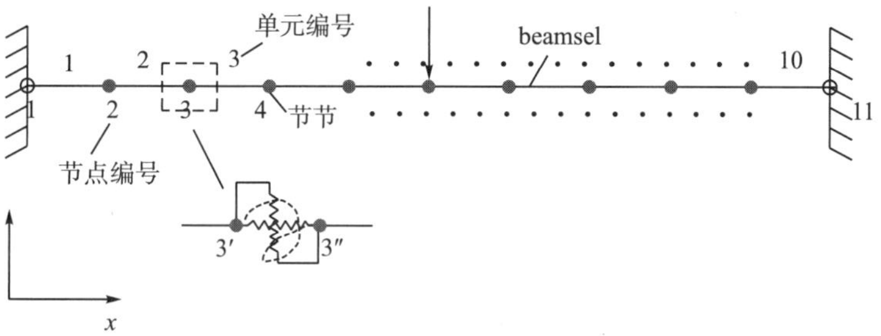

图 8-29　计算模型图

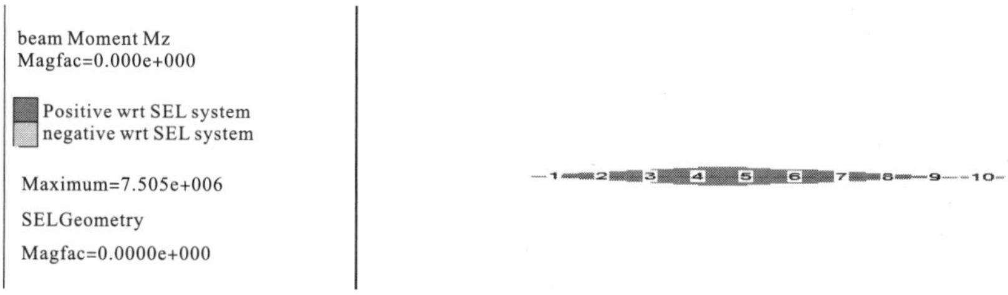

(a) 原始模型

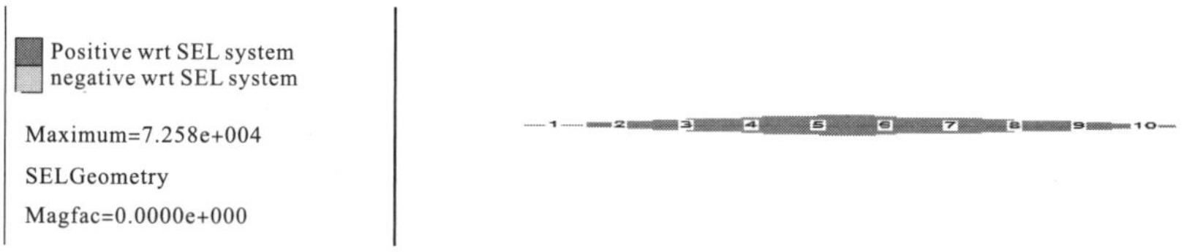

(b) 改进模型

图 8-30　模型弯矩图

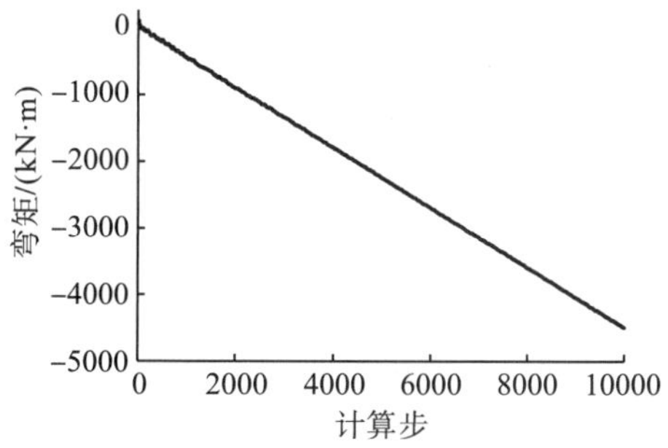

(a) 原始模型

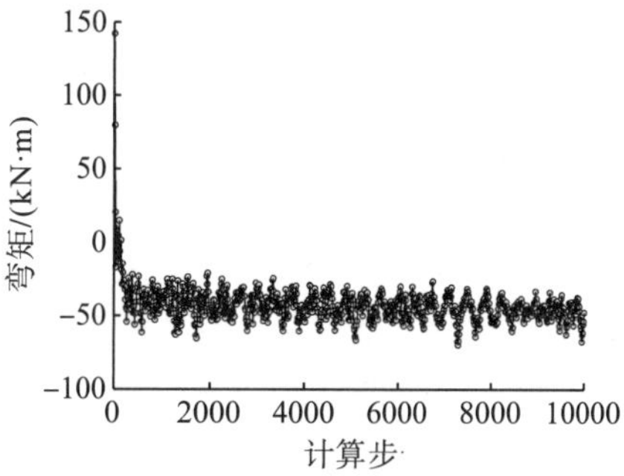

(b) 改进模型

图 8-31　弯矩随时间变化曲线

从图 8-30 中可以看出，弯矩均表现出中部大、端部小的趋势，当不考虑屈服时，结构最大弯矩达到了 7505kN·m，当考虑屈服时，结构最大弯矩达到了 72.58kN·m，在 70kN·m 附近。可以看出，原始模型极大地夸大了钢拱架的抗弯性能。从图 8-31 可以看出，当不考虑钢拱架屈服时，结构单元的弯矩随着计算步的增加而持续增加，当考虑钢拱架屈服时，结构单元的最大弯矩在 70kN·m 附近波动。

从国内外的工程实践可以发现，当围岩产生大变形现象时，钢拱架容易产生扭曲、折断等破坏现象，导致钢拱架支护能力丧失。图 8-32 为广甘高速杜家山隧道钢拱架的破坏形态图，从图中可以看出，钢拱架出现了剪断、扭曲以及沿接头处张开等不连续变形。图 8-33 为位于法意边境的 Saint Martin La Porte 隧道，可以看出，钢拱架直接被剪断成很多小的块段。因此，在数值模拟中，能否准确地表征钢拱架在大变形过程中的非连续形变破坏现象，对合理评价支护结构的受力特性有重要的作用。

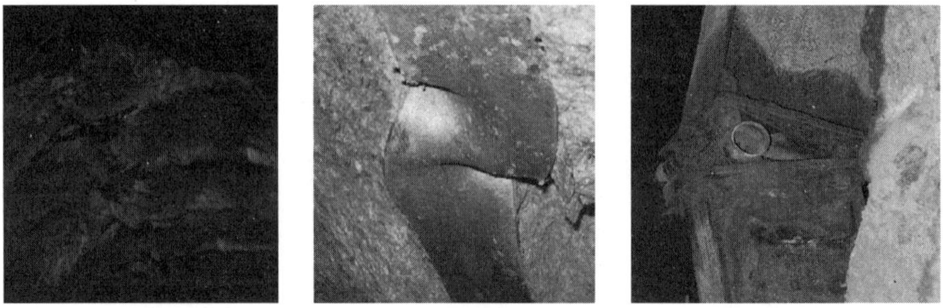

(a) 钢拱架剪断　　(b) 钢拱架扭曲　　(c) 接头处张开

图 8-32　广甘高速杜家山隧道钢拱架破坏图

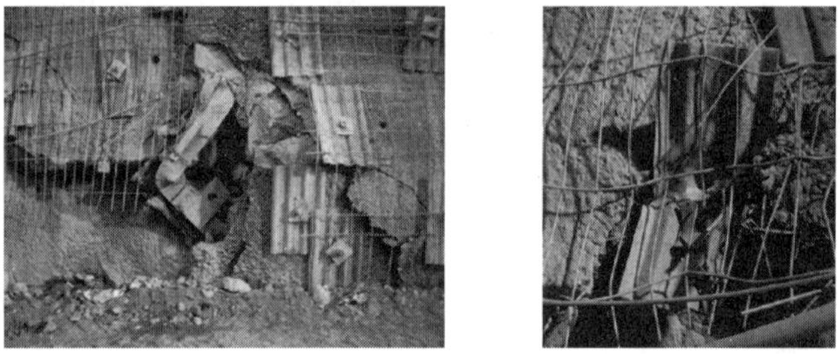

图 8-33　Saint Martin La Porte 隧道钢拱架破坏图

建立的模型如图 8-34 所示。其中，钢拱架的长度为 10m，由 2 个 beamsel 单元构成，每个 beamsel 单元的长度为 5m。节点 1 固定，节点 3 施加沿 y 轴负方向的荷载，大小为 5.5×10^{3}N。结构的弹性模量取为 200GPa，泊松比为 0.3，假定截面为长方形，截面面积为 $6\times10^{-3}\text{m}^2$，$I_x=I_y=200\times10^{-6}\text{m}^4$，截面的极限轴力为 849kN，弯矩为 25kN·m。

设定节点处弹簧沿 x 轴方向的刚度为 6.4×10^{8}Pa，其余五个方向设定为固接。弹簧拉压强度为 25kPa，作用面积取为 1m^2。计算结果如图 8-35 所示。从图中可以看出，改进模型可以模拟钢拱架之间的非线性变形，而原始模型则不能。

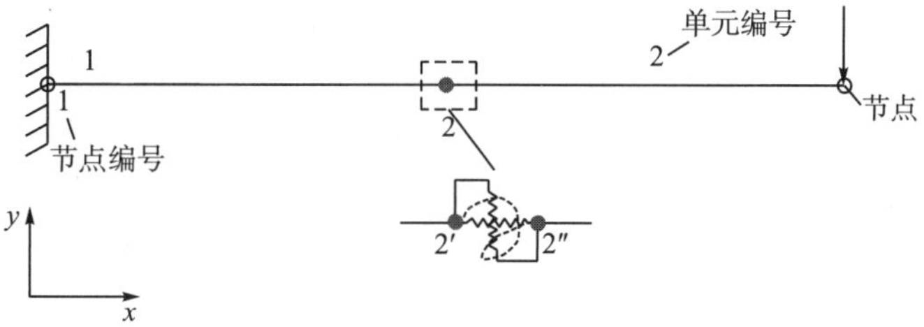

图 8-34　计算模型图

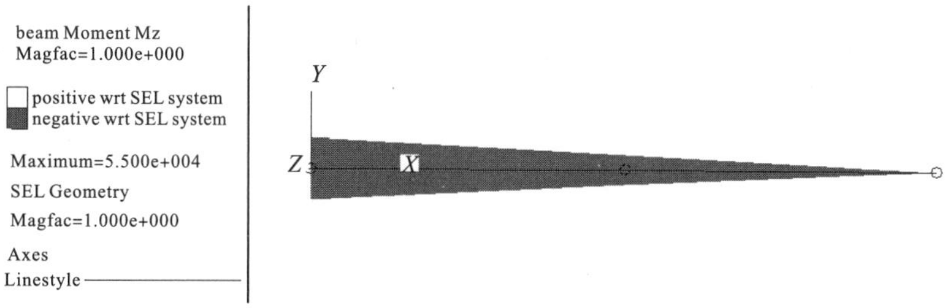

(a) 原始模型

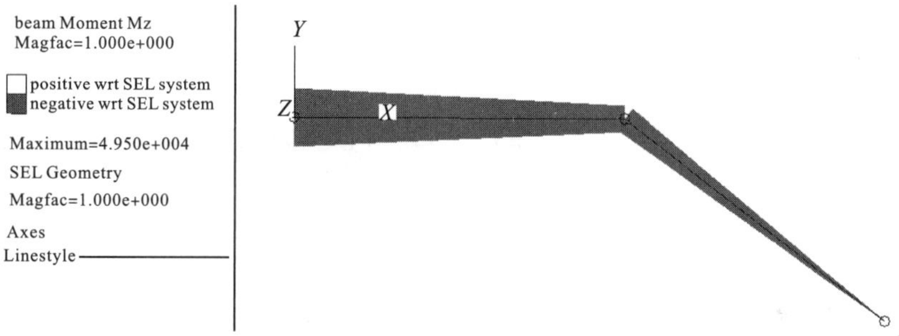

(b) 改进模型

图 8-35　钢拱架不连续变形计算结果

前述的研究表明，改进算法可以反映钢拱架单元在构件层面的真实力学特性。下面对钢拱架作为支护结构时改进算法的有效性进行验证。

建立图 8-36(彩图见附录)所示模型，围岩的力学参数见表 8-2。图 8-36(b)、(c)为原始模型与改进模型计算结果对比图，可以看出，当采用原始模型计算时，隧道开挖后围岩产生的塑性区小于改进模型，隧道的竖向位移为 54.87mm，小于改进模型的 77.87mm。可见，采用原始计算模型时，夸大了钢拱架的支护效果。

对钢拱架开始服役、服役 10 年、20 年、30 年后的力学响应进行模拟，得到的计算结果如图 8-37(彩图见附录)所示。钢拱架的截面参数如表 8-6 所示。从图中可以看出，随着服役年限的增加，围岩的位移变大，说明钢拱架的支护能力随着时间的增加有所减弱。

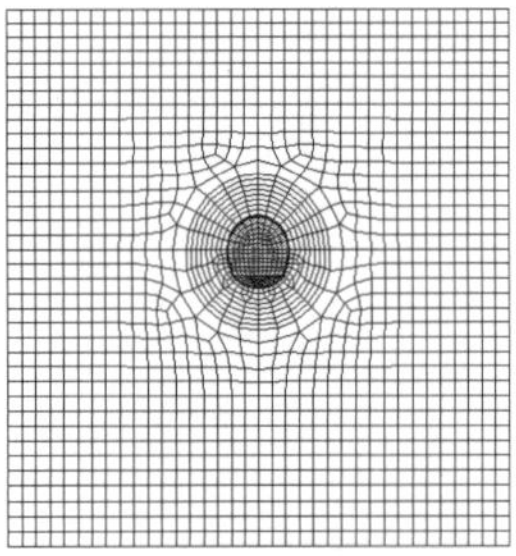

(a) 数值模型

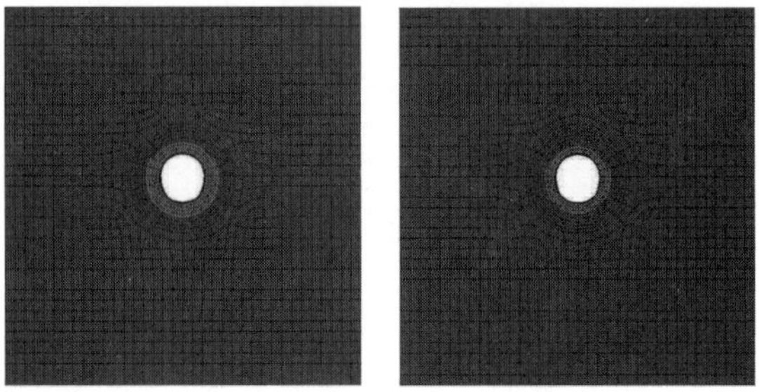

(b) 塑性区

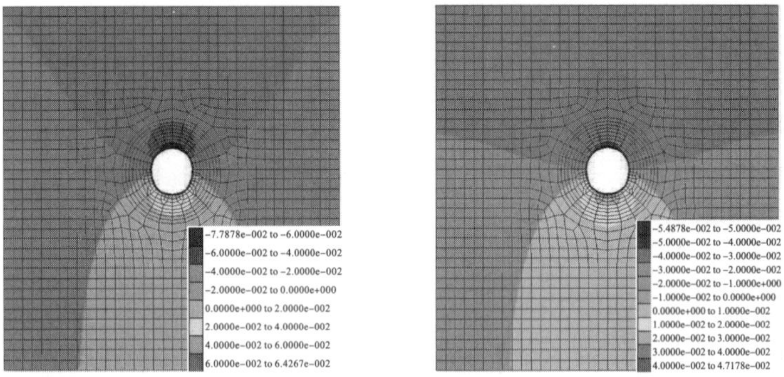

(c) 竖向位移

图 8-36　钢拱架改进模型验证(从左往右依次为：改进模型，原始模型)

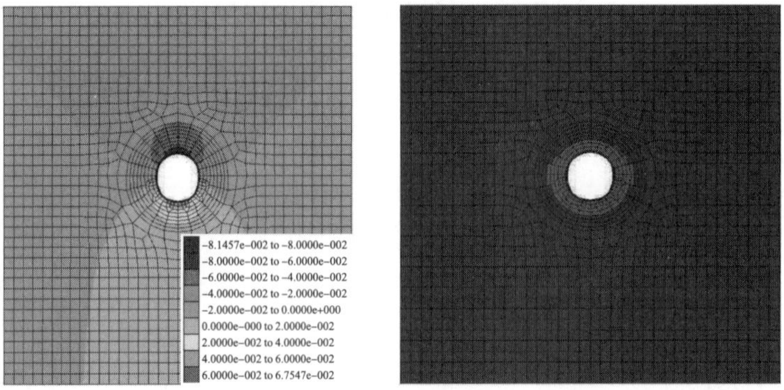

(a) t=10年

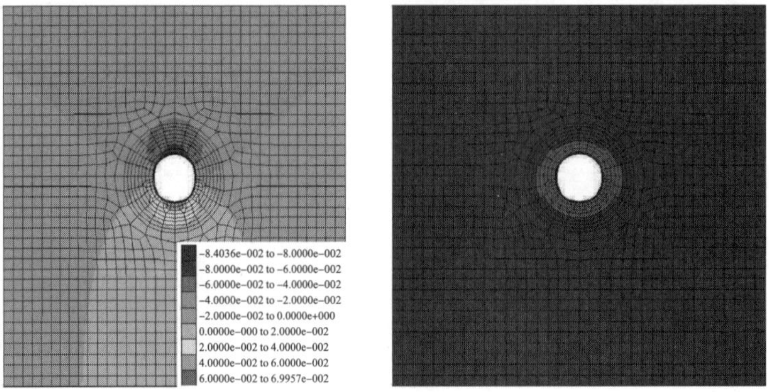

(b) t=20年

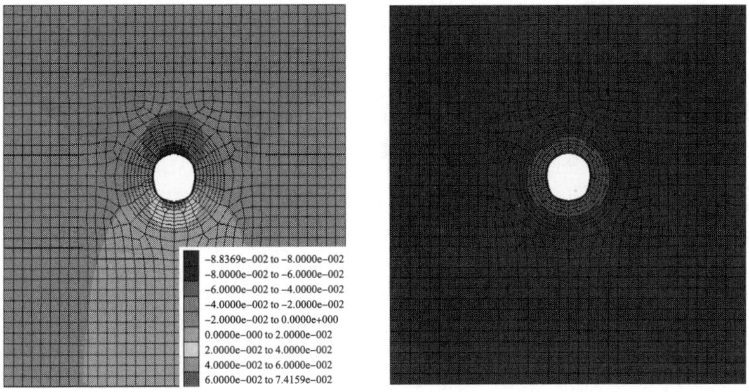

(c) t=30年

图 8-37　钢拱架不同服役年限围岩力学响应

表 8-6　钢拱架截面参数

服役时间/a	弹性模量/GPa	截面积/m^2	惯性矩 I_x/m^4	惯性矩 I_y/m^4	N_u/kN	M_u/(kN·m)
开始服役	210	0.0036	2.93e-5	3.95e-5	609	70.9
10	210	0.0030	2.45e-5	3.73e-5	410	46.0
20	210	0.0026	2.20e-5	3.62e-5	280	32.6
30	210	0.0023	1.99e-5	3.52e-5	178	21.6

8.3　衬砌混凝土损伤模拟

8.3.1　混凝土损伤理论

1.混凝土损伤机理

根据混凝土单轴拉伸试验的 σ-ε 曲线，如图 8-38 所示，可以将混凝土的损伤过程分为四个阶段：

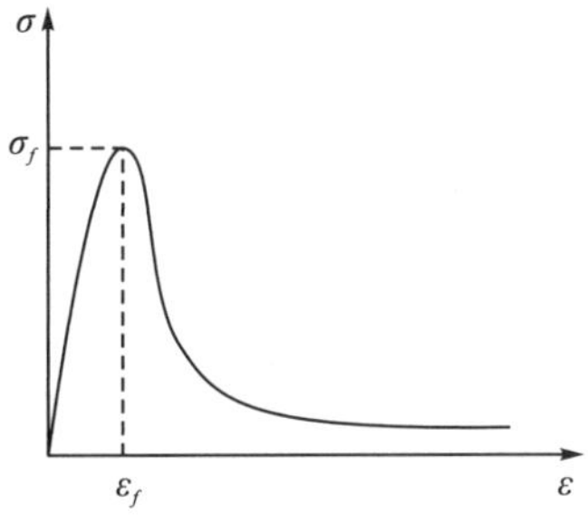

图 8-38　单轴拉伸作用下混凝土 σ-ε 曲线

初始损伤阶段。由于混凝土是一种非均质的多组分多尺度多相的复合材料，在混凝土成型初期，由于各种集料间的水化反应和施工过程中的振捣等条件的影响，产生一些孔隙和各相材料的截面微裂纹，这些构成混凝土的初始损伤。

损伤起始阶段。通常情况下，混凝土在受外界加载的初期，都会呈现一定的弹性形态，即在受载荷的作用下裂纹或孔隙扩展，在卸载时，孔隙和裂纹会出现闭合恢复原始状态。这是因为：在受载初期，由于混凝土初始损伤的存在构成其损伤场，损伤场的周围会出现应力集中，在集中应力的作用下，微裂纹会沿着最脆弱的缝隙发展，此时缓解了缝隙扩展区周围损伤的应力，初始损伤会出现一定程度的“愈合”现象。此时，如果应力不再增加，则不会产生新的损伤。如果卸除外界荷载，裂缝会恢复到初始状态。这就是 σ-ε 曲线的线性阶段。

损伤深化阶段。当混凝土所承受的应力达到一定的极限时，混凝土的损伤会持续发展，即使外界荷载大小保持不变，裂缝仍会沿着原先的发展方向继续开裂，并在主要裂缝的周围产生一些新的微细裂纹，此时混凝土的损伤已经体现出了弹塑性的特点，其 σ-ε 曲线已经不再呈线性。

完全损伤阶段。当混凝土所受应力超过自身所能承载的能力时，混凝土产生的裂纹相互贯通，宏观表现为混凝土表面的裂缝宽度持续增大，损伤进入到完全损伤阶段，混凝土结构完全退出使用功能。

综上，混凝土的裂损机理可以概括为：混凝土内部存在不可避免的缺陷(微裂纹、微孔隙)，在外界环境的影响下会产生新的损伤并不断积累产生宏观裂缝，裂缝周围衍生新的损伤并积累形成贯通裂缝，如此扩展，最终导致混凝土的完全损伤[119-121]。

2.损伤力学的研究方法

损伤力学是研究受损材料的损伤演变规律及其破坏的理论。其基本思想是，材料在外界的作用下，由于内部缺陷的产生和发展而劣化，且此过程是不可逆的，用来描述岩土材料的力学行为是合适的。

就损伤理论的研究方法而言，损伤理论可以分为能量损伤理论和几何损伤理论两种。能量损伤理论是以连续介质力学和热力学为基础，将损伤过程视为能量转换过程，而且这种转换是不可逆的。由自由能和耗散势导出的损伤本构方程和损伤演化方程，在研究脆性、准脆性材料的损伤、断裂行为中已得到广泛的应用。

几何损伤理论认为材料的损伤是由岩石中的微缺陷所造成的。但损伤度的大小和损伤演变主要与材料中微缺陷的尺寸、形状、密度及其分布有关，内部微裂纹导致有效承载面积的减小而使岩石力学性能劣化，损伤几何描述和等价的概念相结合，构成了几何损伤理论的核心。

工程实践表明，混凝土是一种具有缺陷敏感性的材料，它的强度失效来源于混凝土中一系列相邻单元的连续破裂。单元中微裂纹不断扩展，直至贯通导致破裂，并沿此破裂面发生剪切滑移造成了材料的整体失稳。损伤力学是研究受损材料的损伤演变规律及其破坏的理论，利用这一观点来描述混凝土的力学行为显然是合适的。其核心问题是建立损伤模型，目前其研究方法主要分为三类，即连续损伤力学、细观损伤力学以及微观损伤力学。

(1) 连续损伤力学。连续损伤力学是通过连续热力学等方法构造材料的损伤本构关系和演化方程的唯象学方法，使理论预测与实验结果(如承载能力、寿命、刚度等)相符合。它着重考察损伤对材料宏观力学性质的影响以及材料和结构损伤演化的过程和规律，而不细察其损伤演化的细观物理与力学过程，只求用连续损伤力学预计的宏观力学行为与变形行为符合实验结果与实际情况。

目前，连续介质损伤力学基本用张量形成的损伤张量来描述，因此，损伤张量阶数的提高自然对应着分析精度的提高，最高可达到八阶。并且在建模过程中，损伤演化方程由损伤势函数确定，损伤本构关系由自由比能函数确定。

(2) 细观损伤力学。细观损伤力学则是介于微观与宏观方法之间的一种研究手段，它使用两种中等尺度的结构，如微孔隙、微裂纹和晶界等描述连续介质力学。因此，一方面细观损伤力学忽视的损伤是极其复杂的微物理过程，可以避免大量的统计学分析；另一方面，包含了不同材料和几何物理特性，为损伤变量的演化方程提供了更清晰的物理背景。

其分析过程需要首先在材料中选取一个代表性体积单元(representative volume element，简记为 RVE)，它需要符合标准的尺度二元性：一方面，从宏观认为其尺寸足够小，可以视为一个质点，那么其宏观应力应变场是均匀连续的；另一方面，从细观角度认为其尺寸足够大，大到足以包含全部的细观结构信息，那么则能体现材料的统计特征。在满足以上两点假设的基础上，再利用连续介质力学以及连续热力学手段，对单元进行分析，得到细观结构的变形和损伤演化规律。最后，对不同的细观损伤机制加以区分，对细观结构变化的物理与力学过程的研究来了解材料的破坏，并通过体积平均化的方法从细观分析结果导出材料的宏观性质。

(3) 微观损伤力学。还有一种比细观损伤力学从更加细致的角度对材料进行研究的微观损伤力学，它是在分子、原子层次上研究材料的物理过程，用量子力学、统计力学方法确定损伤对微观结构的影响，并推测其宏观力学效应。微观几何损伤理论可以揭示混凝土类材料的破坏机理，通过分析不同形状的微损伤和体内、体表的微损伤对宏观应力应变的影响以及宏观裂纹发展的影响将岩石、混凝土类材料本构关系研究推到一个新的高度。但是，微观的方法因理论不够完善，且统计量浩繁，使之仅能定性地处理某些损伤现象，所以相关文献和应用都较少。

上述三个研究层次构成了损伤力学的主要框架。本研究立足于细观损伤力学的研究方法，并结合数学统计理论，对混凝土的变形过程进行研究，即俗称的统计细观损伤力学。

8.3.2　混凝土统计损伤本构理论

将混凝土试件看作由无穷多微元体组成，各微元体的极限强度(即破坏应变)是一个随机变量，假设微元体的破坏应变服从某一分布函数 $F(x)$，且 $F(x)$ 在 x 取值空间域中连续，则有 $F'(x)=f(x)$。若给某微元体施加一个微小扰动 $\Delta\varepsilon$，使试件整体应变变为 $\varepsilon+\Delta\varepsilon$，则增加的微小扰动 $\Delta\varepsilon$ 使微元体达到破坏应变的概率可以表示为 $F(\varepsilon+\Delta\varepsilon)-F(\varepsilon)$，而微元体的平均破坏应变密度函数可以表示为 $[F(\varepsilon+\Delta\varepsilon)-F(\varepsilon)]/\Delta\varepsilon$，令 $\Delta\varepsilon\to0^+$，对上式取极限可以得到当系统应变为 ε 时微元体破坏应变的密度函数：

$$f(\varepsilon)=\lim_{\Delta\varepsilon\to 0^+}\frac{F(\varepsilon+\Delta\varepsilon)-F(\varepsilon)}{\Delta\varepsilon} \tag{8-44}$$

式中，$f(x)$为微元体破坏应变服从的概率密度函数；$F(x)$为其概型分布函数。式(8-44)反映了试件整体应变为ε时，$f(\varepsilon)$在其邻域（$\varepsilon\pm\Delta\varepsilon$，$\Delta\varepsilon\to 0$）范围内的密集程度，即变化率。

损伤变量是材料损伤程度的一种度量指标，损伤度大小与发生破坏的微元体数量有关，微观层面上的微元体破坏越多，宏观层面上的损伤度越大[122,123]，即微元体的破坏应变ε与损伤变量D之间存在某种映射关系$g(\varepsilon)$，令

$$g(\varepsilon)=\mathrm{d}D/\mathrm{d}\varepsilon \tag{8-45}$$

式(8-45)反映了损伤变量的变化率，则$g(\varepsilon)$与$f(\varepsilon)$具有相同的函数性质和几何意义，有

$$f(\varepsilon)=g(\varepsilon)=\mathrm{d}D/\mathrm{d}\varepsilon \tag{8-46}$$

对式(8-46)进行积分，可得

$$D(\varepsilon)=\int_0^{\varepsilon}\frac{\mathrm{d}D}{\mathrm{d}\varepsilon}=\int_0^{\varepsilon}f(\varepsilon)\mathrm{d}\varepsilon=F(\varepsilon) \tag{8-47}$$

研究喷射混凝土的本构模型时，可将混凝土试件应变ε分为弹性应变与塑性应变两部分。可将 Helmholtz 自由能势表示为

$$\Phi(\varepsilon_e,D,\varepsilon_p)=\Phi_e(\varepsilon_c,D)+\Phi_e(\varepsilon_p,D) \tag{8-48}$$

式中，D为损伤变量；ε_e为弹性应变；ε_p为塑性应变。

混凝土损伤是不可逆过程，能量耗散应为非负值，故应满足热力学第二定律中的 Clausius-Duheim 不等式，即

$$\frac{\sigma}{\rho}\dot{\varepsilon}-\dot{\Phi}\geqslant 0 \tag{8-49}$$

式中，Φ为 Helmholtz 状态函数。

对式(8-48)进行微分，则有

$$\left(\sigma-\rho\frac{\partial\Phi_e}{\partial\varepsilon_e}\right)\cdot\dot{\varepsilon}_e+\left(\sigma\varepsilon_p-\rho\frac{\partial\Phi_p}{\partial\varepsilon_p}\cdot\dot{\varepsilon}_p\right)-\rho\frac{\partial\Phi}{\partial\varepsilon}\cdot\dot{D}\geqslant 0 \tag{8-50}$$

由ε_e的任意性可得

$$\sigma=\rho\frac{\partial\Phi_e(\varepsilon_e,D)}{\partial\varepsilon_e} \tag{8-51}$$

将式(8-47)、式(8-48)代入式(8-51)，得到混凝土的本构方程为

$$\sigma=E_0(\varepsilon-\varepsilon_p)(1-D(\varepsilon)) \tag{8-52}$$

假定微元体强度服从 Weibull 分布，概率密度函数为

$$P(F)=\frac{m}{F_0}\left(\frac{F}{F_0}\right)^{m-1}\exp\left[-\left(\frac{F}{F_0}\right)^m\right] \tag{8-53}$$

式中，F为微元体强度的 Weibull 分布变量；F_0为微元体强度的 Weibull 分布参数；m为 Weibull 分布的非均匀程度。

在某一应力状态下，设已破坏的微元体数目为N_F，损伤变量可用已破坏微元体数目与总微元体数目N的比值表示，即

$$D = N_F / N \tag{8-54}$$

在区间[F, F+dF]内，新破坏的微元体数目为 NP(F)dF，加载到 F 水平时微元体破坏的总数为

$$N_F = \int_0^F \mathrm{NP}(F)\mathrm{d}F = N\left\{1 - \exp\left[-\left(\frac{F}{F_0}\right)^m\right]\right\} \tag{8-55}$$

将式(8-55)代入式(8-54)可求得损伤变量 D：

$$D = \frac{N_F}{N} = 1 - \exp\left[-\left(\frac{F}{F_0}\right)^m\right] \tag{8-56}$$

混凝土微元体在不同围压下的破坏机制和方式是不同的。因此，在建立混凝土的损伤本构模型时，应该考虑在此种应力条件下混凝土的破坏机制和方式，不同的破坏机制，必然需要不同的损伤模型来描述。

1.张拉破坏下的损伤本构

对于张拉破坏的岩石，认为微元体的破坏是张拉变形引起的，损伤也应是张拉变形引起的，应选取环向应变值 ε_3 来描述损伤因子 D：

$$D = \frac{N_F}{N} = 1 - \exp\left[-\left(\frac{F}{F_0}\right)^m\right] = 1 - \exp\left[-\left(\frac{\varepsilon_3}{F_0}\right)^m\right] \tag{8-57}$$

从而得到张拉破坏下损伤本构模型：

$$\sigma_1 = E\varepsilon_1(1-D) + 2\mu\sigma_3 = E\varepsilon_1 \exp\left[-\left(\frac{\varepsilon_3}{F_0}\right)^m\right] + 2\mu\sigma_3 \tag{8-58}$$

分布参数 m 和 F_0 由下式确定：

$$\frac{\sigma_1 - 2\mu\sigma_3}{E\varepsilon_1} = \exp\left[-\left(\frac{\varepsilon_3}{F_0}\right)^m\right] \tag{8-59}$$

$$-\ln\left(\frac{\sigma_1 - 2\mu\sigma_3}{E\varepsilon_1}\right) = \left(\frac{\varepsilon_3}{F_0}\right)^m \tag{8-60}$$

$$\ln\left[-\ln\left(\frac{\sigma_1 - 2\mu\sigma_3}{E\varepsilon_1}\right)\right] = m\ln\varepsilon_3 - m\ln F_0 \tag{8-61}$$

m, F_0 反映的是混凝土本身性质，在常围压下是常数。式(8-61)可进一步变形为

$$\ln\left[-\ln\left(\frac{\sigma_1 - 2\mu\sigma_3}{E\varepsilon_1}\right)\right] = m\ln\varepsilon_3 + b \tag{8-62}$$

$$b = -m\ln F_0 \tag{8-63}$$

将试验结果代入式(8-62)，通过线性拟合求解 m 和 b 值，将 b 值代入式(8-63)求得 F_0。将 m 和 F_0 代入式(8-58)即得张拉破坏下混凝土损伤本构方程。

2.剪切破坏下的损伤本构

剪切破坏的混凝土，认为微元体破坏是剪切变形引起的，损伤也是剪切变形引起的，应选取剪切应变γ描述损伤因子D：

$$D=\frac{N_F}{N}=1-\exp\left[-\left(\frac{F}{F_0}\right)^m\right]=1-\exp\left[-\left(\frac{\gamma}{F_0}\right)^m\right] \tag{8-64}$$

按照八面体剪应变理论来定义γ：

$$\begin{aligned}\gamma&=\frac{2}{3}\left[\left(\varepsilon_x-\varepsilon_y\right)^2+\left(\varepsilon_y-\varepsilon_z\right)^2+\left(\varepsilon_z-\varepsilon_x\right)^2+\frac{3}{2}(\gamma_{xy}^2+\gamma_{yz}^2+\gamma_{zx}^2)\right]^{\frac{1}{2}}\\&=\frac{2}{3}\left[\left(\varepsilon_1-\varepsilon_2\right)^2+\left(\varepsilon_2-\varepsilon_3\right)^2+\left(\varepsilon_3-\varepsilon_1\right)^2\right]\end{aligned} \tag{8-65}$$

从而得到剪切破坏下混凝土的损伤本构模型为

$$\sigma_1=E\varepsilon_1(1-D)+2\mu\sigma_3=E\varepsilon_1\exp\left[-\left(\frac{\gamma}{F_0}\right)^m\right]+2\mu\sigma_3 \tag{8-66}$$

式中，γ为岩石的剪切应变。m和F_0的求解与上文同。

3.张剪组合破坏下的损伤本构

在压缩全过程试验中，张拉破坏的混凝土，峰后阶段比较明显的现象是出现侧向的扩张，认为混凝土的损伤和破坏是由侧向变形引起的；而剪切破坏的混凝土，往往围压较高，环向变形受到一定抑制，但轴向压缩明显，即产生了明显的剪切变形，认为混凝土的损伤和破坏是由剪切变形引起的；处于张拉破坏与剪切破坏过渡阶段的混凝土，其峰后往往伴随发生明显的体积扩容现象，因此可以认为体积扩容是此时混凝土损伤发展并最终导致破坏的主要因素。

对属于张拉-剪切组合破坏类型的混凝土，选取体应变值ε_v作为描述损伤因子D的分布变量：

$$D=\frac{N_F}{N}=1-\exp\left[-\left(\frac{F}{F_0}\right)^m\right]=1-\exp\left[-\left(\frac{\varepsilon_v}{F_0}\right)^m\right] \tag{8-67}$$

从而得到张拉-剪切破坏下混凝土的损伤本构模型为

$$\sigma_1=E\varepsilon_1(1-D)+2\mu\sigma_3=E\varepsilon_1\exp\left[-\left(\frac{\varepsilon_v}{F_0}\right)^m\right]+2\mu\sigma_3 \tag{8-68}$$

式中，ε_v为混凝土的体应变，按下式计算：

$$\varepsilon_v=\varepsilon_1+2\varepsilon_3 \tag{8-69}$$

8.3.3　混凝土统计损伤本构模型

1.有限差分一般格式

基于 FLAC3D 软件平台，根据快速拉格朗日法的基本算法，在给定 Δt 时刻的应力状态和 Δt 时间步应变增量的情况下，可以确定 $t+\Delta t$ 时刻的应力增量和应力状态。在整个计算过程中，假设岩体发生的变形全部是弹性变形，则应力增量可由弹性应力-应变关系直接得出；但如果发生塑性变形，则应力增量仅由总应变增量的弹性部分确定。因此，在快速拉格朗日法的算法中，必须对假设得出的应力增量进行修正，进而获得新的应力增量和应力状态。具体过程如下：

混凝土满足具有拉伸阶段的莫尔库仑准则。定义：$[\sigma]$ 为应力状态向量，其分量为 $\sigma_i(i=1,2,\cdots,n)$；$[\Delta\varepsilon]$ 为应变增量向量，其分量为 $\varepsilon_i(i=1,2,\cdots,n)$，则有

$$[\Delta\sigma]=[K][\Delta\varepsilon^e] \tag{8-70}$$

根据式(8-70)即可获得混凝土的弹性增量方程，其屈服函数如式(7-44)、式(7-45)所示。当混凝土屈服后，其变形增量 $[\Delta\varepsilon]$ 为

$$[\Delta\varepsilon]=\left[\Delta\varepsilon^e\right]+\left[\Delta\varepsilon^p\right] \tag{8-71}$$

该过程的一般增量求解格式如下：

如果用 $f(\sigma)=0$ 来代表混凝土的屈服函数，则新的应力增量必须满足屈服函数，即

$$f(\sigma+\Delta\sigma)=0 \tag{8-72}$$

由式(8-71)可知混凝土的弹性应变增量为

$$\Delta\varepsilon_i^e=\Delta\varepsilon_i-\Delta\varepsilon_i^p \tag{8-73}$$

将式(8-73)代入式(8-70)可获得混凝土的应力增量，由这一过程获得的一般应力增量为

$$\Delta\sigma_i=S_i(\Delta\varepsilon)-S_i(\Delta\varepsilon^p) \tag{8-74}$$

式中，$S_i(\cdot)$ 表示广义 Hooke 函数，由式(8-74)可得

$$\Delta\sigma_i=S_i(\Delta\varepsilon)-\lambda S_i\left(\frac{\partial g}{\partial\sigma}\right) \tag{8-75}$$

如果 $f(\sigma)$ 为应力状态 σ_i 的线性函数，则

$$f(\sigma)+f^*(\Delta\sigma)=0 \tag{8-76}$$

$$f^*(\cdot)=f(\cdot)-f(0)S_i \tag{8-77}$$

式中，f^* 为屈服函数减去它的常数项；$f(0)$ 为屈服函数的常数项。

若应力状态 σ 在屈服面上，即满足式 $f(\sigma)=0$，于是式(8-76)即为

$$f^*(\Delta\sigma)=0 \tag{8-78}$$

将式(8-75)代入式(8-78)可得

$$f^*(S_i(\Delta\varepsilon))-\lambda f^*\left(S_i\left(\frac{\partial g}{\partial\sigma}\right)\right)=0 \tag{8-79}$$

定义 $t+\Delta t$ 时刻的应力状态为 σ_i^N 和相应的假设弹性应力状态，即弹性试应力 σ_i^I：

$$\sigma_i^N=\sigma_i+\Delta\sigma_i \tag{8-80}$$

$$\sigma_i^I = \sigma_i + S_i(\Delta\varepsilon) \tag{8-81}$$

根据式(8-81)，将弹性试应力代入屈服函数可得

$$f(\sigma^I) = f(\sigma) + f^*(S_i(\Delta\varepsilon)) = f^*(S_i(\Delta\varepsilon)) \tag{8-82}$$

结合式(8-79)、式(8-82)可得塑性指示因子为

$$\lambda = \frac{f\left(\sigma^I\right)}{f\left[S_i\left(\partial g / \partial\sigma\right)\right] - f(0)} \tag{8-83}$$

由式(8-75)和式(8-80)可得

$$\sigma_i^N = \sigma_i^I - \lambda S_i\left(\frac{\partial g}{\partial \sigma}\right) \tag{8-84}$$

2.混凝土统计损伤本构模型有限差分格式

混凝土统计损伤本构模型有限差分格式的推导过程如下：

主应力空间中，弹性增量的表达形式为

$$\begin{cases} \Delta\sigma_1 = \alpha_1\Delta\varepsilon_1^e + \alpha_2(\Delta\varepsilon_2^e + \Delta\varepsilon_3^e) \\ \Delta\sigma_2 = \alpha_1\Delta\varepsilon_2^e + \alpha_2(\Delta\varepsilon_1^e + \Delta\varepsilon_3^e) \\ \Delta\sigma_3 = \alpha_1\Delta\varepsilon_3^e + \alpha_2(\Delta\varepsilon_1^e + \Delta\varepsilon_2^e) \end{cases} \tag{8-85}$$

式中，α_1、α_2为与剪切模量G与体积模量K相关的变量：

$$\begin{aligned} \alpha_1 &= (1-D)\left(K + \frac{4}{3}G\right) \\ \alpha_2 &= (1-D)\left(K - \frac{2}{3}G\right) \end{aligned} \tag{8-86}$$

为后续推导方便，式(8-85)可以写成如下的形式：

$$\begin{cases} S_1(\Delta\varepsilon_1^e, \Delta\varepsilon_2^e, \Delta\varepsilon_3^e) = \alpha_1\Delta\varepsilon_1^e + \alpha_2(\Delta\varepsilon_2^e + \Delta\varepsilon_3^e) \\ S_1(\Delta\varepsilon_1^e, \Delta\varepsilon_2^e, \Delta\varepsilon_3^e) = \alpha_1\Delta\varepsilon_2^e + \alpha_2(\Delta\varepsilon_1^e + \Delta\varepsilon_3^e) \\ S_1(\Delta\varepsilon_1^e, \Delta\varepsilon_2^e, \Delta\varepsilon_3^e) = \alpha_1\Delta\varepsilon_3^e + \alpha_2(\Delta\varepsilon_1^e + \Delta\varepsilon_2^e) \end{cases} \tag{8-87}$$

基于莫尔库仑模型的塑性本构方程如式(8-88)所示：

$$\begin{cases} f_D^s = \sigma_1 - \sigma_3 N_\varphi + 2c(1-D_s)\sqrt{N_{\varphi D}} \\ f_D^t = \sigma_3 - (1-D_t)\sigma_t \end{cases} \tag{8-88}$$

式中，f_D^s为剪切损伤屈服准则；f_D^t为拉伸损伤屈服准则：$N_{\varphi D} = \dfrac{1+\sin[(1-D_s)\varphi]}{1-\sin[(1-D_s)\varphi]}$；$c$，$\varphi$，$\sigma_t$为岩石黏聚力、内摩擦角与抗拉强度。

其相应的势函数为

$$g_D^s = \sigma_1 - \sigma_3 N_{\psi D} \tag{8-89}$$

$$g_D^t = -\sigma_3 \tag{8-90}$$

式中，g_D^s代表剪切损伤势函数；g_D^t代表拉伸损伤势函数；$N_{\psi D}$=(1+sin[(1−D_s)ψ])/(1−sin[(1−D_s)ψ])，ψ为岩石的剪胀角。

求解塑性增量时，先要判断单元体的屈服类型，屈服类型的判断可以根据主应力空间

中的函数 h=0 来判断，该函数为 f_D^s=0 与 f_D^t=0 的角平分线(图 8-39)，其表达式为

$$h_D = \sigma_3 - \sigma_t + \alpha_D^p(\sigma_1 - \sigma_D^p) \tag{8-91}$$

$$\begin{cases} \alpha_D^p = \sqrt{1+N_{\varphi D}^2} + N_{\varphi D} \\ \sigma_D^p = \sigma^t N_{\varphi D} - 2c\sqrt{N_{\varphi D}} \end{cases} \tag{8-92}$$

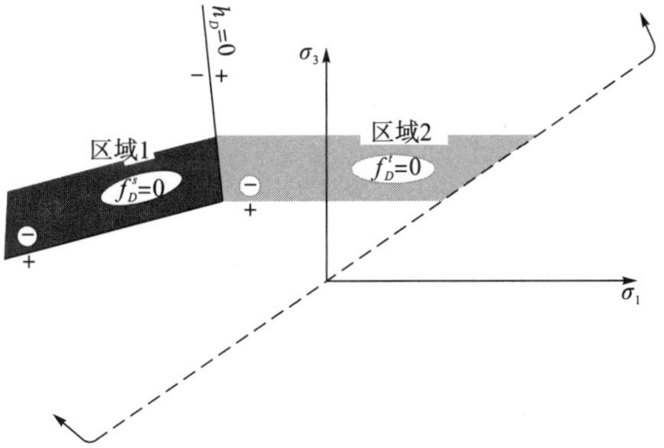

图 8-39　破坏分区

当单元的应力状态位于区域 1 时，此时，f_D^s＜0，h＜0。单元体发生剪切破坏，求解黏塑性体应变增量及 M-C 体应变增量时采用势函数 g_D^s。当单元的应力状态位于区域 2 时，此时，f_D^t＜0，h≥0。单元体发生拉伸破坏，求解黏塑性体应变增量及 M-C 体应变增量时采用势函数 g_D^t。

塑性体应变增量的求解过程如下，当单元体发生剪切破坏时，由势函数 g_D^s 可知：

$$\frac{\partial g_D^s}{\partial \sigma_1} = 1, \quad \frac{\partial g_D^s}{\partial \sigma_2} = 0, \quad \frac{\partial g_D^s}{\partial \sigma_3} = -N_\psi \tag{8-93}$$

可得主应力修正公式为

$$\begin{cases} S_1\left(\dfrac{\partial g_D^s}{\partial \sigma_1}, \dfrac{\partial g_D^s}{\partial \sigma_2}, \dfrac{\partial g_D^s}{\partial \sigma_3}\right) = \alpha_1 - \alpha_2 N_{\psi D} \\ S_2\left(\dfrac{\partial g_D^s}{\partial \sigma_1}, \dfrac{\partial g_D^s}{\partial \sigma_2}, \dfrac{\partial g_D^s}{\partial \sigma_3}\right) = \alpha_2(1 - N_{\psi D}) \\ S_3\left(\dfrac{\partial g_D^s}{\partial \sigma_1}, \dfrac{\partial g_D^s}{\partial \sigma_2}, \dfrac{\partial g_D^s}{\partial \sigma_3}\right) = \alpha_2 - \alpha_1 N_{\psi D} \end{cases} \tag{8-94}$$

根据式(8-83)、式(8-84)可得

$$\begin{cases} \sigma_1^N = \sigma_1^I - \lambda^s(\alpha_1 - \alpha_2 N_{\psi D}) \\ \sigma_2^N = \sigma_2^I - \lambda^s \alpha_2(1 - N_{\psi D}) \\ \sigma_3^N = \sigma_3^I - \lambda^s(\alpha_2 - \alpha_1 N_{\psi D}) \end{cases} \tag{8-95}$$

$$\lambda^s = \frac{f_D^s(\sigma_1^I, \sigma_3^I)}{(\alpha_1 - \alpha_2 N_{\psi D}) - (-\alpha_1 N_{\psi D} + \alpha_2) N_{\psi D}} \tag{8-96}$$

当单元体发生拉伸破坏时，由势函数 g^t 可知

$$\frac{\partial g_D^t}{\partial \sigma_1} = 0, \quad \frac{\partial g_D^t}{\partial \sigma_2} = 0, \quad \frac{\partial g_D^t}{\partial \sigma_3} = -1 \tag{8-97}$$

可得主应力修正公式为

$$\begin{cases} S_1\left(\dfrac{\partial g_D^t}{\partial \sigma_1}, \dfrac{\partial g_D^t}{\partial \sigma_2}, \dfrac{\partial g_D^t}{\partial \sigma_3}\right) = \alpha_2 \\ S_2\left(\dfrac{\partial g_D^t}{\partial \sigma_1}, \dfrac{\partial g_D^t}{\partial \sigma_2}, \dfrac{\partial g_D^t}{\partial \sigma_3}\right) = \alpha_2 \\ S_3\left(\dfrac{\partial g_D^t}{\partial \sigma_1}, \dfrac{\partial g_D^t}{\partial \sigma_2}, \dfrac{\partial g_D^t}{\partial \sigma_3}\right) = \alpha_1 \end{cases} \tag{8-98}$$

根据式(8-83)、式(8-84)可得

$$\begin{cases} \sigma_1^N = \sigma_1^N - \lambda^t \alpha_2 \\ \sigma_2^N = \sigma_2^N - \lambda^t \alpha_2 \\ \sigma_3^N = \sigma_3^N - \lambda^t \alpha_1 \end{cases} \tag{8-99}$$

$$\lambda^t = \frac{\sigma_3^I - \sigma_t}{\alpha_1} \tag{8-100}$$

3.混凝土统计损伤本构模型开发流程及验证

二次衬砌混凝土弹塑性损伤本构的开发流程如图 8-40 所示，对开发流程简述如下：①计算获得单元体的初始应力与初始应变值。②假定单元体处于弹性应力状态，试算得到其弹性应力。③将弹性应力代入莫尔库仑强度准则，判断单元是否发生塑性屈服。若发生剪切塑性屈服，则首先根据式(8-64)计算得到剪切损伤因子，对单元体的弹塑性力学参数进行修正，后根据式(8-95)、式(8-96)对单元体的应力进行剪切塑性修正，后根据修正后的应力，求出单元体在该时间步内的应力张量；若发生拉伸塑性屈服，则首先根据式(8-57)计算得到拉伸损伤因子，后根据式(8-99)、式(8-100)进行拉伸塑性修正，后根据修正后的应力，求出单元体在该时间步内的应力张量。④计算直至呈现收敛。

算例分析。试验所用材料为：秦岭牌 P.O42.5 普通硅酸盐水泥；渭河河砂，细度模数 3.4；粗骨料为粒径 5～10mm 的米石，级配连续；聚羧酸盐高性能减水剂；II 级粉煤灰；粉状速凝剂。试件水胶比为 0.43。混凝土配合比如表 8-7 所示。

表 8-7　混凝土配合比

水泥 /(kg·m^{-3})	粉煤灰 /(kg·m^{-3})	砂 /(kg·m^{-3})	碎石 /(kg·m^{-3})	水 /(kg·m^{-3})	速凝剂 /(kg·m^{-3})	减水剂 /(kg·m^{-3})	28d 强度 /MPa
411	46	892	892	197	18.28	4.57	28.5

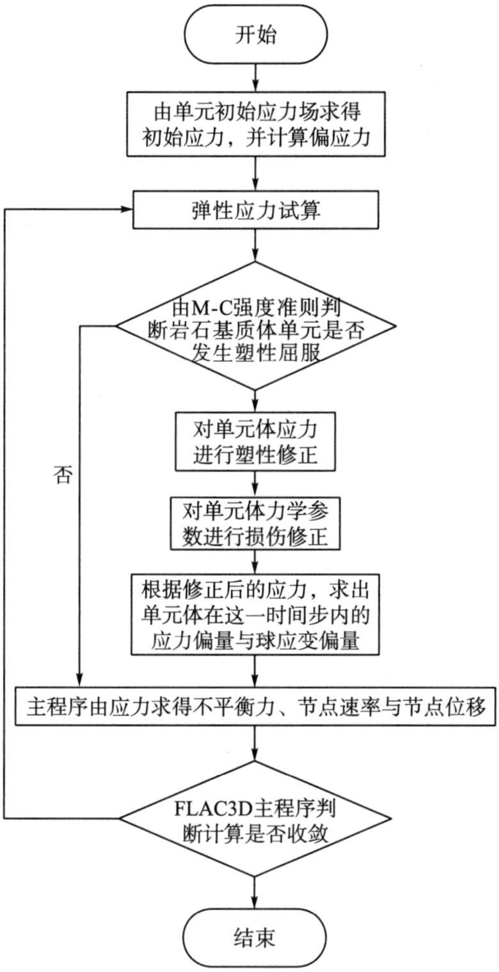

图 8-40　随机损伤本构模型开发流程

以试验结果为基础，基于单轴数值压缩试验，对本章提出的混凝土统计损伤本构模型进行验证。数值模型如图 8-41 所示，该模型的尺寸为 15cm（x 方向）× 15cm（z 方向）× 30cm（y 方向），共划分为 500 个单元。模型在底部固定竖直方向位移，顶部施加均匀分布压力，记录 A 点的竖向位移。

采用试验结果进行标定，标定结果如图 8-42 所示，得到的混凝土参数如表 8-8 所示。从图 8-42 可以看出，随机损伤本构模型可以完整地描述混凝土应力应变的弹性、塑性以及应变软化阶段。

表 8-8　混凝土力学参数

弹性模量 E/GPa	泊松比 v	抗拉强度 σ_t/MPa	黏聚力 c/MPa	内摩擦角 φ/(°)	F_0	m
12.5	0.2	1.2	2.5	30	0.001	1.246

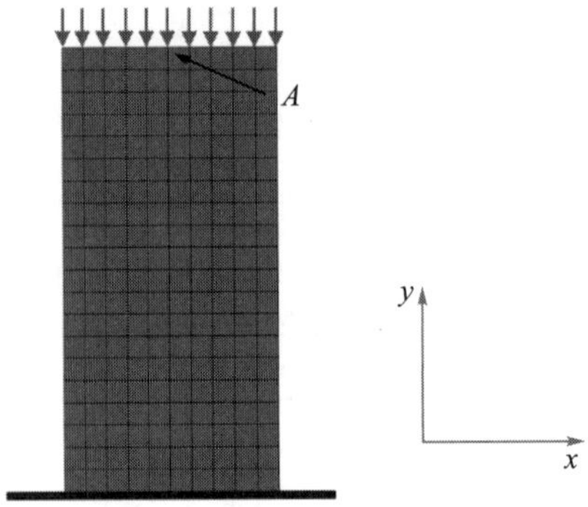

图 8-41 数值模型

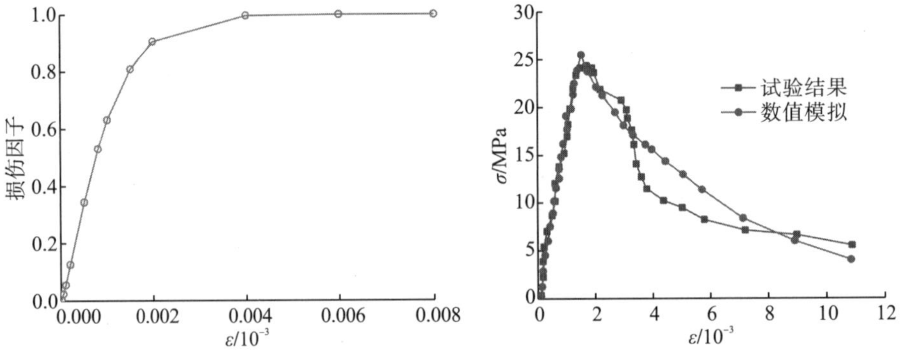

(a) 损伤因子　　(b) 结果对比

图 8-42 标定结果

混凝土损伤演化方程中，参数 F_0 与 m 对其演化过程有重要的影响。下面对该影响进行分析。

当 F_0=0.0016 时，参数 m 对应力-应变曲线的影响规律如图 8-43 所示。由图 8-43 可知，混凝土的峰值应力、峰值应变随着 m 的增加而增大，且曲线下降段越来越陡，表明材料

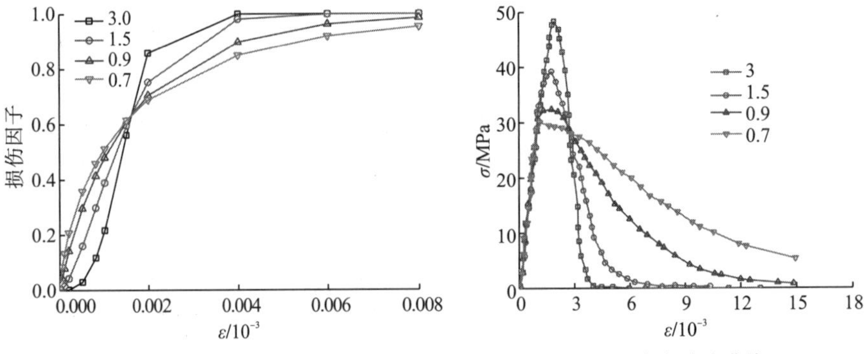

(a) 损伤演化曲线　　(b) 应力-应变曲线

图 8-43 参数 m 的影响

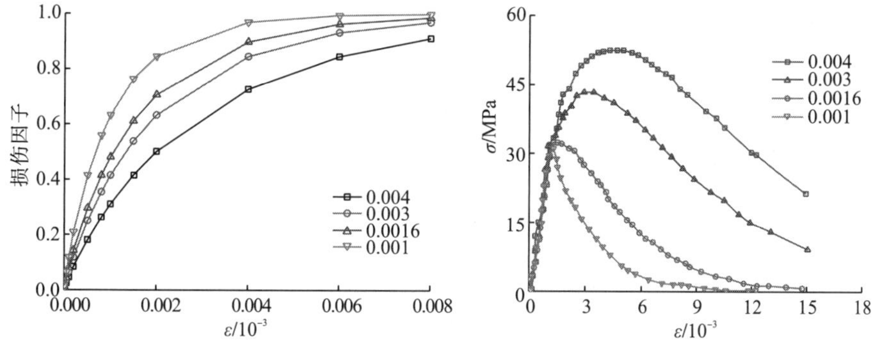

(a) 损伤演化曲线　　(b) 应力-应变曲线

图 8-44　参数 F_0 的影响

脆性增大。因此，参数 m 反映了混凝土试件微元体强度分布的集中程度。当 m=0.9 时，参数 F_0 对应力-应变曲线的影响规律如图 8-44 所示。由图 8-44 知，混凝土峰值应力随着 F_0 的增加而增大，F_0 从宏观层面上反映了混凝土平均强度的大小，且 F_0 对曲线下降段的软化模量影响不大。

8.4　炭质页岩大变形隧道安全

基于前述研究，同时考虑围岩蠕变特性以及支护结构的劣化特征，建立了如图 8-45 所示的计算模型，其中锚杆、钢拱架、二次衬砌的参数同 8.1、8.2、8.3 节，围岩的蠕变参数如表 8-9 所示。

(a) 整体模型　　(b) 二次衬砌+喷混凝土　　(c) 锚杆+钢拱架

图 8-45　数值模型

表 8-9　围岩蠕变参数

体积模量/GPa	Maxwell 体剪切模量/GPa	Kelvin 体剪切模量/GPa	Maxwell 体黏滞系数/(GPa·a)	Kelvin 体黏滞系数/(GPa·a)	非线性体黏滞系数/(GPa·a)
2	2.5	4	3	1.2	4
黏聚力/MPa	内摩擦角/(°)	抗拉强度/MPa	a	n	b
7	26	1	5	3	1

模型中，锚杆编号从左往右依次为 C1～C19，计算过程中对锚杆受力进行监测；同时，对钢拱架 A、B、C、D 点的受力进行监测。选取两种地应力场进行对比，工况一为竖向应力为大主应力，$\sigma_x=\sigma_y=2\text{MPa}$，$\sigma_z=4\text{MPa}$，即侧压力系数小于 1；工况二为竖向应力为小主应力，$\sigma_x=\sigma_y=4\text{MPa}$，$\sigma_z=2\text{MPa}$，即侧压力系数大于 1。

1.侧压力系数小于 1

锚杆力学行为分析。从图 8-46(彩图见附录)可以看出，考虑锚杆锈蚀拉断的情况下，锚杆的断裂顺序为 C2→C17→C7→C8→C18→C19→C6→C16→C3→C1→C9→C4→C15→C10→C5→C14→C11→C12→C13。锚杆最先发生断裂的时间为 t=19.1 年，同时，当考虑锚杆锈蚀时，锚杆的断裂在第一根锚杆失效后发展迅速，当 t=25.6 年时，所有锚杆均已失效。

(a) 锚杆受力图

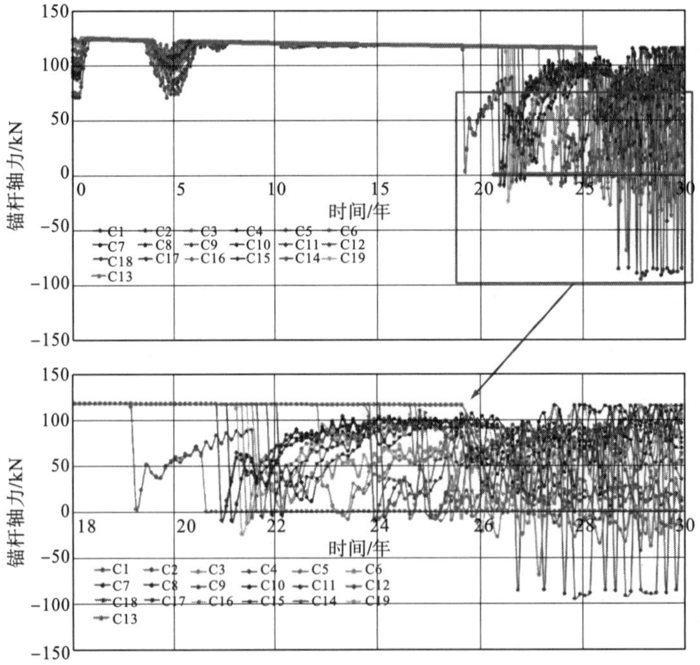

(b) 锚杆轴力图

图 8-46　锚杆锈断过程

钢拱架力学行为分析。弯矩变化规律如图 8-47(a)所示，可以看出，不同位置处钢拱架截面的弯矩变化过程存在较大的差异。对于 *A* 点来说(拱顶)，截面先承受正弯矩，随着时间的增加，弯矩反向并达到负向最大值；最后弯矩的绝对值波动减小。对于 *B*、*C* 位置处的钢拱架截面而言，弯矩在整个服役周期内为正值，且弯矩量值随着时间呈现倒 U 形分布。对于 *D* 位置处钢拱架截面而言，截面首先承受负弯矩，且弯矩量值随着时间的增加沿负向增加；后随着时间的进一步增加，弯矩出现反向，并沿着正向先增大后减小。

钢拱架轴力随时间变化如图 8-47(b)所示，可以看出，不同位置处截面轴力变化规律相似，轴力随着时间的增长先增加后减小，最后保持在一定的量值。拱顶处轴力在结构服役周期内最大，而拱肩处结构轴力最小。

钢拱架截面安全系数变化如图 8-47(c)所示，可以看出，在服役周期内，截面 *A*、*C*、*D* 处钢拱架发生了锈蚀断裂，而截面 *B* 处未产生锈蚀断裂。

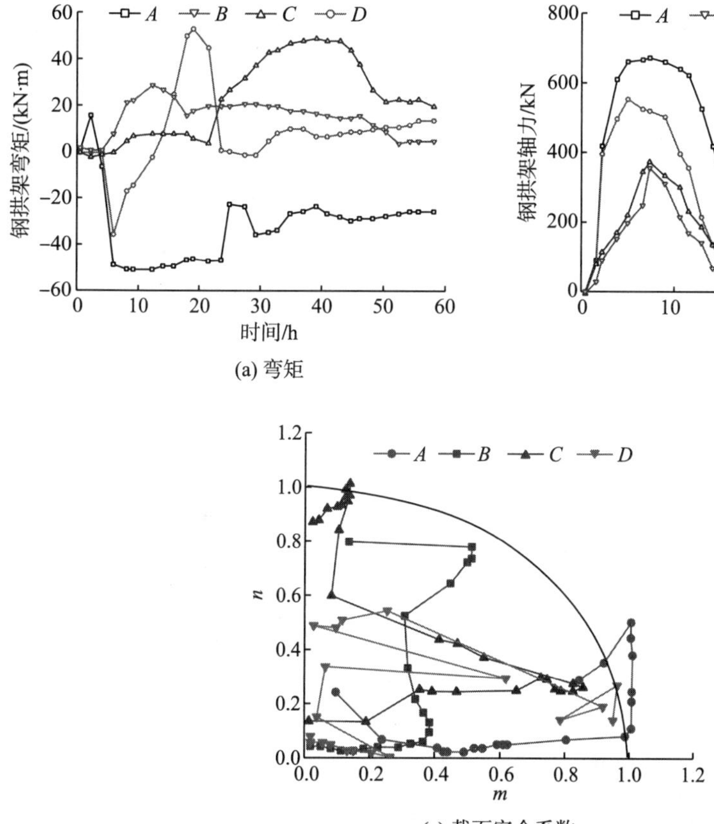

(a) 弯矩　　(b) 轴力

(c) 截面安全系数

图 8-47　钢拱架锈断过程

二次衬砌力学行为分析。二次衬砌损伤与塑性区演化过程如图 8-48(彩图见附录)所示。从图中可以看出，当 t=10 年时，塑性区在拱脚内侧和拱顶内侧产生；当 t=20 年时，拱脚处塑性区贯通，仰拱内侧产生塑性区，同时左右拱腰处产生了贯穿截面的塑性区；当 t=30 年时，仰拱塑性区向外侧发展，同时拱腰、拱脚塑性区范围有所增加；当 t=40 年时，拱腰、拱脚及仰拱区域内塑性区在隧道横截面上贯通；当 t=50 年时，拱顶塑性区向外发展；当 t=60 年时，拱顶塑性区贯穿衬砌截面；当 t=70、80、90、100 年时，衬砌截面塑性区范围变化较小。最终衬砌除左右拱肩外侧未产生塑性区以外，截面其余位置均进入塑性承载阶段。

对衬砌损伤进行分析可知，衬砌损伤较大区域首先出现在拱脚(t=10～30 年)，然后沿着拱脚往截面上部发展(t=40～70 年)，后衬砌拱顶也出现较大的损伤。由此可知，当地应力场以自重应力场为主时，二次衬砌在蠕变荷载作用下，控制结构长期安全性的截面位于拱顶、拱底与拱脚处，因此，在设计时，要加强这些部位的环向配筋以增强结构的抗力。

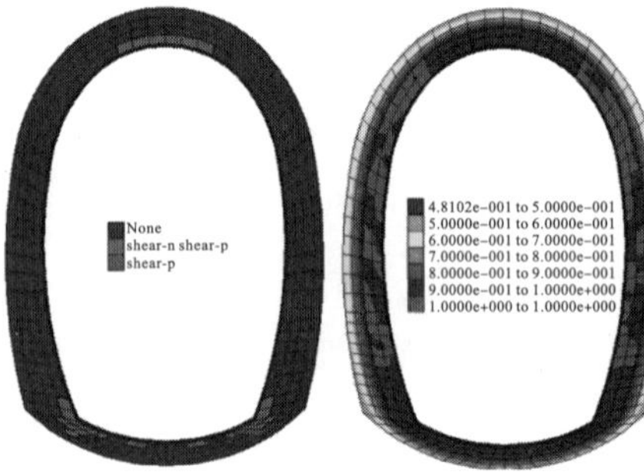

(a) t=10

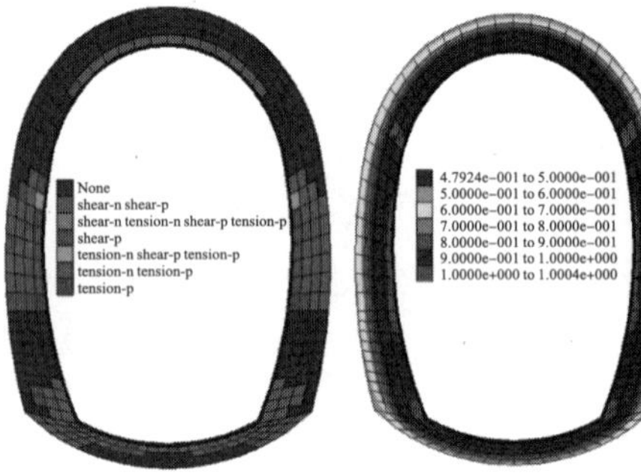

(b) t=20

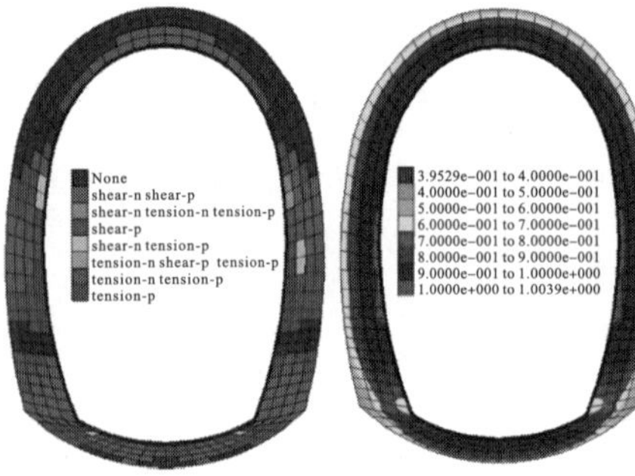

(c) t=30

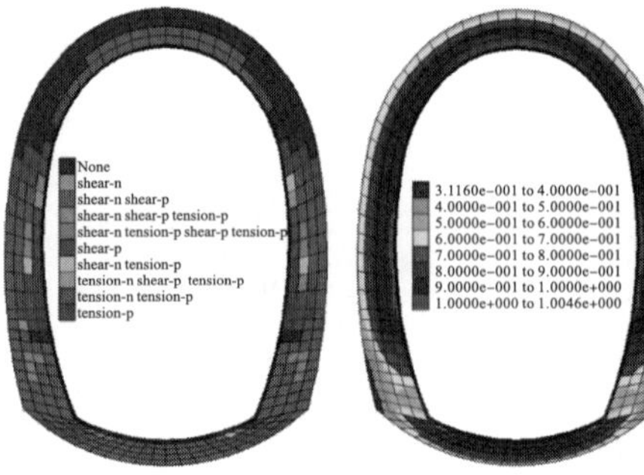

(d) t=40

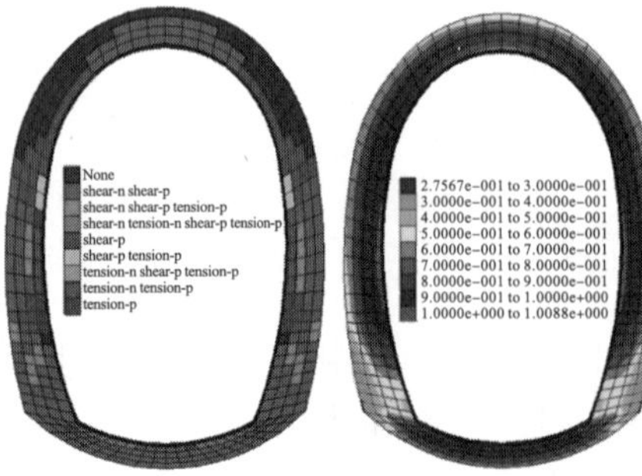

(e) t=50

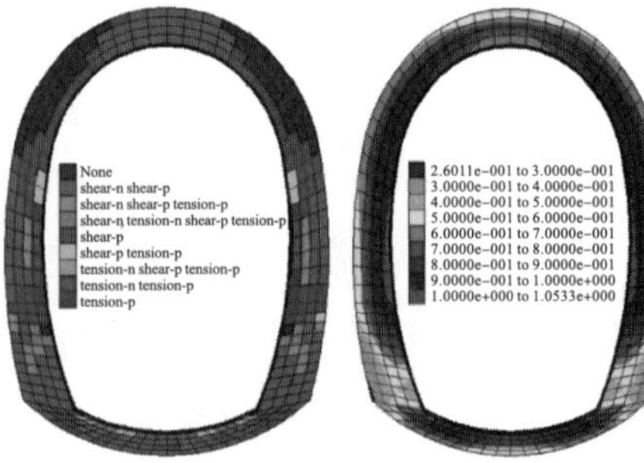

(f) t=60

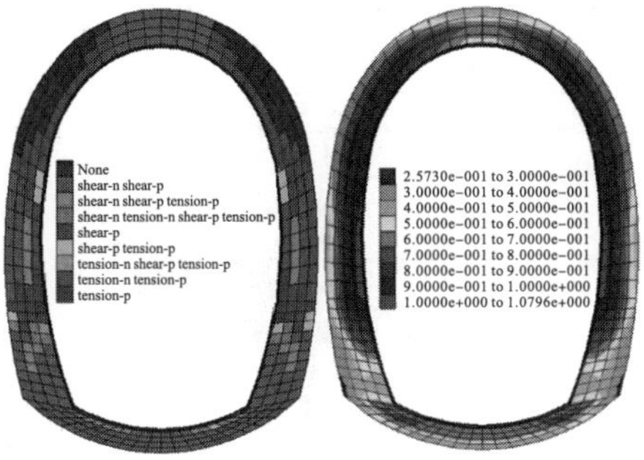

(g) t=70

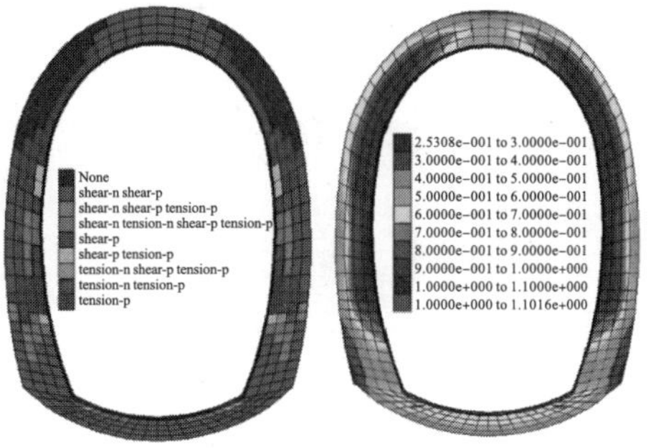

(h) t=80

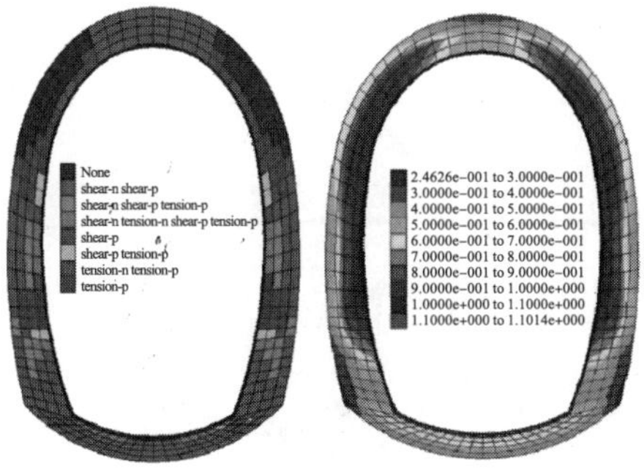

(i) t=90

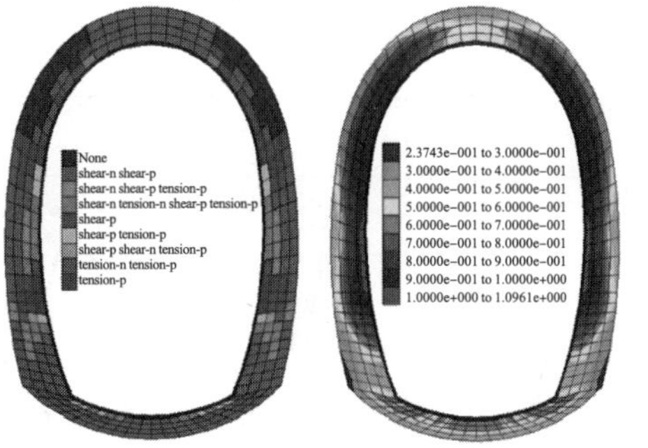

(j) t=100

图 8-48　二次衬砌损伤演化过程(对于每幅图，从左往右依次为塑性区与损伤值)

2.侧压力系数大于 1

锚杆力学行为分析。从图 8-49(彩图见附录)可以看出，考虑锚杆锈蚀拉断的情况下，锚杆的断裂顺序为：C1→C19→C2→C18→C3→C17→C4→C16→C5→C15→C7→C13，锚杆最先发生断裂的时间为 t=23.8 年。编号为 C6、C8、C9、C10、C11、C12 和 C14 的锚杆在服役期内没有发生断裂。

(a) 锚杆受力图

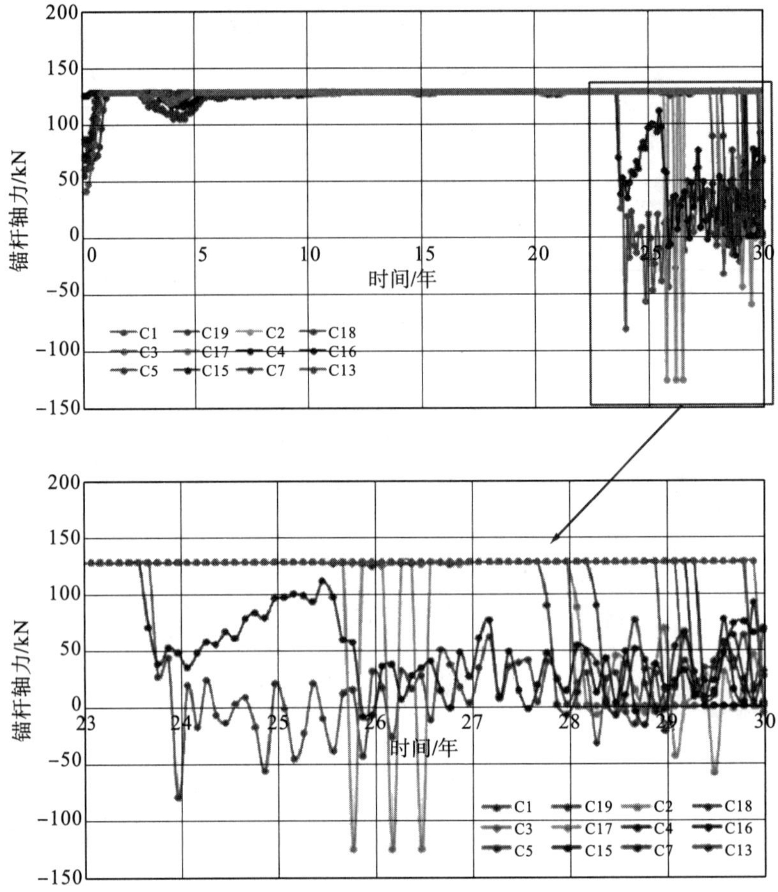

(b) 锚杆轴力图

图 8-49 锚杆锈断过程

钢拱架力学行为分析。弯矩变化规律如图 8-50(a)所示，可以看出，不同位置处钢拱架截面的弯矩变化过程存在较大的差异。对于 *A* 点来说(拱顶)，截面先承受正弯矩，随着时间的增加，弯矩反向并达到负向最大值；最后弯矩的绝对值波动减小。对于 *C*、*D* 位置处的钢拱架截面而言，弯矩在整个服役周期内为正值，且弯矩量值随着时间呈现倒 U 形分布。对于 *B* 位置处钢拱架截面而言，截面首先承受负弯矩，且弯矩量值随着时间的增加沿负向增加；后随着时间的进一步增加，弯矩出现反向，并沿着正向先增大后减小。

钢拱架轴力随时间变化如图 8-50(b)所示，可以看出，不同位置处截面轴力变化规律相似，轴力随着时间增加先不断增加后不断减小，最后保持在一定的量值。拱顶处轴力在结构服役周期内最大，而拱肩处结构轴力最小。

钢拱架截面安全系数变化如图 8-50(c)所示，可以看出，在服役周期内，截面 *A*、*B*、*C*、*D* 处钢拱架均发生了锈蚀断裂。

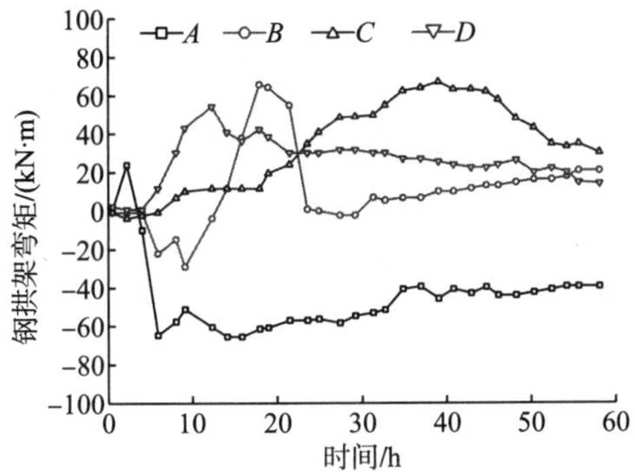

(a) 弯矩

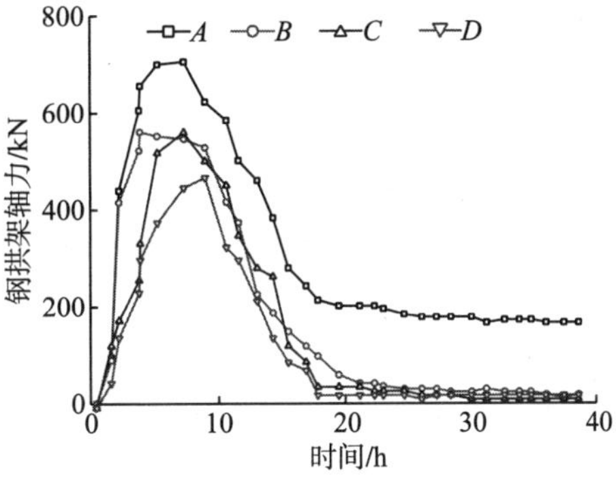

(b) 轴力

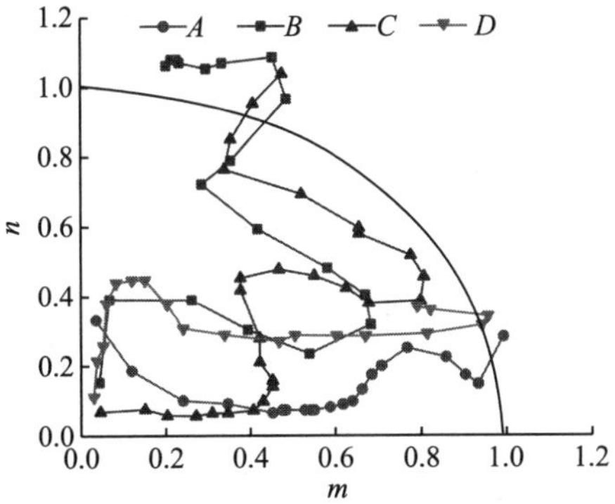

(c) 截面安全系数

图 8-50　钢拱架锈断过程

二次衬砌损伤演化过程。二次衬砌损伤与塑性区演化过程如图 8-51(彩图见附录)所示。从图中可以看出，当 t=10 年时，塑性区在左右拱脚内侧产生；当 t=20 年时，拱脚处塑性区贯通，拱顶、仰拱内侧产生塑性区，同时左右拱腰处产生了贯穿截面的塑性区；当 t=30 年时，仰拱塑性区向外侧发展，同时拱腰、拱脚塑性区范围有所增加；当 t=40 年时，拱顶塑性区向外发展，拱脚处塑性区范围有所增加；当 t=50 年时，拱顶外侧出现塑性区；当 t=60 年时，拱顶塑性区贯穿衬砌截面；当 t=70、80、90、100 年时，衬砌截面塑性区范围变化较小。最终衬砌除左右拱肩外侧未产生塑性区以外，截面其余位置均进入塑性承载阶段。

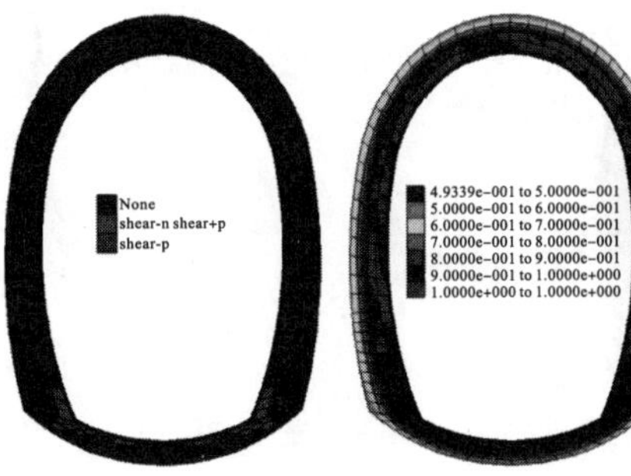

(a) t=10

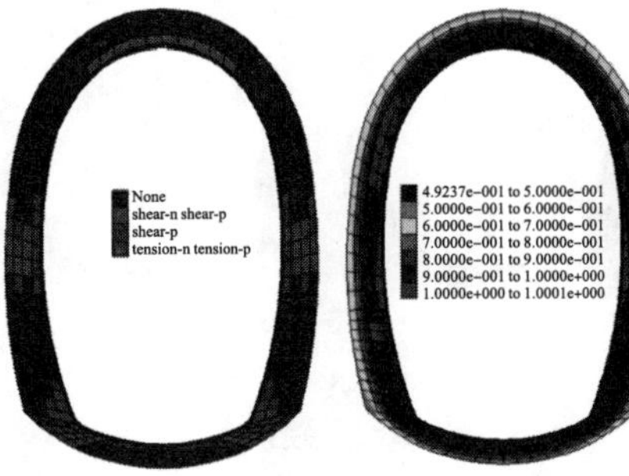

(b) t=20

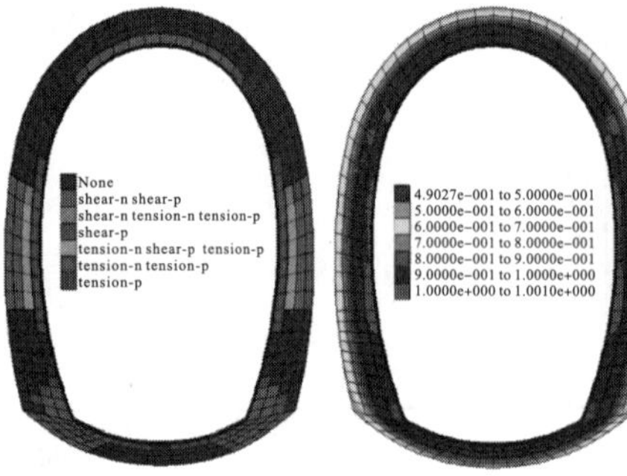

(c) t=30

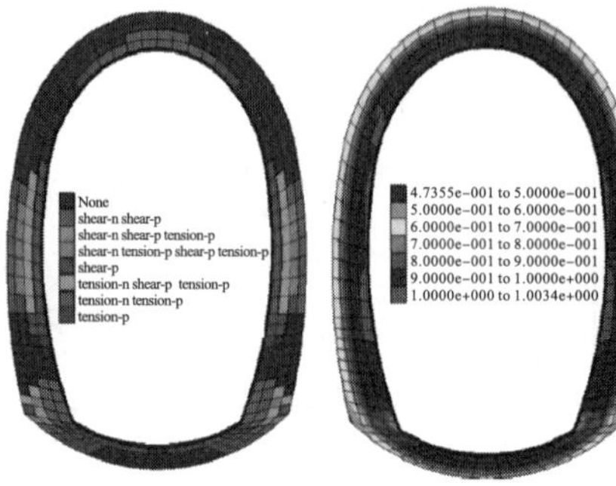

(d) t=40

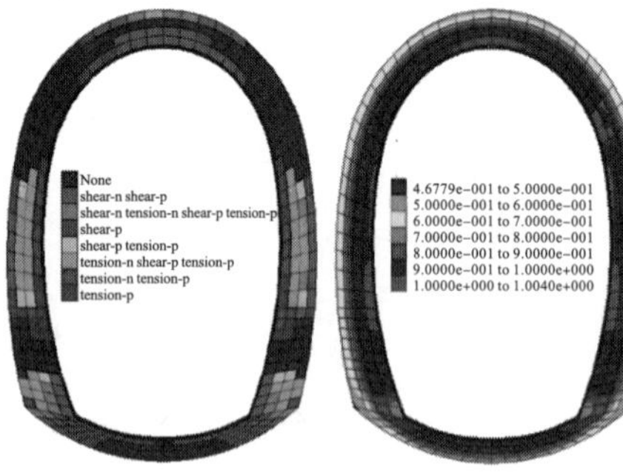

(e) t=50

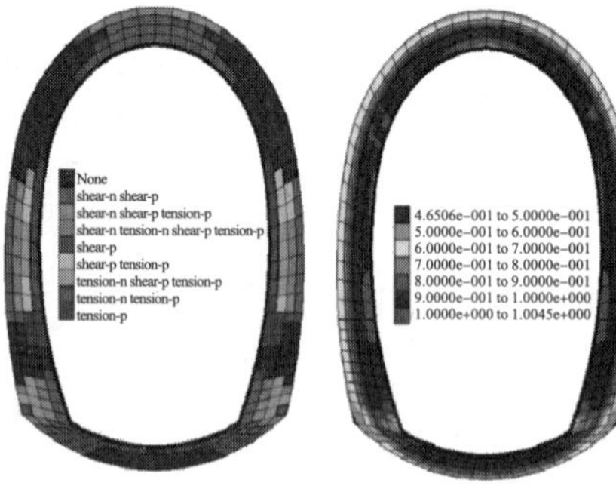

(f) t=60

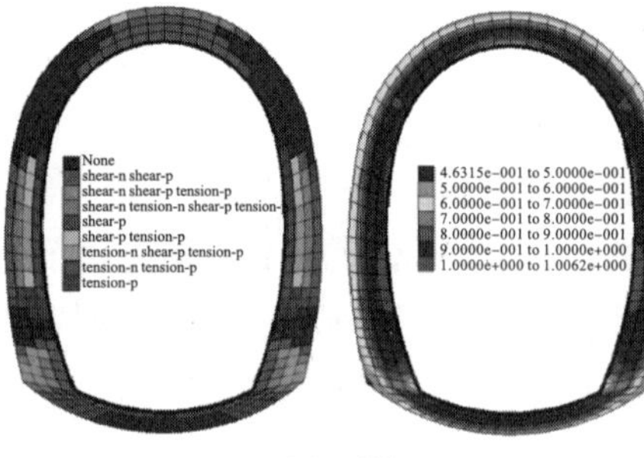

(g) t=70

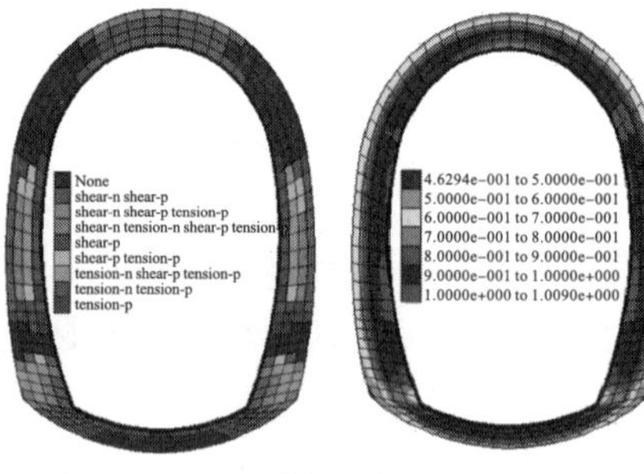

(h) t=80

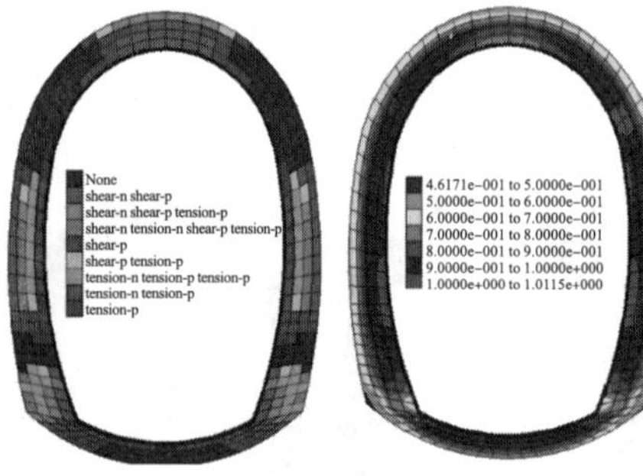

(i) t=90

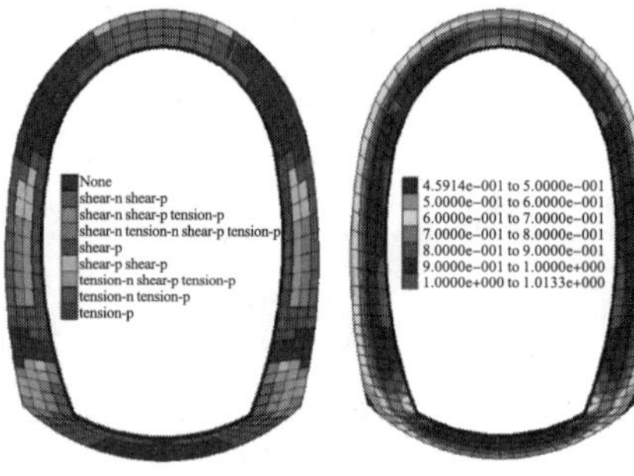

(j) t=100

图 8-51　二次衬砌损伤演化过程(对于每幅图，从左往右依次为塑性区与损伤值)

对衬砌损伤进行分析可知，衬砌损伤较大区域一直分布在左右拱脚处。由此可知，当地应力场以水平构造应力场为主时，二次衬砌在蠕变荷载作用下，控制结构长期安全性的截面位于拱脚处，因此，在设计时，要加强拱脚的环向配筋以增强结构的抗力。

8.5　本章小结

本章首先推导了锚杆锈断力模型、钢拱架锈蚀模型和二次衬砌混凝土损伤本构模型，然后对围岩蠕变效应及结构劣化效应耦合作用下隧道结构的长期安全性进行了研究，总结如下：

(1)基于钢筋锈蚀的力学机理，推导了锚杆锈断力学模型及钢拱架锈蚀力学模型，并通过二次开发嵌入到现有的计算模型中，通过一系列算例验证了模型的有效性。

(2)基于统计损伤理论，推导了混凝土的统计损伤本构模型，并将其二次开发嵌入到 FLAC3D 软件平台中，通过与室内试验对比验证了模型的正确性。

(3)通过对围岩蠕变效应及结构劣化效应耦合作用下隧道二次衬砌的长期安全性进行分析表明，当地应力场以自重应力场为主时，二次衬砌在蠕变荷载作用下，控制结构长期安全性的截面位于拱顶、拱底与拱脚处，因此，在设计时，要加强这些部位的环向配筋以增强结构的抗力。当地应力场以水平构造应力场为主时，二次衬砌在蠕变荷载作用下，控制结构长期安全性的截面位于拱脚处。因此，在设计时，要加强拱脚的环向配筋以增强结构的抗力。

参 考 文 献

[1]洪开荣. 我国隧道及地下工程发展现状与展望[J]. 隧道建设, 2015, 35(02): 95-107.

[2]蒋树屏. 中国公路隧道数据统计[J]. 隧道建设, 2017, 37(05): 643-644.

[3]赵勇, 田四明. 截至 2018 年底中国铁路隧道情况统计[J]. 隧道建设(中英文), 2019, 39(02): 324-335.

[4]王梦恕. 中国铁路、隧道与地下空间发展概况[J]. 隧道建设, 2010, 30(04): 351-364.

[5]袁晔. 兰新二线大梁隧道高地应力软岩大变形控制技术研究[D]. 成都: 西南交通大学, 2016.

[6]姜云, 李永林, 李天斌, 等. 隧道工程围岩大变形类型与机制研究[J]. 地质灾害与环境保护, 2004(04): 46-51.

[7]李术才, 徐飞, 李利平, 等. 隧道工程大变形研究现状、问题与对策及新型支护体系应用介绍[J]. 岩石力学与工程学报, 2016, 35(07): 1366-1376.

[8]刘高, 张帆宇, 李新召, 等. 木寨岭隧道大变形特征及机理分析[J]. 岩石力学与工程学报, 2005(S2): 5521-5526.

[9]胡元芳, 刘志强, 王建宇. 高地应力软岩条件下挤压变形预测及应用[J]. 现代隧道技术, 2011, 48(03): 28-34.

[10]刘志春, 朱永全, 李文江, 等. 挤压性围岩隧道大变形机理及分级标准研究[J]. 岩土工程学报, 2008(05): 690-697.

[11]齐明山. 大变形软岩流变性态及其在隧道工程结构中的应用研究[D]. 上海: 同济大学, 2006.

[12]Steiner W. Tunnelling in squeezing rocks: case histories[J]. Rock Mechanics & Rock Engineering, 1996, 29(4): 211-246.

[13]Cao C, Shi C, Lei M, et al. Squeezing failure of tunnels: a case study[J]. Tunnelling and Underground Space Technology, 2018, 77: 188-203.

[14]Meng L, Li T, Jiang Y, et al. Characteristics and mechanisms of large deformation in the Zhegu mountain tunnel on the Sichuan–Tibet highway[J]. Tunnelling and Underground Space Technology, 2013, 37: 157-164.

[15]郭啟良, 伍法权, 钱卫平, 等. 乌鞘岭长大深埋隧道围岩变形与地应力关系的研究[J]. 岩石力学与工程学报, 2006(11): 2194-2199.

[16]卿三惠, 黄润秋. 乌鞘岭特长隧道软弱围岩大变形特性研究[J]. 现代隧道技术, 2005(02): 7-14.

[17]戴永浩, 陈卫忠, 田洪铭, 等. 大梁隧道软岩大变形及其支护方案研究[J]. 岩石力学与工程学报, 2015, 34(S2): 4149-4156.

[18]宋章, 张广泽, 蒋良文, 等. 川藏铁路主要地质灾害特征及地质选线探析[J]. 铁道标准设计, 2016, 60(01): 14-19.

[19]郑宗溪, 孙其清. 川藏铁路隧道工程[J]. 隧道建设, 2017, 37(08): 1049-1054.

[20]陶振宇. 高地应力区的岩爆及其判别[J]. 人民长江, 1987(05): 25-32.

[21]薛玺成, 郭怀志, 马启超. 岩体高地应力及其分析[J]. 水利学报, 1987(03): 52-58.

[22]姚宝魁, 张承娟. 高地应力坝区硐室围岩岩爆及其断裂破坏机制[J]. 水文地质工程地质, 1985(06): 17-20.

[23]喻渝. 挤压性围岩支护大变形的机理及判定方法[J]. 世界隧道, 1998(01): 46-51.

[24]翁汉民, 李永林. 高地应力条件下隧道大变形破坏机理的研究及其在二郎山隧道工程中的应用[R]. 1999.

[25]何满潮, 吕晓俭, 景海河. 深部工程围岩特性及非线性动态力学设计理念[J]. 岩石力学与工程学报, 2002(08): 1215-1224.

[26]Anagnostou G. A model for swelling rock in tunnelling[J]. Rock Mechanics & Rock Engineering, 1993, 26(4): 307-331.

[27]Aydan Ö, Akagi T, Kawamoto T. The squeezing potential of rocks around tunnels: Theory and prediction[J]. Rock Mechanics &

Rock Engineering, 1993, 26(2): 137-163.

[28]何满潮, 景海河, 孙晓明. 软岩工程力学[M]. 北京: 科学出版社, 2002.

[29]陈宗基. 地下巷道长期稳定性的力学问题[J]. 岩石力学与工程学报, 1982(01): 1-20.

[30]于学馥, 乔端. 轴变论和围岩稳定轴比三规律[J]. 有色金属, 1981(03): 8-15.

[31]孙钧, 朱合华. 软弱围岩隧洞施工性态的力学模拟与分析[J]. 岩土力学, 1994(04): 20-33.

[32]朱效嘉. 锚杆支护理论进展[J]. 光爆锚喷, 1996(1): 5-12, 19.

[33]董方庭, 宋宏伟, 郭志宏, 等. 巷道围岩松动圈支护理论[J]. 煤炭学报, 1994(01): 21-32.

[34]方祖烈. 拉压域特征及主次承载区的维护理论[C]. 中国岩石力学与工程学会软岩工程专业委员会第二届学术大会, 1999.

[35]何满潮, 齐干, 许云良, 等. 深部软岩巷道锚网索耦合支护设计及施工技术[J]. 煤炭工程, 2007(03): 30-33.

[36]孙钧, 潘晓明, 王勇. 隧道围岩挤入型流变大变形预测及其工程应用研究[J]. 河南大学学报(自然科学版), 2012, 42(05): 646-653.

[37]王建宇, 胡元芳, 刘志强. 高地应力软弱围岩隧道挤压型变形和可让性支护原理[J]. 现代隧道技术, 2012, 49(03): 9-17.

[38]蔡美峰. 岩石力学与工程[M]. 北京: 科学出版社, 2002.

[39]郭怀志, 马启超, 薛玺成, 等. 岩体初始应力场的分析方法[J]. 岩土工程学报, 1983(03): 64-75.

[40]俞裕泰, 肖明. 大型地下洞室围岩稳定三维弹塑性有限元分析[J]. 岩石力学与工程学报, 1987(01): 47-56.

[41]朱伯芳. 岩体初始地应力反分析[J]. 水利学报, 1994(10): 30-35.

[42]岳晓蕾. 大岗山地应力反演与工程应用研究[D]. 济南: 山东大学, 2006.

[43]郭喜峰. 复杂地质条件岩体应力场分析研究[D]. 武汉: 长江科学院, 2009.

[44]刘会波, 肖明. 岩体初始地应力场计算模型自动生成与快速反演[J]. 武汉大学学报(工学版), 2009, 42(04): 478-481, 486.

[45]Zhang C, Feng X T, Zhou H. Estimation of in situ stress along deep tunnels buried in complex geological conditions[J]. International Journal of Rock Mechanics and Mining Sciences, 2012, 52: 139-162.

[46]李科. 穿越断层带隧道建设关键力学问题研究[D]. 上海: 上海交通大学, 2013.

[47]岑成汉. 地下厂房区初始地应力反演回归分析[D]. 南京: 河海大学, 2007.

[48]谷艳昌, 郑东健, 郭航忠, 等. 小湾水电站坝址区三维初始地应力场反演回归分析[J]. 岩土力学, 2008(04): 1015-1020, 1026.

[49]罗润林, 阮怀宁, 黄亚哲, 等. 岩体初始地应力场的粒子群优化反演及在 FLAC3D 中的实现[J]. 长江科学院院报, 2008(04): 73-76, 80.

[50]庞作会, 陈文胜, 邓建辉, 等. 复杂初始地应力场的反分析[J]. 岩土工程学报, 1998(04): 47-50.

[51]戚海燕. 锦屏水电站隧洞围岩初始地应力场研究[D]. 南京: 河海大学, 2004.

[52]王金安, 李飞. 复杂地应力场反演优化算法及研究新进展[J]. 中国矿业大学学报, 2015, 44(02): 189-205.

[53]翟英达, 康景颢, 郭胜亮. 原岩应力的边界元位移反分析确定方法[J]. 山西矿业学院学报, 1997(04): 3-8.

[54]张金. 遗传算法在地应力反演中的应用[D]. 青岛: 中国石油大学, 2010.

[55]赵同彬. 基于遗传算法的巷道位移反分析研究[D]. 青岛: 山东科技大学, 2004.

[56]冯豫. 我国软岩巷道支护的研究[J]. 矿山压力与顶板管理, 1990(02): 42-44, 67-72.

[57]林育梁. 软岩工程力学若干理论问题的探讨[J]. 岩石力学与工程学报, 1999(06): 690-693.

[58]刘高, 聂德新, 韩文峰. 高应力软岩巷道围岩变形破坏研究[J]. 岩石力学与工程学报, 2000(06): 726-730.

[59]何满潮, 景海河, 孙晓明. 软岩工程地质力学研究进展[J]. 工程地质学报, 2000(01): 46-62.

[60]董方庭, 郭志宏. 巷道围岩松动圈支护理论[C]. 中国岩石力学与工程学会软岩工程专业委员会第二届学术大会, 1999: 9.

[61]郭志宏，董方庭. 围岩松动圈与巷道支护[J]. 矿山压力与顶板管理, 1995(Z1): 111-114.
[62]鹿守敏，宋宏伟，汤国成，等. 潘三V类较软围岩巷道、交岔点锚喷网支护试验研究[J]. 中国矿业大学学报，1996(02): 101-106.
[63]鹿守敏，靖洪文. 巷道锚喷支护机理研究与实践[J]. 建井技术, 1994(Z1): 14-18, 95.
[64]李天斌，孟陆波，王兰生. 高地应力隧道稳定性及岩爆、大变形灾害防治[M]. 北京：科学出版社, 2016.
[65]Steiner W. Tunnelling in squeezing rocks: case histories[J]. Rock Mechanics and Rock Engineering, 1996, 29(4): 211-246.
[66]缪协兴. 软岩巷道围岩流变大变形有限元计算方法[J]. 岩土力学, 1995(02): 24-34.
[67]关宝树. 隧道力学概论[M]. 成都：西南交通大学出版社, 1993.
[68]常燕庭. 喷射混凝土早期材料性质对支护效果的影响[J]. 长江科学院院报, 1992(03): 8-16.
[69]孙海涛，丁德馨，刘东燕，等. 隧道喷射混凝土衬砌构筑时机的数值模拟分析[J]. 地下空间与工程学报，2006(05): 744-747, 752.
[70]张德华，刘士海，任少强. 隧道喷射混凝土强度增长规律及硬化速度对初期支护性能影响试验研究[J]. 岩土力学，2015, 36(06): 1707-1713.
[71]扈世民. 基于收敛-约束法地铁区间隧道初期支护安全性研究[J]. 铁道学报, 2015, 37(10): 117-121.
[72]唐智勇. 预应力锚杆支护参数的确定[J]. 路基工程, 2007(06): 55-56.
[73]杨双锁，康立勋. 锚杆作用机理及不同锚固方式的力学特征[J]. 太原理工大学学报, 2003(05): 540-543.
[74]陈丽俊，张运良，马震岳，等. 软岩隧洞锁脚锚杆－钢拱架联合承载分析[J]. 岩石力学与工程学报，2015, 34(01): 129-138.
[75]张继奎，方俊波. 高地应力千枚岩大变形隧道支护参数试验研究[J]. 铁道工程学报, 2005(05): 66-70.
[76]孙安华. 爆破荷载下小净距隧道钢拱架加固合理间距研究[J]. 贵州大学学报(自然科学版), 2013, 30(06): 122-124.
[77]刘君. 厦门东通道海底隧道位移判定基准研究[J]. 隧道建设, 2006(03): 11-13, 43.
[78]公路隧道设计规范(JTG D70-2-2014)[M]. 北京：人民交通出版社, 2014.
[79]铁路隧道设计规范(TB 10003-2016)[M]. 北京：中国铁道出版社, 2016.
[80]岩土锚杆与喷射混凝土支护工程技术规范(GB 50086—2015)[M]. 北京：中国计划出版社, 2015.
[81]郇澜. 中条山公路隧道地下风机房洞室群围岩稳定性分析[D]. 西安：西安科技大学, 2012.
[82]王建宇. 对隧道工程中监控量测问题的讨论[J]. 现代隧道技术, 2008, 45(S1): 7-14.
[83]公路隧道施工技术细则(JTG/T F60-2009)[M]. 北京：人民交通出版社, 2009.
[84]周德培，朱本珍，毛坚强. 流变力学原理及其在岩土工程中的应用[M]. 成都：西南交通大学出版社, 1995.
[85]王中文，方建勤，夏才初，等. 考虑围岩蠕变特性的隧道二次衬砌合理支护时机确定方法[J]. 岩石力学与工程学报，2010, 29(S1): 3241-3246.
[86]陈沅江. 岩石流变的本构模型及其智能辨识研究[D]. 长沙：中南大学, 2003.
[87]崔希海，付志亮. 岩石流变特性及长期强度的试验研究[J]. 岩石力学与工程学报, 2006(05): 1021-1024.
[88]高延法，肖华强，王波，等. 岩石流变扰动效应试验及其本构关系研究[J]. 岩石力学与工程学报, 2008(S1): 3180-3185.
[89]杨圣奇. 岩石流变力学特性的研究及其工程应用[D]. 南京：河海大学, 2006.
[90]曹树刚，边金，李鹏. 岩石蠕变本构关系及改进的西原正夫模型[J]. 岩石力学与工程学报, 2002(05): 632-634.
[91]李永盛. 单轴压缩条件下四种岩石的蠕变和松弛试验研究[J]. 岩石力学与工程学报, 1995(01): 39-47.
[92]孙钧. 岩石流变力学及其工程应用研究的若干进展[J]. 岩石力学与工程学报, 2007(06): 1081-1106.
[93]徐卫亚，杨圣奇，褚卫江. 岩石非线性黏弹塑性流变模型(河海模型)及其应用[J]. 岩石力学与工程学报, 2006(03): 433-447.

[94]杨春和, 陈锋, 曾义金. 盐岩蠕变损伤关系研究[J]. 岩石力学与工程学报, 2002(11): 1602-1604.

[95]袁静, 龚晓南, 益德清. 岩土流变模型的比较研究[J]. 岩石力学与工程学报, 2001(06): 772-779.

[96]张向东, 李永靖, 张树光, 等. 软岩蠕变理论及其工程应用[J]. 岩石力学与工程学报, 2004(10): 1635-1639.

[97]王涛. FLAC3D 数值模拟方法及工程应用: 深入剖析 FLAC3D 5. 0[M]. 北京: 中国建筑工业出版社, 2015.

[98]孙书伟, 林杭, 任连伟. FLAC3D 在岩土工程中的应用[M]. 北京: 中国水利水电出版社, 2011.

[99]陈育民, 徐鼎平. FLAC\FLAC3D 基础与工程实例[M]. 北京: 中国水利水电出版社, 2013.

[100]Inokuma A, Inano S. Road tunnels in Japan: Deterioration and countermeasures[J]. Tunnelling and Underground Space Technology, 1996, 11(3): 305-309.

[101]Sandrone F, Labiouse V. Identification and analysis of Swiss National Road tunnels pathologies[J]. Tunnelling and Underground Space Technology, 2011, 26(2): 374-390.

[102]肖玲, 李世民, 曾宪明, 等. 地下巷道支护锚杆腐蚀状况调查及力学性能测试[J]. 岩石力学与工程学报, 2008, 27(S2): 3791-3791.

[103]赵健, 冀文政, 张文巾, 等. 现场早期砂浆锚杆腐蚀现状的取样研究[J]. 地下空间与工程学报, 2005(S1): 179-184.

[104]赵健, 冀文政, 肖玲, 等. 锚杆耐久性现场试验研究[J]. 岩石力学与工程学报, 2006(07): 1377-1385.

[105]肖玲, 李长松, 曾宪明, 等. 承载锚杆与非承载锚杆腐蚀力学性能对比试验研究[J]. 岩石力学与工程学报, 2007(04): 720-726.

[106]丁万涛, 刘金慧, 张乐文. 不同锈蚀度时海底隧道锚固支护结构岩锚相互作用分析[J]. 中南大学学报(自然科学版), 2014, 45(05): 1642-1652.

[107]曾佳亮. 厦门海底隧道钢拱架局部锈蚀对支护体系安全性影响研究[D]. 成都: 西南交通大学, 2011.

[108]娄西慧. 近海隧道钢架锈蚀力学模型及支护体系安全性研究[D]. 成都: 西南交通大学, 2011.

[109]李海军. 厦门海底隧道初期支护变异对支护体系安全性影响研究[D]. 成都: 西南交通大学, 2009.

[110]Itasca: FLAC3D (Version 5.0) user manual, 2012.

[111]Vu K A T, Stewart M G. Structural reliability of concrete bridges including improved chloride-induced corrosion models[J]. Structural Safety, 2000, 22(4): 313-333.

[112]施锦杰, 孙伟. 混凝土中钢筋锈蚀研究现状与热点问题分析[J]. 硅酸盐学报, 2010, 38(09): 1753-1764.

[113]吴元周, 吕恒林, 方忠年, 等. 钢筋锈蚀及混凝土劣化耦合对梁构件力学性能的影响[J]. 中国矿业大学学报, 2015, 44(05): 793-799.

[114]张志强, 李永珑, 王海彦, 等. 钢筋锈蚀劣化对隧道衬砌结构性能的影响[J]. 中国公路学报, 2014, 27(08): 73-81.

[115]李典庆, 蒋水华, 张利民, 等. 考虑锚杆腐蚀作用的岩质边坡系统可靠度分析[J]. 岩石力学与工程学报, 2013, 32(06): 1137-1144.

[116]童建军, 邵国霞. 海底隧道钢拱架锈蚀对承载力影响研究[J]. 铁道建筑, 2011(06): 81-83.

[117]王明年, 李海军, 周国军. 海底隧道钢拱架锈蚀对支护体系安全性的影响[J]. 西南交通大学学报, 2010, 45(01): 39-44.

[118]王明年, 童建军, 周国军. 海底隧道锈蚀工字钢与喷射混凝土的粘结滑移试验研究[J]. 工程力学, 2013, 30(04): 310-315, 330.

[119]封伯昊, 张立翔, 李桂青. 混凝土损伤研究综述[J]. 昆明理工大学学报(自然科学版), 2001(03): 21-30.

[120]高路彬. 混凝土变形与损伤的分析[J]. 力学进展, 1993(04): 510-519.

[121]李淑春, 刁波, 叶英华. 反复荷载作用下的混凝土损伤本构模型[J]. 铁道科学与工程学报, 2006(04): 12-17.

[122]林皋, 刘军, 胡志强. 混凝土损伤类本构关系研究现状与进展[J]. 大连理工大学学报, 2010, 50(06): 1055-1064.

[123]于海祥, 武建华, 李强. 混凝土损伤本构模型研究评述[J]. 重庆建筑大学学报, 2007(02): 68-72.

附　　录

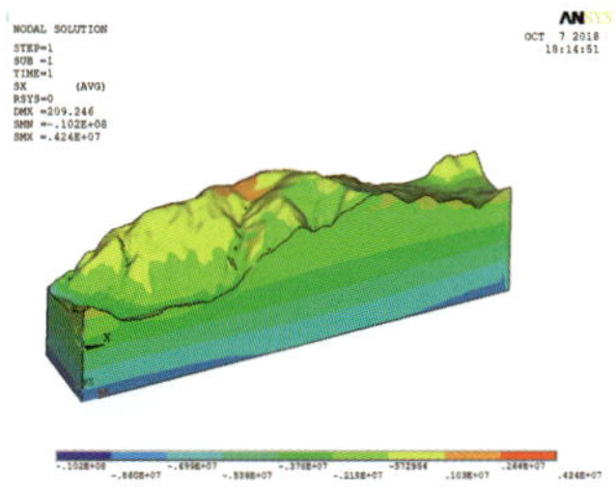

(a) S_x应力云图

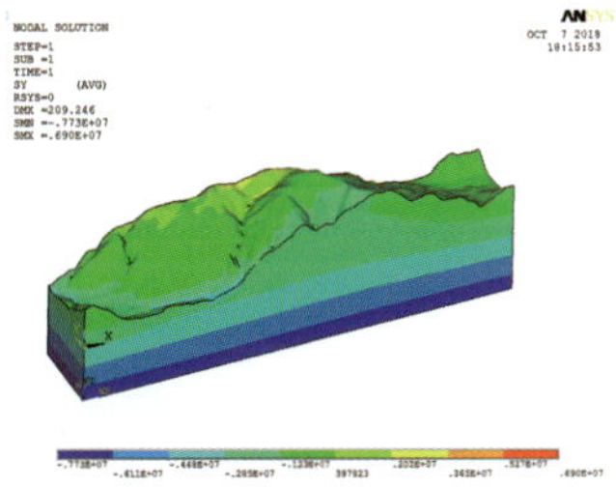

(b) S_y应力云图

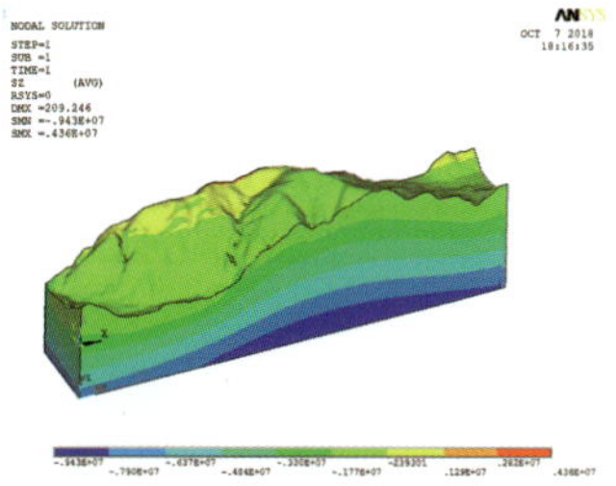

(c) S_z应力云图

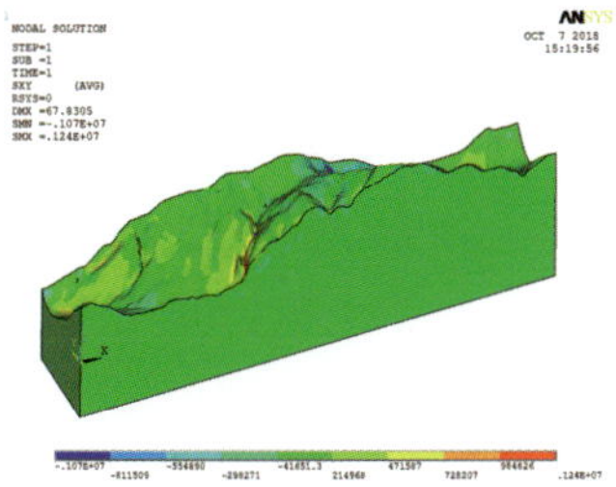

(d) S_{xy}应力云图

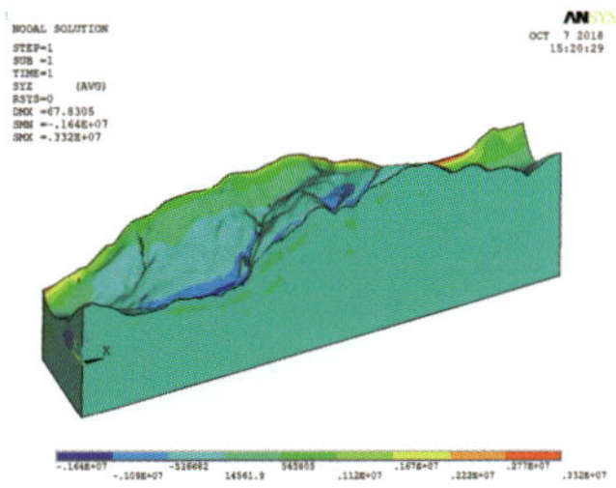

(e) S_{yz}应力云图

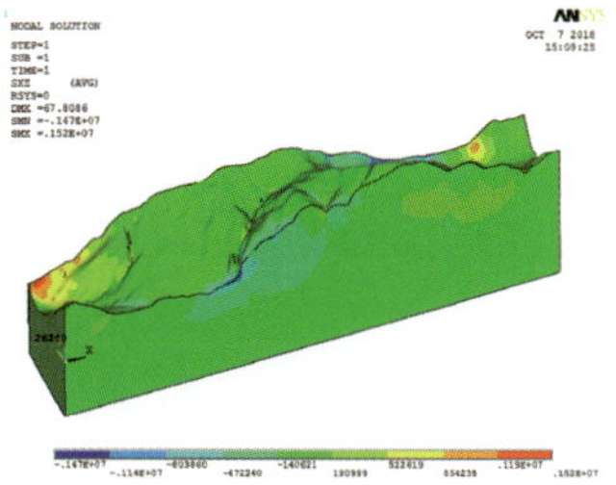

(f) S_{xz}应力云图

图 2-2　自重应力场下应力分量(Pa)

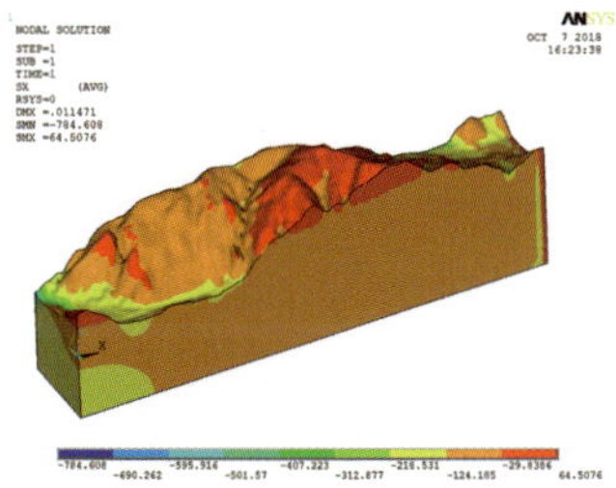

(a) S_x应力云图

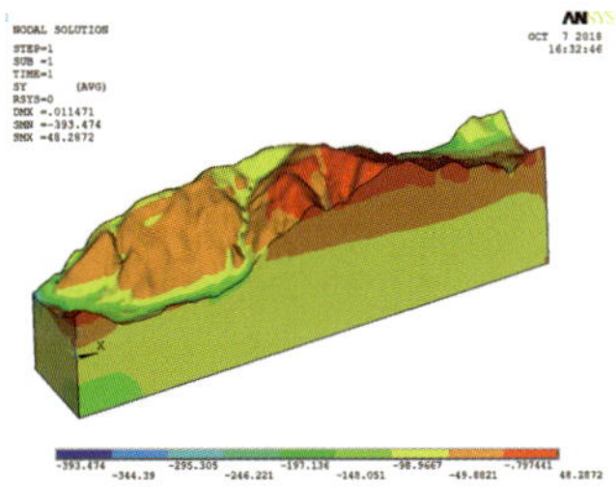

(b) S_y应力云图

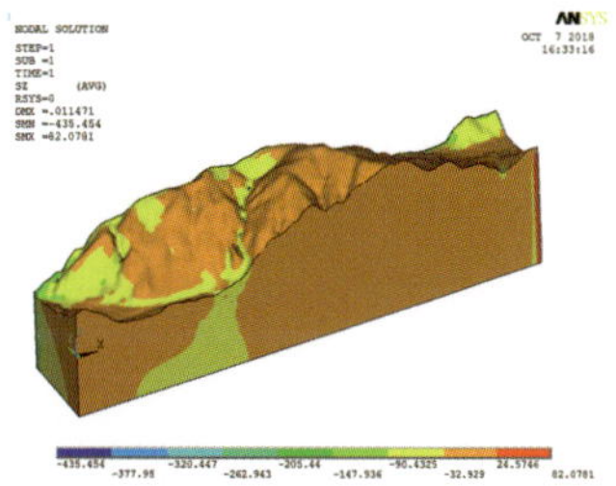

(c) S_z应力云图

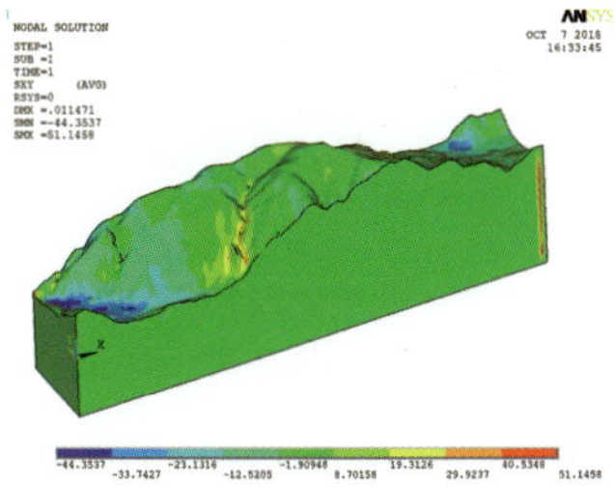

(d) S_{xy}应力云图

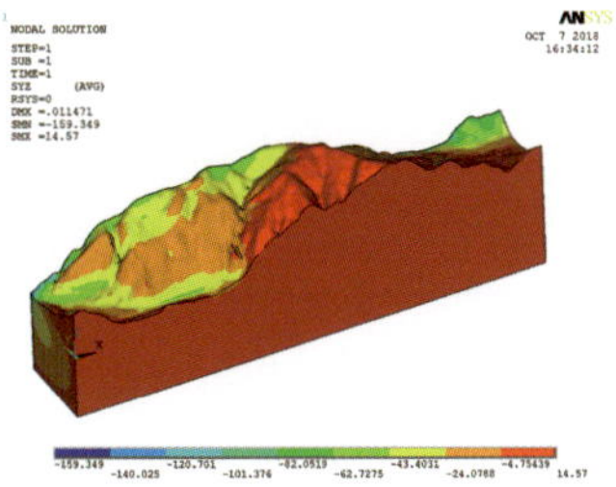

(e) S_{yz}应力云图

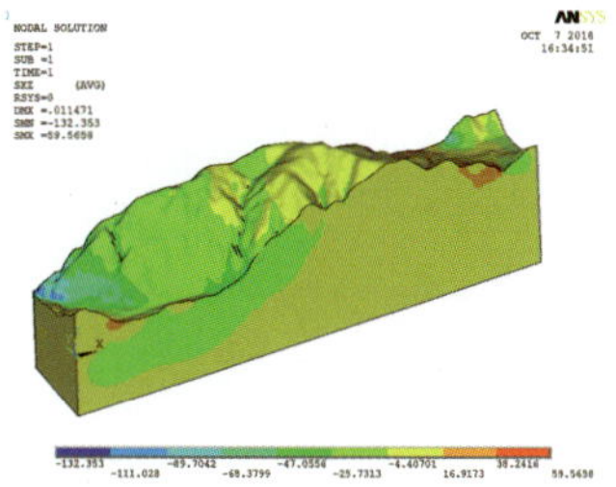

(f) S_{xz}应力云图

图 2-3　构造应力场 1 下应力分量(kPa)

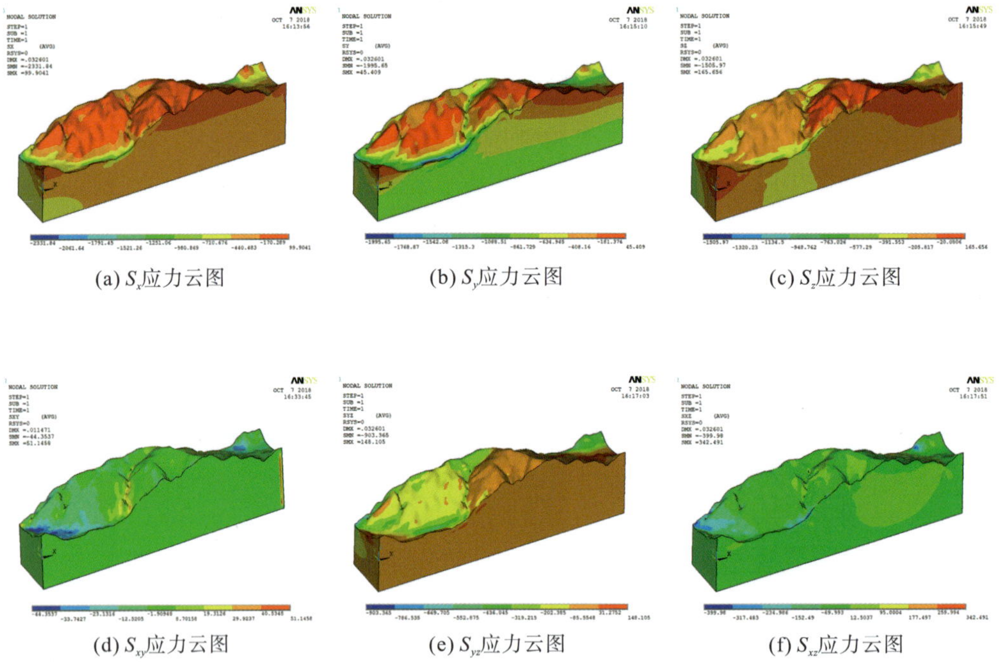

(a) S_x应力云图　(b) S_y应力云图　(c) S_z应力云图

(d) S_{xy}应力云图　(e) S_{yz}应力云图　(f) S_{xz}应力云图

图 2-4　构造应力场 2 下应力分量(kPa)

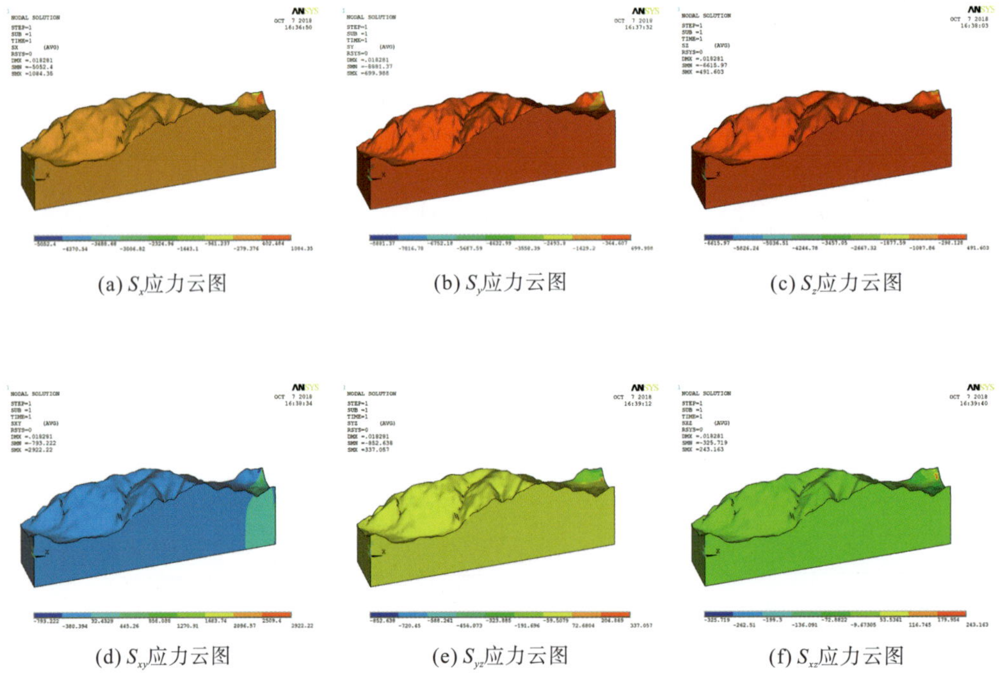

(a) S_x应力云图　(b) S_y应力云图　(c) S_z应力云图

(d) S_{xy}应力云图　(e) S_{yz}应力云图　(f) S_{xz}应力云图

图 2-5　构造应力场 3 下应力分量(kPa)

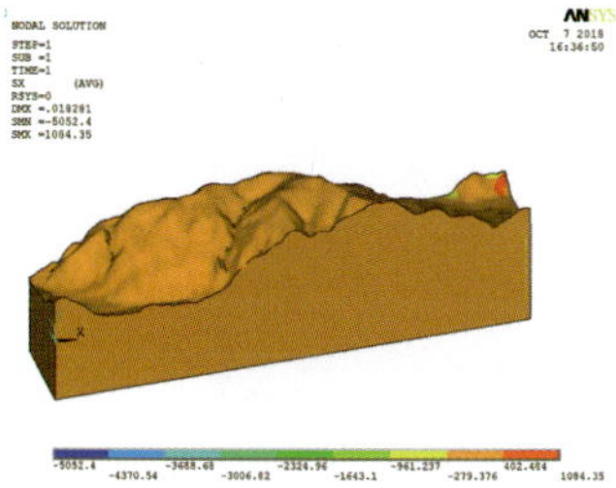

(a) S_x应力云图

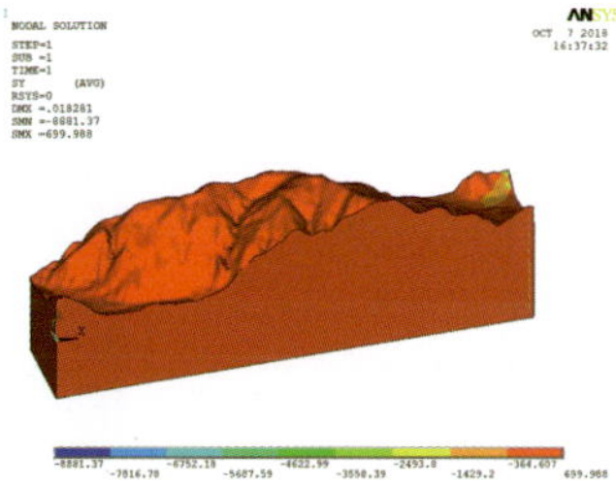

(b) S_y应力云图

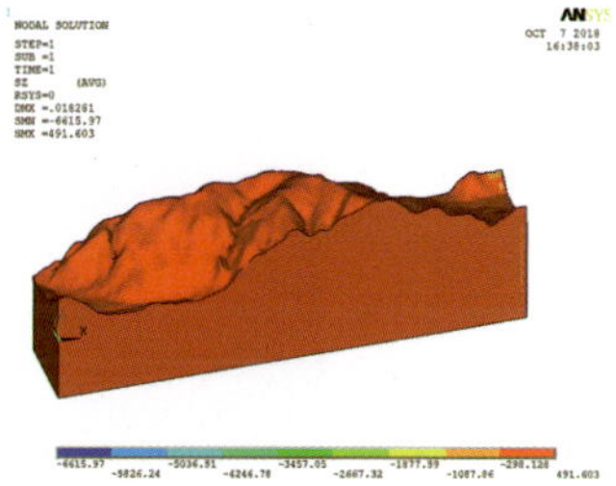

(c) S_z应力云图

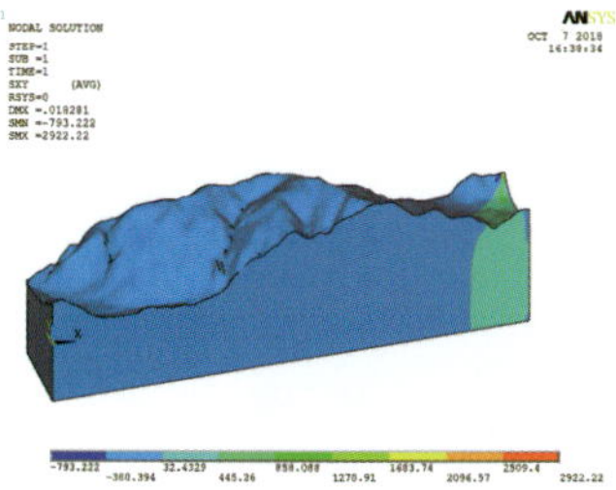

(d) S_{xy}应力云图

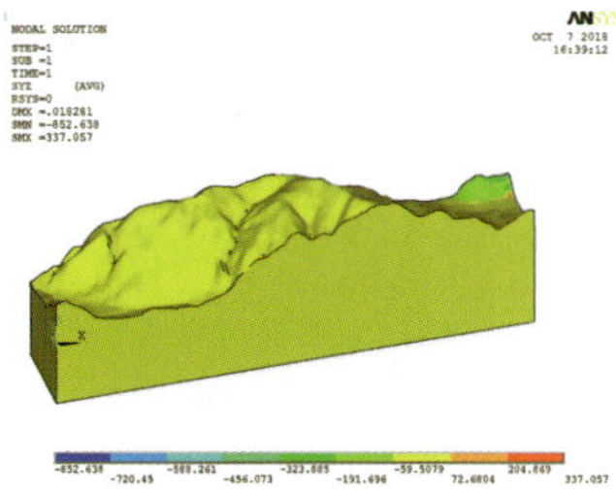

(e) S_{yz}应力云图

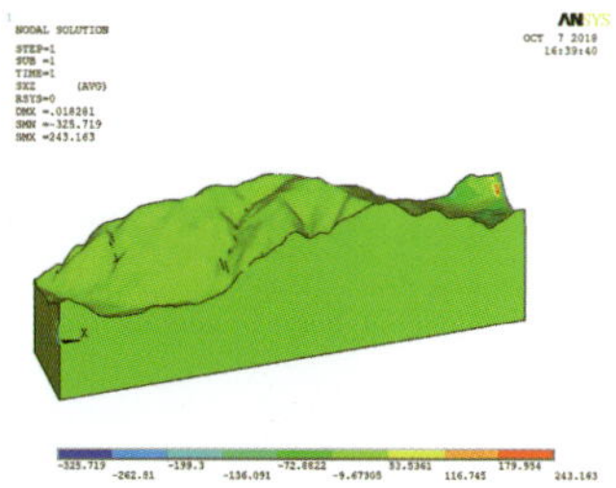

(f) S_{xz}应力云图

图 2-6　构造应力场 4 下应力分量(kPa)

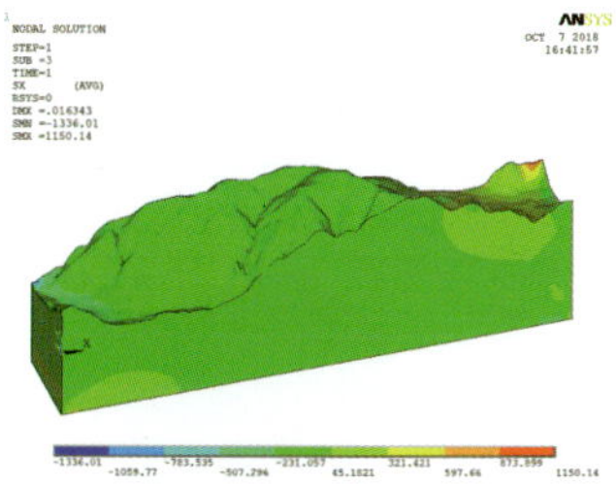

(a) S_x应力云图

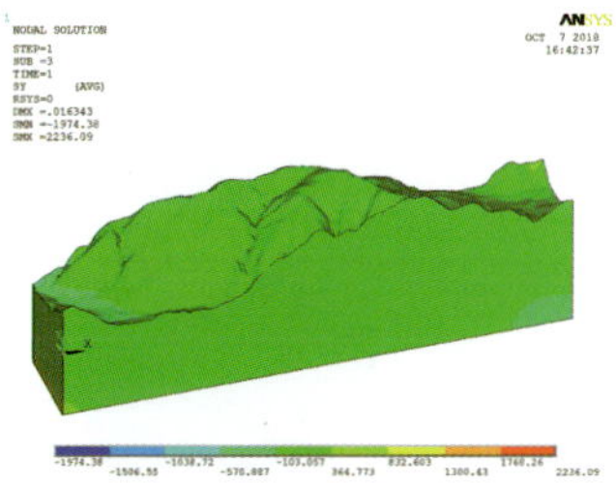

(b) S_y应力云图

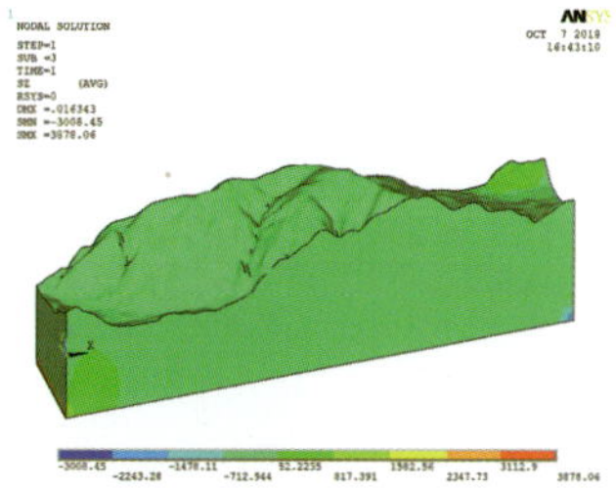

(c) S_z应力云图

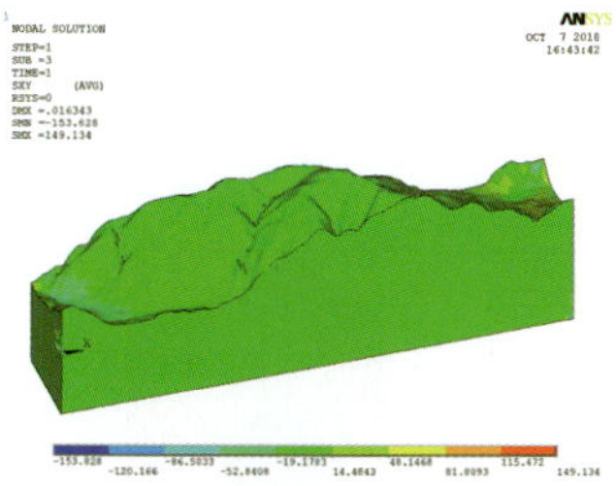

(d) S_{xy}应力云图

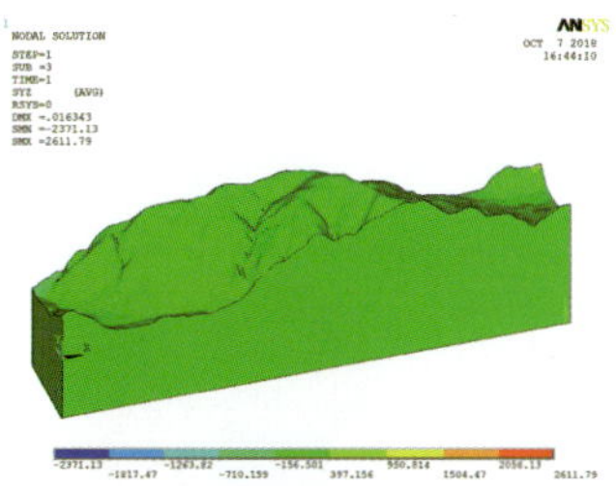

(e) S_{yz}应力云图

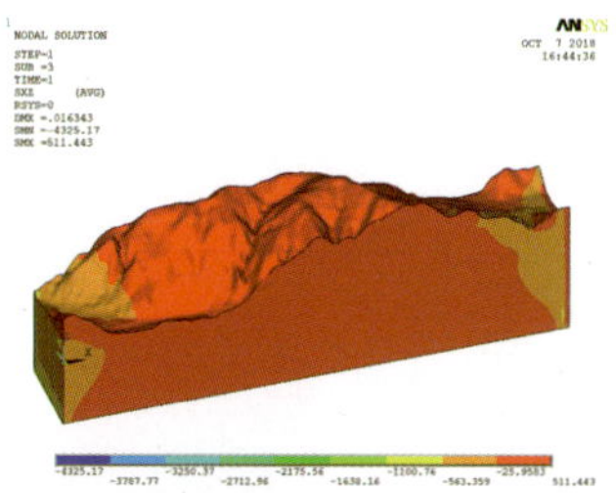

(f) S_{xz}应力云图

图 2-7　构造应力场 5 下应力分量(kPa)

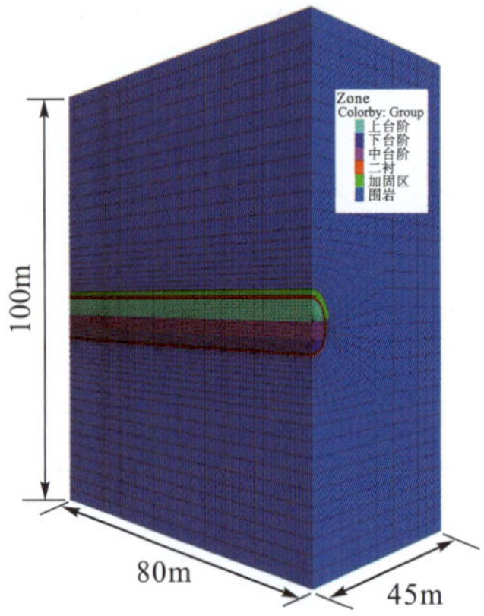

图 4-3　计算模型全图

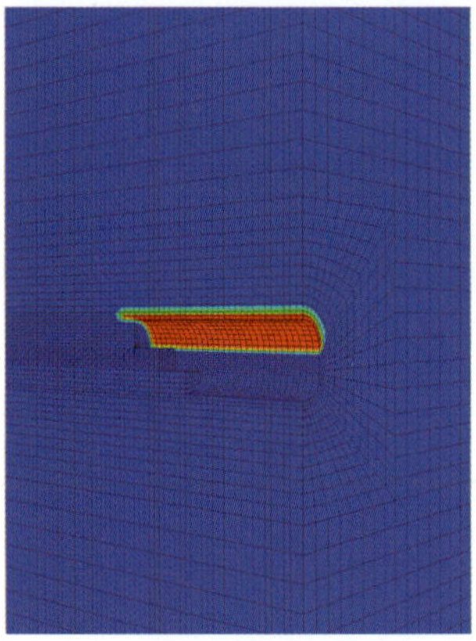

图 4-5　隧道围岩加固区

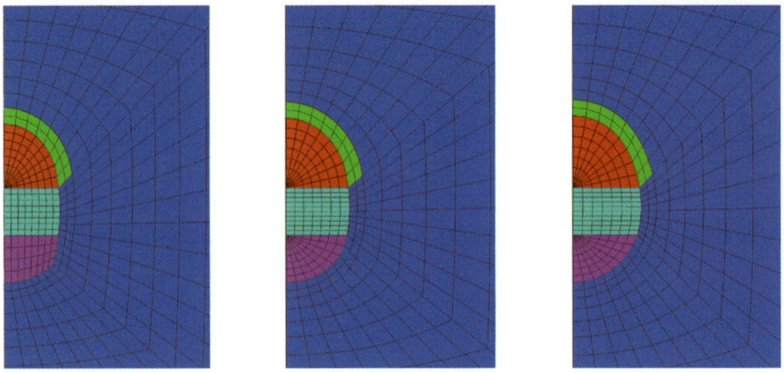

(a) Ⅴ级加强型衬砌　　(b) 大变形Ⅱ型衬砌　　(c) 大变形Ⅱa型衬砌

图 4-8　衬砌模型

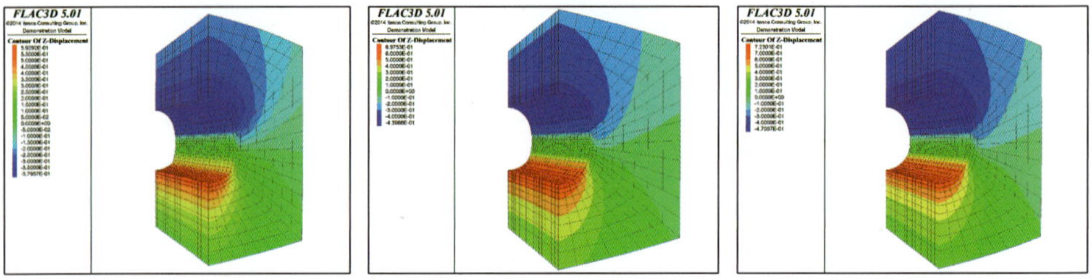

(a) Ⅴ级加强型衬砌　　(b) 大变形Ⅱ型衬砌　　(c) 大变形Ⅱa型衬砌

图 4-9　各工况竖向位移云图

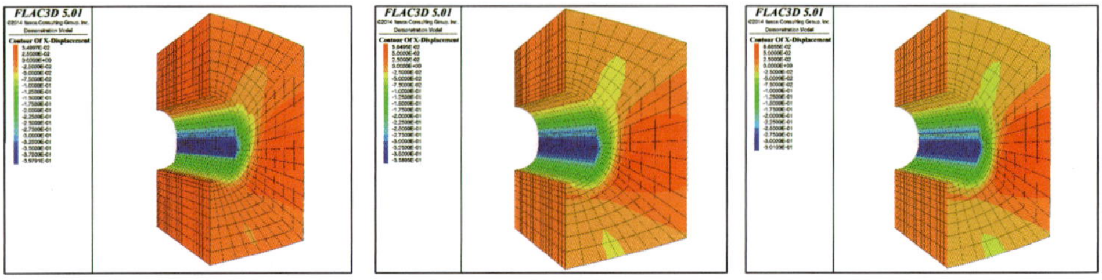

(a) Ⅴ级加强型衬砌　　(b) 大变形Ⅱ型衬砌　　(c) 大变形Ⅱa型衬砌

图 4-10　各工况水平位移云图

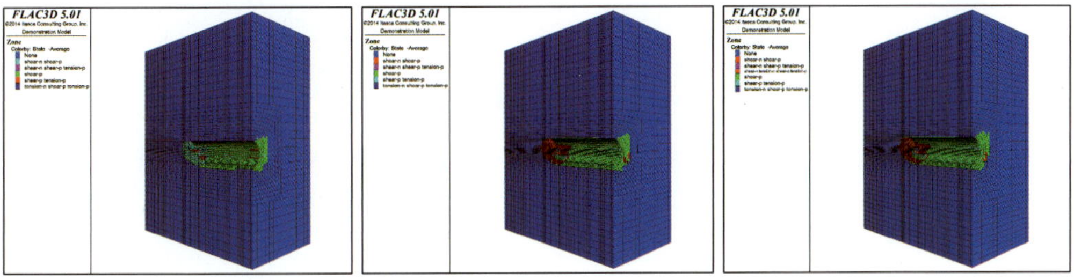

(a) Ⅴ级加强型衬砌　　(b) 大变形Ⅱ型衬砌　　(c) 大变形Ⅱa型衬砌

图 4-15　各工况开挖到监测断面时的塑性区分布

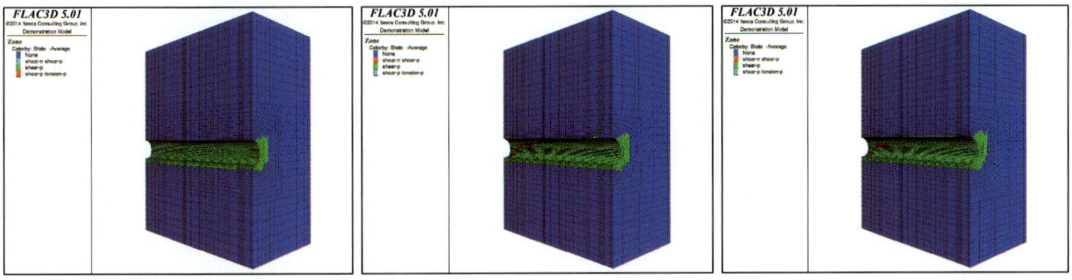

(a) Ⅴ级加强型衬砌　　(b) 大变形Ⅱ型衬砌　　(c) 大变形Ⅱa型衬砌

图 4-16　各工况在隧道贯通后的塑性区分布

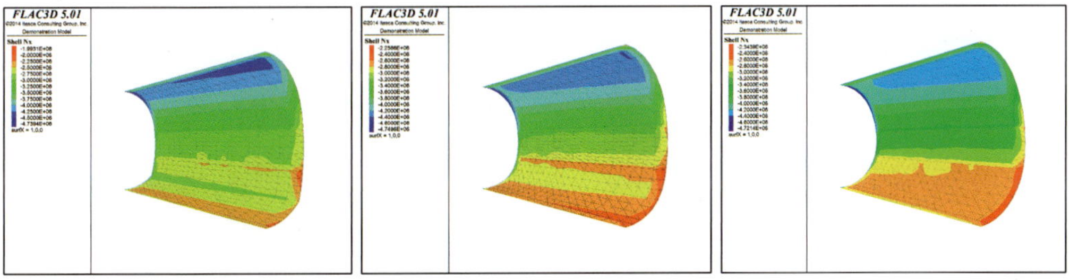

(a) Ⅴ级加强型衬砌　　(b) 大变形Ⅱ型衬砌　　(c) 大变形Ⅱa型衬砌

图 4-18　各工况初期支护轴向应力分布

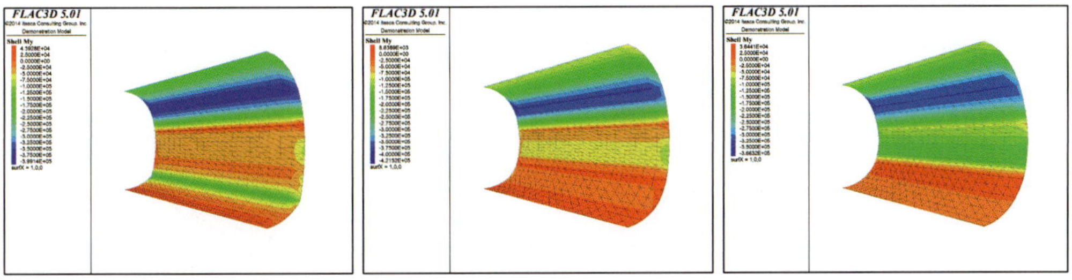

(a) Ⅴ级加强型衬砌　　(b) 大变形Ⅱ型衬砌　　(c) 大变形Ⅱa型衬砌

图 4-20　各工况初期支护弯矩分布

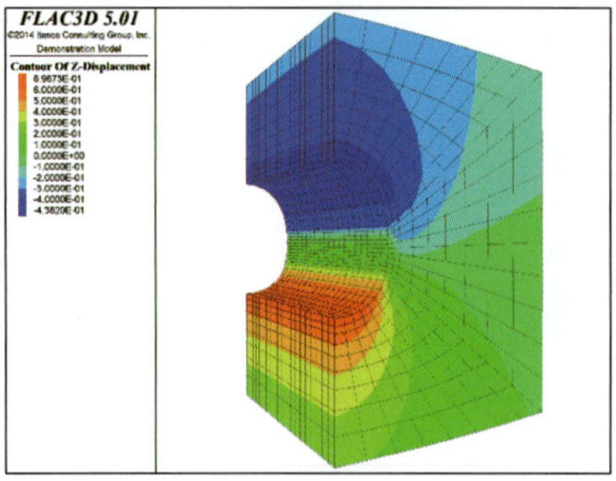

(a) 喷混厚度25cm

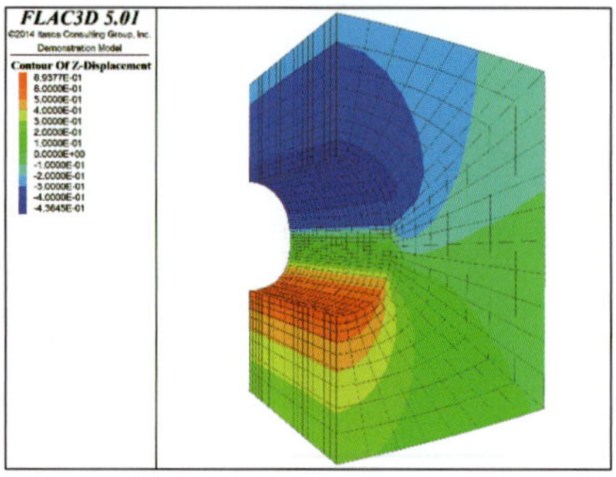

(b) 喷混厚度27cm

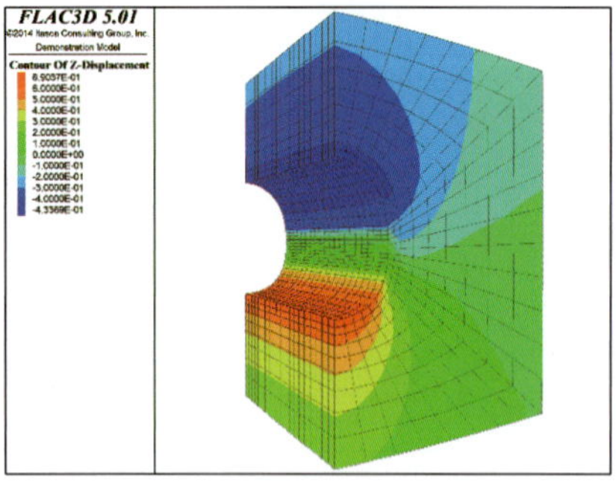

(c) 喷混厚度30cm

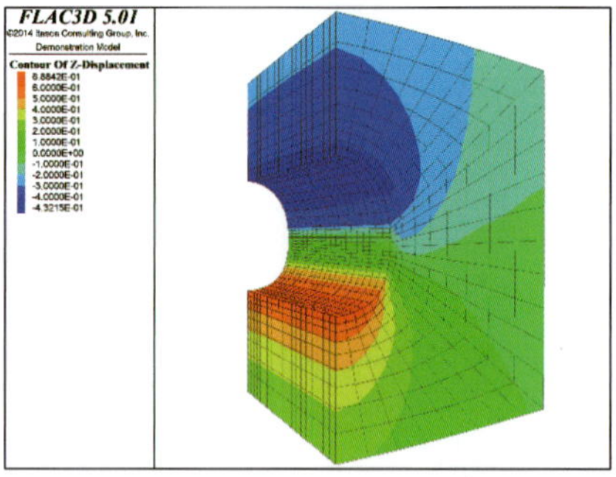

(d) 喷混厚度32cm

图 4-22　不同喷混厚度下竖向位移云图

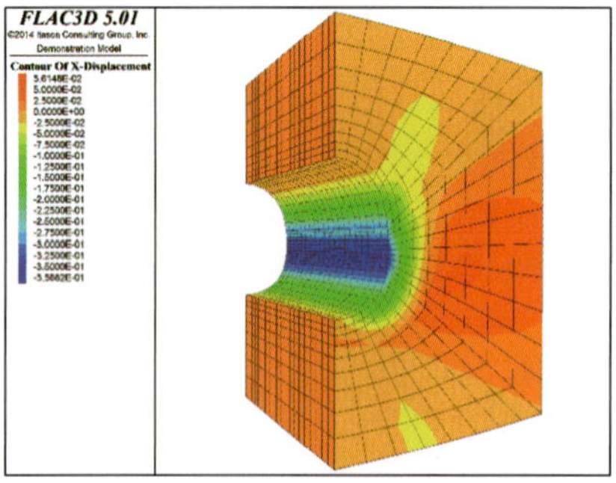

(a) 喷混厚度25cm

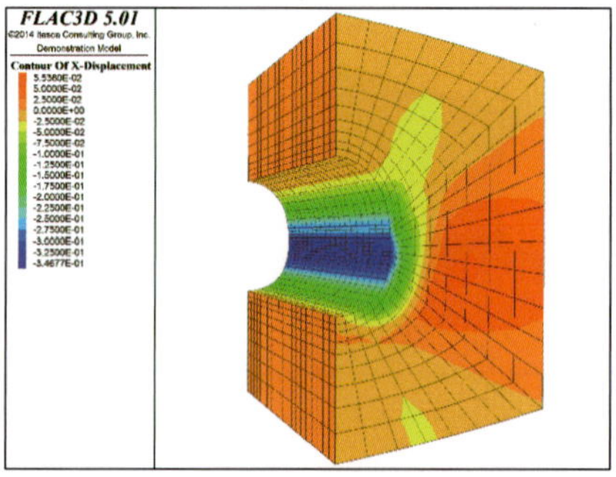

(b) 喷混厚度27cm

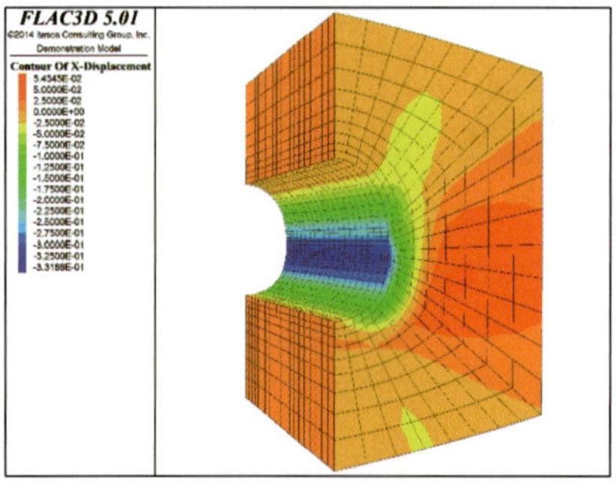

(c) 喷混厚度30cm

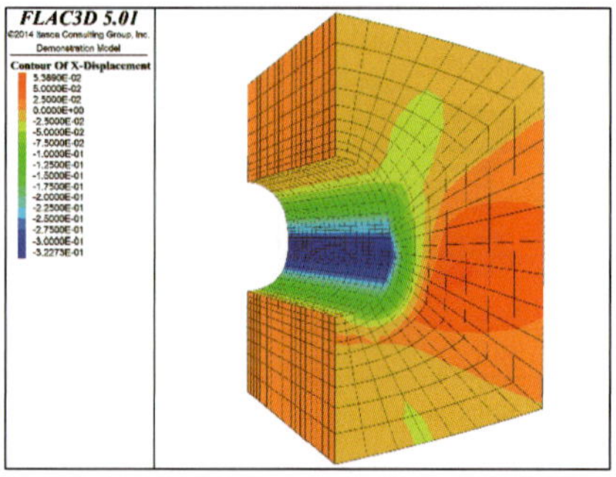

(d) 喷混厚度32cm

图 4-23　不同喷混厚度下水平位移云图

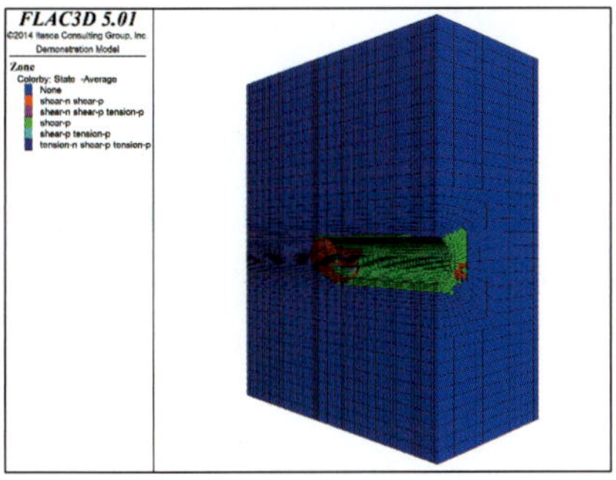

(a) 喷混厚度25cm

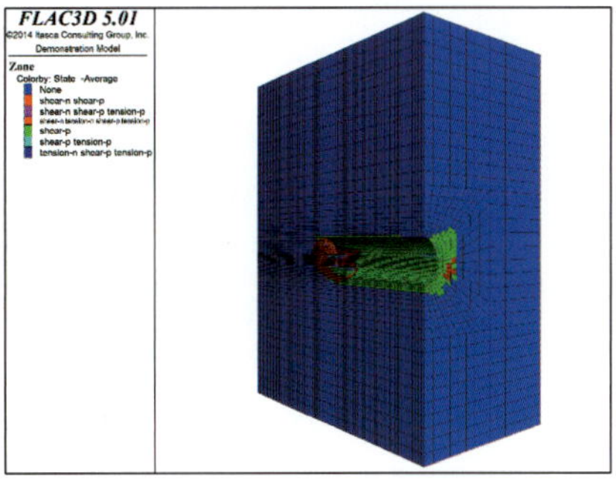

(b) 喷混厚度27cm

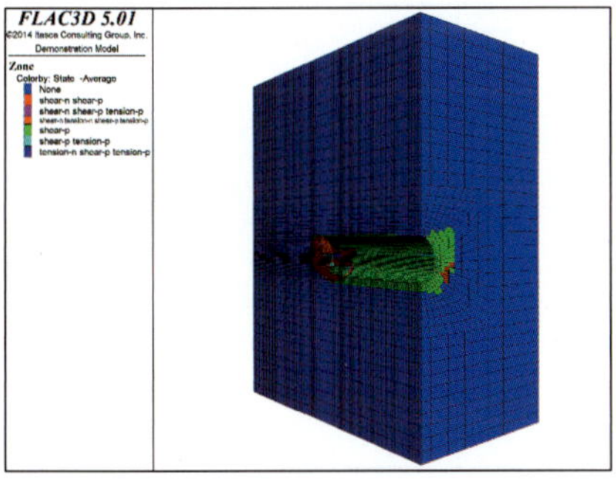

(c) 喷混厚度30cm

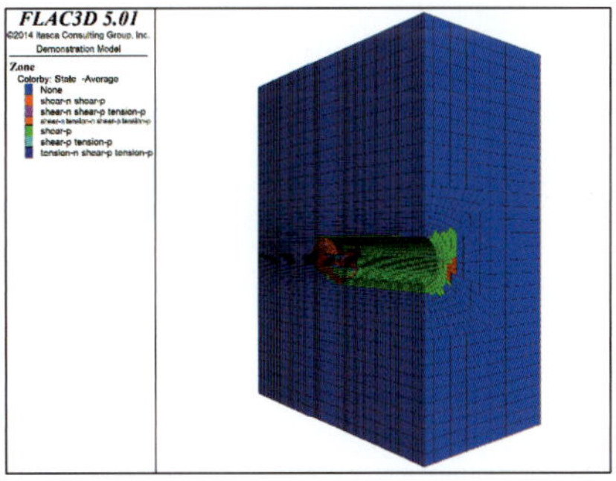

(d) 喷混厚度32cm

图 4-28　开挖到监测断面时的塑性区分布

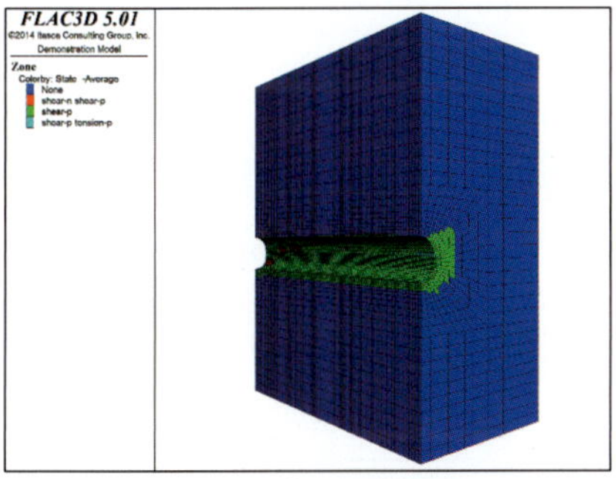

(a) 喷混厚度25cm

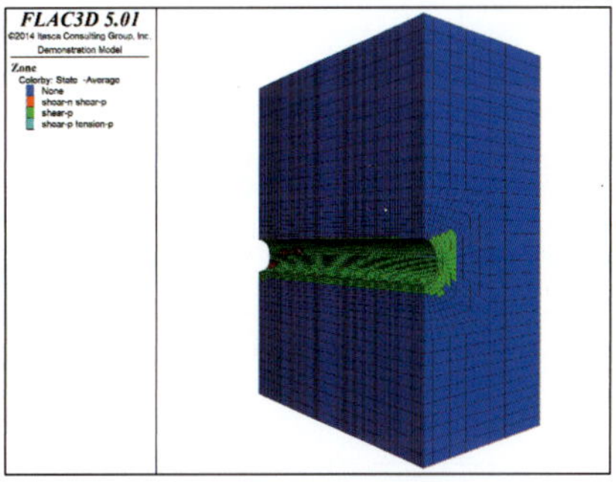

(b) 喷混厚度27cm

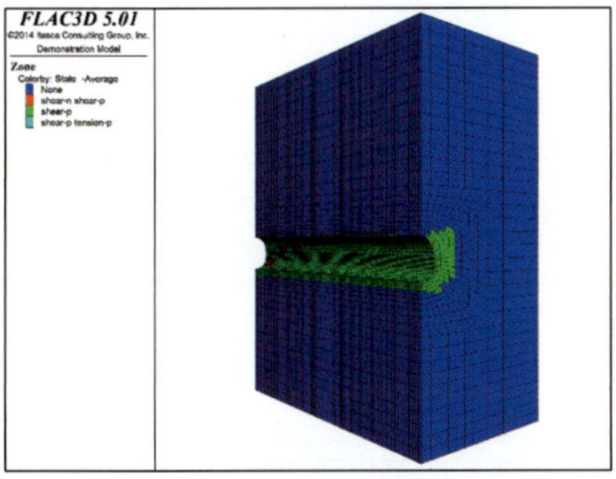

(c) 喷混厚度30cm

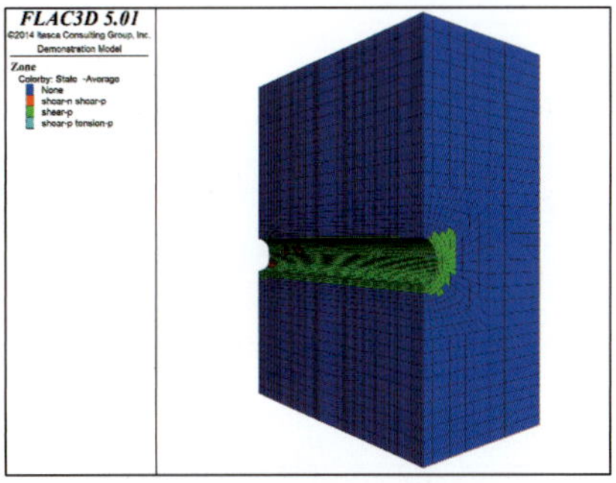

(d) 喷混厚度32cm

图 4-29　隧道贯通监测断面时的塑性区分布

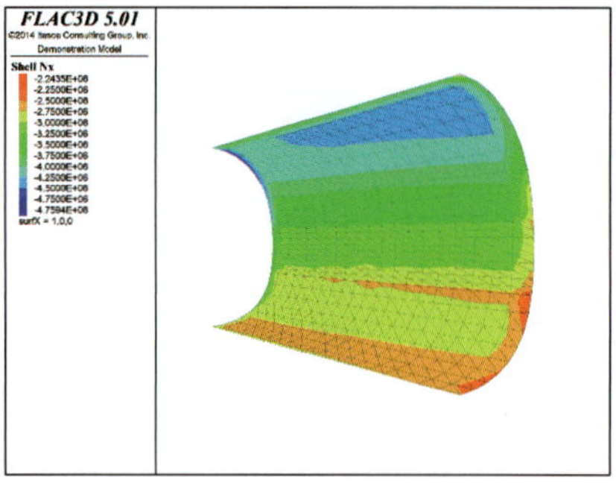

(a) 喷混厚度25cm

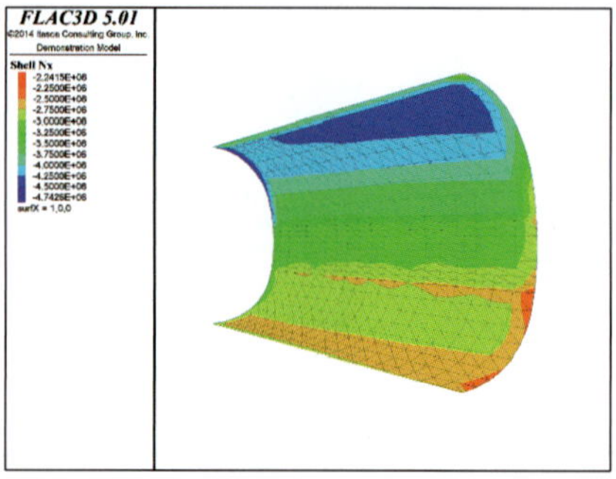

(b) 喷混厚度27cm

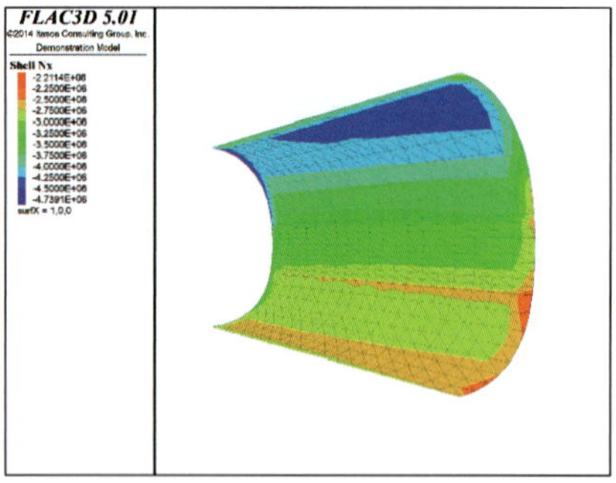

(c) 喷混厚度30cm

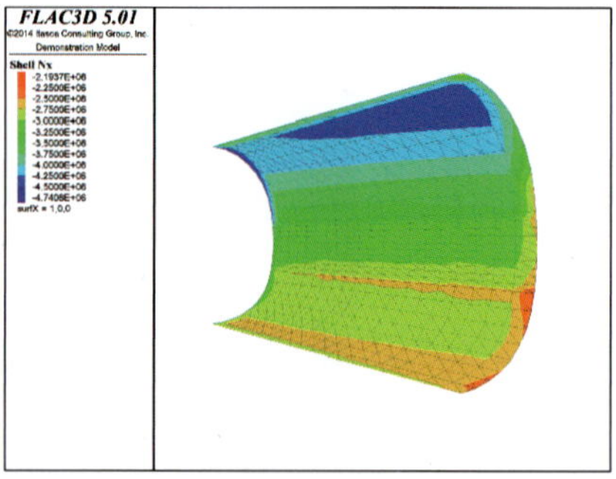

(d) 喷混厚度32cm

图 4-31　不同喷混厚度下初期支护轴向应力分布

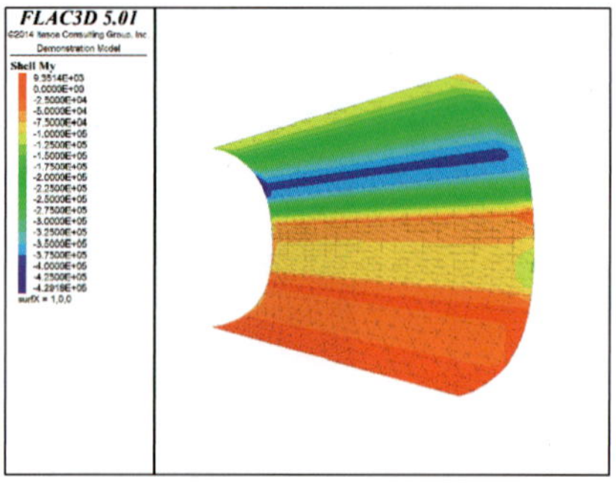

(a) 喷混厚度25cm

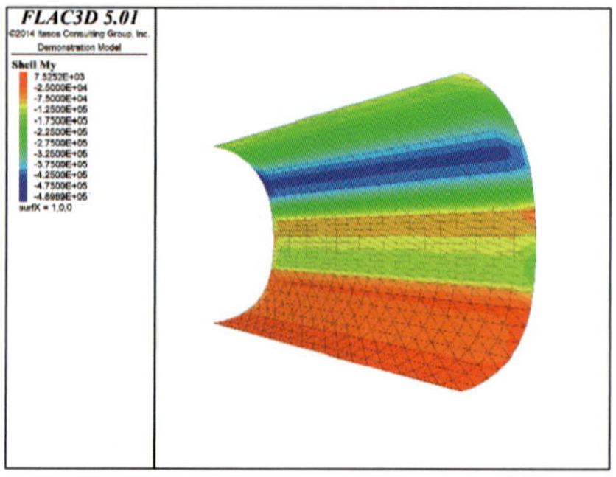

(b) 喷混厚度27cm

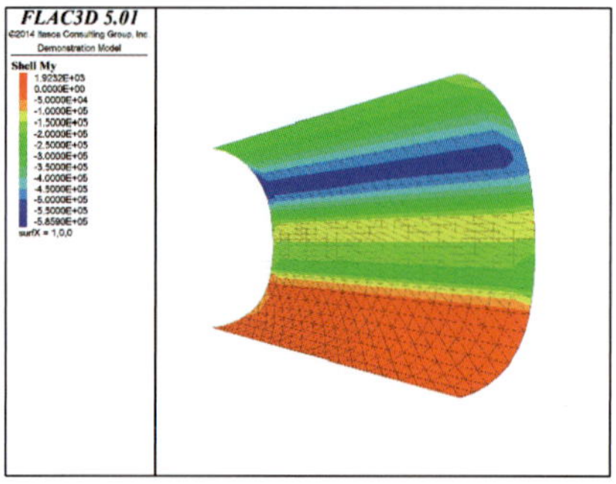

(c) 喷混厚度30cm

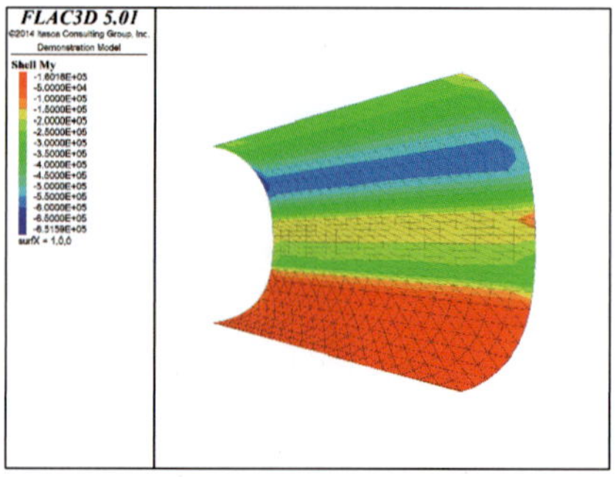

(d) 喷混厚度32cm

图 4-33　不同喷混厚度下初期支护弯矩分布

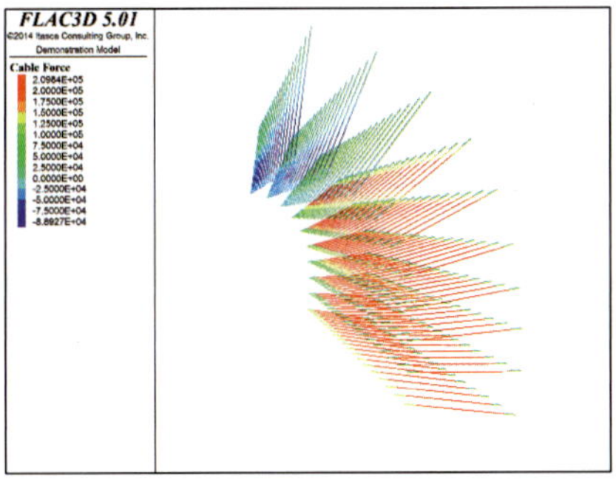

(a) 锚杆长度4m

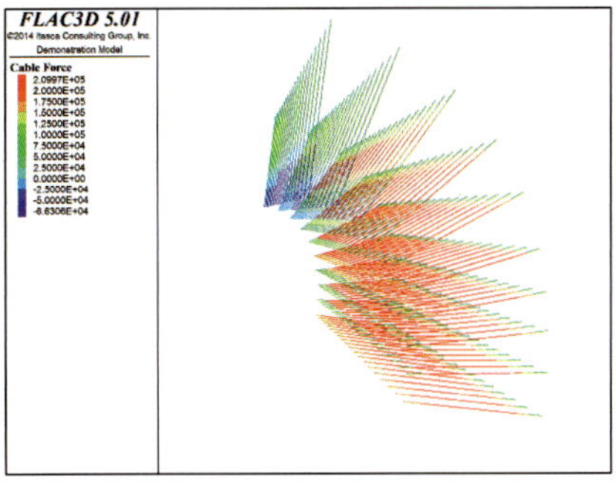

(b) 锚杆长度6m

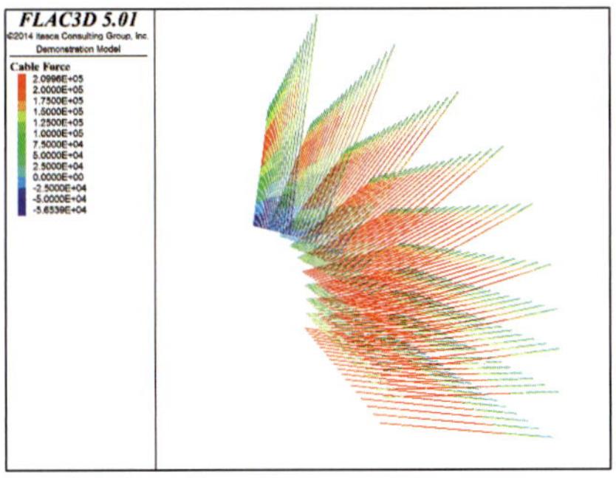

(c) 锚杆长度8m

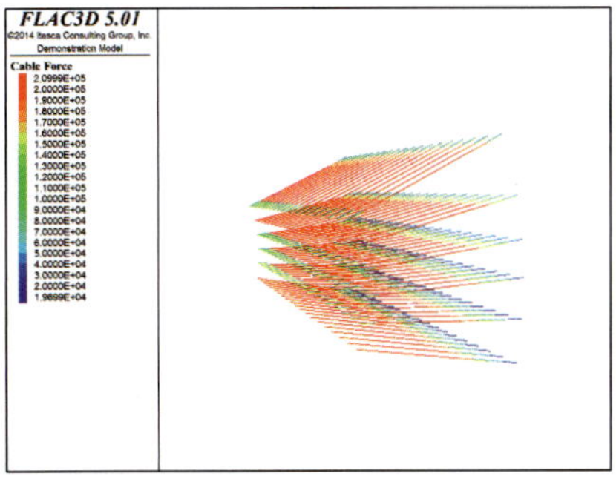

(d) 锚杆长度8m仅布设在边墙

图 4-62　不同锚杆布设方式下锚杆轴力分布

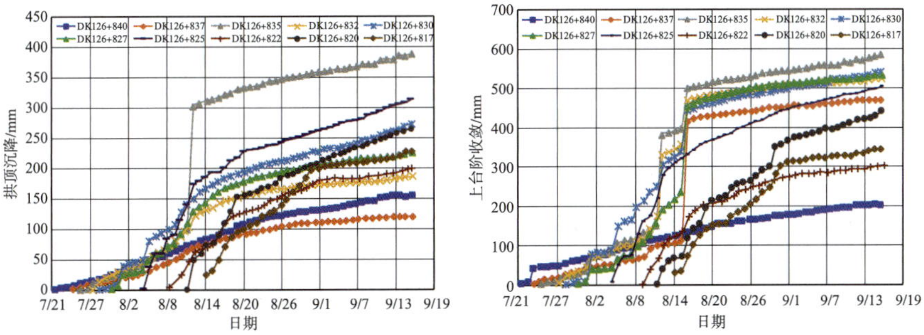

图 4-172　大变形Ⅱ型断面沉降曲线

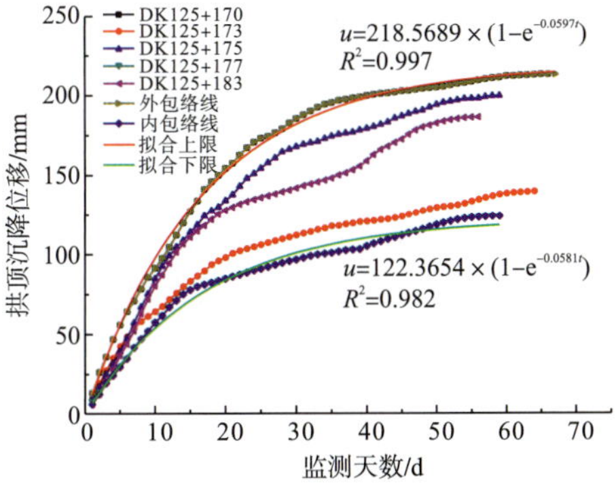

图 6-1　隧道进口工区Ⅴ级弱风化围岩段拱顶沉降位移

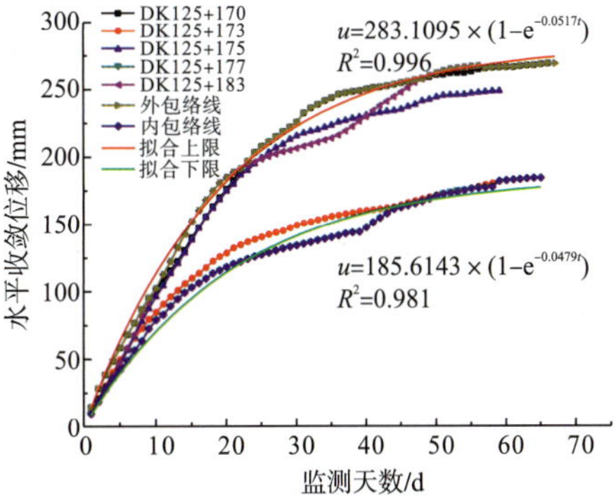

图 6-2　隧道进口工区Ⅴ级弱风化围岩段水平收敛位移

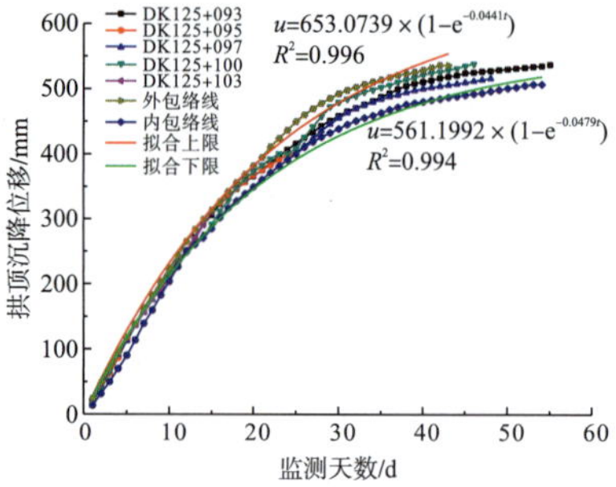

图 6-3　隧道进口工区Ⅴ级强风化围岩段拱顶沉降位移

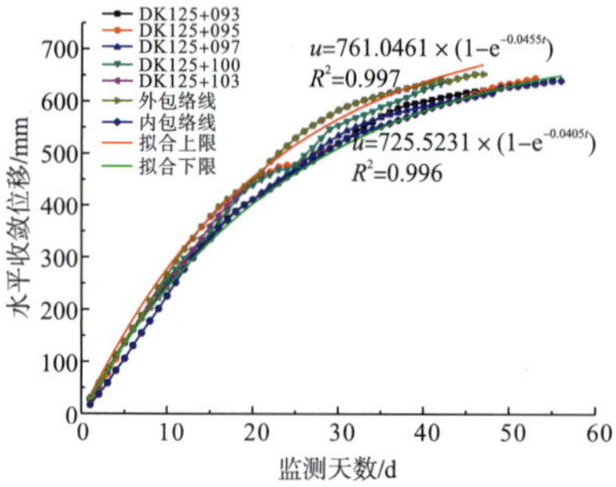

图 6-4　隧道进口工区Ⅴ级强风化围岩段水平收敛位移

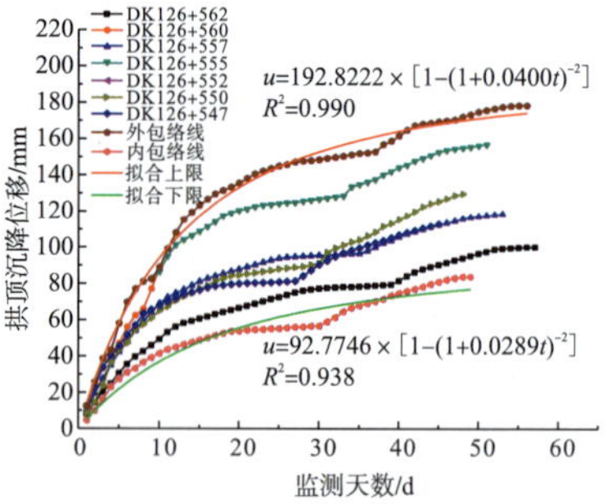

图 6-5　隧道出口工区Ⅴ级弱风化围岩段拱顶沉降位移

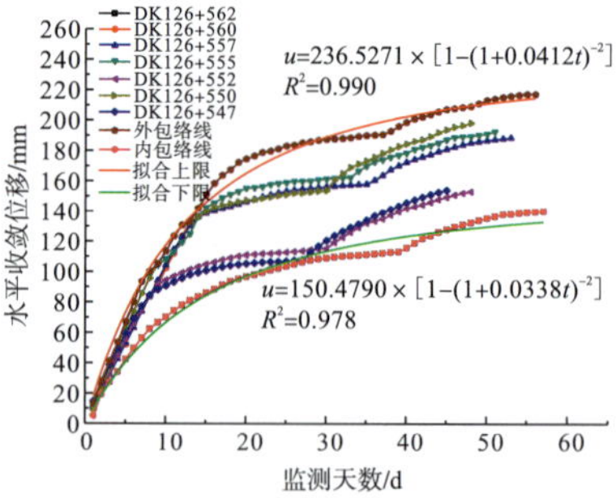

图 6-6　隧道出口工区Ⅴ级弱风化围岩段水平收敛位移

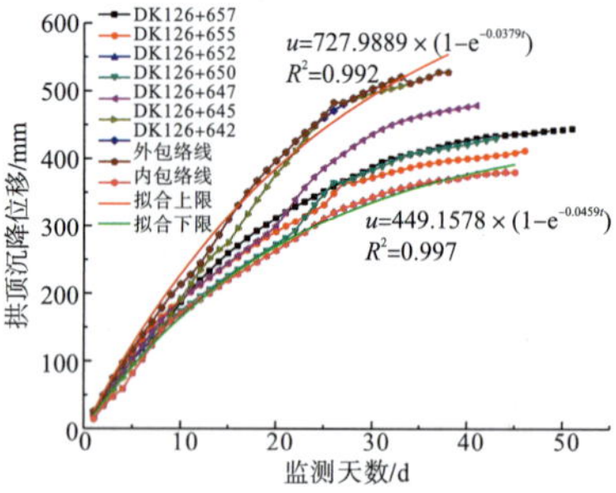

图 6-7　隧道出口工区Ⅴ级强风化围岩段拱顶沉降位移

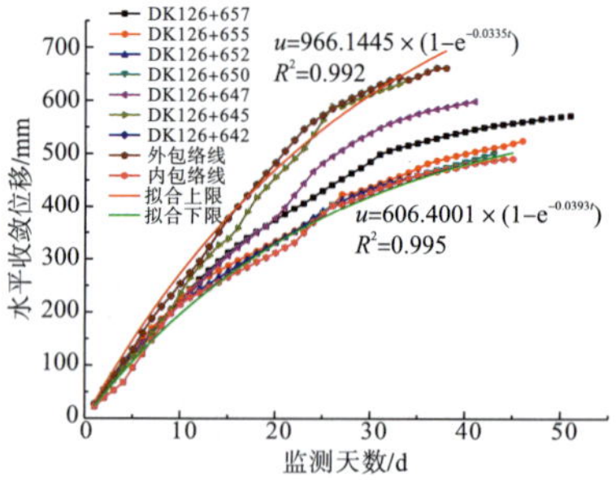

图 6-8　隧道出口工区Ⅴ级强风化围岩段水平收敛位移

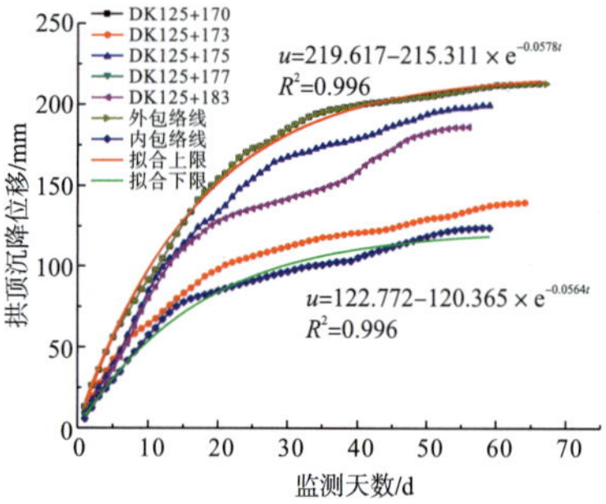

图 6-31　隧道进口工区Ⅴ级弱风化围岩段拱顶沉降位移

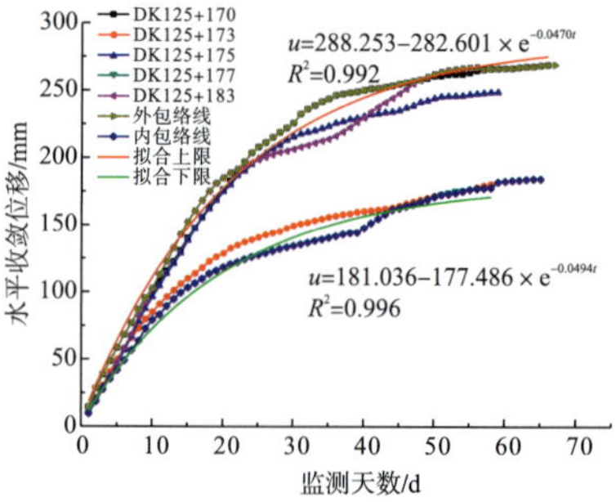

图 6-32　隧道进口工区Ⅴ级弱风化围岩段水平位移

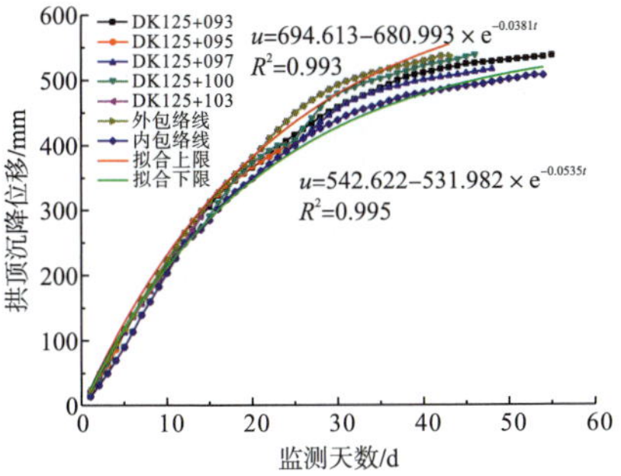

图 6-33 隧道进口工区Ⅴ级强风化围岩段拱顶沉降位移

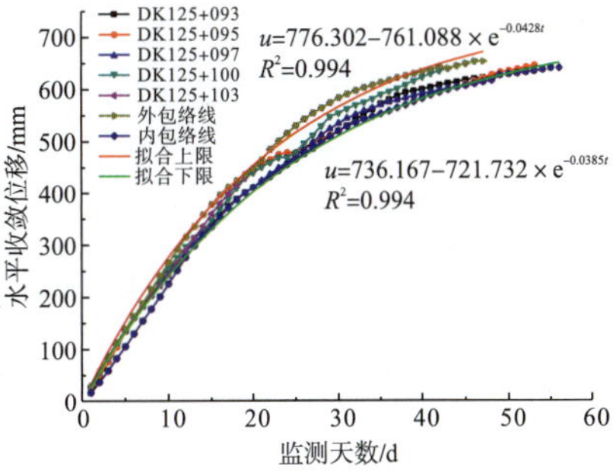

图 6-34 隧道进口工区Ⅴ级强风化围岩段水平收敛位移

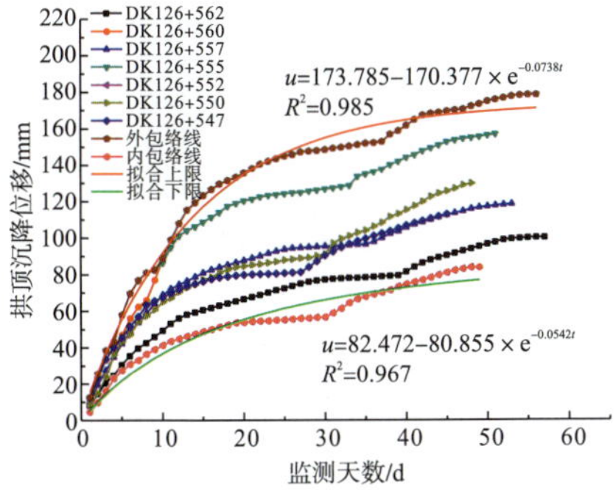

图 6-35 隧道出口工区Ⅴ级弱风化围岩段拱顶沉降位移

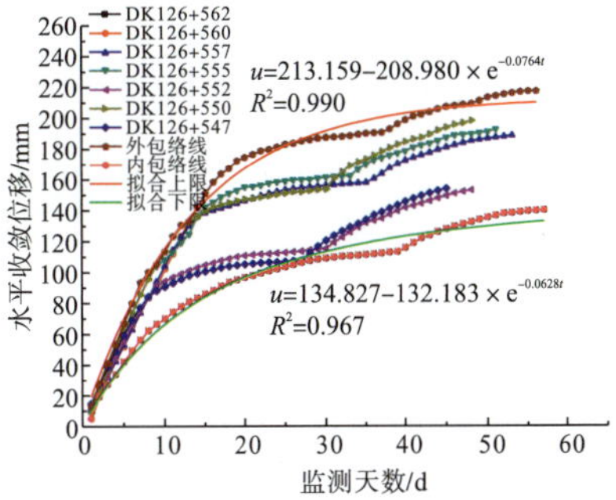

图 6-36 隧道出口工区Ⅴ级弱风化围岩段水平收敛位移

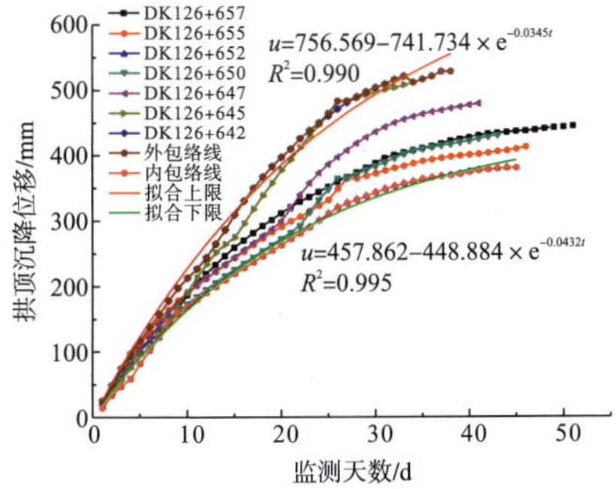

图 6-37 隧道出口工区Ⅴ级强风化围岩段拱顶沉降位移

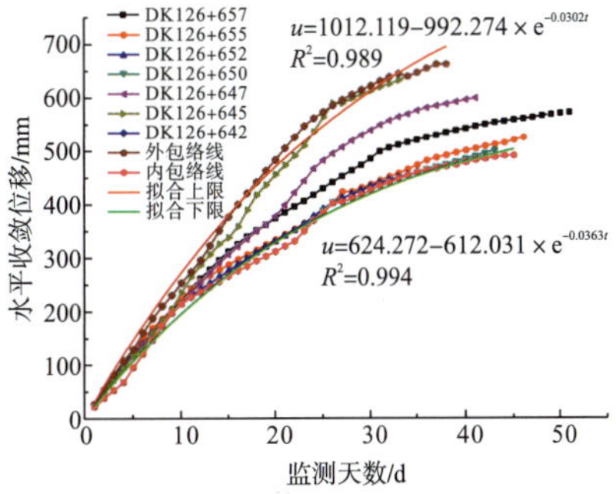

图 6-38 隧道出口工区Ⅴ级强风化围岩段水平收敛位移

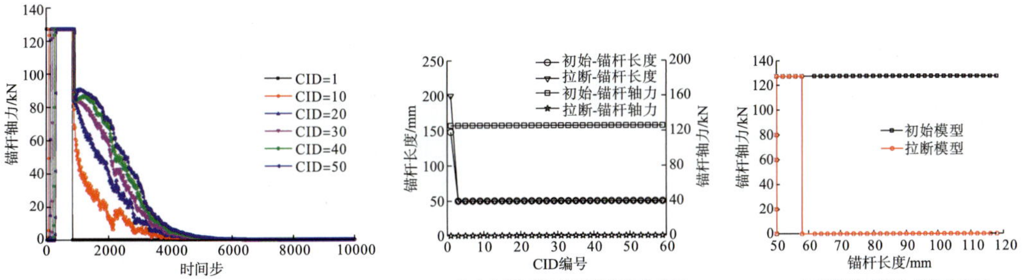

(a) 锚杆特征单元轴力随时间步变化图　(b) 轴力及锚杆单元长度沿杆体分布图　(c) 锚杆单元轴力-杆体长度图

图 8-15 拉断计算结果

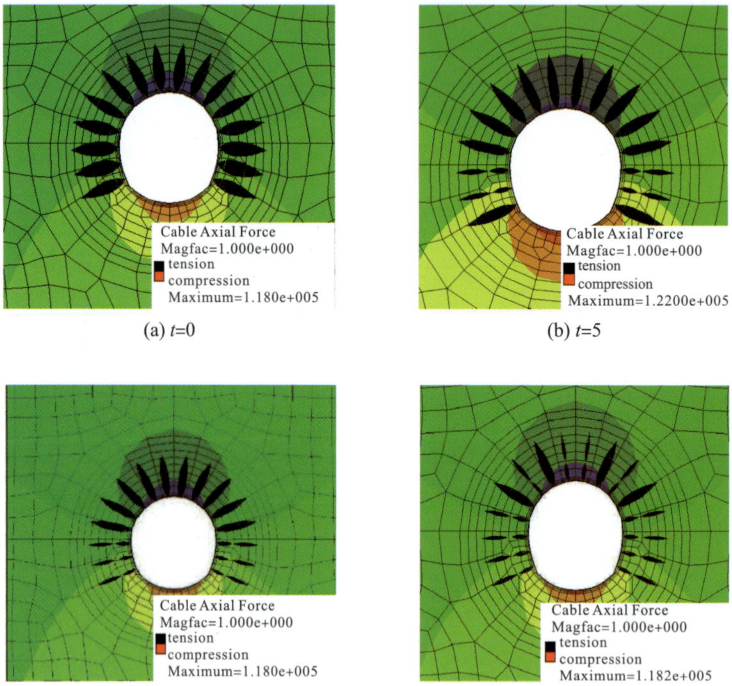

(a) t=0　(b) t=5　(c) t=15　(d) t=25

图 8-19　特征时间点对应的锚杆轴力与围岩竖向位移

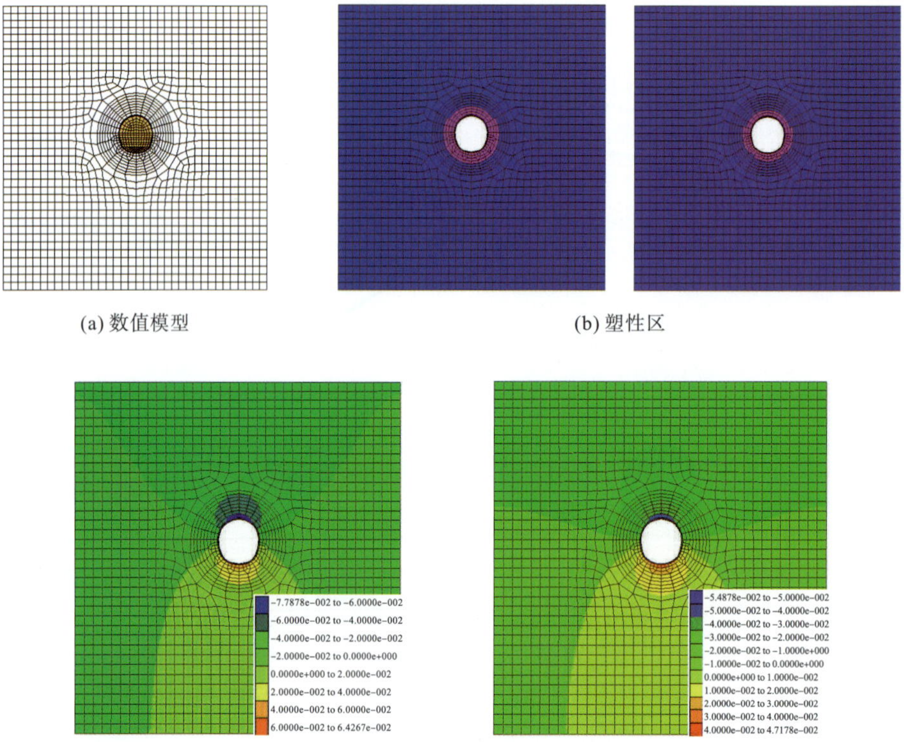

(a) 数值模型　(b) 塑性区

(c) 竖向位移

图 8-36　钢拱架改进模型验证(从左往右依次为：改进模型，原始模型)

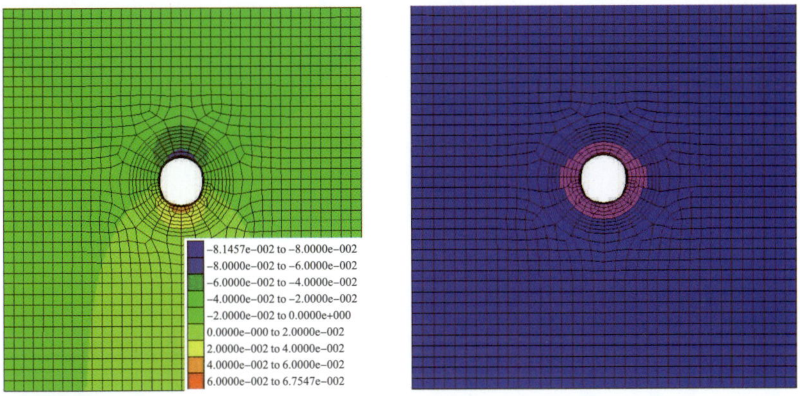

(a) t=10年

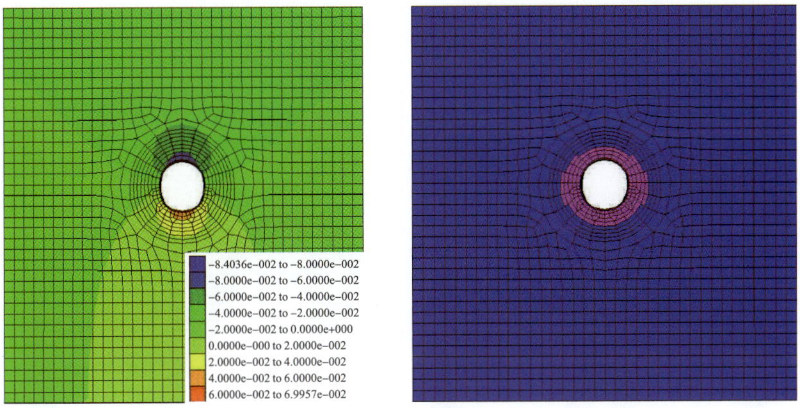

(b) t=20年

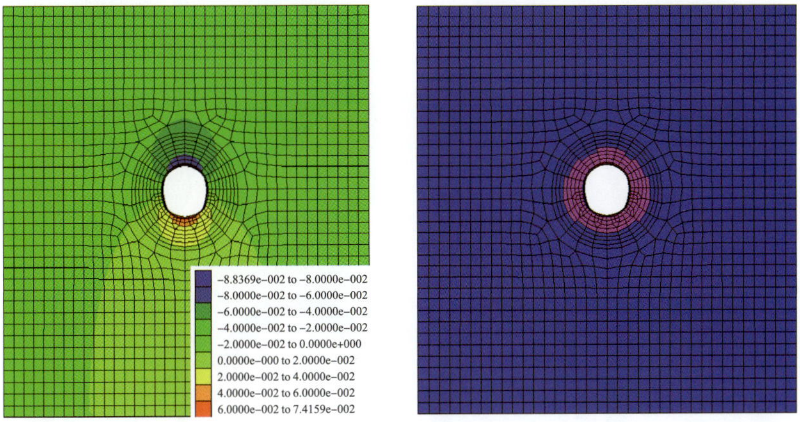

(c) t=30年

图 8-37　钢拱架不同服役年限围岩力学响应

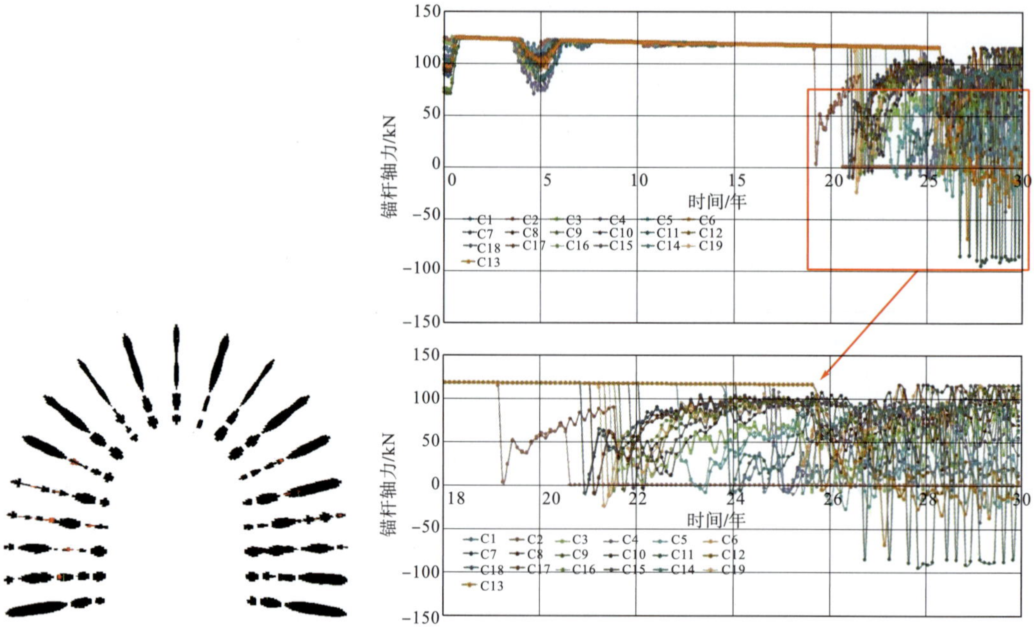

(a) 锚杆受力图　　(b) 锚杆轴力图

图 8-46　锚杆锈断过程

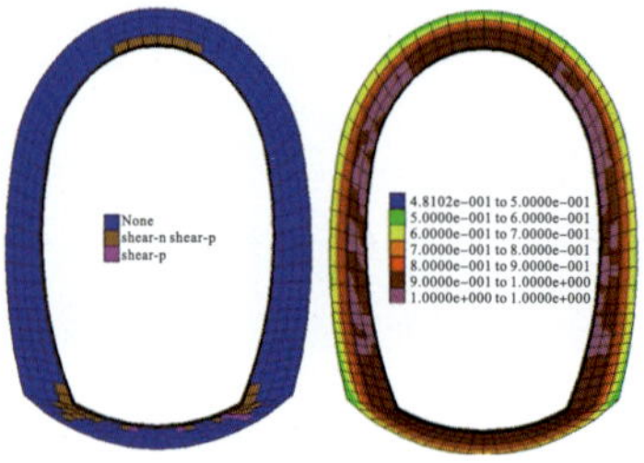

(a) t=10

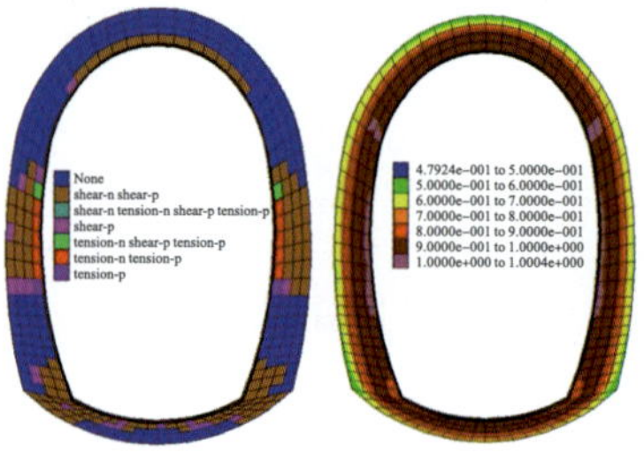

(b) t=20

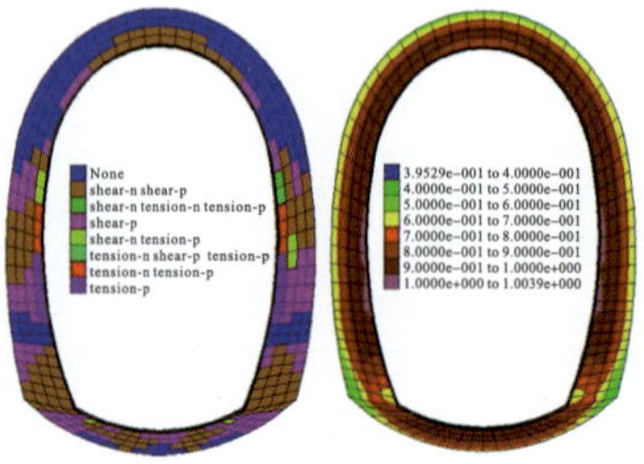

(c) t=30

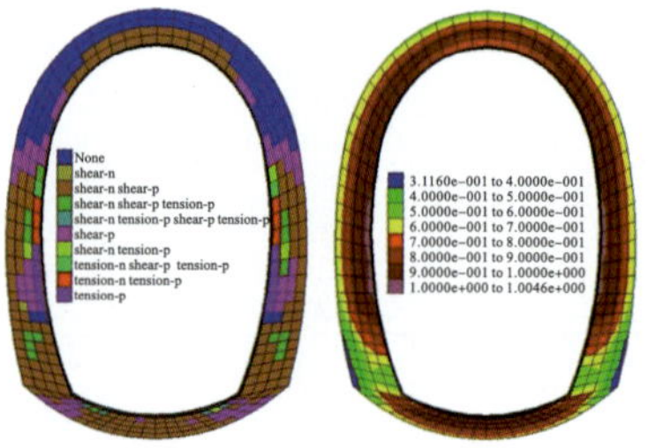

(d) t=40

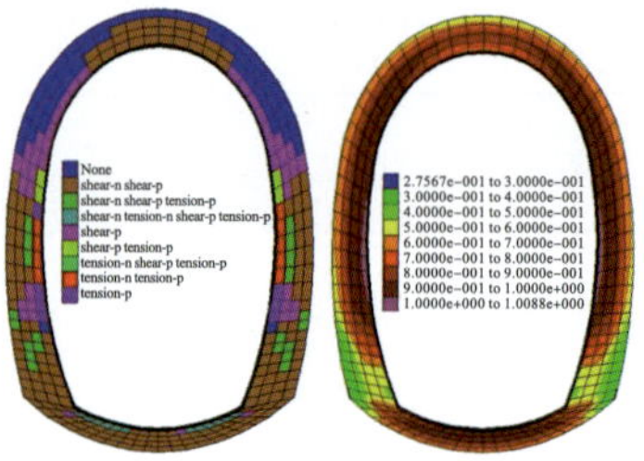

(e) t=50

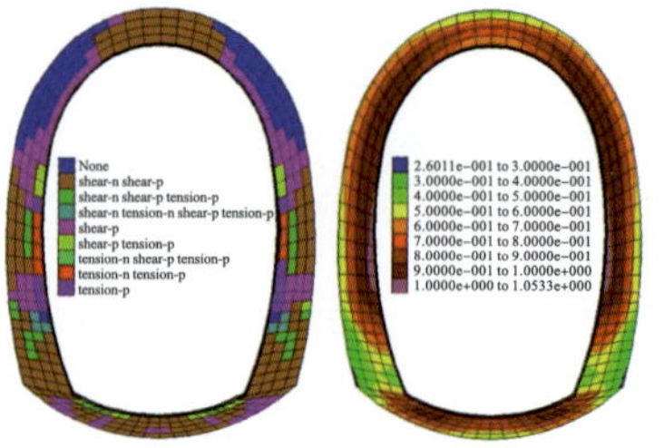

(f) t=60

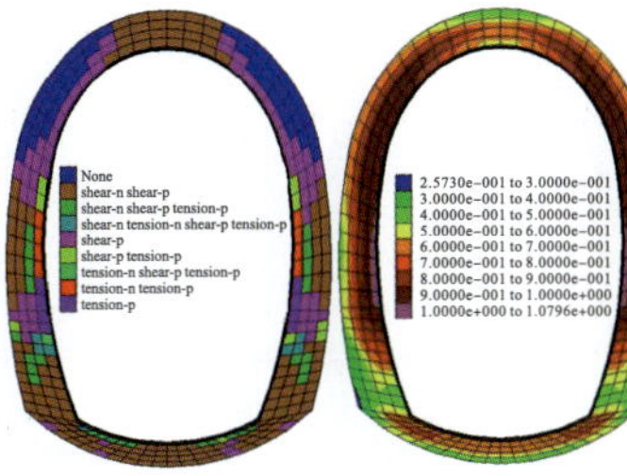

(g) t=70

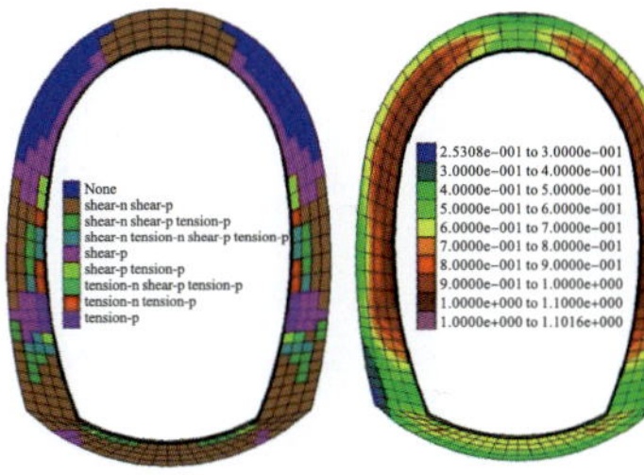

(h) t=80

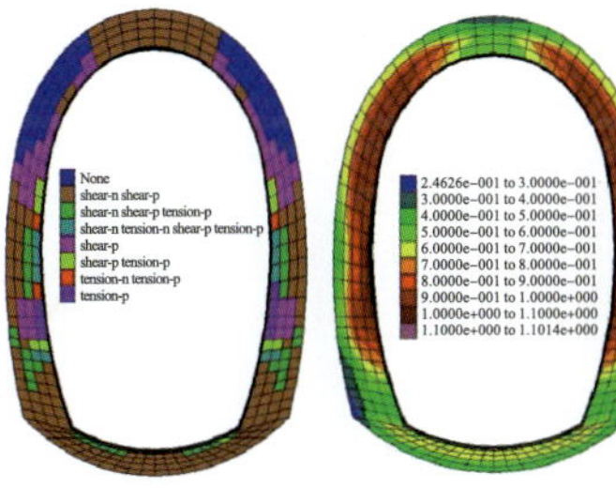

(i) t=90

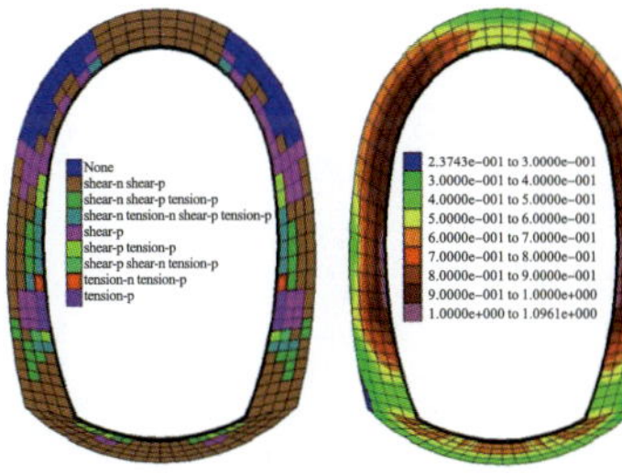

(j) t=100

图 8-48　二次衬砌损伤演化过程(对于每幅图，从左往右依次为塑性区与损伤值)

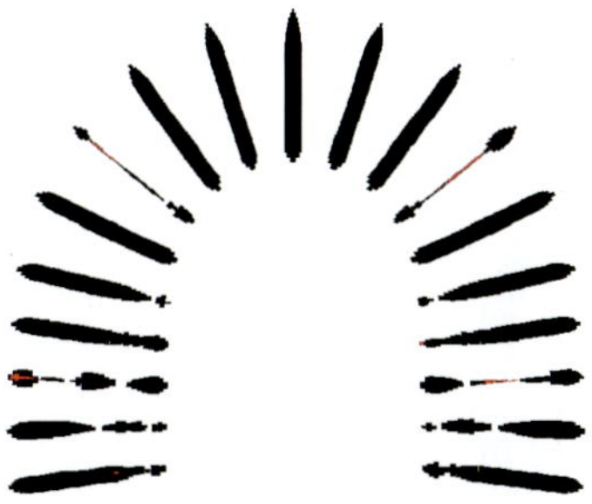

(a) 锚杆受力图

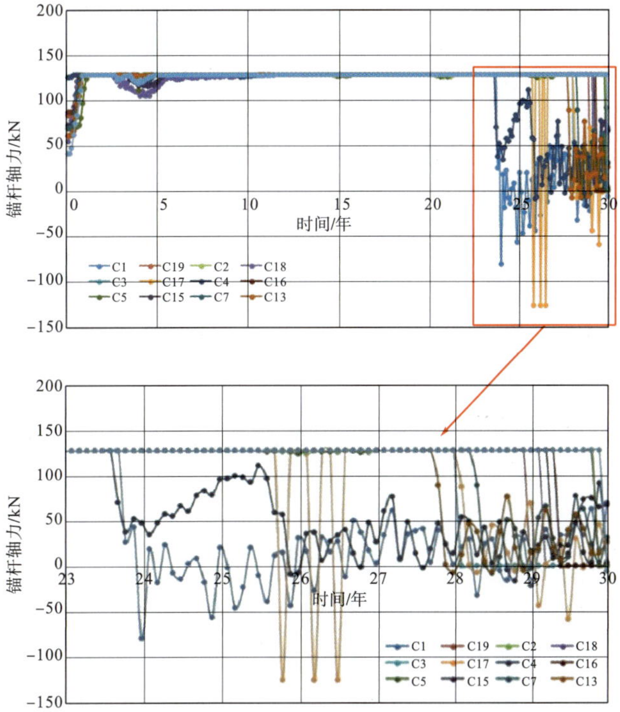

(b) 锚杆轴力图

图 8-49　锚杆锈断过程

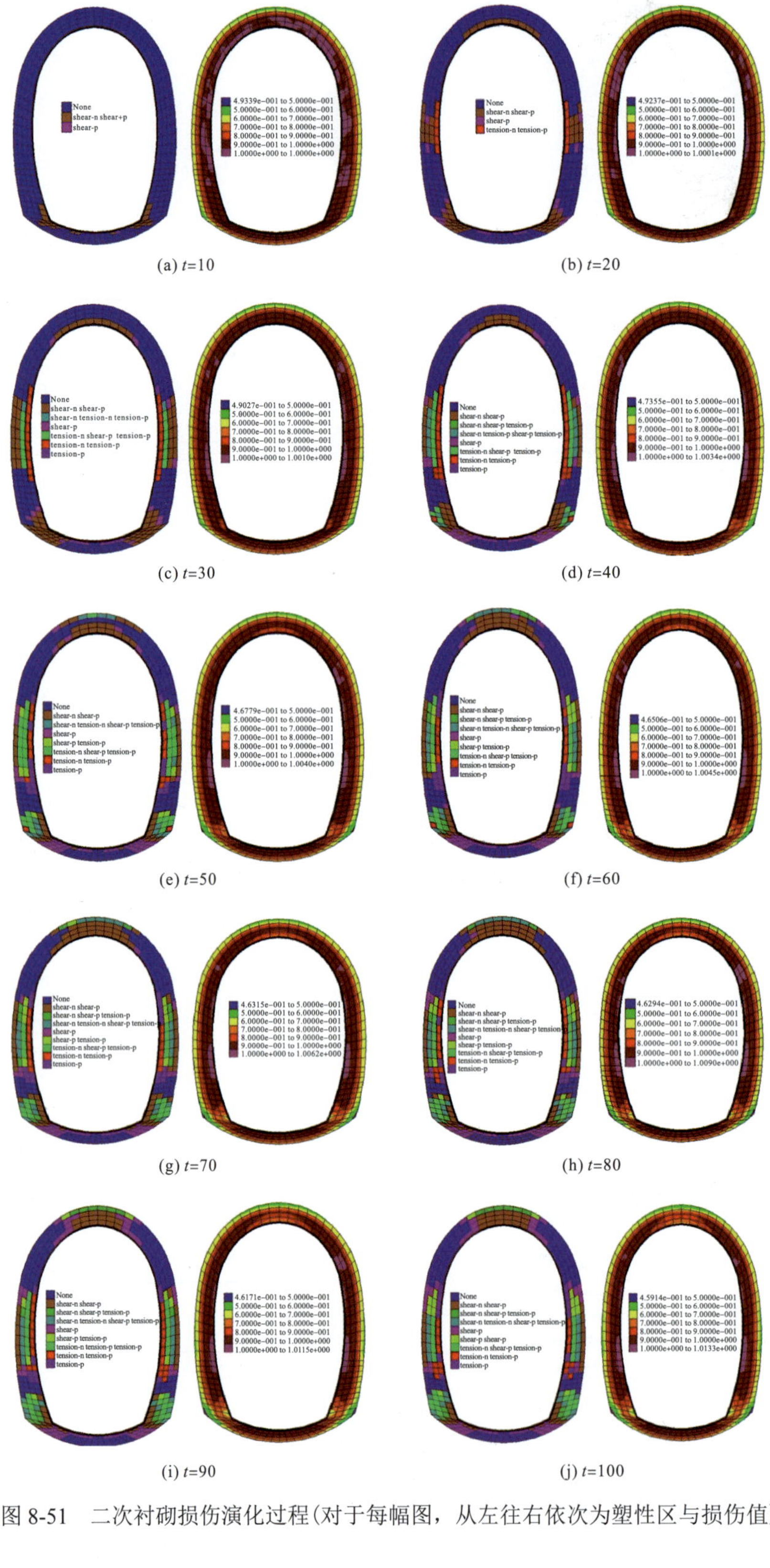

图 8-51 二次衬砌损伤演化过程(对于每幅图，从左往右依次为塑性区与损伤值)